NIVEAU B1+

SICHER
IN ALLTAG UND BERUF!

DEUTSCH ALS ZWEITSPRACHE
KURS- UND ARBEITSBUCH

Michaela Perlmann-Balme
Susanne Schwalb
Jutta Orth-Chambah

Hueber Verlag

1 ◄)) 6 Hörtext der Kurs- bzw. Arbeitsbuch-CD im Medienpaket (978 – 3 – 19 – 041209 – 9), hier auf CD 1, Track 6.

04 Film(abschnitt) auf der DVD im Medienpaket (978 – 3 – 19 – 041209 – 9), hier auf Film 4.

Hörtexte und Filme können Sie auch über die **AR-App** für Smartphone und Tablet abrufen. Sie erhalten die App kostenlos bei Google Play oder im AppStore. Die Hörtexte stehen zudem als MP3-Dateien unter www.hueber.de/sicher-in-alltag-und-beruf zum kostenlosen Download bereit.

→ AB 16/Ü7 Verweis auf passende Übung im Arbeitsbuch, hier z. B. auf Seite AB 16, Übung 7.

GRAMMATIK Übersicht **→ KB 28/2** Verweis auf Grammatikübersicht am Ende der Lektion, hier auf Seite KB 28, Abschnitt 2.

← KB 10/3 Seite und Aufgabe im Kursbuch, auf der dieses Thema der Grammatikübersichtsseite behandelt wird, hier z. B. auf Seite KB 10, Aufgabe 3.

zu Sprechen 1, KB 13, Aufgabe 2 Verweis auf zugehörige Übung im Kursbuch, hier z. B. auf Seite KB 13, Übung 2.

Für die hilfreiche Beratung bei der Überarbeitung des Lehrwerks danken wir:
Esther Haertl, Nürnberg; Gunda Heck, Wilnsdorf; Susanne Kalender, Hamminkeln;
Herrad Vogelhuber, Würzburg.

Der Verlag weist ausdrücklich darauf hin, dass im Text enthaltene externe
Links vom Verlag nur bis zum Zeitpunkt der Buchveröffent-lichung eingesehen
werden konnten. Auf spätere Veränderungen hat der Verlag keinerlei Einfluss.
Eine Haftung des Verlags ist daher ausgeschlossen.

Das Werk und seine Teile sind urheberrechtlich geschützt.
Jede Verwertung in anderen als den gesetzlich zugelassenen Fällen
bedarf deshalb der vorherigen schriftlichen Einwilligung des Verlags.

Eingetragene Warenzeichen oder Marken sind Eigentum des jeweiligen
Zeichen- bzw. Markeninhabers, auch dann, wenn diese nicht gekennzeichnet
sind. Es ist jedoch zu beachten, dass weder das Vorhandensein noch das
Fehlen derartiger Kennzeichnungen die Rechtslage hinsichtlich dieser
gewerblichen Schutzrechte berührt.

3. 2. 1.   Die letzten Ziffern
2022 21 20 19 18   bezeichnen Zahl und Jahr des Druckes.
Alle Drucke dieser Auflage können, da unverändert,
nebeneinander benutzt werden.
1. Auflage
© 2018 Hueber Verlag GmbH & Co. KG, München, Deutschland
Umschlaggestaltung: Sieveking · Agentur für Kommunikation, München
Zeichnungen: Jörg Saupe, Düsseldorf
Layout und Satz: Sieveking · Agentur für Kommunikation, München
Verlagsredaktion: Juliane Wolpert, Karin Ritter, Isabel Krämer-Kienle,
Felix Steffan und Ingo Heyse, alle Hueber Verlag, München
Druck und Bindung: Firmengruppe APPL, aprinta druck GmbH, Wemding
Printed in Germany
ISBN 978 – 3 – 19 – 001209 – 1

INHALT

LEKTION 1	IN KONTAKT	KB 1–10
EINSTIEGSSEITE	Kennenlernen	1
SPRECHEN	Beruflich in Kontakt	2
HÖREN	Mediennutzung	3
LESEN	Lerntypen	4
WORTSCHATZ	Wörterbücher	7
SEHEN UND HÖREN	Deutsch lernen – Gründe / Ziele	8
GRAMMATIK	Temporaladverbien; Adjektivdeklination	10

LEKTION 2	FEIERN	KB 11–20
EINSTIEGSSEITE	Feiern in der Firma	11
HÖREN	Ein Besuch	12
SPRECHEN 1	Mündliche Einladungen	13
LESEN	Schriftliche Einladungen	14
SCHREIBEN	Verabredungen	16
WORTSCHATZ	Organisation einer Feier	17
SEHEN UND HÖREN	Auf dem Oktoberfest	18
SPRECHEN 2	Feste im Heimatland	19
GRAMMATIK	Modalpartikeln, Verben mit Präposition	20

EXTRA BERUF	Bei der Berufsberatung	KB 21

LEKTION 3	UNTERWEGS	KB 25–36
EINSTIEGSSEITE	Günstig unterwegs	25
HÖREN	Die Fahrkarte, bitte!	26
WORTSCHATZ	Unsere Fahrt nach ...	27
LESEN 1	*Leipzig mobil*	28
SPRECHEN	Ausflüge	30
LESEN 2	Selbstfahrende Autos	32
SCHREIBEN	Fernbusreisen	34
SEHEN UND HÖREN	*Auf Weltreise*	35
GRAMMATIK	*werden* + Infinitiv; Relativsätze	36

LEKTION 4	WOHNEN	KB 37–46
EINSTIEGSSEITE	Traumhaus	37
WORTSCHATZ	Zimmereinrichtung	38
HÖREN	Tipps für Wohnungssuchende	39
SCHREIBEN	Auf Wohnungssuche	40
LESEN	Wohnformen	42
SPRECHEN	Mitbewohnersuche	44
SEHEN UND HÖREN	*Zwei Zimmer, Balkon*	45
GRAMMATIK	Wortbildung Nomen; *nicht/nur brauchen … zu*; Wortstellung im Hauptsatz; Temporale Präpositionen	46

EXTRA BERUF	Berufliche Anerkennung	KB 47

LEKTION 5	BERUFSEINSTIEG	KB 51–62
EINSTIEGSSEITE	*Atelier La Silhouette*	51
SEHEN UND HÖREN 1	Ein Ausbildungsbetrieb	52
LESEN 1	*Speed-Dating mit dem Chef*	54
WORTSCHATZ	Lebenslauf und Berufstätigkeit	56
SPRECHEN	Small Talk über Berufe	58
LESEN 2	Stellenanzeige	59
SCHREIBEN	Bewerbungsschreiben	60
SEHEN UND HÖREN 2	Ausbildungsmöglichkeiten	61
GRAMMATIK	Konjunktiv II: Irreale Wünsche und Bedingungen; Finalsätze	62

LEKTION 6	MUSIK	KB 63–72
EINSTIEGSSEITE	Vorlieben beim Musikhören	63
HÖREN	*Bardentreffen* in Nürnberg	64
SCHREIBEN	Einladung mit Programmvorschlag	65
WORTSCHATZ	Instrumente und Musikveranstaltungen	66
SEHEN UND HÖREN	Musikveranstaltungen in Köln	67
LESEN	Die Band *Rammstein*	68
SPRECHEN	Deutschsprachige Musik	71
GRAMMATIK	Negationswörter; Kausale und konzessive Zusammenhänge	72

EXTRA BERUF	Stellenanzeigen	KB 73

LEKTION 7	GELD	KB 77–88
EINSTIEGSSEITE	Spiele um Geld	77
SPRECHEN 1	Spiele und Spielanleitungen	78
LESEN 1	Welcher Einkaufstyp sind Sie?	80
SPRECHEN 2	Auf dem Flohmarkt	81
LESEN 2	Tipps für das Online-Shopping	82
WORTSCHATZ	Einkaufsgewohnheiten	84
SCHREIBEN	Online-Shopping	85
HÖREN	*Meine Frau zahlt*	86
SEHEN UND HÖREN	*Das Deutschlandlabor*	87
GRAMMATIK	Passiv; Wortbildung Nomen: Nachsilben	88

LEKTION 8	LEBENSLANG LERNEN	KB 89–100
EINSTIEGSSEITE	Lernphasen im Leben	89
LESEN	Kursangebote der VHS	90
SPRECHEN	Lernen und Prüfungsvorbereitung	92
HÖREN 1	Effizienter lernen	94
SCHREIBEN	Arme Eltern – schlechte Chancen?	96
HÖREN 2	Anleitung für einen Gruppentanz	97
WORTSCHATZ	Moderne Medien	98
SEHEN UND HÖREN	Sprachenlernen	99
GRAMMATIK	Genitiv; Position von *nicht*; Lokale Präpositionen	100

EXTRA BERUF	Auf der Jobmesse	KB 101
ARBEITSBUCH		AB 1–110

KURSPROGRAMM

LEKTION	LESEN	HÖREN	SCHREIBEN
1 IN KONTAKT Kursbuch KB 1–10 Arbeitsbuch AB 1–12	Den eigenen Lerntyp ermitteln **KB 4**	Interviews hören und verstehen **KB 3**	
2 FEIERN Kursbuch KB 11–20 Arbeitsbuch AB 13–26	Einladungen lesen und verstehen **KB 14**	Gespräche bei einer Einladung hören und verstehen **KB 12**	Sich schriftlich verabreden **KB 16**
Extra: Beruf KB 21–24	Bei der Berufsberatung		
3 UNTERWEGS Kursbuch KB 25–36 Arbeitsbuch AB 27–40	1 Die Struktur einer Informationsbroschüre erfassen **KB 28** 2 Einem Artikel Informationen entnehmen **KB 32**	Einem spontanen Gespräch Informationen entnehmen **KB 26**	Eine Bewertung schreiben **KB 34**
4 WOHNEN Kursbuch KB 37–46 Arbeitsbuch AB 41–54	Zeitungstexte lesen und verstehen **KB 42**	Einen Radiobeitrag hören und Aussagen verstehen **KB 39**	Eine E-Mail schreiben **KB 40**
Extra: Beruf KB 47–50	Berufliche Anerkennung		
5 BERUFSEINSTIEG Kursbuch KB 51–62 Arbeitsbuch AB 55–68	1 Einen Zeitungsbericht lesen und verstehen **KB 54** 2 Eine Stellenanzeige detailliert lesen **KB 59**	Eine Reportage abschnittsweise verstehen **KB 52**	Ein Bewerbungsschreiben verfassen **KB 60**
6 MUSIK Kursbuch KB 63–72 Arbeitsbuch AB 69–82	Eine Reportage verstehen, Beiträge in einem Forum einschätzen **KB 68**	1 Einen Vor-Ort-Bericht hören und verstehen **KB 64**	Eine E-Mail beantworten **KB 65**
Extra: Beruf KB 73–76	Stellenanzeigen		
7 GELD Kursbuch KB 77–88 Arbeitsbuch AB 83–96	1 Einen Test lesen und bearbeiten **KB 80** 2 Einem Ratgeber Informationen entnehmen **KB 82**	Eine Radiosendung hören und Aussagen zuordnen **KB 86**	Einen Meinungsbeitrag in einem Forum schreiben **KB 85**
8 LEBENSLANG LERNEN Kursbuch KB 89–100 Arbeitsbuch AB 97–110	Ein Kursverzeichnis lesen und verstehen **KB 90**	1 Eine Gesprächsrunde hören und Aussagen zuordnen **KB 94** 2 Eine Anleitung hören und verstehen **KB 97**	Einen informativen Beitrag in einem Online-Gästebuch schreiben **KB 96**
Extra: Beruf KB 101–104	Auf der Jobmesse		

KURSPROGRAMM

SPRECHEN	SEHEN UND HÖREN	WORTSCHATZ	GRAMMATIK
Kennenlerngespräche auf einer Messe führen **KB 2**	Interviews Informationen entnehmen **KB 8**	Ein Wörterbuch benutzen **KB 7**	Temporaladverbien; Adjektivdeklination **KB 10**
1 Einladungen aussprechen **KB 13** 2 Bitten höflich formulieren **KB 19**	Einer Foto-Reportage Informationen entnehmen **KB 18**	Eine Feier organisieren **KB 17**	Modalpartikeln; Verben mit Präposition **KB 20**
1 Vorschläge machen **KB 30**	Eine Dia-Show ansehen **KB 35**	Von einem Erlebnis / einer Fahrt berichten **KB 27**	*werden* + Infinitiv; Relativsätze **KB 36**
Wünsche und Abneigungen ausdrücken **KB 44**	Den Inhalt eines Films anhand von Abschnitten verstehen **KB 45**	Eine Wohnungseinrichtung beschreiben **KB 38**	Wortbildung Nomen; *nicht/nur brauchen … zu*; Wortstellung im Hauptsatz; Temporale Präpositionen **KB 46**
Sich informell über den beruflichen Hintergrund austauschen **KB 58**	1 Eine Reportage abschnittsweise verstehen **KB 52** 2 Einen Werbefilm beurteilen **KB 61**	Über Lebensläufe und berufliche Tätigkeiten sprechen **KB 56**	Konjunktiv II: Irreale Wünsche und Bedingungen; Finalsätze **KB 62**
Deutschsprachige Musiker und Bands präsentieren **KB 71**	Tipps und Informationen in einem Youtube-Video verstehen **KB 67**	Eine Musikveranstaltung auswählen **KB 66**	Negationswörter; Kausale und konzessive Zusammenhänge **KB 72**
1 Ein Spiel beschreiben **KB 78** 2 Ein Verkaufsgespräch führen **KB 81**	Einer Reportage Informationen entnehmen **KB 87**	Über Geld sprechen **KB 84**	Passiv; Wortbildung Nomen: Nachsilben **KB 88**
Über die Prüfungsvorbereitung sprechen **KB 92**	Die Botschaft eines Werbespots verstehen und beschreiben **KB 99**	Über moderne Medien sprechen **KB 98**	Genitiv; Position von *nicht*; Lokale Präpositionen **KB 100**

VORWORT

Liebe Leserinnen und Leser,

das Lehrwerk SICHER IN ALLTAG UND BERUF! ist die Inlandsausgabe der Lehrwerksreihe SICHER! und führt zum Abschluss der Stufen B1+, B2 oder C1 des *Gemeinsamen Europäischen Referenzrahmens für Sprachen*. Es richtet sich an fortgeschrittene erwachsene Deutschlernende ab 16 Jahren im deutschsprachigen Inland. Nach erfolgreichem Durcharbeiten des vorliegenden Kurs- und Arbeitsbuchs SICHER IN ALLTAG UND BERUF! B1+ können alle Prüfungen auf diesem Niveau abgelegt werden.

Die Lektionen sind in die Bausteine LESEN – HÖREN – SCHREIBEN – SPRECHEN – WORTSCHATZ – SEHEN UND HÖREN gegliedert. Am Ende jeder Lektion befindet sich eine kompakte und übersichtliche Darstellung der jeweiligen GRAMMATIK. Auf jede zweite Lektion folgen vier Seiten EXTRA BERUF mit je einem berufsspezifischen Thema. Auf der Niveaustufe B1+ ist der übergreifende Kontext das Themenfeld *Arbeitssuche*.

In verschiedenen Kursen kann das Lernprogramm je nach Bedarf, Interesse und Zeitrahmen individuell zusammengestellt werden. Die Lektionen enthalten aktuelle, authentische Lernmaterialien für die Bereiche Alltag und Beruf. Es findet sich ein breites Spektrum an aktuellen alltags- und berufsrelevanten Textsorten wie z. B. Zeitungsartikel, Werbebroschüren, Einladungen, Interviews, E-Mails und Bewerbungsschreiben. Dazu gibt es abwechslungsreiches Aufgaben- und Übungsmaterial, das die Rezeption und handlungsorientierte Produktion gleichermaßen fördert.

In der Rubrik „Wussten Sie schon?" wird modernes landeskundliches Wissen über die deutschsprachigen Länder vermittelt und damit der Blick für interkulturelle Themen und Fragestellungen geschärft. Strategien zum Lernen werden durch gezielte Aufgaben und praxisnahe Tipps gefördert.

Um individuellen Bedürfnissen gerecht zu werden, können Lernende auf die vertiefenden Übungen im Arbeitsbuch zurückgreifen. Am Ende der einzelnen Lektionen im Arbeitsbuch steht ein Selbsttest zur Verfügung.

Das Medienpaket zu SICHER IN ALLTAG UND BERUF! B1+ (978–3–19–041209–9) umfasst drei CDs mit Höraufnahmen zum Kurs- und Arbeitsbuch sowie eine DVD mit Filmen zum Baustein SEHEN UND HÖREN. Weitere Informationen und Materialien zum Unterrichten und Lernen finden Lehrkräfte und Lernende zudem unter WWW.HUEBER.DE/SICHER-IN-ALLTAG-UND-BERUF.

Viel Spaß mit SICHER IN ALLTAG UND BERUF! wünschen Ihnen
Autorinnen und Verlag

IN KONTAKT

1 Kursteilnehmende vorstellen → AB 1/Ü3

a Arbeiten Sie zu dritt. Schreiben Sie zu den Themen *Familie, Beruf* und *Interessen* Informationen über sich auf ein großes Blatt. Jeder schreibt pro Thema ...

- eine Zahl (z. B. 3, 2017 ...)
- einen Namen (z. B. Milan, Herr Krukowski...)
- einen Begriff (z. B. Arbeitskollege, Altenpfleger ...)

b Abwechselnd stellen zwei Personen der dritten drei Fragen. Der Befragte antwortet zuerst nur mit *Ja* oder *Nein*. Nach zweimal *Nein* sagt er die richtige Lösung.

> Ist *Herr Krukowski* dein *Arbeitskollege*?

> Ja, *Herr Krukowski* ist mein *Arbeitskollege*.

> Hast du *3* Arbeitskollegen?

> Arbeitest du seit *3 Jahren* als *Altenpfleger*?

> Nein.

> Nein, meine Ausbildung zum Altenpfleger hat *3* Jahre gedauert.

c Stellen Sie sich mit je drei Informationen pro Person gegenseitig im Kurs vor.

SPRECHEN

1 Gespräche führen → AB 2/Ü3

a Was fällt Ihnen leicht, wenn Sie mit anderen Menschen ins Gespräch kommen möchten? Markieren Sie.

> einen Witz machen • höflich sein • jemanden ansprechen • locker sein • sich positiv darstellen • über das Wetter reden • von sich erzählen

2 Beruflich in Kontakt → AB 2/Ü2

a Sie besuchen eine Jobmesse und sprechen mit anderen Besuchern. Arbeiten Sie zu dritt. Sehen Sie sich die Redemittel an.

Herkunft & Wohnort
„ *Ich komme aus … (Land)*
… liegt im Norden / Süden / Osten / Westen von …
Seit … lebe ich in …
Ich wohne in … (Wohnung / Haus)
Und woher kommen Sie?
Wo leben / wohnen Sie? "

Beruf & Berufswunsch
„ *Ich bin … von Beruf.*
Ich mache gerade eine Ausbildung als …
Ich suche eine neue Herausforderung.
Ich möchte als … arbeiten.
Und was sind Sie von Beruf?
Und wo arbeiten Sie? "

Sprachen
„ *Meine Muttersprache ist …*
Ich spreche außerdem …
Die meisten bei uns können … Fremdsprachen.
Bei der Arbeit sprechen wir …
Und welche Sprachen sprechen Sie?
Und wo haben Sie Deutsch gelernt? "

b Spielen Sie zu dritt ein Kontaktgespräch mit den Redemitteln aus Aufgabe 2a. Stellen Sie auch Rückfragen, damit das Gespräch möglichst lange dauert.

c Stellen Sie Ihre Lernpartner im Kurs vor.

d Vergleichen Sie: Welche Gemeinsamkeiten gibt es?

> Mariam möchte als Krankenschwester arbeiten. Ahmed möchte eine Ausbildung zum Medizinischen Fachangestellten machen.

> Zula und Merhawit kommen beide aus Eritrea.

> *Smalltalk vorbereiten*
> *Schlagen Sie als Vorbereitung für Gespräche wichtige Wörter zu Hause im Wörterbuch nach, zum Beispiel Ihre Berufsbezeichnung, Ihr Studienfach, den Schultyp, die Lage Ihrer Heimatstadt. Formulieren Sie einzelne Sätze vor, sodass Sie sie flüssig sprechen können.*

Ich kann jetzt …
- über meine Herkunft, Sprachen und meinen Beruf sprechen.
- mündliche Rückfragen stellen und beantworten.
- Fachbegriffe, z. B. meine Berufsbezeichnung ohne Wörterbuch benennen.

HÖREN

1 Zwei Interviews

a Lesen Sie die Aussagen von Nuriye und Joshua. Ergänzen Sie.

E-Mails • Internet • online • Handy • ~~Nachrichten~~

Nuriye
Ich lese und schreibe täglich einige _Nachrichten_ auf *Facebook*. Dort habe ich einen großen Freundeskreis. Ich lebe in Österreich und benutze das _____ als Brücke zu meinen Freunden in der Türkei.

Joshua
Ich checke meine _____ mehrmals am Tag. Ich bin fast ständig _____. Sonntags telefoniere ich per Skype mit einer Freundin in Minnesota. Das ist viel billiger als mit dem _____.

1◀) 1–2 b Hören Sie jetzt die Interviews. Haben Sie diese Informationen gehört? Markieren Sie.

Nuriye | Ja | Nein
1 chattet <u>oft</u> mit Freunden. | X | ☐
2 verwendet mehrere Sprachen, wenn sie Freunden schreibt. | ☐ | ☐
3 schreibt nie E-Mails. | ☐ | ☐
4 informiert sich selten im Internet über aktuelle Themen. | ☐ | ☐
5 liest manchmal Zeitung im Internet. | ☐ | ☐

Joshua | Ja | Nein
6 ist manchmal auch nachts online. | ☐ | ☐
7 beantwortet meistens alle E-Mails am selben Tag. | ☐ | ☐
8 sucht Sachinformationen immer im Internet. | ☐ | ☐
9 schreibt häufig Freunden auf *Facebook*. | ☐ | ☐

2 Temporaladverbien →AB 3–4/Ü6–9

GRAMMATIK
Übersicht → KB 10/1

a Unterstreichen Sie in Aufgabe 1 Temporaladverbien, wie z. B. *oft*.

b Ergänzen Sie die Temporaladverbien in einer Reihenfolge von *nie* = 0 % bis *immer* = 100 %.

nie ————————— oft ——————————— immer
0 %   100 %

c Schreiben Sie zu den folgenden Stichworten etwas über sich. Verwenden Sie Temporaladverbien.

- Briefe schreiben
- twittern
- Nachrichten schreiben
- mit einer Freundin / einem Freund skypen
- mit dem Handy telefonieren
- auf sozialen Netzwerken aktiv sein

Ich schreibe sehr selten Briefe. Ich habe das letzte Mal vor einem halben Jahr eine Geburtstagskarte per Post verschickt. ...

d Fragen Sie Ihre Lernpartnerin / Ihren Lernpartner. Wo haben Sie Gemeinsamkeiten?

Ich kann jetzt … | ☺ | 😐 | ☹
- ein Interview über den Gebrauch von modernen Kommunikationsmedien verstehen. | ☐ | ☐ | ☐
- darüber sprechen, welche Medien ich benutze. | ☐ | ☐ | ☐
- Temporaladverbien verwenden. | ☐ | ☐ | ☐

KB 3

LESEN

1 Sprachen im Kurs

a Wie viele Sprachen werden in Ihrem Kurs gesprochen?
b Welche Sprache wird am häufigsten gesprochen?
c Wie viele Kursteilnehmende können mehr als zwei Sprachen?

2 Machen Sie den Test: *Wie lernen Sie am liebsten?*

Welche Antwort passt am besten zu Ihnen? Markieren Sie.

1 Deutsch lernen ist für mich ...
A wichtig, weil ich Deutsch für meine Arbeit brauche.
B gut, weil ich mit deutschsprachigen Menschen in Kontakt kommen möchte.
C notwendig, weil ich in einem deutschsprachigen Land lebe.
D spannend, weil ich etwas über die deutschsprachigen Länder lerne.

2 Wenn man Deutsch gut lernen möchte, muss man vor allem ...
A die Regeln der Grammatik lernen.
B Wörter und Redemittel lernen. Das braucht man im Beruf.
C mit Muttersprachlern sprechen.
D viele Filme in dieser Sprache sehen.

3 Ich lerne am liebsten ...
A mit anderen in einer kleinen Gruppe.
B mit einer Lernpartnerin / einem Lernpartner.
C in einem Kurs.
D allein.

4 Hausaufgaben sollten ...
A Computer-Übungen sein, zum Beispiel auch Such-Aufgaben im Internet.
B vor allem Grammatikübungen sein.
C nützlich für den Berufsalltag sein.
D ganz unterschiedlich sein.

5 Die Kursleiterin / der Kursleiter in einem Sprachkurs sollte ...
A meine Fehler immer korrigieren.
B immer Deutsch sprechen.
C interessante Spiele und Aufgaben machen.
D aktuelle Materialien zum Sehen und Hören präsentieren.

6 Das Training der Aussprache finde ich ...
A wichtig, damit die Zuhörenden mich ohne Probleme verstehen.
B notwendig, weil ich Unterschiede in der Aussprache einzelner Laute nicht gut höre.
C weniger wichtig, weil ich vor allem lesen und hören möchte.
D wichtig, weil mir das noch schwerfällt.

3 Welcher Lerntyp sind Sie?

Übertragen Sie Ihr Ergebnis. Welches Symbol haben Sie am häufigsten markiert?
Lesen Sie die Auswertung auf der nächsten Seite.

	1	2	3	4	5	6
A	◆	◆	◆	■	◆	●
B	▲	◆	◆	▲	▲	▲
C	◆	▲	▲	●	●	■
D	■	■	■	▲	■	◆

LESEN

Auswertung

◆ Typ A: Lernende mit System

Disziplin und Training spielen in Ihrem Leben eine wichtige Rolle. Sie schreiben schon sehr korrekt und haben keine Angst vor den deutschen Artikeln und Endungen. Sie arbeiten gern mit einer klaren Grammatiktabelle, weil Sie das für wichtig halten. Beim Sprechen machen Sie noch einige kleine Fehler, die Sie gern loswerden möchten. Die unsichere Aussprache bei manchen Lauten möchten Sie auch verbessern. Deshalb wollen Sie im Kurs vor allem Sprechen üben.

▲ Typ B: Lernende, die sich gern unterhalten

Sie haben ein gutes Gefühl für andere Menschen. Sie schreiben wenig und verbringen relativ wenig Zeit vor dem Computer. Sie mögen es, spielerisch zu lernen und im Kurs mit anderen zusammenzuarbeiten. Wichtige Wörter und Sätze lernen Sie am schnellsten in Kombination mit Bewegung und Rollenspielen. Sie wenden alles Gelernte im Gespräch gleich an. Allerdings passieren Ihnen noch kleine Fehler. Sie wollen daher im Kurs vor allem üben, richtig zu sprechen.

● Typ C: Berufsorientierte Lernende

Sie brauchen Deutsch für den Berufsalltag. Das Lernen von Grammatikregeln interessiert Sie weniger. Schneller Erfolg ist wichtig für Sie. Sie mögen lebensnahe Rollenspiele und „sprechen" mit dem ganzen Körper. Sie möchten aktuelles Deutsch hören, so wie es die Leute in den deutschsprachigen Ländern auf der Straße sprechen. Bei Gruppenarbeiten sind Sie sehr aktiv. Problemlos lernen Sie lange Textpassagen auswendig. Üben wollen Sie das Schreiben von Geschäfts-E-Mails.

■ Typ D: Interessierte Leser und Kinofans

Sie haben in der Schule eine Fremdsprache gelernt. In Ihrer Freizeit haben Sie angefangen, ab und zu deutschsprachige Filme im Original zu sehen – ohne Untertitel natürlich. Sie verstehen beim Lesen deutschsprachiger Artikel im Internet und beim Hören von Podcasts im Radio schon viel, haben aber noch nicht genug Übung, die Sprache aktiv einzusetzen. Deshalb wollen Sie vor allem Sprechen üben und bevorzugen kreative Aufgaben.

4 Das Testergebnis

a Was sagen Sie zu Ihrem Ergebnis? Passt es zu Ihnen?

b Suchen Sie im Kurs: Wer ist der gleiche Typ wie Sie? Wie viele Typen von A, B, C und D gibt es im Kurs?

c Welche Gemeinsamkeiten beim Lernen einer Fremdsprache finden Sie noch?

Wussten Sie schon? → AB 5/Ü10
Durchschnittlich 70 Prozent der Kommunikation in der Fremdsprache besteht aus Hörverstehen. Man muss verstehen, was andere sagen oder fragen. Sprechen steht auf Platz 2, dann folgt Lesen, und am wenigsten braucht man normalerweise das Schreiben.

LESEN

5 Adjektive → AB 5–9/Ü11–18

GRAMMATIK
Übersicht → KB 10/2

a Ergänzen Sie diese Ausdrücke aus den Texten in der Tabelle.

> ~~eine klare Grammatiktabelle~~ • den deutschen Artikeln • wichtige Wörter •
> ein gutes Gefühl • kreative Aufgaben • schneller Erfolg • dem ganzen
> Körper • aktuelles Deutsch • lange Textpassagen • kleine Fehler •
> deutschsprachige Filme • die unsichere Aussprache • interessierte Leser

	mit definitem Artikel	mit indefinitem Artikel	ohne Artikel
Singular		ein**e** klar**e** Grammatiktabelle	
Plural			

b Markieren Sie die Endungen der Artikel und der Adjektive wie im Beispiel.

c Erklären Sie: Wie merken Sie sich die Endungen von Artikeln und Adjektiven?
Arbeiten Sie in Gruppen.

Ich mache mir immer eine Zeichnung für die Endungen. Alle Endungen, die nicht -en sind, markiere ich bunt. Diese Zeichnung mit den Endungen mache ich auf ein Notizblatt, wenn ich einen längeren Text schreibe. Damit kontrolliere ich dann die Endungen.

> *Ausdrücke mit Adjektiven* → AB 9/Ü19
> *Ausdrücke wie „eine wichtige Rolle spielen" kommen in der Alltagssprache oft vor. Schreiben Sie diese in eine Vokabelkartei oder an einen besonderen Platz in Ihr Vokabelheft. Wiederholen Sie die Liste regelmäßig und lernen Sie sie am besten auswendig.*

Ich kann jetzt …
- einen schriftlichen Test über das Fremdsprachenlernen verstehen.
- über die Ergebnisse sprechen und meine Meinung dazu sagen.
- Regeln für die Adjektivendungen erkennen und benennen.

WORTSCHATZ

1 Ein Wörterbuch benutzen

Was machen Sie, wenn Sie ein Wort nicht (genau) verstehen?

☐ im Wörterbuch nachschlagen ☐ jemanden fragen
☐ in einem Online-Wörterbuch suchen

2 Verschiedene Wörterbücher

a Welche Wörterbücher kennen und benutzen Sie?
b Welche Vorteile hat das Wörterbuch links? Für welchen Zweck ist das Wörterbuch rechts unten besser geeignet?
c Lesen Sie den Eintrag links. Markieren Sie die Erklärungen. Welche verstehen Sie? Welche nicht?

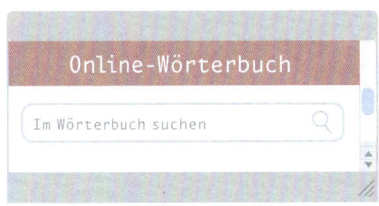

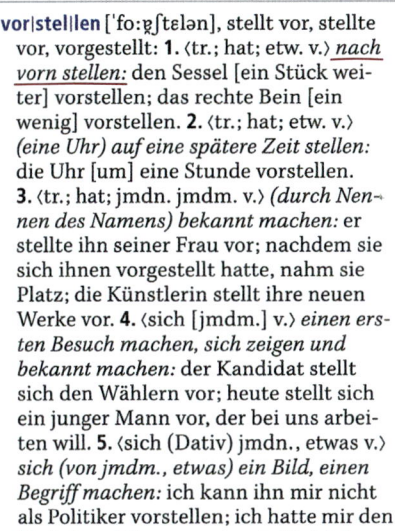

3 Über Grammatik sprechen → AB 9/Ü20

a Ergänzen Sie die Begriffe in der linken Spalte.

~~Kasus~~ • Verb • Wortart • Wortbildung • Satzteil • Zeiten / Tempus

	Nomen – Verb – Artikel – Pronomen – Adjektiv – Präposition – Konnektor
	Stamm – Vorsilbe – Nachsilbe
Kasus	Nominativ – Akkusativ – Dativ – Genitiv
	reflexiv – trennbar
	Subjekt – Objekt
	Präsens – Perfekt – Präteritum – Futur

b Suchen Sie im Wörterbucheintrag oben links Beispiele für die Wortarten (Nomen, Verb, …).

Ich kann jetzt ...
- den Aufbau eines Wörterbucheintrags verstehen.
- einsprachige Wörterbücher verwenden.
- Fachwörter für Grammatik richtig verwenden.

SEHEN UND HÖREN

1 Mein Sprachenpass

Beantworten Sie die Fragen. Vergleichen Sie dann mit Ihrer Lernpartnerin / Ihrem Lernpartner.

1 Meine Muttersprache ist _____.
2 Welche anderen Sprachen haben Sie gelernt? Ergänzen Sie und markieren Sie:

Sprache	Deutsch	_____	_____	_____
Sprechen	☺ 😐 ☹	☺ 😐 ☹	☺ 😐 ☹	☺ 😐 ☹
Schreiben	☺ 😐 ☹	☺ 😐 ☹	☺ 😐 ☹	☺ 😐 ☹
Hören + Verstehen	☺ 😐 ☹	☺ 😐 ☹	☺ 😐 ☹	☺ 😐 ☹
Lesen + Verstehen	☺ 😐 ☹	☺ 😐 ☹	☺ 😐 ☹	☺ 😐 ☹

2 Wozu brauchen Sie Deutsch vor allem?

a Was passt zu Ihnen? Markieren Sie.

b Erzählen Sie Ihrer Lernpartnerin / Ihrem Lernpartner, wozu Sie Deutsch hauptsächlich brauchen. Überlegen Sie auch, welche der vier Fertigkeiten *Hören – Lesen – Sprechen – Schreiben* dafür am Wichtigsten ist. Berichten Sie dann über Ihre Lernpartnerin / Ihren Lernpartner im Kurs.

„ *Ich brauche Deutsch bei … / für …*
Ich habe viel mit … zu tun. Darum ist es wichtig, dass …
Natürlich muss ich aber auch …
Also für mich ist/sind … am wichtigsten. "

Ich muss oft Telefongespräche auf Deutsch führen. Dazu muss ich …

Also ich brauche Deutsch für meinen Beruf. Ich arbeite als Medizinische Fachangestellte und habe viel mit Patienten zu tun. Da sind Hören und Sprechen am wichtigsten.

SEHEN UND HÖREN

3 Interviews mit Deutschlernenden

 a Lesen Sie die Informationen in der Tabelle und sehen Sie das erste Interview an. Ergänzen Sie die Informationen.

 b Sehen Sie jetzt die beiden anderen Interviews an. Notieren Sie die Informationen dazu.

Kursteil-nehmer/-in	A  Sofia	B  Javier	C  Colette	 Ich
Beruf/ Berufsziel/ Studium				
Stärken	Sprechen und Hören			
Ziele im Kurs				

c Welche Person ist Ihnen besonders sympathisch. Warum?

d Und Sie? Ergänzen Sie die Tabelle für sich und erzählen Sie.

4 Einen Text schreiben

Schreiben Sie einen kurzen Text über sich. Beantworten Sie darin folgende Fragen:

- Was ist für Sie am wichtigsten? Lesen, Hören, Schreiben oder Sprechen?
- Wozu brauchen Sie das?
- Was sind Ihre Stärken?
- Was möchten Sie nach diesem Kurs gern können? Warum?

Ich kann jetzt ...
- Interviews mit Deutschlernenden aus verschiedenen Ländern verstehen.
- über die eigenen Lernziele und Stärken sprechen.

GRAMMATIK

1 Temporaladverbien ← KB 3/2

Adverbien haben immer die gleiche Form, das heißt, man kann sie nicht deklinieren.
Mit Temporaladverbien macht man Angaben zur Zeit.

Temporaladverb	Bedeutung	Beispiel
immer, oft, manchmal, selten, nie, …	Häufigkeit	Nuriye trifft **oft** Freunde auf *Facebook*.
morgens, vormittags, … montags, dienstags, … täglich, monatlich, …	Wiederholung	**Sonntags** telefoniere ich per Skype mit einer Freundin in Minnesota.
zuerst, dann, danach, anschließend, schließlich, …	zeitliche Reihenfolge	**Zuerst** gehen Sie auf die Webseite des Netzwerkes.

2 Adjektivdeklination ← KB 6/5

Adjektive vor einem Nomen haben eine Endung. Die Adjektivendung richtet sich nach Genus (maskulin, feminin, neutral), Numerus (Singular, Plural) und Kasus (**N**ominativ, **A**kkusativ, **D**ativ, **G**enitiv) des Nomens.

a Adjektivdeklination im Singular: Definiter Artikel

	maskulin	neutral	feminin
N	der schnell**e** Erfolg	das gut**e** Material	die gut**e** Leistung
A	den schnell**en** Erfolg	das gut**e** Material	die gut**e** Leistung
D	dem schnell**en** Erfolg	dem gut**en** Material	der gut**en** Leistung
G	des schnell**en** Erfolg**s**	des gut**en** Material**s**	der gut**en** Leistung

b Adjektivdeklination im Singular: Indefiniter Artikel, Possessivartikel *mein, dein,* …, Negativartikel *kein-*

	maskulin	neutral	feminin
N	ein schnell**er** Erfolg	ein gut**es** Material	eine gut**e** Leistung
A	einen schnell**en** Erfolg	ein gut**es** Material	eine gut**e** Leistung
D	einem schnell**en** Erfolg	einem gut**en** Material	einer gut**en** Leistung
G	eines schnell**en** Erfolg**s**	eines gut**en** Material**s**	einer gut**en** Leistung

c Adjektivdeklination im Singular: Ohne Artikel

	maskulin	neutral	feminin
N	schnell**er** Erfolg	gut**es** Material	gut**e** Leistung
A	schnell**en** Erfolg	gut**es** Material	gut**e** Leistung
D	schnell**em** Erfolg	gut**en** Material	gut**er** Leistung
G	schnell**en** Erfolg**s**	gut**en** Material**s**	gut**er** Leistung

d Adjektivdeklination im Plural

	Definiter Artikel	Ohne Artikel	Possessivartikel *mein, dein,* … und Negativartikel *kein-*
N	die schnell**en** Erfolge	schnell**e** Erfolge	mein**e** schnell**en** Erfolge
A	die schnell**en** Erfolge	schnell**e** Erfolge	mein**e** schnell**en** Erfolge
D	den schnell**en** Erfolg**en**	schnell**en** Erfolg**en**	mein**en** schnell**en** Erfolge
G	der schnell**en** Erfolge	schnell**er** Erfolge	mein**er** schnell**en** Erfolge

2 FEIERN

1 Eine besondere Feier

a Arbeiten Sie zu zweit. Sehen Sie das Foto an. Wo sind die Leute? Was feiern sie?

b Wie würden Sie dieses Fest feiern?

c Wie stellen Sie sich eine Feier in der Firma vor?

> Ich habe gehört, dass man in vielen Firmen die Geburtstage der Kollegen feiert. Die „Geburtstagskinder" bringen etwas zu essen und zu trinken mit.

> Zu Weihnachten könnte der Chef alle ins Restaurant zum Essen einladen zum Dank für die gute Arbeit im letzten Jahr.

> Ich denke zum Beispiel an ein Jubiläum. Da gibt es sicher Reden und Essen und vielleicht spielt sogar eine Band.

HÖREN

1 Eine Einladung → AB 13/Ü3

a Sehen Sie sich die Fotos an. Was passt? Ordnen Sie zu.

☐ Small Talk   ☐ Begrüßung   ☐ Gastgeschenk

A

B

C

b Wer sind die Personen und in welchem Verhältnis stehen sie zueinander?

c Wie verläuft die Begrüßung? Was meinen Sie?

- Wie sprechen sich die Personen an? Informell mit „du" oder formell mit „Sie"?
- Wo und wann übergibt der Mann das Geschenk?
- Was sagen die Personen auf Foto B?

d 1◉) 3 Hören Sie das Gespräch. Was ist richtig? Markieren Sie.

☐ Die beiden kennen den Weg zu ihren Gastgebern nicht genau.
☐ Sie lassen ihre Gastgeber warten.
☐ Sie haben sich verspätet, weil der Bus nicht pünktlich war.
☐ Sie haben etwas zu essen mitgebracht.

> **Wussten Sie schon?**
> In den deutschsprachigen Ländern gilt: Bei einer Einladung zu einem warmen Essen sollte man pünktlich sein und nicht zu spät kommen. Vor der verabredeten Zeit zu kommen, ist jedoch unhöflich.

2 Modalpartikeln → AB 14–15/Ü4–6

GRAMMATIK
Übersicht → KB 20/1

a 1◉) 4 Lesen Sie die Abschnitte aus den Gesprächen. Was passt? Ergänzen Sie *denn, doch, eigentlich, ja, mal*. Hören Sie dann und vergleichen Sie.

- Sind wir hier _denn_ richtig?
- Musst du mich _____ immer kritisieren?
- Das dauert _____ ganz schön lange.

- Schau _____ auf die Uhr.
- Ach was, der Bus war _____ ganz pünktlich.
- Ja, es war _____ ganz einfach.

- Kommen Sie _____ bitte herein.
- Diese Farbe ist _____ toll.

b Was passt nicht? Streichen Sie die Wörter, die nicht passen.

Jetzt sind Sie *ja / ~~eigentlich~~ / ~~denn~~* da.
Kommen Sie *doch / ja / denn* bitte herein.
Haben Sie es *denn / mal / schon* leicht gefunden?
Eine tolle Idee von Ihrem Mann, die Kollegen *ja / mal / eigentlich* nach Hause einzuladen.
Ja, es freut mich, Sie alle *ja / mal / schon* kennenzulernen.

Ich kann jetzt …
- private Gespräche bei einer Einladung verstehen.
- Modalpartikeln wie *mal, ja, eigentlich, …* verstehen und benutzen.

☺ ☐ 😐 ☐ ☹ ☐
☺ ☐ 😐 ☐ ☹ ☐

SPRECHEN 1

1 Feiern

a Zu welcher Feier würden Sie gerne gehen? Machen Sie Notizen.

Grillfeier
- *draußen*
- *Freunde und Bekannte*
- *bequeme, sportliche Kleidung*

Abschlussfeier
- *Schüler, Freunde, Lehrer*
- *schicke, elegante Kleidung*

b Sprechen Sie nun mit Ihrer Lernpartnerin / Ihrem Lernpartner über Ihre Wahl. — *choise*

„*Ich würde gern zu … gehen.
Ich bin gern draußen / im Freien / in einem schönen Saal.
Ich mag eine festliche/formelle/entspannte/informelle Atmosphäre.
Ich ziehe gern … Kleidung an.
Am liebsten esse ich / unterhalte mich / …*"

2 Telefongespräche mit Kollegen und Freunden → AB 16 / Ü 7

1 ◀)) 5–7 a Hören Sie drei Telefongespräche. Um wen geht es? Markieren Sie.

	Kim	Herr Schulze	Frau Strauß
1 Wer wird von einer Kollegin nach Hause eingeladen?	☐	☐	☐
2 Wer nimmt die Einladung zu einer Geburtstagsparty an?	☐	☐	☐
3 Wer lehnt eine Einladung ab?	☐	☐	☐

b Lesen Sie die Ausschnitte aus den Gesprächen. Was drücken diese Sätze aus? Ordnen Sie zu.

> 1 das Gespräch beginnen • 2 „Eisbrecher" • 3 das Thema nennen • 4 jemanden einladen •
> 5 Interesse zeigen, nach Einzelheiten fragen • 6 die Einladung annehmen • 7 Hilfe anbieten •
> 8 um etwas bitten • 9 eine Verspätung ankündigen

☐ *Also, ich komme wahrscheinlich etwas später, so um …*
[1] *Störe ich dich gerade?*
[2] *Wie war dein Wochenende?*
☐ *Warum ich dich anrufe: Nächste Woche feiere ich und da wollte ich ein paar Leute einladen.*
☐ *Also, es wäre toll, wenn du … mitbringen könntest.*

☐ *Klingt gut. Wann denn?*
☐ *Gern. Samstag habe ich noch nichts vor.*
☐ *Soll ich was mitbringen … ?*
☐ *Hättest du Lust, auch zu kommen?*

3 Rollenspiel: Jemanden einladen und eine Einladung annehmen

Spielen Sie zu zweit Gespräche. Partner A lädt Partner B ein. Partner B sagt zu.
Verwenden Sie die Redemittel aus Aufgabe 2.

Ich kann jetzt …
- über meine Vorlieben bei Feiern sprechen.
- mündliche Einladungen genau verstehen.
- jemanden mündlich einladen und eine Einladung annehmen.

LESEN

1 Feiern

a Wählen Sie ein Kärtchen. Suchen Sie dann eine Lernpartnerin / einen Lernpartner mit der gleichen Feier.

der Kartenspielabend   der Namenstag   die Überraschungsparty   das Sommerfest   der Fußballabend   der Geburtstag   die Abschiedsparty   der Junggesellenabschied

b Überlegen Sie nun gemeinsam: Wo und wann findet Ihre Feier statt? Wen laden Sie ein? Wie möchten Sie feiern?

2 Verschiedene Einladungen

a Lesen Sie die Einladungen. Wie werden die Adressaten angesprochen? Ergänzen Sie die Tabelle.

Nr.	Adressat	Anrede	Pronomen	Anlass
1	Kollegen	Liebe Kolleginnen und Kollegen,	Sie / Euch	Abschiedsfeier
2				
3				
4				
5				

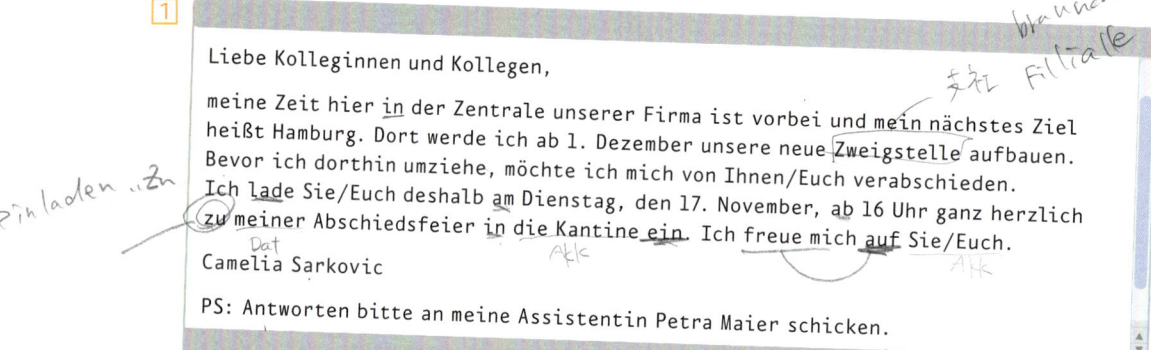

[1]

Liebe Kolleginnen und Kollegen,

meine Zeit hier in der Zentrale unserer Firma ist vorbei und mein nächstes Ziel heißt Hamburg. Dort werde ich ab 1. Dezember unsere neue Zweigstelle aufbauen. Bevor ich dorthin umziehe, möchte ich mich von Ihnen/Euch verabschieden. Ich lade Sie/Euch deshalb am Dienstag, den 17. November, ab 16 Uhr ganz herzlich zu meiner Abschiedsfeier in die Kantine ein. Ich freue mich auf Sie/Euch.
Camelia Sarkovic

PS: Antworten bitte an meine Assistentin Petra Maier schicken.

[2]

... und jedem Anfang wohnt ein Zauber inne.
Hermann Hesse

Liebe Anna,

zu unserer *Hochzeit* am 1. Juni laden wir Dich und Deinen Mann herzlich ein.
Den Schritt ins gemeinsame Leben machen wir mit der kirchlichen Trauung um 15 Uhr in St. Bonifatius.
Anschließend möchten wir mit Euch im mittelalterlichen Ambiente der Burg Traunstein feiern.
Wir bitten Euch, uns bis 15. Mai mitzuteilen, ob Ihr kommen könnt.

Stanislaw & Janina

[3] Felix Krüger

Es ist erst April, aber die Sonne brennt schon! Wer von Euch kommt nach der Arbeit zu unserem Grillplatz am Rhein? Wir sind in der Nähe der Zoo-Brücke. Nehmt etwas zum Grillen mit. Für Getränke sorgen Sergej und Maja. Treffpunkt ist der U-Bahnhof „Zoo". Wir warten auf Euch bis 19 Uhr. Wer später kommt, muss uns suchen. ☺

LESEN

[4]

Liebe Kolleginnen und Kollegen,

dieses Jahr machen wir unseren Betriebsausflug im September. Auf vielfachen Wunsch geht es mal wieder auf das Oktoberfest. Für alle, die mitkommen, ist am Donnerstag, den 17.9., ab 14 Uhr dienstfrei. Die Geschäftsleitung lädt jeden zu einer Maß Bier und einem halben Hähnchen ein.
Ab 16 Uhr ist ein Tisch für uns im Löwenbräu-Zelt reserviert. Ein Bus bringt uns direkt bis zur Festwiese und holt uns abends dort auch wieder ab. Wir hoffen auf zahlreiche Teilnahme.

Hubert Müller
(Kaufmännischer Leiter)

[5]

Liebe Stammtisch-Freunde,

bei unserem letzten Stammtisch hatten wir die Idee, im Herbst eine längere Wanderung zu machen. Das haben Chris und ich jetzt organisiert. Ziel ist die Falkenhütte. Sie liegt traumhaft hoch oben im Karwendelgebirge. 20 Leute können dort in einem Matratzenlager übernachten. Da die Hütte keinen Wirt hat, müssen wir unser eigenes Essen mitbringen.
Der Termin: Samstag/Sonntag, 18./19. Oktober.
Treffpunkt ist am Samstag, den 18.10., um 7 Uhr am Hauptbahnhof.
Wir würden uns freuen, wenn viele von Euch mitkommen würden.
Bitte sagt möglichst bald Bescheid – per E-Mail oder ruft einfach an.

Viele Grüße, Wolf
Email: wolf@stammtischeck.de   Mobil: 0174-9928332

> **Wussten Sie schon?** → AB 19/Ü14
> „Stammtisch" nennt man zum einen eine Gruppe von Leuten, die sich regelmäßig in einem Lokal treffen. Der Stammtisch ist aber auch der Tisch, um den sich die Gruppe versammelt. Eine Stammtischrunde kommt zusammen, um sich zu unterhalten, oft auch über aktuelle politische Themen.

b Welche Aussagen sind richtig (R), welche falsch (F)? Markieren Sie.

Einladung   R   F
1 Man kann mit Camelia in ihrer neuen Firma feiern.   ☐   ☒
2 Man feiert an einem besonderen Ort.   ☒   ☐
3 Man soll etwas zu trinken mitbringen.   ☐   ☒
4 Man muss am Nachmittag nicht arbeiten.   ☒   ☐
5 Man kann am Ziel etwas zu essen kaufen.   ☐   ☐

3 Verben mit Präpositionen → AB 16–19/Ü9–13

GRAMMATIK
Übersicht → KB 20/2

a Sehen Sie Einladung 1 noch einmal an.
Unterstreichen Sie die Präpositionen, die den Verben *einladen* und *freuen* folgen.
Markieren Sie dann die Ergänzungen nach den Präpositionen in zwei Farben.
Welche stehen im Akkusativ (grün), welche im Dativ (rot)?

b Ergänzen Sie in den Gesprächen die Fragewörter und die Präpositionalpronomen.

> An wen • Worauf • darauf • An sie

SACHE
● Sagt mal, geht ihr dieses Jahr auch mit auf den Betriebsausflug?
■ Klar, _darauf_ freuen wir uns alle. Die ganze Abteilung fährt zum Oktoberfest!
● _Worauf_ freust du dich denn am meisten?
■ Auf das Riesenrad!

PERSON
■ Du, hast du schon an Petra Maier geschrieben?
● _An wen_? Wer ist denn Petra Maier?
■ Petra Maier ist die Assistentin von Camelia. _An sie_ sollen wir doch unsere Antwort wegen der Abschiedsfeier schicken.

Ich kann jetzt …   ☺ ☺ ☹
■ mit anderen eine Party planen.   ☒ ☐ ☐
■ schriftliche Einladungen verstehen.   ☒ ☐ ☐
■ einige Verben mit Präpositionen verwenden.   ☐ ☒ ☐

KB 15

SCHREIBEN

1 Quiz: Sprache in der digitalen Welt

a Was meinen Sie? Was bedeuten die folgenden Abkürzungen? Arbeiten Sie zu zweit.

hdl • kp • kA • LG • WE

> *Wussten Sie schon?*
> *Beim Schreiben von privaten digitalen Nachrichten benutzen viele Menschen Abkürzungen. Einige davon kommen aus dem Englischen, z. B. asap, was für „as soon as possible" steht und „so schnell wie möglich" bedeutet.*

b Gibt es solche Abkürzungen auch in Ihrer Sprache? Nennen Sie ein Beispiel.

2 Schriftliche Verabredungen → AB 20–21/Ü15–16

a Tom lädt Lea zu einer spontanen Grillparty ein. Ergänzen Sie.

1 Passt mir gut. Freu mich auf euch! *g* Lea
2 Tut mir leid!!! Hat nicht geklappt. ☹ Geht es bei Dir am WE? Ich melde mich noch mal. L.
3 Kann sein, dass es später wird. Ich muss noch mal nach Hause, habe was vergessen. LG ☺ Lea
4 Wo bist du denn nur? Wir gehen jetzt nach Hause. ☹ Tom
5 Ich bin hier leider immer noch beschäftigt!! Sry!!! Lass mir ein Würstchen übrig. ☺ Lea
6 Wo bleibst du denn? Das Essen ist fast weg. Tom ☹
7 Ich bin jetzt am Kiosk. Hdl Tom ☺

b Arbeiten Sie zu zweit (Rollen A und B). Tauschen Sie Ihre Handynummern aus oder arbeiten Sie auf Papier. Schreiben Sie Nachrichten. Sprechen Sie nicht!

A
- Sie wollen sich mit Person B um … Uhr in … verabreden.
- Sie sind pünktlich um … in/an …, B ist nicht da.
- Sie sind aber nicht sauer.
- Um … ist B immer noch nicht da.
- Sie gehen um … noch in/nach …
- Um … gehen Sie nach Hause.

B
- Sie freuen sich über die Einladung von Person A und sagen zu.
- Sie müssen/möchten noch …, deshalb verspäten Sie sich.
- Sie verspäten sich noch einmal, weil …
- Es ist zu spät. Sie möchten sich nicht mehr in … treffen, sondern lieber am … in …
- Sie entschuldigen sich.

„ *Wie sieht es … bei dir aus?*
Passt mir gut. / Sieht gut aus. / Das geht.
Heute Abend klappt. Um … bei …
Ich bin leider hier noch beschäftigt.
Es kann sein, dass es später wird.
Fangt doch bitte ohne mich an.
Tut mir leid, aber das geht nicht, …
Bei mir geht es jetzt doch nicht.
Leider ist bei mir etwas dazwischengekommen.
Wollen wir vorher noch einmal telefonieren?
Ich melde mich vorher noch mal. "

c Lesen Sie die Nachrichten noch einmal zu zweit. Sind alle Nachrichten verständlich formuliert?

Ich kann jetzt …
- auf Einladungen positiv und negativ reagieren.
- per Nachricht Termine vereinbaren.

WORTSCHATZ

1 Partys feiern → AB 21–22/Ü17–18

a Sehen Sie das Foto an. Was wird hier gefeiert?

b Was gehört zu einer gelungenen Feier? Einigen Sie sich mit Ihrer Lernpartnerin / Ihrem Lernpartner auf die drei wichtigsten Aspekte.

Ort: zu Hause / in einer Bar / im Freizeitzentrum / im Freien / im Garten / …
Essen: Suppe / kaltes Buffet / etwas zum Knabbern / …
Getränke: alkoholfreie Getränke / Cocktails / …
Musik: DJ / Band / CD-Sammlung / …
Dekoration: Luftballons / Kerzen / …

Ich finde gutes Essen am wichtigsten. Am besten ein Buffet. Was meinst du?

2 Eine Feier vorbereiten → AB 22/Ü19

a Wählen Sie einen Anlass: Eine Feier in der Firma, eine Hochzeitsfeier oder ähnliches. Was muss vorbereitet werden? Ordnen Sie Nomen und Verben zu. Es gibt mehrere Möglichkeiten. Bilden Sie danach eine sinnvolle Reihenfolge der Tätigkeiten.

Blumenschmuck   ausleihen *Musikanlage*
Einladungen   *choose* — aussuchen *Musik*
Getränke   zusammenstellen *Blumen Schmuck*
Gästeliste ─────────── verschicken *Einladungen*
Musik   kühlen *Getränke*
─ Musikanlage   anziehen *Kleidung*
festliche Kleidung ─── schreiben

musik player

Zuerst müssen wir eine Gästeliste schreiben.

b Rollenspiel: Arbeiten Sie zu zweit. Partner A bittet Partner B höflich, ihm bei mindestens drei Tätigkeiten zu helfen. Partner B sagt eine oder zwei Tätigkeiten zu und stellt dazu eine Nachfrage. Er lehnt mindestens eine Bitte höflich ab – mit einer guten Ausrede.

„ *Könntest du (mir) bitte … ?*
  Dürfte ich dich bitten, … ?
  Würdest du bitte … ?
  Wäre es möglich, dass du … ? "

„ *Ja klar, mache ich. Wie soll …?*
  Gern. Kann ich auch …? "

„ *Eigentlich gern, aber …*
  Ich würde dir gern helfen, aber …
  Tut mir leid, aber … "

Könntest du mir bitte helfen? Würdest du bitte die Musikanlage organisieren?

Tut mir leid, aber ich kenne niemanden mit einer Musikanlage.

Ich kann jetzt …
- Feste und Partys beschreiben.
- jemanden höflich um etwas bitten.
- eine Bitte höflich annehmen oder ablehnen.

SEHEN UND HÖREN

1 Ein Volksfest → AB 23/Ü20

a Sehen Sie die Foto-Reportage zu einem bekannten Volksfest ohne Ton an.
Welche zwei Motive haben Sie nicht gesehen? Markieren Sie.

☐ ein Bierzelt ☐ eine Blaskapelle ☐ Brezeln
☐ ein Lebkuchenherz ☐ Würste ☐ einen Bierkrug

b Kennen Sie das Fest? Wie heißt es und wo findet es statt?

c Sehen Sie die Foto-Reportage nun in Abschnitten mit Ton an. Markieren Sie.
In welchem Abschnitt erhalten Sie Antwort auf folgende Fragen?

	Abschnitt 1	Abschnitt 2	Abschnitt 3
1 Von welcher Person hat die Theresienwiese den Namen?	☐	☐	☐
2 Wann gab es das erste Volksfest auf der Theresienwiese?	☐	☐	☐
3 Was gefällt den Münchnern weniger gut?	☐	☐	☐
4 Wann findet das Fest statt?	☐	☐	☐
5 Was machen die Gäste im Bierzelt, außer zu trinken?	☐	☐	☐
6 Wie viele Bierzelte gibt es?	☐	☐	☐
7 Wie viele Gäste passen in jedes Zelt?	☐	☐	☐
8 Wofür ist das Lebkuchenherz ein Zeichen?	☐	☐	☐

d Welche Fragen können Sie nun beantworten? Sammeln Sie im Kurs.

e Sehen Sie nun Abschnitt 2 der Foto-Reportage noch einmal an.
Was ist richtig? Markieren Sie.

1 Die Bierzelte auf dem Oktoberfest …
☐ sehen aus wie Turnhallen.
☐ sind etwa elf Meter lang.
☐ haben Platz für etwa 5 000 Gäste.

2 Manche Münchner und Bayern …
☐ mögen dieses Volksfest nicht.
☐ gehen jedes Jahr mehrmals dorthin.
☐ lieben die Gemütlichkeit auf dem Fest.

3 Die Kinder mögen auf dem Oktoberfest vor allem …
☐ die Musik in den Zelten.
☐ die bayrischen Spezialitäten.
☐ die Karussells und Süßigkeiten.

Ich kann jetzt …
- eine Foto-Reportage verstehen.
- aus einer Foto-Reportage wichtige Informationen entnehmen.

SPRECHEN 2

1 Eine Präsentation planen

Wählen Sie ein typisches Fest aus Ihrer Stadt / Ihrem Heimatland, das Sie gern mögen oder das man kennen sollte. Notieren Sie Stichworte zu folgenden Aspekten:

- Zu welchem Anlass findet das Fest statt?
- Wann und wo findet es statt?
- Wer ist dabei?
- Was können Besucher auf dem Fest machen?
- Was isst man, was trinkt man?
- Was tun Sie persönlich auf diesem Fest?
- Was haben Sie auf dem Fest schon erlebt?

2 Eine Präsentation vorbereiten

a Welche Stichworte aus Aufgabe 1 passen zu den Folien 3 bis 5? Schreiben Sie den Text für die Folien 2 bis 6.

1 DAS … FEST IN …	2 INHALT - - -	3 DATEN UND FAKTEN
4 INTERESSANTE EINZELHEITEN	5 PERSÖNLICHE ERFAHRUNG	6 ZUSAMMENFASSUNG

b Schreiben Sie auf ein Blatt, was Sie in Ihrer Präsentation zu den Stichpunkten sagen möchten. Denken Sie an Beispiele und Erklärungen. Lernen Sie wichtige Passagen von Ihrem Text auswendig.

Stichpunkte formulieren
Auf den Folien stehen nur sehr wichtige Informationen. Sie sind der „rote Faden". So weiß der Hörer, worüber gerade gesprochen wird, und Sie wissen, was Sie an dieser Stelle sagen wollen.

3 Ihre Präsentation

a Lernen Sie für die Einleitung, den Schluss und die Übergänge zwischen den Inhaltspunkten die folgenden Redemittel.

zu 1 *Ich möchte heute / jetzt das … Fest in … vorstellen.*
zu 2 *Zuerst zum Inhalt meiner Präsentation: … Ich möchte zuerst …*
zu 3 *Ich habe im Internet recherchiert: Das …Fest ist ein wichtiges / das größte / das bekannteste …*
zu 4 *Das …-Fest spielt eine wichtige Rolle in unserer Stadt / unserem Leben / Alltag.*
zu 5 *Als ich das letzte Mal auf dem … Fest war, habe ich Folgendes erlebt: …*
zu 6 *Danke fürs Zuhören. Ich hoffe, ihr habt Lust bekommen, dieses Fest einmal zu besuchen. Habt ihr noch Fragen?*

b Machen Sie zu Hause eine „Generalprobe" Ihrer Präsentation.

Richtig präsentieren
Entspannen Sie sich und sehen Sie Ihre Zuhörer an. Sprechen Sie frei. Lesen Sie nicht vor. Ihre Präsentation soll spontan und natürlich wirken. Werden Sie nicht nervös, wenn Ihnen ein Wort nicht einfällt. Machen Sie eine kleine Pause und beginnen Sie den Satz neu.

c Halten Sie nun Ihre Präsentation im Kurs.

Ich kann jetzt …
- eine Präsentation über ein Fest in meiner Heimat planen.
- einen mündlichen Vortrag strukturieren.
- mithilfe von Stichpunkten vor Publikum sprechen.

GRAMMATIK

1 Modalpartikeln ← KB 12/2

Modalpartikeln können gesprochene Sätze in ihrer Wirkung auf den Zuhörer stärker oder schwächer machen. Sie haben unterschiedliche Bedeutungen. Hier einige Beispiele:

Modalpartikel	Bedeutung	Beispiel
doch	Gegensatz	Der Bus war **doch** ganz pünktlich.
	Aufforderung, Vorschlag	Kommen Sie **doch** bitte herein!
denn	Interesse	Sind wir hier **denn** richtig?
eigentlich	Interesse	Kennen Sie sich **eigentlich**?
	Abschwächung	Es war **eigentlich** ganz einfach.
ja	Überraschung	Ihre Wohnung ist **ja** toll!
mal	Bitte, Aufforderung	Möchtest Du **mal** probieren? Schau **mal** auf die Uhr.

2 Verben mit Präposition ← KB 15/3

Manche Verben haben eine feste Präposition: z. B. *warten auf, helfen bei, ...*

a Verben mit Präposition + Akkusativ/Dativ

Verben mit Präposition + Akkusativ		Beispiel
an	denken **an**	Sie denkt **an** den netten Mann aus dem Bus.
	schreiben **an**	Ich schreibe **an** Dich, weil ich Deine Hilfe brauche.
	senden/schicken **an**	Schicken Sie die Rechnung bitte **an** meine private Adresse.
auf	hoffen **auf**	Wir hoffen **auf** ein günstiges Angebot.
	sich freuen **auf**	Ich freue mich **auf** meinen Geburtstag.
	warten **auf**	Immer muss man **auf** dich warten!
für	sich bedanken **für**	Ich möchte mich (bei Ihnen) **für** Ihre Hilfe bedanken.
	sorgen **für**	Ich verspreche dir, dass ich immer **für** dich sorgen werde.
über	sich freuen **über**	Ich habe mich sehr **über** deinen Brief gefreut.
um	bitten **um**	Darf ich dich **um** deine Hilfe bitten?
	sich kümmern **um**	Wir kümmern uns **um** die Gäste.

Verben mit Präposition + Dativ		Beispiel
bei	sich bedanken **bei**	Ich möchte mich **bei** Ihnen (für Ihre Hilfe) bedanken.
	helfen **bei**	Kann ich dir **bei** der Arbeit helfen?
	sich melden **bei**	Melden Sie sich doch **bei** mir, wenn Sie in der Stadt sind.
mit	sich beschäftigen **mit**	In meiner Freizeit beschäftige ich mich viel **mit** meinem Hund.
	sich verabreden **mit**	Ich würde mich gern mal wieder **mit** dir zum Essen verabreden.
von	sich verabschieden **von**	Ich muss mich leider **von** Ihnen verabschieden, ich habe noch einen Termin.
zu	einladen **zu**	Darf ich Sie **zu** einem Glas Wein einladen?
	gratulieren **zu**	Wir gratulieren dir **zu** deinem Erfolg.

b Präpositionalpronomen

	Frage	Antwort
Bei Personen	**Auf wen** wartest du?	Auf Claudia! **Auf sie** muss man immer warten.
Bei Sachen	**Worauf** freust du dich?	Auf das Riesenrad. **Darauf** freue ich mich am meisten.

Ebenso: *woran/daran, wofür/dafür, worüber/darüber, worum/darum, wobei/dabei, womit/damit, wovon/davon, wozu/dazu*

BEI DER BERUFSBERATUNG

Ivanka Melic (22) kommt aus Kroatien und hat nach ihrem Schulabschluss in der Heimat schon zwei Jahre im Lebensmittelgeschäft ihres Onkels gearbeitet. Nun sucht sie in Deutschland eine Stelle als Verkäuferin. Am liebsten würde sie in einem Kaufhaus mit einem großen Warensortiment arbeiten. Sie spricht Kroatisch, Englisch und Deutsch.

CHECKLISTE BERUFSBERATUNG

☐ Sich auf ein Beratungsgespräch vorbereiten
☐ Einen Lebenslauf entwerfen
☐ Ein Beratungsgespräch führen
☐ Ein Bewerbungsschreiben entwerfen

1 Sich auf ein Beratungsgespräch vorbereiten

a Lesen Sie das Formular und ordnen Sie die Begriffe zu.

Deutschkenntnisse • über meinen Berufswunsch • Interessen und Stärken • ~~Alternativen zu meinem Berufswunsch~~ • Finanzielle Unterstützung • bisherige berufliche Erfahrungen (Arbeitszeugnisse) • Ausbildungsplatzsuche

---

Vorbereitung auf die Berufsberatung

Persönliches Profil und Dokumente
Letztes Schulzeugnis ☑ ☐
Nachweis der _____ ☑ ☐
_____ ☐
Wünsche und Erwartungen an meinen künftigen Beruf ☑ ☐
Kurzbeschreibung: Eigene _____ ☐

Das möchte ich in der Berufsberatung erfahren
Hilfe, um den richtigen Beruf für mich zu finden ☑ ☐
Informationen _____ ☑ ☐
Alternativen zu meinem Berufswunsch ☐
_____ in der Ausbildung ☐
Hilfe bei der _____ ☑ ☐

EXTRA BERUF

b Was hat Ivanka abgehakt? Sprechen Sie.

c Was wäre für Sie wichtig? Markieren Sie.

d Sehen Sie noch einmal die einzelnen Punkte auf dem Formular an. Welche Fragen hätten Sie bei der Berufsberatung dazu? Stellen Sie mit Ihrer Lernpartnerin / Ihrem Lernpartner eine Liste zusammen und vergleichen Sie anschließend im Kurs.

„ *Was bedeutet genau …?*
Welche Möglichkeiten gibt es, … zu …?
Könnten Sie mir erklären, was …
Welche Voraussetzungen braucht man …? "

Wussten Sie schon?
Die Berufsberatung ist ein Service der Bundesagentur für Arbeit. Ihr Ziel ist es, Jugendliche und Erwachsene bei der Berufswahl zu unterstützen. Für die richtige Berufswahl ist es wichtig, dass der Interessent seine Fähigkeiten, Interessen und persönlichen Eigenschaften so genau wie möglich angibt.

„Ich würde gern eine Ausbildung im Bereich Mode machen. Welche Möglichkeiten habe ich da?"

BEI DER BERUFSBERATUNG

2 Einen Lebenslauf entwerfen

a Ivanka hat zur Berufsberatung einen kurzen Lebenslauf mitgebracht. Was erfährt man darin über Ivanka? Sprechen Sie zu zweit.

Persönliche Daten	
Name	Ivanka Melic
Anschrift	Kaiserstraße 12, 28461 Dortmund, Deutschland
Telefon und E-Mail	0178 155 34 36; imeli@gmy.de
Geboren am	25.5.1994
Geburtsort	Dubrovnik / Kroatien

Schulausbildung	
Schulabschluss	Mittelschule in Dubrovnik (Abschluss 2013)

Berufliche Erfahrung	
Berufstätigkeit	2 Jahre als Aushilfe im Supermarkt meines Onkels in Dubrovnik

Kenntnisse und Fähigkeiten	
Sprachkenntnisse	Kroatisch: Muttersprache; Deutsch: B1+ Zertifikat; Englisch: ganz gut; Italienisch: verstehe ich ein bisschen
Weitere Kenntnisse	Microsoft Office, Excel, Outlook
Derzeitige Tätigkeit	Deutschkurs: Niveau B2
Persönliche Interessen	Basketball: Spielerin und Jugendtrainerin, Mode und Modezeichnen

- wie sie heißt
- wann und wo sie geboren ist
- wie ihre Eltern heißen
- welche Schule sie abgeschlossen hat
- welche Schulfächer sie hatte
- was sie beruflich gemacht hat
- wie viel sie in ihrem Beruf verdient hat
- welche Qualifikationen sie außerdem noch hat
- welche Sprachen sie wie gut kann
- welche Sprachen sie noch lernen möchte
- was sie momentan macht
- welche Hobbys sie hat

EXTRA BERUF

b Was könnte Ivanka an ihrem Lebenslauf noch verbessern? Machen Sie Vorschläge.

c Verfassen Sie nun selbst einen kurzen Lebenslauf. Orientieren Sie sich dabei an der Struktur von Ivankas Lebenslauf.

d Arbeiten Sie zu dritt. Tauschen Sie Ihre Lebensläufe untereinander aus und beantworten Sie Fragen aus Aufgabe 2a zu dem Lebenslauf, den Sie in der Hand halten.

War Metin schon berufstätig?

Ja, er hat 3 Jahre als Mechaniker gearbeitet.

Tipps für einen informativen Lebenslauf
In einem tabellarischen Lebenslauf soll man auf einen Blick die wichtigsten Informationen zum Werdegang einer Person erkennen. Er sollte deshalb übersichtlich sein, das heißt in Bereiche unterteilt sein wie „Persönliche Daten; Schul- und Berufsausbildung; Berufliche Erfahrungen und persönliche Interessen". Außerdem formuliert man knapp, das heißt, man verwendet Nomen, aber keine Verben. Ein Lebenslauf sollte nicht mehr als zwei Seiten umfassen.

e Sammeln Sie Tipps, wie man den Lebenslauf noch verbessern könnte.

BEI DER BERUFSBERATUNG

3 Ein Beratungsgespräch führen

a Hören Sie das Gespräch zwischen Ivanka und dem Berufsberater. Bringen Sie die Themen in die richtige Reihenfolge.

- [1] Checkliste
- [ ] Arbeitszeugnis
- [ ] Ausbildungsmöglichkeiten
- [ ] Lebenslauf
- [ ] Wunschberuf
- [ ] Deutschkenntnisse

b Hören Sie den ersten Abschnitt noch einmal. Was haben Sie gehört? Markieren Sie.

1 Ivanka Melic …
- [ ] bekommt in der Beratung als erstes eine Checkliste.
- [ ] hat die Checkliste ausgefüllt dabei.

2 Ihre Unterlagen sind unvollständig, weil …
- [ ] der Lebenslauf fehlt.
- [ ] ein Arbeitszeugnis fehlt.

3 In einem Arbeitszeugnis …
- [ ] beurteilt man die Charaktereigenschaften des Mitarbeiters.
- [ ] wird die Tätigkeit des Mitarbeiters beschrieben.

c Hören Sie den zweiten Abschnitt noch einmal. Was ist richtig? Markieren Sie.

1 Bei einer dualen Ausbildung hat man zwei verschiedene Arbeitgeber. ☐
2 Eine duale Ausbildung ist eine Kombination aus Arbeit und Berufsschule. ☐
3 Man verdient während der dualen Ausbildung bereits Geld. ☐
4 Eine duale Ausbildung dauert drei Jahre. ☐

EXTRA BERUF

d Hören Sie den dritten Abschnitt noch einmal. Was ist richtig? Markieren Sie.

1 Ein Lebenslauf sollte detailliert / aussagekräftig sein.
2 Bei Sprachkenntnissen sollte das Niveau / das Lernjahr angegeben werden.
3 Ein Lebenslauf sollte auch / keine Informationen zu persönlichen Interessen enthalten.

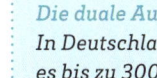

Die duale Ausbildung
In Deutschland, Österreich und der Schweiz gibt es bis zu 300 verschiedene Berufe, die man in einer dualen Ausbildung erlernt. Die Auszubildenden arbeiten zwei bis drei Jahre in einem Unternehmen oder Betrieb und lernen, was man in diesem Beruf wissen und können muss. Gleichzeitig besuchen sie eine Berufsschule. Die Ausbildung wird mit einer Prüfung abgeschlossen.

e Erarbeiten Sie zu zweit ein Beratungsgespräch bei der Berufsberatung. Spielen Sie Ihre Beratungsgespräche anschließend im Kurs vor.

Welche Möglichkeiten gibt es denn, wenn ich in einem Hotel arbeiten möchte?

Ich würde Ihnen erst einmal empfehlen, …

BEI DER BERUFSBERATUNG

4 Ein Bewerbungsschreiben entwerfen

a Ivanka hat ein Anschreiben entworfen. Lesen Sie und ordnen Sie zu.

die Anrede • die Lebenssituation • der Adressat • der Schlusssatz • die Pläne / die Absichten • die bisherigen Tätigkeiten • der Einleitungssatz • der Absender • die Grußformel • ~~der Ort / das Datum~~ • die Unterschrift • die Betreffzeile

Tipps für ein gutes Anschreiben
In Ihrem Anschreiben nennen Sie persönliche Qualifikationen und Fähigkeiten, die zu diesen Erwartungen passen, also beispielsweise „Erfahrung im Umgang mit Kunden" etc. Ein Muttersprachler sollte Korrektur lesen!

EXTRA BERUF

_____

der Ort / das Datum

_____

_____

_____

_____

_____

_____

_____

_____

_____

Ivanka Melic, Kaiserstraße 12, 28461 Dortmund,
Tel: 0178 155 34 36, imeli@gmy.de

Dortmund, 12.11.20..

Name des Unternehmens
Personalabteilung / z. Hd. Herrn / Frau …
Straße und Hausnummer
Postleitzahl und Stadt

Bewerbung um eine Stelle als Verkaufsaushilfe

Sehr geehrte Frau … / geehrter Herr … / geehrte Damen und Herren,

da mich Mode schon seit mehreren Jahren begeistert, sehe ich in einer Tätigkeit als Verkaufsaushilfe in Ihrem Unternehmen eine ideale Gelegenheit, einen Grundstein für meine berufliche Zukunft zu legen.

Nach meinem Schulabschluss in Dubrovnik, Kroatien, habe ich zwei Jahre als Verkäuferin in einem Supermarkt gearbeitet.
Dort war ich an der Wurst- und Käsetheke und an der Kasse tätig.
Außerdem habe ich Bestellungen bei Lieferanten organisiert.
In meiner Freizeit beschäftige ich mich gern mit Modezeichnen.

Nun lebe ich seit sechs Monaten in Dortmund und besuche zurzeit einen Deutsch-Intensivkurs auf der Niveaustufe B2.1. Zusätzlich möchte ich gern bis zu 20 Stunden pro Woche arbeiten.

In Zukunft plane ich außerdem, eine Ausbildung zur Einzelhandelskauffrau im Bereich Mode zu machen.

Über eine Einladung zu einem Bewerbungsgespräch würde ich mich sehr freuen.

Mit freundlichen Grüßen

Ivanka Melic

Ivanka Melic

b Was denken Sie: Was wird der Berater zu Ivankas Anschreiben sagen?

1 Das ist Anschreiben ist ☐ sehr gut ☐ einigermaßen gut ☐ chaotisch aufgebaut.
2 Es enthält ☐ nicht alle ☐ alle wichtigen Punkte.
3 Es ist ☐ zu lang. ☐ zu kurz. ☐ in der richtigen Länge.
4 Sprachlich ist es ☐ gut gelungen. ☐ weniger gut gelungen.

c Unterstreichen Sie im Text Sätze / Ausdrücke, die Sie benutzen können.

d Suchen Sie im Internet eine Stellenanzeige und schreiben Sie ein Bewerbungsschreiben.

UNTERWEGS 3

1 Günstig unterwegs sein

a Sehen Sie das Foto an. Was ist hier los? Was meinen Sie?

Die Familie braucht vermutlich ...

Vielleicht fragt er sie, ...

Der Mann mit dem Autoschlüssel möchte wahrscheinlich ...

b Hören Sie nun den Anfang des Gesprächs und ordnen Sie zu.

- Der Mann bietet der Familie an, ...
- Dafür möchte er ...
- Die Familie versteht nicht, ...

... sie mit seinem Auto nach Hause zu fahren.
... warum er eine Fahrkarte braucht.
... das Geld für eine Fahrkarte zum Flughafen.

c Wie könnte das Gespräch weitergehen? Was meinen Sie?
Hören Sie dann und vergleichen Sie.

HÖREN

1 Vermutungen

Sehen Sie das Foto an. Was meinen Sie?

- Was hält die Frau in der Hand?
- Was will sie damit machen?
- Warum spricht der Mann sie wohl an?

„Die Frau hat vermutlich ... in der Hand.
Wahrscheinlich braucht sie ...
Sie will vielleicht ...
Der Mann wird sie wohl fragen, ..."

2 Vermutungen formulieren → AB 27/Ü2–3

GRAMMATIK
Übersicht → KB 36/1

a In Aufgabe 1 haben Sie Vermutungen zum Foto formuliert. Welche sprachlichen Formen sind dafür typisch? Markieren Sie.

- ☐ Adverbien wie *wohl, vielleicht, vermutlich* oder *wahrscheinlich*
- ☐ Präpositionen
- ☐ *werden* + *wohl, vielleicht, ...* + Infinitiv

b Ordnen Sie die Adverbien zu.

bestimmt • vermutlich • eventuell • wahrscheinlich

vielleicht	ziemlich sicher

c Formulieren Sie Vermutungen für Ihre Zukunft mit *werden* + *wohl, vermutlich, ...* + Infinitiv.

Wir werden wohl dieses Jahr wieder ans Meer fahren. ...

3 Die Fahrkarte, bitte!

1 🔊 13 Hören Sie nun das Gespräch zum Foto. Beantworten Sie die Fragen in Stichworten.

1 Was will der Mann von den S-Bahn-Passagieren?   *ihre Tageskarte*
2 Warum brauchen die Fahrgäste ihre Fahrkarten nicht mehr?
3 Was möchte er mit der Fahrkarte des Ehepaars machen?
4 Wie erklärt er diese nicht legale Tätigkeit?
5 Ist das Ehepaar damit einverstanden? Warum (nicht)?

4 Ihre Meinung

Wie finden Sie die beiden Situationen am Flughafen? Welchen Vorschlag würden Sie annehmen, welchen nicht? Warum?

> *Wussten Sie schon?*
> Wer in den deutschsprachigen Ländern ein öffentliches Verkehrsmittel benutzt, muss beim Einsteigen eine gültige Fahrkarte besitzen. Normalerweise gibt es in U- und S-Bahn, Straßenbahn oder Bus keine Kontrolle vor Beginn der Fahrt. Wer aber keinen gültigen Fahrschein besitzt und kontrolliert wird, muss eine Strafe von mindestens 60 Euro bezahlen. Im Fernverkehr, z. B. im ICE oder EC kann man auch noch im Zug Fahrkarten kaufen. Diese sind dann jedoch meistens etwas teurer.

Ich kann jetzt ...
- Vermutungen formulieren.
- Gespräche zwischen Reisenden am Flughafen verstehen.

WORTSCHATZ

1 Wo ist bloß ...?

a Hören Sie den Anfang eines Gesprächs. Warum ist die Frau so nervös?

b Hören Sie noch einmal. Ergänzen Sie.

● Wo ist bloß mein Autoschlüssel?
Ich muss gleich Verena vom Bahnhof __abholen__!
■ Ganz ruhig! Überleg doch noch mal ganz genau!
Wann hast du ihn das letzte Mal gehabt?
Wo hast du ihn dann _____? –
Wann musst du denn los?
● Jetzt!
■ Wann _____ sie denn _____?
● In 20 Minuten, das heißt, ich muss eigentlich jetzt _____! So ein Mist!
■ Du, _____ mal hier _____ zum Fenster!
● Nein, ich hab' jetzt keine Zeit für so was ...
■ _____ doch einfach mal hier _____. Und – was siehst du da drüben?

c Was hat der Mann draußen entdeckt? Was meinen Sie?

d Hören Sie nun den Schluss des Gesprächs. Stimmt Ihre Vermutung?

2 Verben der Bewegung → AB 28/Ü 4–6

a Welche Vorsilben passen zu welchen Verben? Notieren Sie.

ab	fahren
an	kommen
los	gehen
ver	reisen
weg	holen
	bringen

abfahren, abreisen, ...

b Welches Verb passt? Markieren Sie.

1 Der Zug hat Verspätung. Könntest du mich heute Abend vielleicht mit dem Auto
☐ wegholen? ☒ abholen? ☐ abfahren?

2 Der Film beginnt in einer Stunde! Wenn wir pünktlich sein wollen, müssen wir jetzt
☐ wegkommen. ☐ anreisen. ☐ losgehen.

3 Hier liegt schon wieder so viel Altpapier herum. Das müsste man mal wieder
☐ wegbringen. ☐ anbringen. ☐ losbringen.

4 Letzten Sommer waren wir nur zu Hause! Ich möchte mal wieder
☐ abreisen. ☐ verreisen. ☐ losfahren.

c Notieren Sie Verben der Bewegung mit *raus-, rein-, rüber-, rauf-, runter-*, die Sie oft brauchen.

rausgehen: Ich gehe jeden Tag mit dem Hund raus.

3 Unsere Fahrt nach ...

Erfinden Sie zu viert eine kleine Geschichte. Eine/r schreibt den ersten Satz. Die/Der Nächste schreibt den nächsten Satz, usw. Benutzen Sie möglichst viele Verben aus 2a–c.

Letzten Dienstag hat mich meine Freundin Lara gefragt, ob wir nicht ein paar Tage wegfahren. ...

Ich kann jetzt ...
- Verben der Bewegung mit verschiedenen Vorsilben unterscheiden.
- diese Verben richtig benutzen.

LESEN 1

1 In der Stadt unterwegs → AB 29/07

a Was ist Ihnen im Stadtverkehr wichtig? Bilden Sie Adjektive.

| ~~bar~~ • be • ~~be~~ • duell • ein • freund • fach • indi • lich • netz • prak • quem • tisch • um • ver • vi • welt • ~~zahl~~ |

bezahlbar, ...

Wenn ich in der Stadt unterwegs bin, muss das auf jeden Fall bezahlbar sein

b Formulieren Sie nun Sätze mit diesen Adjektiven.

2 Leipzig mobil – Intelligent. Integriert. Umweltfreundlich.

a Die Stadt Leipzig hat das Siegel *Der Blaue Engel* für umweltfreundliche Verkehrsdienstleistung erhalten. Wofür? Sammeln Sie Ideen.

Vielleicht bietet die Stadt Leipzig ja kostenlos oder günstig Elektrofahrräder an.

b Ordnen Sie die Überschriften den drei Abschnitten zu.

Wann ist Leipzig mobil das perfekte Angebot?

Was bieten Ihnen die Leipziger Verkehrsbetriebe mit Leipzig mobil?

Was heißt integrierte Mobilität überhaupt?

Intelligent. Integriert. Umweltfreundlich.

Leipzig mobil steht für die Leipziger Idee, integrierte Mobilität aus einer Hand anzubieten.

1 _____

Mithilfe von modernen Informationstechnologien werden verschiedene Mobilitätsangebote sinnvoll vernetzt – Bus und Bahn mit Fahrrad und Auto. Sie nutzen das Angebot, das am besten zu Ihren individuellen Bedürfnissen passt. Dabei können Sie innerhalb eines Weges bequem die Verkehrsmittel wechseln.

2 _____

- Die Integration von Bus und Bahn mit Bike- und Carsharing.
- Die *Leipzig mobil*-App, über die Sie alle wichtigen Informationen erhalten: Abfahrtszeiten, Verbindungen, verfügbare Fahrzeuge, Standorte und Kosten. Mit der App können Sie Ihre Buchungen durchführen und Tickets kaufen.
- Die Nutzung von 26 Mobilitätsstationen, an denen Sie Mietautos und Mietfahrräder bekommen. Hier haben Sie auch Zugang zu den öffentlichen Verkehrsmitteln „Straßenbahn" und „Bus". Außerdem gibt es Ladesäulen, um Ihr Elektroauto aufzuladen.
- Eine sichere Zahlung, Kostenkontrolle und transparente Abrechnung.

3 _____

- Wenn Sie Ihr Auto nur gelegentlich nutzen.
- Wenn Sie auf das eigene Auto verzichten möchten und lieber flexibel sind und sich für Bus und Bahn sowie Bike- oder Carsharing entscheiden.

Leipzig mobil: praktisch, flexibel und umweltfreundlich mit bequemer und transparenter Bezahlung! Es bietet im öffentlichen Nahverkehr alles, was man sich wünscht.

LESEN 1

3 Relativsätze → AB 30–31/08–15

GRAMMATIK
Übersicht → KB 36/2

a Ergänzen Sie die Tabelle mithilfe des Textes.

Hauptsatz	Relativsatz			
	Präposition	Relativpronomen		Verb
1 Sie nutzen das Angebot,		das		können.
2 Die *Leipzig mobil*-App,	über	die		
3 Die Nutzung von 26 Mobilitätsstationen,				
4 _____ ,		was	man sich	wünscht.

b Verbinden Sie jeweils zwei Sätze mit einem Relativpronomen zu einem Relativsatz.

1 In Leipzig gibt es Busse, Bahnen, Leihfahrräder und Mietautos. Man kann sie kombiniert nutzen.
   In Leipzig gibt es Busse, Bahnen, Leihfahrräder und Mietautos,

2 Seit kurzem habe ich einen neuen Arbeitsplatz. Ich erreiche ihn mit dem Leihfahrrad.

3 Jeder Leipzig mobil-Nutzer erhält eine Chipkarte. Mit der Chipkarte kann man alle Verkehrsmittel nutzen.

4 Mit dem Basis-Abo können am Wochenende bis zu drei Kinder gratis mitfahren. Das wusste ich nicht.

4 Verkehrsmittel der Zukunft

a Sehen Sie die Zeichnungen an und ordnen Sie die Begriffe zu.

der Elektrobus • die Leihfahrradstation • das Mietauto • die Handy-App

b Beschreiben Sie die Funktionsweise mithilfe eines Relativsatzes.

Das ist die Handy-App, die man sich herunterladen kann und über die man alle Informationen bekommt.

Ich kann jetzt …
- den Inhalt einer Werbebroschüre verstehen.
- etwas mithilfe von Relativsätzen näher beschreiben.

SPRECHEN

1 Vorschläge machen → AB 33/Ü16–17

a Welcher Titel passt zu welchem Bild? Ordnen Sie zu.

A ☐

1 Freizeitsport

2 Auf zum Volksfest!

3 Interkulturelles Picknick

B ☐

C ☐

b Lesen Sie die Redemittel. Ordnen Sie zu.

> Warum eigentlich nicht? • Wie wäre es, wenn wir …? • Das finde ich, ehrlich gesagt … • Ich schlage vor, wir … • Meinst du nicht, wir sollten …? • Ich hätte noch eine Frage: …?

jemandem etwas vorschlagen	Rückfragen zu einem Vorschlag stellen	einverstanden sein oder ablehnen
„ *Wie findest du die Idee, einmal … zu …?* *Würdest du denn …?*	*Klingt spannend! Glaubst du, wir können …?* *Das ist aber bestimmt sehr …*	*Ja schön, dann machen wir das doch!* *Ich glaube, diesmal eher nicht.*
___	___	___
___	___	___
___	___	___ "

30 KB

SPRECHEN

c Wählen Sie zu zweit eine Situation. Jede/r übernimmt eine Rolle. Partner A macht Partner B einen Vorschlag, Partner B reagiert darauf. Verwenden Sie mindestens drei Redemittel aus 1b.

1 Freizeitsport

Person A

Es ist Sommer und Sie haben Lust auf Sport. Sie wollen Radfahren oder in die Natur zum Wandern oder zum Klettern gehen. Versuchen Sie, Ihre Partnerin / Ihren Partner von der Idee zu überzeugen!

Person B

Sie sind eigentlich recht sportlich und fahren gern Fahrrad. Mit Klettern haben Sie allerdings noch kaum Erfahrung und auch Angst, dass etwas passieren könnte.

2 Auf zum Volksfest!

Person A

Sie haben vom jährlichen Volksfest in einer nahe gelegenen Stadt gelesen. Dort gibt es viele Attraktionen für Groß und Klein – von Fahrten mit Karussells und wilden Achterbahnen bis zum sensationellen 5D-Kino. Sie haben gesehen, dass Dienstag Familientag mit reduzierten Preisen für Kinder ist.

Person B

Die Idee, zu einem Volksfest zu fahren, gefällt Ihnen gut. Sie würden gern die ganze Familie mitnehmen, möchten aber wissen, wie man die Fahrt dorthin organisieren könnte und ob so ein Nachmittag auch nicht zu teuer wird.

3 Interkulturelles Picknick

Person A

Sie würden gern einmal typische Speisen aus dem Land Ihrer Lernpartnerin / Ihres Lernpartners kennenlernen und für sie/ihn etwas Leckeres aus Ihrem Land zubereiten. Schlagen Sie ihr/ihm ein Picknick vor, zu dem jeder etwas Selbstgekochtes mitbringt.

Person B

Natürlich würden Sie gern die Küche anderer Länder kennenlernen. Sie finden aber, dass Sie selbst nicht so gut kochen können. Schlagen Sie vor, noch andere Freunde zum Picknick einzuladen und überlegen Sie, wo das Treffen stattfinden könnte.

d Präsentieren Sie gelungene Gespräche im Kurs.

> **Redemittel benutzen**
> Legen Sie die Redemittel – einzeln auf Streifen kopiert oder geschrieben – vor sich hin. Wenn Sie eins verwendet haben, legen Sie den Streifen weg.

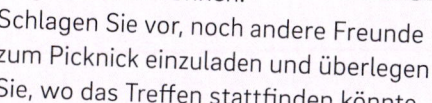

Ich kann jetzt …
- Vorschläge zu Freizeitaktivitäten machen.
- einen Vorschlag annehmen oder ablehnen.
- Nachfragen stellen.

KB 31

LESEN 2

1 Fahrzeuge der Zukunft

a Was haben Sie über selbstfahrende Autos schon gehört oder gelesen?
Sprechen Sie mit Ihrer Partnerin / Ihrem Partner und machen Sie Notizen.

> *Der Computer im Auto übernimmt (fast) alles, was der Fahrer bisher gemacht hat ...*

b Lesen Sie den Artikel. Zu welchen der folgenden Punkte erfahren Sie etwas? Markieren Sie und ergänzen Sie die Zeile, in der die Information im Text steht.

Sinnlos verbrachte Zeit im Auto	☒	1
Büchertipps für Autofahrer	☐	___
Unterschiedlich autonome Fahrzeuge	☐	___
Beispiele dafür, welche Arten von selbstfahrenden Autos es gibt	☐	___
Kinder als zukünftige Autobesitzer	☐	___
Fahrer bei den meisten Autotypen noch wichtig	☐	___
Abnahme von Staus	☐	___
Weniger Sicherheit durch mehr autonome Autos	☐	___
Verkauf selbstfahrender Autos wird zunehmen	☐	___
Roboter und Computer treffen nicht immer richtige Entscheidungen	☐	___
Autofahren macht in Zukunft weniger Spaß	☐	___

Selbstfahrende Autos werden die Straßen erobern

Autofahrer verbringen pro Jahr etwa 39 Stunden im Stau. Das ist Zeit, in der man einige gute Bücher lesen oder sich der Arbeit widmen könnte. Diese ungenutzte Zeit könnte in den nächsten Jahren frei werden, denn selbstfahrende Autos sind nicht nur in den Technologiezentren der USA in Entwicklung: Auch hierzulande arbeiten Autobauer unter Hochdruck an Autos, die ganz einfach von selbst fahren.

Wie autonom ist das Auto?
Selbstfahrend ist nicht gleich selbstfahrend. In Europa und Amerika ordnet man die selbstfahrenden Autos in sechs verschiedene Kategorien ein. Fahrzeuge, die über keinerlei Assistenzsysteme verfügen, sind Kategorie 0. Echte „Roboterautos", die in keiner Situation auf menschliche Fahrer angewiesen sind, gelten als Fahrzeuge der Kategorie 5. Letztere könnte man beispielsweise auch mal alleine zum Pizza holen schicken oder die Kinder von der Schule abholen lassen. Fahrzeuge, die selbstständig in der Fahrspur bleiben oder über Stauassistenten verfügen, werden häufig bereits als selbstfahrende Autos der Klasse 2 eingestuft.

Selbstfahrende Autos lösen den Dauerstau
Mittlerweile sind schon selbstfahrende Autos der Kategorie 3 möglich. Diese Fahrzeuge übernehmen auch komplexere Aufgaben, wie Spurwechsel und Überholmanöver auf der Autobahn. Der Fahrer kann hierbei beispielsweise ein Buch lesen oder einen Film ansehen, muss aber jederzeit bereit sein, in das Geschehen einzugreifen. Die Vorteile eines solchen Systems liegen auf der Hand: Der Fahrer kann seine Zeit besser nutzen und kommt entspannter am Ziel an.
Je mehr automatisierte Fahrzeuge sich auf unseren Straßen bewegen, desto sicherer wird es außerdem im Straßenverkehr zugehen: Der Computer wird nicht vergessen zu

blinken und er wird auch nicht zu schnell fahren. Ganz sicher kommt es bei ihm auch nicht zu Wutausbrüchen auf öffentlichen Straßen.

Mehr selbstfahrende Autos auf den Straßen machen den Verkehr berechenbarer, was den automatisierten Fahrzeugen bei der Analyse der Umgebung helfen wird. Die Folge: Es wird weniger Staus geben.

Selbstfahrende Autos und das Problem mit der Menschlichkeit

Verschiedene Analysen kommen zu dem Schluss, dass selbstfahrende Autos im Jahr 2035 bis zu 35 Prozent aller Neuzulassungen ausmachen werden. Die Probleme, die bis dahin zu lösen sind, sind jedoch ebenso komplex wie vielseitig. Auf der einen Seite steht die technische Komponente: Noch immer erkennen die Computersysteme nicht jede Verkehrssituation zuverlässig, mit teils katastrophalen Folgen. Auf der anderen Seite stehen ethische Probleme: Wie soll der Computer entscheiden, wenn ein Unfall nicht mehr zu vermeiden ist?

Selbstfahrende Autos sind die Zukunft des Straßenverkehrs

Wie auch immer die Zukunft aussehen mag, Experten sind sich einig: Selbstfahrende Autos werden auf lange Sicht menschliche Fahrer ersetzen. Das muss aber nicht bedeuten, dass Autofahren kein Spaß mehr macht: Mit einem Lenkrad und Gaspedal wird man in 30 Jahren sicherlich genau so viel Spaß haben wie heute. Den Stau der Innenstadt könnte man dann aber ganz entspannt verschlafen.

2 Vorhersagen → AB 34–35/Ü18–22

GRAMMATIK
Übersicht → KB 36/1

a Im Artikel formuliert der Autor ab Zeile 24 Vorhersagen zu selbstfahrenden Autos. Mithilfe welcher sprachlichen Form drückt er diese aus? Markieren Sie.

☐ mit Passiv
☐ mit werden + Infinitiv
☐ mit Modalverben

b Suchen Sie im Text weitere Beispiele für Vorhersagen.

Der Computer wird nicht vergessen zu blinken.

In Zukunft werden weniger Menschen den Führerschein machen.

c Machen Sie selbst Vorhersagen zum Thema selbstfahrende Autos.

3 Ihre Meinung

Wie wären Sie in Zukunft am liebsten unterwegs? Können Sie sich vorstellen, in einem selbstfahrenden Auto zu sitzen? Warum (nicht)?

Ich glaube, ich würde in Zukunft am liebsten …

… kann ich mir sehr gut / nur schwer / überhaupt nicht vorstellen.

Ich kann jetzt …
- in Zeitungsartikeln zum Thema „Technik" die Hauptaussagen verstehen.
- Vorhersagen und Vermutungen formulieren.

SCHREIBEN

1 Gute Verbindung

Sehen Sie das Foto an. Waren Sie auch schon einmal mit dem Fernbus unterwegs? Wie war die Reise? Sprechen Sie mit Ihrer Partnerin / Ihrem Partner.

2 Unterwegs mit „Dallibus" → AB 36/Ü23

a   Lesen Sie den Text. Was wünscht sich „Dallibus" von seinen Reisenden?

> Du warst mit „Dallibus" kostengünstig und umweltfreundlich unterwegs? Prima!
> Eine große Freude machst du uns auch mit einer Bewertung deiner Reise. Nur so können wir den Service mit unseren bequemen Fernbussen zwischen knapp 1000 Standorten in ganz Europa ständig verbessern.

b   Lesen Sie die Bewertungen von Personen, die mit „Dallibus" gereist sind und ordnen Sie die passende Anzahl an Sternen zu (Ausmalen).

> ☆☆☆☆☆   Wir sind pünktlich angekommen, trotz 10 Minuten Verspätung bei der Abfahrt. Ein freundlicher Busfahrer hat uns sicher ans Ziel gebracht. Kleines Manko: Die Länge der Pausen bei den Zwischenhalten wurde nicht angesagt. Aber ich werde sicher wieder mitfahren!
>
> ☆☆☆☆☆   Der Service bei „Dallibus" ist nach meiner Erfahrung eine Katastrophe: Statt der online angegebenen 5 € hat die Fahrradmitnahme dann im Bus je 9 € gekostet. Der Busfahrer ließ nicht mit sich reden und war ziemlich unfreundlich, fast beleidigend. Und das ist mir nicht nur einmal passiert – mir reicht's auf jeden Fall mit diesem Unternehmen!
>
> ☆☆☆☆☆   Im Grunde ist diese Art zu reisen fast nicht zu toppen: die Busse sind bequem, man kann lesen, Musik hören oder online sein – oder erst einmal sein Handy an einer Steckdose aufladen! Es gibt Kleinigkeiten zu essen und zu trinken – und die Preise sind supergünstig! Beim letzten Mal saßen wir allerdings in einem eher vermüllten Bus, das WLAN funktionierte nicht und die Getränke waren aus! Sehr schade!!! Wir versuchen's trotzdem nochmal …

c   Würden Sie mit „Dallibus" reisen? Warum (nicht)?

3 Ihre Bewertung → AB 36/Ü24

a   Machen Sie sich Notizen zu Punkten, die Ihnen bei einer Reise mit Bus oder Bahn aufgefallen sind. (Pünktlichkeit, Sauberkeit, Service, Preis, andere Leistungen, ...)

b   Verfassen Sie nun selbst eine Kritik wie in Aufgabe 2. Bewerten Sie mindestens zwei der genannten Punkte in 3a. Überlegen Sie auch, wie viele Sterne Sie dafür vergeben.

> „ *Vor kurzem war ich mit ... von ... nach ... unterwegs.*
> *Sehr / Einigermaßen / Überhaupt nicht zufrieden war ich mit ...*
> *... muss / müssen unbedingt verbessert werden. / ....*
> *könnte/n (nicht) besser sein. / ... war / waren vorbildlich.*
> *Auf jeden/keinen Fall werde ich ...* "

c   Lassen Sie Ihre Partnerin / Ihren Partner Ihre Bewertung lesen. Sie / Er soll raten, wie viele Sterne Sie vermutlich gegeben haben.

Ich kann jetzt ...
- von einer Fernbusreise berichten.
- Positive und negative Bewertungen im Internet verstehen.
- eine Bewertung schreiben.

SEHEN UND HÖREN

1 Anders reisen → AB 37/Ü25

a Ordnen Sie die „Fahrzeuge" den Bildern zu.

☐ das Kajak • ☐ der Hundeschlitten • ☐ der Ballon •
☐ das Raumschiff • ☐ die Fahrrad-Rikscha

b Welche Art von Reise würden Sie gern einmal unternehmen, welche eher nicht? Warum? Sprechen Sie in Gruppen.

	Wie?	Wo? Wohin?	Was?
Ich würde gern einmal Am liebsten möchte ich Ich will auch unbedingt Auf keinen Fall würde ich	mit einem Hundeschlitten mit der Rikscha in einem Raumschiff mit einem Kajak zu Fuß in einem Ballon	den Rhein entlang über die Alpen durch Grönland durch Australien/durch ... auf den Mond durch die Wüste	fliegen. fahren. gehen.

2 Interview mit einem Weltreisenden → AB 37/Ü26

a Sehen Sie die folgenden Bilder an. Wie ist die Person gereist?

08 b Sehen Sie eine Dia-Show über den Weltreisenden Thomas Bauer ohne Ton an. Notieren Sie:

1 Was meinen Sie? Wo war er unterwegs? _____
2 Welche Dinge hatte er dabei? _____

08 c Sehen Sie nun die Dia-Show mit Ton an. Welche Aussagen sind richtig (R), welche falsch (F)? Markieren Sie.

	R	F
1 Zuletzt ist Thomas Bauer mit einem Hundeschlitten durch Grönland gefahren.	☐	☐
2 Er hat während der Reisen viele Notizen gemacht.	☐	☐
3 Besonders anstrengend war die Reise mit dem Kajak.	☐	☐
4 Er hat auch einmal Rattenfleisch gegessen.	☐	☐
5 Er reist am liebsten in Begleitung.	☐	☐
6 Er war nie richtig in Lebensgefahr.	☐	☐
7 Am billigsten war es auf dem Jakobsweg nach Santiago de Compostela.	☐	☐
8 Er testet auf seinen Reisen, wie viel er selbst schaffen kann.	☐	☐
9 Sein wichtigster Tipp ist, auf Reisen ein großes Gepäckstück mitzunehmen.	☐	☐

d Welche Reise hätten Sie gern mit Thomas Bauer unternommen? Warum? Erzählen Sie.

Ich kann jetzt ...
- erzählen, wie ich gern reisen würde.
- ein längeres Interview mit einem Autor über verschiedene Reisen verstehen.

GRAMMATIK

1 werden + Infinitiv ← KB 26/2, 33/2

werden + Infinitiv hat häufig eine modale Funktion, d. h. es drückt eine Vermutung, eine Vorhersage, ein Versprechen oder einen Plan / Vorsatz aus. Vermutungen kann man auch mit Adverbien wie *vermutlich, wahrscheinlich, ...* kombinieren.

Vermutung	Wir **werden** (wohl) dieses Jahr wieder ans Meer **fahren**.
	Variante: Wir fahren **wohl** dieses Jahr wieder ans Meer.
Vorhersage	Das selbstfahrende Auto **wird** menschliche Fahrer irgendwann **ersetzen**.
Versprechen	Ja, das **werde** ich **machen**.
Plan / Vorsatz	Im Sommer **werde** ich nach Australien **fliegen**.

2 Relativsätze ← KB 29/3

Ein Relativsatz beschreibt eine Person oder Sache genauer. Das Verb steht am Satzende.

Sie erhalten eine Rechnung. Sie können die Rechnung bargeldlos bezahlen.
→ Sie erhalten eine Rechnung, **die** Sie bargeldlos bezahlen können.

a Wortstellung im Relativsatz

| Hauptsatz | Relativsatz | |
	Relativpronomen (+ Präposition)	Verb
Sie nutzen das Angebot,	**das** am besten zu ihren Bedürfnissen	passt.
Die App,	**über die** Sie alle wichtigen Informationen	erhalten.

b Relativpronomen

| | Singular | | | Plural |
	maskulin	neutral	feminin	
Nominativ	der	das	die	die
Akkusativ	den	das	die	die
Dativ	dem	dem	der	denen
Genitiv	dessen	dessen	deren	deren

c Weitere Relativpronomen

Relativ-pronomen	Gebrauch	Beispiel
wo	Bei Ortsangaben oder nach Städte- und Ländernamen. Auch nach *da, dort, überall*.	Ich bin gern in Leipzig, **wo** man verschiedene Verkehrsmittel kombinieren kann.
was	Nach den Indefinitpronomen *etwas, nichts, alles, vieles*.	Die Bootsfahrt ist etwas, **was** ich nie vergessen werde.
	Nach substantiviertem Superlativ.	Das ist das Praktischste, **was** es derzeit auf dem Markt gibt.
	Was bezieht sich auf den Inhalt eines ganzen Satzes.	Er fuhr mit dem Kajak 2000 km die Donau entlang, **was** mich sehr beeindruckte.

4 WOHNEN

1 Traumhäuser

a Sehen Sie das Foto an. Würden Sie gern in dem Haus wohnen? Warum (nicht)?

b Schreiben Sie einen Text über Ihr Traumhaus / Ihre Traumwohnung. Schreiben Sie genau 50 Wörter. Schreiben Sie, … → AB 41/Ü3

- wie das Haus / die Wohnung aussieht.

  die Zimmer • die Fenster • der Balkon • die Terrasse • der Garten • …

- wo es / sie liegt.

  mitten in der Stadt • auf dem Land • am Stadtrand • einsam • …

- warum Sie so wohnen möchten.

c Sammeln Sie die Texte ein und verteilen Sie sie neu.

d Lesen Sie im Kurs einige Texte vor. Der Kurs rät: Wer hat welchen Text geschrieben?

WORTSCHATZ

1 Wie wohnen junge Leute in Ihrem Heimatland?

Berichten Sie z. B. über

- die Art, Größe und Lage der Unterkunft
- die Miete, …

Die meisten jungen Menschen wohnen noch bei ihren Eltern. Das hat viele Gründe …

2 Ein typisches WG-Zimmer → AB 42/Ü4

Sehen Sie das Bild an und lesen Sie den Text. Welche fünf Möbel oder Gegenstände aus der Liste sind nicht im Bild? Arbeiten Sie zu zweit. Welches Team ist zuerst fertig?

Markus R., 23, bewohnt ein Zimmer in einer Wohngemeinschaft. Es ist 18 Quadratmeter groß, hat ein kleines Bad und eine Mini-Küche. Für Markus ist es schwierig, für alle seine Sachen Platz zu finden.

das Bett • das Regal • das Sofa •
das Musikinstrument • der Computer •
der Kleiderschrank • der Fernseher •
der Vorhang • der Stuhl • der Drucker •
der Schreibtisch • die Stehlampe •
das Bild • das Fahrrad • der Spiegel •
der Mülleimer

3 Einrichtungstricks vom Profi

Ordnen Sie die Wörter den Tipps zu.

1 Sofakästen • 2 Klapptisch • 3 Hochbett

 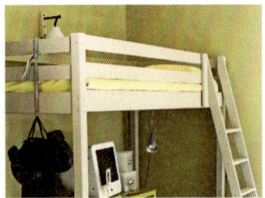  

Robert Jäger, 36, ist Innenarchitekt: „Platz ist in der kleinsten Hütte, man muss ihn nur schaffen. Ich habe ein paar Tipps für Markus."

Zum Platzsparen ist ein ☐ ideal. Man kann noch etwas darunter stellen, zum Beispiel ein Regal.

Die ☐ sind super praktisch. Da kann man viele kleine Sachen hineinlegen.

Einen ☐ kann man für vieles nutzen. Je nachdem, was man macht, bringt man ihn in eine andere Position."

4 Wortbildung Nomen → AB 42–43/Ü5

GRAMMATIK
Übersicht → KB 46/1

Sehen Sie die Nomen aus 3 noch einmal an. Wie sind sie zusammengesetzt? Ergänzen Sie.

- Verb + Nomen: _____
- Adjektiv + Nomen: _____
- Nomen + Nomen: _____

Ich kann jetzt …
- eine Zimmereinrichtung beschreiben.
- die Funktion von Möbeln und Gegenständen verstehen.
- zusammengesetzte Nomen verstehen.

HÖREN

1 Wie findet man eine Wohnung?

Sehen Sie die Bilder an: Welche Möglichkeiten der Wohnungssuche können Sie erkennen?

> die Anzeige / die Annonce • der Makler / die Maklerin • persönliche Kontakte • die Besichtigung • der Interessent / die Interessentin • die Immobilie • Mund-zu-Mund-Propaganda

Es geht um Möglichkeiten, wie man eine Wohnung findet. Auf Bild A sieht man ...

2 Tipps für Wohnungssuchende

1◄)) 17 **a** Hören Sie die Einleitung zu einem Radiobeitrag. Worum geht es in der Sendung?

1◄)) 18 **b** Hören Sie nun eine Aussage. Was ist das Problem?

> *Richtig hören – Erste Orientierung*
> *Bei einer längeren Reportage ist es wichtig, sich gleich zu Beginn zu orientieren: Worum geht es überhaupt? Konzentrieren Sie sich auf folgende drei Fragen: Wo höre ich Texte dieser Art normalerweise? Wer spricht hier? Um welches Thema geht es?*

1◄)) 19 **c** Was ist richtig? Lesen Sie die Aussagen 1 bis 5 und markieren Sie wichtige Wörter. Hören Sie dann die Meinungen von fünf Personen. Entscheiden Sie, ob die Aussagen richtig (R) oder falsch (F) sind.

	R	F
1 Der Mann hat in der Zeitung problemlos eine Wohnung gefunden.	☐	☐
2 Die Frau sucht eine Wohnung mithilfe von Bekannten.	☐	☐
3 Der Mann nutzt den Mietspiegel, um sich über Mieten zu informieren.	☐	☐
4 Die Maklerin findet das Gehalt der Mieter am wichtigsten.	☐	☐
5 Der Mann hat im Internet eine perfekte Wohnung gefunden.	☐	☐

3 *nicht / nur brauchen ... zu* → AB 43–44/Ü6–8

GRAMMATIK
Übersicht → KB 46/2

1◄)) 20 Hören Sie die Passagen aus dem Hörtext noch einmal. Ergänzen Sie.

Wer eine Wohnung sucht, braucht nur _____ zu _____
Man braucht also nicht alle _____ zu _____
Sie brauchen gar nicht mehr _____
Man braucht nur _____ zu _____

4 Wie gehen Sie bei der Wohnungssuche vor? → AB 45/Ü9

Fragen Sie Ihre Lernpartnerin / Ihren Lernpartner. Welche der genannten Möglichkeiten haben Sie bereits genutzt, welche nicht? Welche werden Sie ausprobieren?

Ich hab bisher immer Anzeigen im Internet gelesen. Auch meine aktuelle Wohnung habe ich auf diese Weise gefunden.

Ich hab mir schon einmal einen Makler genommen. Der hat zwar einiges gekostet, dafür hat er mir viel Zeit gespart. Es hat sich gelohnt.

Ich kann jetzt ...
- einer Radioreportage wichtige Informationen zur Wohnungssuche entnehmen.
- die Konstruktion *nicht / nur brauchen ... zu* verwenden.
- meine Beobachtungen und Erfahrungen bei der Wohnungssuche mitteilen.

SCHREIBEN

1 Auf Wohnungssuche

Sehen Sie das Foto an. Worauf warten diese Menschen?

2 Um Rat bitten

a An wen schreibt Richard? Markieren Sie.

☐ an eine alte Freundin
☐ an eine Arbeitskollegin
☐ an seine neue Chefin

Betreff: Wohnungssuche

Liebe Sara,

danke noch einmal für _für_ (0) deine Hilfe bei der Vorbereitung auf das Vorstellungsgespräch letzte Woche. Inzwischen habe ich die offizielle Zusage für meine Stelle in _____ (1) Firma bekommen.

_____ (2) Moment habe ich allerdings ein Problem: Es ist wirklich schwierig für mich, in Wien eine bezahlbare Wohnung _____ (3) finden. _____ (4) zu 600 Euro Kaltmiete kann ich ausgeben. Die Lage ist _____ (5) egal, solange ich nicht länger als eine Stunde zur Arbeit brauche.

Ich überprüfe täglich die Immobilienportale _____ (6) Internet. _____ (7) finde ich für meine Suchkriterien fast nichts. _____ (8) wenige Anbieter bieten einen Besichtigungstermin an. Gestern wollte ich einen Termin vereinbaren, doch weil ich nicht am gleichen Tag kommen _____ (9), wurde ich nicht eingeladen. Sehr frustrierend!

Wie hast Du eigentlich vor einem Jahr Deine Wohnung in Hamburg gefunden? Hast Du vielleicht einen Tipp für mich, wie ich bei der Wohnungssuche am besten vorgehen soll?

_____ (10) Grüße aus Passau

Richard

---

b Lesen Sie den Text. Welche Lösung (a, b oder c) ist jeweils richtig? Markieren Sie. Es gibt nur eine richtige Lösung.

0	1	2	3	4	5
a ~~für~~	a der	a An	a –	a Ab	a doch
b nach	b die	b In	b über	b Bis	b eigentlich
c vor	c das	c Im	c zu	c Über	c denn

6	7	8	9	10
a am	a Aber	a Auch	a kann	a Viel
b im	b Leider	b Erst	b konnte	b Viele
c in	c Denn	c Nur	c könnte	c vielen

c Vergleichen Sie Ihre Lösungen mit Ihrer Partnerin / Ihrem Partner. Welche Strategien haben Ihnen geholfen, die richtigen Lösungen zu finden?

SCHREIBEN

3 Wortstellung im Hauptsatz → AB 45/Ü10

GRAMMATIK
Übersicht → KB 46/3

a Lesen Sie die Antwort von Richards Freundin Sara. Ist die E-Mail gut geschrieben? Was fällt Ihnen auf? Analysieren Sie.

> Hallo Richard,
>
> ich kann Deine Probleme gut verstehen. Bei meiner Wohnungssuche in Hamburg letztes Jahr war es auch sehr schlimm.
>
> Ich habe ein 1-Zimmer-Appartement gesucht. Ich habe mir eine Wohnung in Sankt Pauli angesehen. Ich kam an, als die Besichtigung schon begonnen hatte. Ich habe sofort gesehen, dass mehrere Interessenten schon die Formulare des Maklers ausfüllten. Ich wollte aber keine Gebühren für Makler bezahlen. Ich habe am Ende dann doch meine Traumwohnung gefunden: 30 m² Dachgeschoß, Altbau. Ich habe die Anzeige gelesen, bin sofort hingefahren und habe den Mietvertrag unterschrieben. Eine Portion Glück gehört einfach dazu!
>
> Ich hoffe, Du findest bald eine Wohnung. Ich wünsche Dir viel Glück bei Deiner Suche!
> LG Sara

b Ergänzen Sie die Tabelle mit Sätzen aus Saras E-Mail.

Position 1	Position 2		Satzende
Ich	kann	deine Probleme gut	verstehen.
Ich			angesehen.
Ich			bezahlen.

c Lesen Sie Saras E-Mail noch einmal. Was ist richtig? Markieren Sie.

☐ Im Hauptsatz steht das Verb immer auf Position 2.
☐ Der Satzanfang auf Position 1 kann variieren.
☐ Das Subjekt muss immer auf Position 1 stehen.

> *Richtig schreiben – Gute Texte schreiben*
> *Ein Text ist stilistisch besser, wenn die Satzanfänge unterschiedlich sind. Es ist gut, wenn manchmal Objekte, Nebensätze oder Angaben, wie z. B. Ort / Zeit am Satzanfang stehen.*

d Arbeiten Sie zu zweit. Überlegen Sie, wie Sie Saras E-Mail durch unterschiedliche Satzanfänge verbessern können und schreiben Sie die E-Mail neu. Beachten Sie den Lerntipp.

4 Eine E-Mail schreiben → AB 46/Ü11

a Sie haben durch einen Arbeitskollegen von einem Zimmer in einer Wohngemeinschaft in Wien erfahren, das frei wird. Machen Sie sich Notizen zu den drei Punkten.

- Zeigen Sie Verständnis für Richards Problem.
- Fragen Sie, ob Richard auch eine Wohnung teilen würde.
- Machen Sie einen Vorschlag für die nächsten Schritte.

b Schreiben Sie eine E-Mail an Richard mithilfe der Redemittel.

c Analysieren Sie Ihre Sätze: Haben Sie die Satzanfänge variiert? Verbessern Sie, wenn nötig.

> „Es tut mir sehr leid, dass …
> Vielleicht kann ich Dir ja helfen.
> Könntest Du Dir vorstellen, …
> Wenn Du willst, bitte ich um die Kontaktdaten von …"

Ich kann jetzt …
- schriftliche Tipps und Erfahrungsberichte verstehen.
- in einer E-Mail eine Wohnung beschreiben und Vorteile nennen.
- Stilistisch abwechslungsreiche E-Mails auf Deutsch verfassen.

KB 41

LESEN

1 Verschiedene Wohnformen → AB 47/Ü12

a Sehen Sie die Bilder an. Wie stellen Sie sich die Wohnungen dieser Leute vor?

b Lesen Sie die Zeitungstexte. Welche Überschrift passt? Ordnen Sie zu.

A *Es wird eng.*   B *Eine Menge Mitbewohner.*

☐ „Wie heißt denn nur meine neue Mitbewohnerin?" Chris muss überlegen. Er wohnt seit drei Jahren in der Wohngemeinschaft mitten in München. In der Altbauwohnung sind innerhalb des letzten Jahres immer wieder Mitbewohner ein- und ausgezogen. Zurzeit sind sie zu acht in der WG. „Jeder steht bei uns zu einer anderen Zeit auf. Während der Woche sind oft einige von uns beruflich unterwegs. Probleme mit dem Bad haben wir deshalb nicht. Eng wird es eher in der Küche: Für acht Personen gibt es nur einen Kühlschrank." Jede Woche putzen zwei Mitbewohner Küche, Flur und Bad. Putzmittel werden aus der Haushaltskasse finanziert. Manchmal wird auch zusammen gekocht.

☐ „Wir wohnen hier seit fünf Jahren. Langsam wird uns diese Wohnung zu klein." Für zwei Erwachsene und drei Kinder sind 46 Quadratmeter einfach zu wenig. Der Schlafraum ist mit einem Doppelbett schon voll. Ivos ältester Sohn hat kein eigenes Zimmer. „Kinder brauchen außerhalb der Schulzeiten einen Platz zum Lernen. Wenn sie größer werden, wird es immer mehr Probleme geben." Nur abends haben die Eltern etwas mehr Platz in der Wohnung, denn gegen 20 Uhr gehen die Kinder schlafen. Ivo sucht auf dem privaten Wohnungsmarkt eine neue Wohnung, aber die Mieten sind hoch.

> *Wussten Sie schon?* → AB 47/Ü13
> In einer Wohngemeinschaft (kurz: WG) leben mehrere unabhängige Personen zusammen. Badezimmer, Küche und eventuell auch Wohnzimmer werden gemeinsam genutzt.
> In den deutschsprachigen Ländern leben vor allem junge Leute in Wohngemeinschaften.

c Welche Probleme haben Chris und Ivo? Ergänzen Sie die Namen.

1 Die Mietwohnungen sind generell teuer. _____
2 In der Wohnung ist nicht genug Platz. _____
3 Die Einrichtung in der Küche passt nicht zur Zahl der Bewohner. _____

2 Temporale Präpositionen → AB 48–49/Ü14–16

GRAMMATIK
Übersicht → KB 46/4

Ergänzen Sie die Tabelle mit Beispielen aus den Texten.
Drückt die Präposition eine Zeitdauer oder einen Zeitpunkt aus? Markieren Sie.

		Zeitdauer	Zeitpunkt
seit	*seit drei Jahren*	☐	☐
gegen		☐	☐
innerhalb		☐	☐
außerhalb		☐	☐
während		☐	☐

LESEN

3 Eine Reportage → AB 50/Ü17

a Lesen Sie zunächst Überschrift und Untertitel. Was fällt Ihnen zu *Kinderlärm* und *Altersruhe* und *Wohnen mit allen Generationen* ein?

> *Lesen und Aufgaben lösen*
> Lesen Sie die Aufgaben immer vor dem Text, damit Sie gleich gezielt nach der Lösung suchen können. So sparen Sie Zeit.

b Lesen Sie die Reportage. Welche Aussagen sind richtig (R), welche falsch (F)? Markieren Sie.

	R	F
1 Der Artikel berichtet über eine Wohngemeinschaft.	☐	☐
2 Es gibt eine Gemeinschaftsküche, in der alle immer zusammen essen.	☐	☐
3 Es leben nur Familien mit kleinen Kindern in den Wohnungen.	☐	☐
4 Das Ehepaar Lorenz ist eingezogen, weil es Kinder mag.	☐	☐
5 Die Hausbewohner machen die Gartenarbeit selbst und reinigen auch die Wege.	☐	☐
6 Die Bewohner verbringen ihre Freizeit immer gemeinsam.	☐	☐

Kinderlärm statt Altersruhe

Elfriede (75) und Peter Lorenz (78) haben sich für Wohnen mit allen Generationen entschieden.

Von außen kann man nicht erkennen, dass hier ein Experiment stattfindet: Zwei normale Häuser mit 28 Wohnungen. Betritt man eines der Häuser, steht man zuerst im Flur und dann im Gemeinschaftsraum. In diesem Raum hängt ein großer Kalender mit handschriftlichen Eintragungen und hier gibt es auch eine Küche und Geschirr. Hier ist der Treffpunkt für die Bewohner der beiden Häuser. Hier feiern sie Feste und beraten alle sechs bis acht Wochen wichtige Fragen, die mit den Häusern zu tun haben.

Der jüngste Bewohner ist zwei Jahre alt, der älteste 81. „Wir haben viele Kinder hier im Haus", erzählt Elfriede Lorenz, 75, und lacht. Sie und ihr Mann Peter, 78, haben genau so ein Haus gesucht. Denn in dem Hochhaus, in dem sie mit ihren eigenen Kindern gelebt haben, wollten sie nicht mehr bleiben. Die eigenen Kinder waren inzwischen aus dem Haus. „Es war wie im Altersheim", sagt Peter Lorenz.

Deshalb kamen sie vor 15 Jahren auf den Gedanken, in der dritten Lebensphase etwas anderes zu suchen. Dabei stießen sie auf das Projekt „Generationenübergreifendes Wohnen" in München. Ihre Bekannten fanden den Wunsch der Rentner nach Kinderlärm exotisch.

Tür an Tür mit dem Rentner-Ehepaar leben Birgit und Jakob Ruster mit ihren fünfjährigen Zwillingen. Die machen sich oft einen Spaß und klingeln bei Familie Lorenz und laufen dann weg. „Sie sind schon extrem tolerant", sagt Birgit Ruster über ihre Nachbarn.

Manchmal ist das Zusammenleben von so vielen Menschen nicht so einfach, weil die Vorstellungen sehr unterschiedlich sind. Zum Beispiel bei der Ordnung im Hausflur. Elfriede Lorenz war nicht begeistert von den vielen Schuhen und Spielsachen der Kinder vor der Wohnungstür. Doch Probleme lassen sich lösen.

Die Hausbewohner übernehmen auch Arbeiten, die in anderen Häusern von einem Hausmeister erledigt werden. Natürlich können nicht alle gleich viel tun. Wer sich um den Garten kümmert oder Schnee schaufelt, bekommt dafür sieben Euro pro Stunde.

Insgesamt herrscht im Mehrgenerationenhaus eine angenehme Atmosphäre. Die meisten trauen sich, die Nachbarn mal um Hilfe zu bitten, z. B. für das Einkaufen oder das Babysitten. „Aber wir sitzen nicht ständig zusammen, jeder macht die Tür hinter sich zu", sagt Birgit Ruster. So ist jeder für sich und trotzdem gibt es ein Gefühl von Gemeinschaft. „Das hatte ich mir gewünscht, aber nicht erwartet", sagt Elfriede Lorenz.

4 Ihre Meinung

- Gibt es in Ihrer Stadt auch Mehrgenerationenhäuser?
- Wenn ja, berichten Sie kurz. Wenn nein, was könnten Gründe dafür sein?

Ich kann jetzt …
- Aussagen verschiedener Personen zum Thema „Wohnen" verstehen.
- temporale Präpositionen anwenden.
- eine Reportage verstehen.

SPRECHEN

1 Eine Blitz-Umfrage

Haben Sie schon einmal in einer Wohngemeinschaft gewohnt? Sprechen Sie im Kurs.

Wenn ja:	Wenn nein:

▪ Wie viele Leute haben dort gewohnt?
▪ Welche Erfahrungen haben Sie gemacht?
  Nennen Sie Beispiele. (Ordnung, Geld, …)
	▪ Wie wohnen Sie? (bei der Familie, allein, …)
	▪ Welche Erfahrungen haben Sie gemacht?
	  Nennen Sie Beispiele. (Ordnung, Geld, …)

2 Unser neuer Mitbewohner

a Lesen Sie die Situation und dann die Informationen zu den beiden Personen. Unterstreichen Sie die wichtigsten Informationen.

Sie haben zu dritt in einer WG gewohnt. Aber eine Mitbewohnerin ist vor kurzer Zeit ausgezogen. Sie suchen jetzt einen Ersatz. Diese beiden Interessenten haben sich schon gemeldet. Sie sollen sich zu zweit einigen, wen Sie zuerst einladen möchten.

A Mirko, 27, ist Elektriker und arbeitet auf einer großen Baustelle. Seine Arbeit beginnt schon um sieben Uhr. Ihm ist wichtig, dass er abends entspannen kann.

B Beata, 21, macht eine Ausbildung als Krankenschwester und lernt zurzeit auf ihre Abschlussprüfung. Sie hat einen festen Freund. In ihrer Freizeit spielt sie gern Klavier.

b Was bewerten Sie bei den beiden Bewerbern positiv, was negativ? Und warum? Machen Sie Notizen.

> Beata – 21 – ☹ – das ist mir zu jung
> Beruf:

Notizen machen
Sammeln Sie so viele Ideen und Wörter wie möglich, bevor Sie mit dem Gespräch beginnen. So sind Sie gut vorbereitet. Schreiben Sie auf einen Notizzettel Wörter, Ausdrücke und in einzelnen Fällen ganze Sätze, die passen könnten.

3 Rollenspiel: Wen laden wir ein? → AB 50–51/Ü18

a Schreiben Sie die folgenden Redemittel auf Kärtchen. Welche drücken Wünsche aus, welche Abneigungen? Sortieren Sie.

> *Am liebsten wäre (es) mir, wenn …*   *Ich hätte (natürlich) am liebsten …*
> *Ich mag es (gar) nicht, wenn …*   *Ich kann nicht leiden, wenn …*
> *Es würde mir am besten gefallen, wenn …*   *Ich möchte auf keinen Fall, dass …*
> *Für mich kommt es nicht infrage, dass …*   *Ich wünsche mir …*

b Setzen Sie sich nun zu viert zusammen. Zwei spielen die WG-Bewohner und führen ein Gespräch. Sie verwenden dazu ihre Notizen und die Redemittel.

c Die anderen beiden beobachten das Gespräch und geben dann eine Rückmeldung: Was hat Ihnen gefallen? Was könnten die Gesprächspartner besser machen?

d Tauschen Sie nun die Rollen zwischen Gesprächspartnern und Beobachtern.

Ich kann jetzt …
- über meine Wohnsituation berichten.
- in einem Gespräch meine Wünsche ausdrücken.

SEHEN UND HÖREN

1 *Zwei Zimmer, Balkon* – ein Film von Enno Reese und Katharina Eyssen

a Sehen Sie sich das Bild an. Worum geht es wohl in dem Kurzfilm? Sprechen Sie in Gruppen.

Ich glaube, in dem Film geht es um …

09 b Sehen Sie den ersten Abschnitt des Films ohne Ton an. Wie ist die Beziehung zwischen den Personen im Film? Was machen die beiden?

☐ Sie streiten sich ☐ Sie lachen zusammen ☐ Sie diskutieren miteinander

c Sehen Sie mehrere Abschnitte des Films mit Ton. Beantworten Sie die Fragen.

09 Abschnitt 1:
- Warum streiten Kathrin und Tom? Was ist passiert?
- Was möchte Kathrin? Was möchte Tom?
- Was ist wichtig für Kathrin, was ist wichtig für Tom?

> zusammen wohnen • getrennt wohnen •
> eine perfekte Wohnung • einen Kompromiss finden •
> Badewanne • Balkon

10 Abschnitt 2:
- Wer sind die drei Personen? Welchen Beruf hat der Mann im Anzug?
- Was ist die Taktik der jungen Frau?

11 Abschnitt 3: Verbinden Sie.

Nola — hat früher Theater gespielt.
studiert Literaturwissenschaften.
Tom — schlägt vor, dass Sie als Paar eine Wohnung suchen.
möchte die erste Wohnung haben, die sie bekommen.

12 Abschnitt 4:
- Welche Nachteile haben die drei besichtigten Wohnungen?
- Welche Stadt empfiehlt die Maklerin? Warum?

13 Abschnitt 5:
- Wie finden Nola und Tom die letzte Wohnung, die sie sich ansehen?
- Warum bekommen sie die Wohnung?

d Was denken Sie? Wird Nola alleine in die Wohnung einziehen? Findet Tom auch eine Wohnung? Wenn ja, mit wem wird er dort einziehen?

„ *Ich habe den Eindruck, dass Nola …*
Es sieht so aus, als ob …
Tom wird meiner Meinung nach …
Vielleicht werden die beiden auch … "

14 e Sehen Sie das Ende des Films an und sprechen Sie, ob Sie mit Ihren Vermutungen richtig lagen.

Ich kann jetzt …
- Alltagsdialoge in einer Filmkomödie verstehen.
- den Inhalt eines Films mündlich nacherzählen.
- Vermutungen formulieren, wie die Geschichte weitergeht.

GRAMMATIK

1 Wortbildung Nomen ← KB 38/4

Zwei Wörter bilden ein zusammengesetztes Nomen. Das zweite Nomen bestimmt den Artikel.

Adjektiv + Nomen	hoch + das Bett	das Hochbett
Nomen + Nomen	das Sofa + der Kasten	der Sofakasten
Verb + Nomen	klapp(en) + der Tisch	der Klapptisch

2 nicht / nur brauchen ... zu ← KB 39/3

nicht / nur brauchen ... zu kann als Alternative zu *nicht müssen* und *nur müssen* verwendet werden.

Man **braucht** für die Unterkunft **nicht zu** bezahlen. = Man muss für die Unterkunft nicht bezahlen.

| brauchen + Objekt | Ich brauche eine bessere Wohnung. |
| | keine bessere Wohnung. |

nicht brauchen ... zu + Infinitiv	Wir brauchen nicht lange zu überlegen.
kein- brauchen ... zu + Infinitiv	Sie brauchen keinen Cent zu bezahlen.
nur brauchen ... zu + Infinitiv	Sie braucht nur ein WG-Zimmer zu finden.

3 Wortstellung im Hauptsatz ← KB 41/3

Das Verb steht im Hauptsatz immer an Position 2.
Auf Position 1 können verschiedene Satzglieder stehen, z. B. Subjekt, Objekt, Angabe, Nebensatz.

	Position 1	Position 2		Satzende
Subjekt	Ich	kann	deine Probleme gut	verstehen.
Objekt (Akkusativ)	Den Makler	findet	Mirko nicht nett.	
Objekt (Dativ)	Mir	gefällt	die Wohnung sehr gut.	
Zeitangabe	Letztes Jahr	habe	ich auch eine Wohnung	gesucht.
Ortsangabe	In Hamburg	sind	die Mieten sehr teuer.	
Nebensatz	Weil es billiger ist,	wohnt	Ahmad in Paderborn.	

4 Temporale Präpositionen ← KB 42/2

	Präposition	Bedeutung	Beispiel
Zeitpunkt	gegen + Akkusativ	nicht genau um 8 Uhr	Sie gehen gegen 20 Uhr ins Bett.
Zeitdauer	seit + Dativ	beginnt in der Vergangenheit und dauert noch an	Er wohnt seit drei Jahren in der WG.
	von ... an + Dativ	beginnt an dem Zeitpunkt	von nächstem Montag an
	außerhalb + Genitiv	nicht in einem Zeitabschnitt	außerhalb der Schulzeiten
	innerhalb + Genitiv	in einem Zeitabschnitt	innerhalb des letzten Jahres
	während + Genitiv		während des Essens

BERUFLICHE ANERKENNUNG

Tala Santos (32) hat in den Philippinen eine Ausbildung zur Krankenpflegerin abgeschlossen. Vor zwei Jahren wurde sie an das Uniklinikum in Bonn vermittelt. Dort musste sie feststellen, dass sie nur als Pflegehilfskraft arbeiten durfte. Tala möchte erreichen, dass ihr Berufsabschluss aus dem Heimatland voll anerkannt wird.

CHECKLISTE BERUFLICHE ANERKENNUNG

☐ Informationen sammeln
☐ Einen Ansprechpartner finden
☐ Einen Antrag auf Anerkennung stellen
☐ Eine Weiterbildung absolvieren

EXTRA BERUF

1 Informationen sammeln

a Tala sucht zunächst im Internet nach Informationen, wie man vorgehen muss. Was trifft auf Tala zu? Markieren Sie. Mehrere Möglichkeiten passen.

Welches Ziel haben Sie mit der Anerkennung Ihrer Qualifikation?

☐ Ich möchte meine Chancen auf dem Arbeitsmarkt erhöhen.
☐ Ich muss mich weiterqualifizieren (z.B. Ausbildung / Studium).
☐ Ich habe eine Stelle in Aussicht und brauche einen offiziellen Nachweis.
☐ Ich möchte Aufgaben übernehmen, für die ich mich in meinem Heimatland bereits qualifiziert habe.

Wussten Sie schon?
In den deutschsprachigen Ländern gibt es die Möglichkeit, einen ausländischen Berufsabschluss anerkennen zu lassen. Informationen dazu finden Sie auf Internetportalen wie www.anerkennung-in-deutschland.de, www.berufsanerkennung.at und www.berufsberatung.ch. In einem gesetzlich geregelten Verfahren wird geprüft, ob die Ausbildung der / des Antragstellenden mit einer inländischen Ausbildung vergleichbar ist. Ist das der Fall, erhält sie / er darüber eine offizielle Bestätigung. Fehlen einzelne Teile, erhält sie / er Vorschläge für eine berufliche Weiterbildung.

b Im Internet findet Tala heraus, dass der Beruf *Gesundheits- und Krankenpfleger* ein *reglementierter Beruf* ist. Lesen Sie die Seite im Internet. Was ist die Hauptaussage? Fassen Sie mit eigenen Worten zusammen und versuchen Sie den Textinhalt durch ein Beispiel zu erklären.

Wenn Sie in Ihrem Heimatland einen Beruf erlernt haben, der in den deutschsprachigen Ländern zu den sogenannten reglementierten Berufen gehört, müssen Sie Ihre Berufsausbildung anerkennen lassen. Dabei werden die Qualifikationen im Einzelnen genau geprüft und mit den hier üblichen Ausbildungen verglichen. Zu den reglementierten Berufen zählen zum Beispiel Rechtsberufe, medizinische Berufe wie beispielsweise Ärzte und Krankenpfleger oder pädagogische Berufe wie Lehrer an staatlichen Schulen und Erzieher. Bevor Sie in einem dieser reglementierten Berufe arbeiten dürfen, müssen Sie bestimmte Qualifikationen nachweisen.

---

c Handelt es sich bei Ihrem Beruf oder Berufswunsch um einen reglementierten Beruf? Was bedeutet das für Sie? Recherchieren Sie und präsentieren Sie das Ergebnis im Kurs.

BERUFLICHE ANERKENNUNG

2 Einen Ansprechpartner finden

a Tala informiert sich auf einem Internetportal über die einzelnen Schritte des Anerkennungsverfahrens. Verbinden Sie.

1 Zuerst muss Tala — die zuständige Stelle finden und Kontakt mit dem richtigen Ansprechpartner aufnehmen.

2 Dort stellt Tala — einen Antrag auf ein Verfahren zur Überprüfung der Gleichwertigkeit.

3 Dazu muss Tala — Nachweise ihres Abschlusses, ihrer Berufserfahrung und ihrer beruflichen Weiterbildungen einreichen.

4 Die zuständige Stelle — vergleicht die ausländische Berufsqualifikation mit dem inländischen Berufsabschluss.

5 Dabei berücksichtigt sie — auch die Berufserfahrung der Antragstellerin.

6 Nach der Überprüfung — wird Talas Berufsabschluss entweder anerkannt oder es werden Kurse zur Weiterbildung empfohlen.

b Lesen Sie den Text von einer Webseite und markieren Sie: Wie und wo hat Tala Hilfe auf dem Weg zur Anerkennung gefunden?

- [ ] bei Kollegen
- [ ] beim Arbeitsamt
- [ ] bei einer Gewerkschaft
- [ ] bei einem Übersetzer
- [ ] bei der Migrationsberatung
- [x] im Internet
- [ ] beim Landesprüfungsamt
- [ ] beim Uniklinikum

EXTRA BERUF

LEBENSLANGES LERNEN

Beispiel des Monats: Tala Santos

Die Philippinin Tala Santos ist Krankenpflegerin. Sie arbeitet seit zwei Jahren am Uniklinikum Bonn, ist aber mit ihrer Stelle seit einiger Zeit
5 nicht mehr zufrieden: „Obwohl ich auf den Philippinen einen guten Abschluss gemacht habe, darf ich hier Patienten nicht alleine betreuen. Das heißt, es muss immer ein Kollege bei mir sein. Ich bin nur als Pflegehilfskraft eingestellt worden und verdiene deutlich weniger als die Pflegerinnen, die ihre Ausbildung hier gemacht haben." Aus diesem Grund
10 hat sich Frau Santos entschlossen, ihre Qualifikation aus dem Heimatland offiziell anerkennen zu lassen.

Im Internet hat sie sich über die einzelnen Schritte des Anerkennungsverfahrens informiert und den für sie zuständigen Ansprechpartner herausgefunden: Das Landesprüfungsamt für Medizin, Pharmazie und Psychotherapie in Düsseldorf. Dort hat sie telefonisch schon erste Informationen
15 eingeholt. Zurzeit lässt Frau Santos ihre Unterlagen ins Deutsche übersetzen. Außerdem besucht sie abends einen Sprachkurs: „In einem Beratungsgespräch beim Arbeitsamt habe ich erfahren, dass man in meinem Beruf beim örtlichen Gesundheitsamt eine Prüfung über die mündlichen und schriftlichen Deutschkenntnisse machen muss. Darauf bereite ich mich jetzt intensiv vor." Bald hat Frau Santos alle Unterlagen zusammen. Damit wird sie, wenn alles gut läuft, hoffentlich ihre
20 Berufsausbildung offiziell anerkannt bekommen.
Was ist Ihr Hintergrund? Was sind Ihre nächsten Schritte? Schreiben Sie uns: redaktion@meinweg.de

c Wer ist in Ihrer Stadt für Ihren Beruf die zuständige Stelle / der zuständige Ansprechpartner? Wo können Sie sich Hilfe für das Antragsverfahren holen? Recherchieren Sie und berichten Sie im Kurs.

Vorwissen aktivieren

Wenn Sie in einem schwierigen Lesetext Informationen suchen, gehen Sie am besten in zwei Schritten vor: Lesen Sie nicht den ganzen Text und wenden sich danach den Aufgaben zu, sondern lesen Sie zuerst nur die Überschrift, den Untertitel und die ersten zwei Textzeilen. Überlegen Sie: Was ist hier gemeint? Worum geht es wohl?

BERUFLICHE ANERKENNUNG

3 Einen Antrag auf Anerkennung stellen

a Tala ruft beim Landesprüfungsamt für Medizin, Psychotherapie und Pharmazie in Düsseldorf an. In welcher Reihenfolge werden die Themen angesprochen? Hören und nummerieren Sie.

___ Formular ausfüllen
___ Notwendige Unterlagen
_1_ Begrüßung
___ Verabschiedung
___ Terminabsprache
___ Grund für den Anruf
___ Schritte nach dem Bescheid
___ Dauer des Anerkennungsverfahrens

b Was ist richtig? Hören Sie das Gespräch erneut und markieren Sie.

1 Wen möchte Tala Santos sprechen?
   ☐ Herrn Lambertz   ☐ Herrn Schmidt
2 Was ist mit Talas Antrag? Sie …
   ☐ muss ihn noch herunterladen.   ☐ hat ihn schon heruntergeladen.
3 Wozu hat Tala eine Frage? Zu Angaben …
   ☐ über Tätigkeit im erlernten Beruf.   ☐ zu beruflichen Zusatzqualifikationen.
4 Der Termin für das Beratungsgespräch ist …
   ☐ am 18.10. um 9:30 Uhr.   ☐ am 19.10. um 8:30 Uhr.
5 Was soll Tala mitbringen? …
   ☐ Ausweis oder Reisepass   ☐ Ausweis und Reisepass
6 Sie braucht außerdem …
   ☐ Abschlussdokumente und Zeugnisse.   ☐ Ausbildungspläne und -unterlagen.
7 Das Anerkennungsverfahren dauert in der Regel …
   ☐ über drei Monate.   ☐ unter drei Monate.
8 Sie wird darüber informiert, ob ihr Abschluss als gleichwertig anerkannt wird oder ob sie eine Weiterbildung absolvieren muss. Tala bekommt …
   ☐ einen offiziellen Anruf.   ☐ einen Bescheid (offizieller Brief).
9 Tala braucht danach noch …
   ☐ ein ärztliches Attest.   ☐ ein polizeiliches Führungszeugnis.

c Sehen Sie einige Wörter, die aus mehreren Wörtern zusammengesetzt sind. Wählen Sie eines aus und erklären Sie die Bedeutung.

- das Landesprüfungsamt
- die Psychotherapie
- das Anerkennungsverfahren
- der Reisepass
- das Abschlussdokument
- das Beratungsgespräch
- die Weiterbildung
- die Zusatzqualifikation

> **Lange Wörter**
> Im Deutschen lassen sich durch Zusammensetzung immer neue und manchmal sehr lange Nomen bilden. Besonders in der Verwaltungssprache sind solche Zusammensetzungen sehr häufig. Das letzte Nomen bestimmt Genus und Numerus: die Wirtschaft + das Unternehmen = das Wirtschaftsunternehmen. Die Betonung liegt auf dem ersten Wort.

EXTRA BERUF

d Gibt es für die Anerkennung Ihres Berufs ein Formular? Wie sieht es aus? Welche Angaben müssen darin gemacht werden? Recherchieren Sie.

BERUFLICHE ANERKENNUNG

4 Eine Weiterbildung absolvieren

a **Nach zwei Monaten erhält Tala einen Brief. Lesen Sie den Bescheid. Welches Ergebnis enthält er? Markieren Sie.**

Talas Ausbildung wird …
- ☐ voll anerkannt. Sie kann ab sofort mit einem neuen Arbeitsvertrag als vollwertige Krankenpflegerin arbeiten.
- ☐ als überwiegend vergleichbar anerkannt. Sie muss für die fehlenden Teile einen Test oder einen Kurs absolvieren.
- ☐ nicht anerkannt. Sie muss eine neue Ausbildung beginnen.

Tala Santos
Lagistraße 5
53111 Bonn

Postfach 12 34 56
40408 Düsseldorf

BESCHEID

Hinsichtlich Ihres Antrags auf staatliche Anerkennung einer im Ausland erworbenen abgeschlossenen Berufsausbildung vom 19.10.20.. wird Folgendes festgestellt:

Die an der Academy of Healthcare and Nursing in Davao, Philippinen erworbene Qualifikation zur „health nurse" ist mit dem deutschen Referenzberuf „Gesundheits- und Krankenpfleger" nicht gleichwertig. Die Gleichwertigkeit des Ausbildungsstandes kann durch das Ablegen einer Kenntnisprüfung oder den Besuch eines Anpassungslehrgangs erlangt werden.

BEGRÜNDUNG

Gemäß §2 Abs. 3 KrPflG ist keine Gleichwertigkeit des Ausbildungsstandes gegeben. Die Ausbildung der Antragstellerin umfasst hinsichtlich der beruflichen Tätigkeit Fächer und Bereiche der praktischen Ausbildung, die sich wesentlich von denen unterscheiden, die nach dem Gesetz über die Berufe in der Krankenpflege (KrPflG) und nach der Ausbildungs- und Prüfungsverordnung für die Berufe in der Krankenpflege (KrPflAPrV) vorgeschrieben sind. Dies betrifft insbesondere die Ausbildungsinhalte „Pflegetechniken" und „Rechtliche Bestimmungen in der Krankenpflege".

EXTRA BERUF

b **Wo in diesem Bescheid steht die wichtigste Information für Tala Santos? Markieren Sie.**

c **Tala Santos berichtet. Ergänzen Sie die Lücken.**

Anpassungslehrgang • Berufsabschluss • Dokument • Inhouse-Training • Gesundheits- und Krankenpflegerin • ~~Landesprüfungsstelle~~ • Tätigkeit • Zeugnisse

„Laut der _Landesprüfungsstelle_ (1) ist mein _____ (2) mit dem deutschen Referenzberuf nicht gleichwertig. Das fand ich ganz schön frustrierend. Aber man hat mir gleichzeitig einen Kurs zur Weiterbildung vorgeschlagen. Da habe ich mir gesagt: Jetzt erst recht! Ich musste dann einen dreimonatigen _____ (3) mitmachen. Daneben lief ein _____ (4) im Krankenhaus. Ich bin sehr froh, dass ich Kurs und Praktikum durchgehalten habe. Jetzt habe ich nicht nur meine philippinischen _____ (5), ich habe auch ein offizielles _____ (6) aus Deutschland, das mir schwarz auf weiß bescheinigt, dass ich gleich gut ausgebildet bin wie die anderen hier und dass ich in Deutschland als _____ (7) arbeiten darf. Bereits nächsten Monat fange ich eine neue _____ (8) auf einer OP-Station an!"

d **Haben Sie schon einmal einen Bescheid von einer Behörde bekommen? Was sind Ihre Erfahrungen? Berichten Sie.**

5 BERUFSEINSTIEG

1 Ein besonderes Geschäft

a Sehen Sie das Foto an. Was kann man in dem Laden kaufen? Was meinen Sie?

„ *In dem Schaufenster sieht man …
Ich kann mir vorstellen, dass man dort …
Vielleicht gibt es auch …* "

b Hätten Sie Lust, in den Laden zu gehen? Warum (nicht)?

„ *Ja, weil ich … brauche.
Ich möchte mich einfach mal umsehen, weil …
… finde ich nicht so interessant.* "

c Sehen und hören Sie eine Foto-Reportage. Ergänzen Sie dann.

> Schneiderin • ~~Sozialarbeiterin~~ • Ausbildungsbetrieb •
> Auszubildende • Kleid • Modewerkstatt

In dieser Werkstatt arbeiten eine _Sozialarbeiterin_ (1), eine Schneidermeisterin und mehrere junge _____ (2). Das „Atelier La Silhouette" ist ein _____ (3) und eine _____ (4). Die jungen Frauen machen dort eine Ausbildung zur _____ (5). Kundinnen, die in den Laden kommen, wollen sich zum Beispiel ein neues _____ (6) nähen lassen.

SEHEN UND HÖREN 1

1 Das Atelier *La Silhouette*

Sehen und hören Sie die Reportage noch einmal in Abschnitten. → AB 55/Ü3

Einzelheiten richtig verstehen
Lesen Sie sich die Aufgaben zu jedem Abschnitt vor dem zweiten Hören durch und markieren oder notieren Sie mit Bleistift schon, was Sie vom ersten Hören noch wissen. Ergänzen Sie dann beim zweiten Hören die fehlenden Informationen.

Abschnitt 1: Lesen Sie die Aussagen und korrigieren Sie sie.

1 Barbara hat vor 22 Jahren ~~eine Schule~~ *das Atelier „La Silhouette"* gegründet.

2 Barbara möchte jungen Männern und Frauen eine Chance geben.

3 Ivana bringt den Sozialarbeiterinnen das Nähen bei.

4 Gülnur ist aus Griechenland und 20 Jahre alt.

5 Pinar ist Auszubildende im zweiten Lehrjahr und aus dem Irak.

Abschnitt 2: Welche Aussage ist richtig (R), welche falsch (F)? Markieren Sie.

	R	F
1 Der Betrieb sucht für die Auszubildenden eine Wohnung und bezahlt diese.	☐	☒
2 Die jungen Frauen bekommen auch praktische Lebenshilfe.	☐	☐
3 Der Ausbildungsbetrieb erhält keine finanzielle Hilfe von offiziellen Stellen.	☐	☐
4 Hier arbeiten und lernen vor allem junge Frauen aus Einwandererfamilien.	☐	☐

Abschnitt 3: Beantworten Sie die Fragen in Stichworten.

1 Warum möchte Gülnur Schneiderin werden?

_____

_____

2 Was kann man nach der Ausbildung zum Beispiel machen?

_____

_____

_____

SEHEN UND HÖREN 1

Abschnitt 4: Was würden sich Pinar, Gülnur und Barbara wünschen, wenn sie einen Zauberstab hätten? Ordnen Sie zu.

1 Barbara würde sich zufriedenere — junge Frauen wünschen.
2 Gülnur würde sich genügend — Wohnung wünschen.
3 Pinar würde sich eine eigene — Wohnung wünschen.
4 Barbara würde sich weltweit — Ausbildungsplätze wünschen.
5 Pinar würde sich ein — mehr Anerkennung für Frauen wünschen.

Leben ohne Schulden wünschen.

2 Wenn ich einen Zauberstab hätte, … → AB 56–57/Ü4–7

GRAMMATIK
Übersicht → KB 62/1a

a **Formulieren Sie die Aussagen aus Abschnitt 4 neu.**

Wenn Barbara einen Zauberstab hätte, würde sie sich zufriedenere junge Frauen wünschen.
Wenn … einen Zauberstab hätte, …

b **Formulieren Sie Ihre eigenen Wünsche.**

Wenn ich einen Zauberstab hätte,	würde ich	
Wenn ich reich und berühmt wäre,	könnte ich	eine Band gründen.
Wenn ich sehr gut singen könnte,	hätte ich gern	ein großes Haus.
…	wäre ich	…
	…	

3 Spiel – Ihre Wünsche!

a **Notieren Sie einen eigenen Wunsch wie in Aufgabe 2b auf einem Zettel. Schreiben Sie Ihren Namen auf einen anderen Zettel.**

b **Lesen Sie die Spielanleitung und spielen Sie.**

Sagen Sie einer Lernpartnerin / einem Lernpartner, z. B. Myung, Ihren Wunsch. Myung sagt Ihnen seinen Wunsch. Merken Sie sich Myungs Wunsch. Tauschen Sie dann die Namenszettel. Nun suchen Sie eine neue Lernpartnerin / einen neuen Lernpartner, z. B. Anna, und stellen sich zuerst vor: „Ich bin jetzt Myung." Sagen Sie Myungs Wunsch und hören Sie Annas Wunsch. Tauschen Sie wieder die Namenszettel und suchen Sie eine neue Lernpartnerin / einen neuen Lernpartner …

c **Vergleichen Sie am Ende des Spiels noch einmal die letzte Version Ihres Wunsches mit dem echten Wunsch auf Ihrem Zettel.**

4 Verkürzter wenn-Satz → AB 57/Ü8

GRAMMATIK
Übersicht → KB 62/1b

Formulieren Sie Ihre Wünsche und einige Wünsche aus Aufgabe 3b neu:

**Wenn** ich gut nähen **könnte**, würde ich mir viele coole Kleidungsstücke selbst machen.
→ _**Könnte** ich gut nähen, würde ich mir viele coole Kleidungsstücke selbst machen._

Ich kann jetzt …
- in einer Foto-Reportage Informationen über einen Ausbildungsbetrieb verstehen.
- Wünsche verschiedener Menschen verstehen.
- eigene irreale Wünsche formulieren.

LESEN 1

1 In 10 Minuten erledigt?

a Welche dieser 10 Tätigkeiten können Sie in nur 10 Minuten erledigen? Markieren Sie.

10 Tätigkeiten – in 10 Minuten erledigt?

- ☐ duschen
- ☐ neue Schuhe kaufen
- ☐ mit einer Freundin telefonieren
- ☐ eine neue Liebe finden
- ☐ wichtige Tagesnachrichten lesen
- ☐ zu Abend essen
- ☐ die neuen Wörter aus dem Deutschkurs lernen
- ☐ einen neuen Job finden
- ☐ ein Treffen mit Freunden organisieren
- ☐ eine Busfahrt nach Berlin buchen

b Sprechen Sie zu viert über Ihre Ergebnisse.

Ich brauche auf jeden Fall mehr als zehn Minuten, wenn ich neue Schuhe kaufen will. Ich gehe ja in verschiedene Geschäfte und das dauert mindestens zwei Stunden.

Bei mir geht das ganz schnell – ich sehe mir die Schuhe bloß im Internet an – immer beim gleichen Schuhversand. In maximal zehn Minuten bin ich fertig. Und wenn mir die Schuhe dann nicht passen oder nicht gefallen, schicke ich sie einfach zurück.

2 Speed-Dating mit dem Chef → AB 58/Ü9

a Was meinen Sie? Was ist „Speed-Dating mit dem Chef"?
b Überfliegen Sie den Zeitungsbericht und überprüfen Sie, ob Ihre Vermutung richtig war.

In zehn Minuten zum Traumjob

Die 26-jährige Nadine Kupfer konnte sich vorstellen, was sie erwartet, doch als sie an jenem Montagnachmittag am „Chef-Dating" teilnahm, dachte sie: „Das ist eine komische Situation." Eine Tischreihe mit roten Decken, auf der einen Seite Herren in Anzügen, auf der anderen Seite junge Erwachsene wie sie, die lächelnd ihre Nervosität unterdrückten. Ein Glöckchen, das jedes Zweiergespräch nach zehn Minuten beendete. Was die 26-Jährige in Potsdam ausprobiert hat, klingt nach Speed-Dating. Das war es auch. Nur hat Nadine nicht den Mann fürs Leben gesucht, sondern einen Chef. Und es hat gefunkt. Beim „Chef-Dating" bringt die Agentur für Arbeit Bewerber und Firmen im Schnellverfahren zusammen.

Die Zeit läuft

Damit die Arbeitgeber möglichst viele Kandidaten kennenlernen können, müssen sich die Bewerber kurz fassen. Als erste Arbeitsagentur in Deutschland hat Potsdam zu einem solchen Bewerbungsverfahren eingeladen. „Wir dachten, was bei der Liebe funktioniert, müsste doch bei der Jobsuche genauso gelingen", sagt Sprecherin Isabel Wolling. Der Plan hat funktioniert. Die Vertreter von 15 Unternehmen und 55 Kandidaten führten 178 Gespräche, 119 Bewerbungsmappen wechselten den Besitzer, zwölf der Bewerber bekamen danach einen Arbeitsvertrag. Die Bürokauffrau Nadine Kupfer, die vor dem „Chef-Dating" auch nach 20 Bewerbungen keinen passenden Job gefunden hatte, saß zwei Wochen nach dem Dating in ihrem neuen Büro.

Höhere Chancen für Bewerber

Die Arbeitsagentur hatte junge Arbeitssuchende verschiedener Ausbildungs- und Studienrichtungen eingeladen. Für die Bürokauffrau Kupfer kamen drei der 15 Firmen als Arbeitgeber infrage. Von den Angeboten der ersten beiden war sie nicht begeistert. Macht aber nichts, meint sie. „Da konnte ich üben und war dann bei meinem Favoriten nicht mehr so nervös." Obwohl das Treffen für Nadine Kupfer gut lief – ein gründliches Bewerbungsgespräch konnte es nicht ersetzen. Ihr späterer Chef hat sie anschließend zu einem weiteren Vorstellungstermin in die Firma eingeladen.
An die ungewohnte Bewerbungssituation hat sich Kupfer schnell gewöhnt, sagt sie. „Man konnte sich aussuchen, zu welchem Unternehmen man geht und selbst gucken, ob die Chemie stimmt." Ein Vorteil, den auch die Arbeitsagenturen sehen. „Die Firmen haben es nicht in der Hand, mit wem sie sprechen", sagt Birgit Kirner aus Stuttgart. „So können Bewerber punkten, die die Unternehmen sonst vielleicht nie eingeladen hätten."

LESEN 1

Coaching per E-Mail

Weil der Zeitdruck und die ungewohnte Form des Speed-Datings manche Arbeitssuchende möglicherweise abschrecken könnte, verschickte die Potsdamer Arbeitsagentur vorher eine E-Mail mit Hinweisen. Der Personalchef eines großen deutschen Energiekonzerns glaubt jedoch, dass die meist jungen Bewerber mit der Geschwindigkeit gut umgehen können. Kupfer hat vor dem „Chef-Dating" zu Hause geübt. „Die Bewerber haben ja höchstens fünf Minuten, um ihren Werdegang im Eiltempo zu erzählen", sagt sie.

c Welche Aussagen sind richtig (R), welche falsch (F)? Markieren Sie und korrigieren Sie.

	R	F	Korrektur
1 Das „Chef-Dating" ist eine neue Methode zur Vermittlung von Arbeitsstellen.	☐	☐	_____
2 Dabei sprechen Arbeitgeber jeweils zehn Minuten mit jungen Bewerbern.	☐	☐	_____
3 Beim ersten „Chef-Dating" fanden 55 Bewerber einen Arbeitsplatz.	☐	☐	_____
4 Für die Arbeitssuchenden ist es positiv, dass sie entscheiden, welcher Firma sie sich vorstellen.	☐	☐	_____
5 Nadine Kupfer bekam gleich beim „Chef-Dating" einen Arbeitsvertrag.	☐	☐	_____
6 Die kurze Gesprächszeit ist möglicherweise für die Arbeitgeber ein Problem.	☐	☐	_____

3 damit – um ... zu → AB 58–59/Ü10–13

GRAMMATIK
Übersicht → KB 62/2

a Lesen Sie die folgenden beiden Sätze aus dem Zeitungsbericht.
Welcher Teil dieser Satzverbindungen ist ein Hauptsatz, welcher ein Nebensatz?
Schreiben Sie und markieren Sie alle Subjekte in den Satzverbindungen.

1 **Damit** die <u>Arbeitgeber</u> möglichst viele Kandidaten kennenlernen können, _Nebensatz_
müssen sich die Bewerber kurzfassen.
_____

2 Die Bewerber haben ja höchstens fünf Minuten, **um** ihren Werdegang im Eiltempo **zu** erzählen.
_____ _____

b Ergänzen Sie die Regel.

Wenn Hauptsatz und Nebensatz **verschiedene Subjekte** haben,
verbindet man die Sätze mit _____.
Wenn Hauptsatz und Nebensatz **dasselbe Subjekt** haben,
kann man die Sätze mit _____ verbinden.

c Was drücken die Sätze aus? Markieren Sie.

☐ eine Bedingung ☐ einen irrealen Wunsch ☐ eine Absicht oder ein Ziel

d Ergänzen Sie die Sätze.

1 Die Agentur für Arbeit organisiert das Speed-Dating, **damit** viele Arbeitgeber ...
2 Beim Speed-Dating führen Bewerber und Arbeitgeber viele Gespräche, **um** ... **zu** ...
3 Die Bewerber sollen sich in möglichst kurzer Zeit präsentieren, ...

Ich kann jetzt ...   ☺ ☺ ☹
- über die Dauer verschiedener Tätigkeiten im Alltag sprechen.   ☐ ☐ ☐
- wichtige Informationen in einem Zeitungsbericht verstehen.   ☐ ☐ ☐
- Absichten mit *damit* und *um ... zu* ausdrücken.   ☐ ☐ ☐

WORTSCHATZ

1 Ein Lebenslauf → AB 60/Ü14

a Welche Verben passen? Ordnen Sie zu.

eine Schule	gehen / sein
eine Berufsausbildung	besuchen
ein Studium	suchen
einen Praktikumsplatz	abschließen
die Ausbildung mit einer Prüfung	sozialversichert sein
in einer Firma	machen
ein Gehalt	bezahlen
Lohn- oder Einkommenssteuer	melden
als Arbeitnehmer	werden
gekündigt	finden
sich arbeitslos	eingestellt werden
(k)eine Stelle	bekommen
in Rente	absolvieren

b Erfinden Sie nun mündlich einen Lebenslauf für eine der folgenden Personen. Arbeiten Sie zu viert und bilden Sie reihum Sätze. Variieren Sie die Satzanfänge.

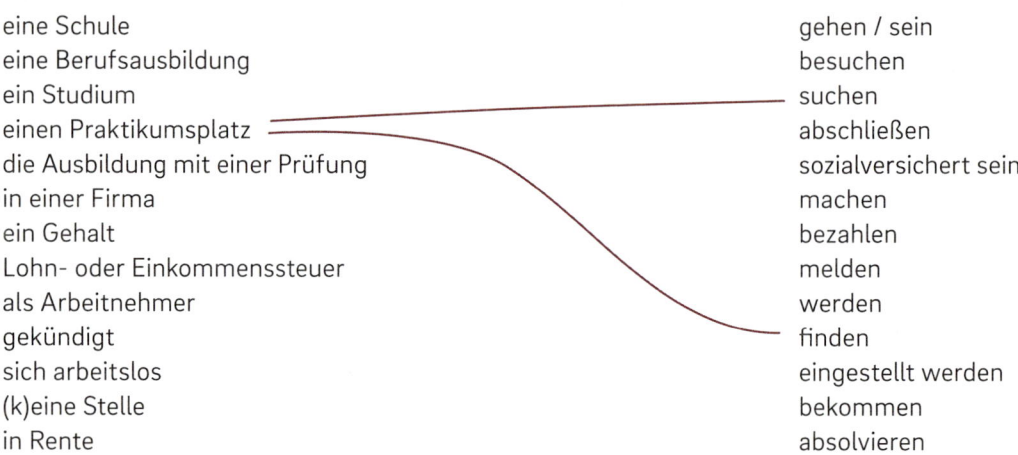

1 Simona Sartora 2 Zlatko Pavlovic 3 Lara Frey 4 Hussein Shawaan

Simona Sartora hat nach ihrem Schulabschluss eine Ausbildung als Erzieherin gemacht.

Anschließend hat sie …

2 Quiz zum Thema *Berufstätigkeit* → AB 60/Ü15

Arbeiten Sie zu zweit. Partner A liest Partner B jeweils eine Frage aus Teil A und die drei Antworten vor. Partner B antwortet. Dann liest Partner B eine Frage aus Teil B und die Antworten dazu vor und A antwortet. Vergleichen Sie am Ende mit den Lösungen auf KB 62 unten.
Wer hat die meisten Fragen richtig beantwortet?

A

a Was bekommt man nicht jeden Monat?
- ☐ den Lohn
- ☐ das Gehalt
- ☐ das Urlaubsgeld

b Was ist ein Unternehmen?
- ☐ eine Firma
- ☐ ein Chef
- ☐ ein Arbeitnehmer

c Welche Steuern muss jede/r Berufstätige bezahlen?
- ☐ Lohn-/Einkommensteuer
- ☐ Kirchensteuer
- ☐ Mineralölsteuer

d Was ist kein Teil der Sozialversicherung?
- ☐ die Rentenversicherung
- ☐ die Krankenversicherung
- ☐ die Unfallversicherung

e Wem kann normalerweise nicht gekündigt werden?
- ☐ einem Angestellten
- ☐ einem Arbeiter
- ☐ einem Beamten

WORTSCHATZ

B

a Welches Wort ist ein Synonym für Fabrik?
- [ ] Büro
- [ ] Werk
- [ ] Laden

b Welcher Ausdruck bedeutet „einen Job bekommen"?
- [ ] gekündigt werden
- [ ] eingestellt werden
- [ ] entlassen werden

c Wer in Urlaub fahren kann, solange er will, ist ...
- [ ] berufstätig.
- [ ] arbeitslos.
- [ ] in Rente.

d Wer bekommt kein Arbeitslosengeld?
- [ ] ein Arbeitnehmer
- [ ] ein Selbstständiger
- [ ] ein Beamter

e Wer macht eine Ausbildung mit Abschluss in der Firma?
- [ ] ein Auszubildender
- [ ] ein Praktikant
- [ ] ein Schüler

Wussten Sie schon? → AB 61/Ü16
Polizisten, Lehrer oder Richter sind in den deutschsprachigen Ländern meist Beamte. Sie arbeiten für den Bund, das Land oder die Kommune und können ihren Arbeitsplatz nicht verlieren. Sie dürfen aber auch nicht streiken. Im Alter erhalten sie eine staatliche Pension.

3 Zum Taxifahren braucht man ... → AB 61/Ü17–18

GRAMMATIK
Übersicht → KB 62/2c

a Sehen Sie die Bilder an und ergänzen Sie die beruflichen Tätigkeiten.

zum Programmieren • ~~zum Taxifahren~~ • zur Kinderbetreuung • zum Verbinden

Zum Taxifahren braucht man einen Taxischein und ein Taxi.

_____ braucht man Kenntnisse in Programmiersprachen.

_____ braucht man Desinfektionsmittel und Verbandszeug.

_____ braucht man pädagogisches Wissen, Geduld und Kreativität.

b Bilden Sie weitere Sätze.

1 Eine Schneiderin **näht** Kleider. _Zum Nähen braucht sie z. B. Stoff, Nadel und Faden._
2 Eine Architektin **zeichnet** Pläne. _Zum_ _____
3 Ein Friseur **schneidet** und **färbt** Haare. _Zum_ _____
4 Ein Küchenchef **kocht** Speisen. _____
5 _____

Ich kann jetzt ...   ☺   😐   ☹
- mündlich den Lebenslauf einer Person beschreiben.
- Fragen zum Thema „Berufstätigkeit" beantworten.
- erklären, was jemand für seine berufliche Tätigkeit braucht.

SPRECHEN

1 Small Talk: Gespräch über Berufe → AB 62/Ü19

a Stellen Sie sich vor: Sie sind bei Ihrem Nachbarn eingeladen. Dort kommen Sie mit einer jungen Frau ins Gespräch, die Ihnen erzählt, dass sie von Beruf Pilotin ist. Das klingt sehr interessant und Sie möchten gern mehr dazu wissen. Welche Fragen würden Sie der Frau zu ihrem Beruf stellen? Sammeln Sie.

> *Warum wolltest du Pilotin werden?*
> *Wie lange dauert denn die Ausbildung?*
> *…*

2 ◀) 6 b Hören Sie nun ein Gespräch zwischen der Pilotin und einem anderen Gast. Welche Fragen stellt der Gast? Notieren Sie die Fragen in Stichworten und sammeln Sie dann im Kurs.

2 ◀) 6 c Hören Sie das Gespräch noch einmal und ergänzen Sie die folgenden Satzanfänge sinngemäß:

1 Inzwischen sind Frauen da völlig _gleichberechtigt._
2 Mich persönlich hat Fliegen jedenfalls _____
3 Ich habe mich nach dem Abi _____
4 Erst mal wird man _____
5 Es macht Spaß. Man _____
6 Es kann aber auch manchmal _____
7 Ich möchte vielleicht später _____

2 Und was machst du beruflich? → AB 63/Ü20–21

a Stellen Sie sich vor: Sie sind auf einer Party und lernen viele Leute kennen. Was würden Sie in einem Gespräch über Ihren Beruf oder Ihren Berufswunsch erzählen? Überlegen Sie sich einige Punkte. Die Fragen aus 1 können Ihnen helfen.

b Unterhalten Sie sich mit Ihrer Lernpartnerin / Ihrem Lernpartner über Ihren Beruf bzw. über Ihre Ausbildung. Verwenden Sie die folgenden Redemittel.

> *„Ich wollte schon immer etwas mit … machen.*
> *Nach der Schule habe ich dann …*
> *Die Ausbildung / Das Studium hat … gedauert.*
> *In diesem Beruf braucht man vor allem …*
> *Gut gefällt mir, dass man …*
> *… ist nicht immer so toll / ist oft anstrengend / …*
> *Ich würde mir wünschen, dass …"*

> *Gesprächsstrategie: Small Talk*
> *Wenn Sie in einem Gespräch signalisieren wollen, dass Sie interessiert zuhören, können Sie kurze Ausrufe wie z. B. Ach!?, Oh je!, Oh!, Ach so!, Klingt gut! verwenden. Das hilft Ihnen auch in Situationen, in denen Sie nicht genau wissen, was Sie sagen sollen.*

Ich kann jetzt …
- in einem Small Talk-Gespräch anderen Leuten Fragen zu ihrem Beruf stellen.
- über meinen Beruf / Berufswunsch erzählen.
- Vor- und Nachteile meines Berufs darstellen.

LESEN 2

1 Die LECKERO GmbH → AB 63–64 / Ü 22–23

a Sehen Sie sich den Text an. Was für eine Textsorte ist das?
   Wo findet man so einen Text?

b Überfliegen Sie den Text. Welche Aussagen sind richtig? Markieren Sie.

☐ Die *LECKERO* GmbH sucht Mitarbeiter mit einer abgeschlossenen kaufmännischen Ausbildung.
☐ Die *LECKERO* GmbH bietet jungen Menschen mit Schulabschluss Ausbildungsplätze an.
☐ Junge Menschen können bei der *LECKERO* GmbH eine Fachschule für Gastronomie besuchen.

Du hast deinen Schulabschluss (bald) in der Tasche und planst nun einen Schritt in die praktische Arbeitswelt? Du suchst ein modernes und junges Unternehmen, das dir eine qualifizierte Berufsausbildung anbietet? Du bist
5 gern in Kontakt mit Menschen und möchtest von Anfang an das Tagesgeschäft unseres Restaurants mitgestalten?

Dann bist du richtig bei der *LECKERO GmbH* – Wir freuen uns auf dich! Ab 1. September suchen wir für unser Restaurant *La Fenice* in Köln Auszubildende als *Fach-*
10 *mann / Fachfrau für Systemgastronomie.*

Wir vermitteln dir …
• eine systematische Einarbeitung in alle Bereiche des Restaurantbetriebs
• ein qualifiziertes Training im Service-Bereich
• kaufmännisches Wissen wie z.B. Kosten-Nutzen-Rechnung und Personalwesen
15 • sprich: eine rundum qualifizierte Berufsausbildung

Dafür bringst du Folgendes mit:
• eine abgeschlossene Schulausbildung, möglichst mittlerer Schulabschluss
• Deutschkenntnisse auf B2-Niveau
• Lust auf die Gastronomie und kaufmännisches Interesse
20 • eine zupackende Persönlichkeit
• Kenntnisse im Umgang mit MS-Office

Wenn du außerdem noch …
• einen abwechslungsreichen Arbeitsplatz mit flexiblen Arbeitszeiten suchst
• stets sehr freundlich und charmant mit Kunden umgehst
25 • gern Verantwortung übernimmst und man sich auf dich immer verlassen kann

… bist du die/der Richtige bei uns. – Bewirb dich jetzt!

LECKERO-GmbH
Königstr. 12

c Was bietet die Firma Bewerbern an? Was erwartet sie von Bewerbern? Ergänzen Sie die Tabelle.

Angebote	Anforderungen
Ausbildungsplätze in der Gastronomie, …	kaufmännisches Interesse, …

d Diskutieren Sie in Kleingruppen.

■ Finden Sie die Stellenanzeige interessant? Warum (nicht)?
■ Welche Vorteile hat eine Ausbildung in einer Firma? Gibt es auch Nachteile?

Ich kann jetzt …
■ einer Stellenanzeige wichtige Informationen entnehmen.
■ über Vor- und Nachteile eines Stellenangebotes diskutieren.

SCHREIBEN

1 Ein Bewerbungsschreiben → AB 64/Ü24

a Lesen Sie den Brief. Wer schreibt an wen? Warum?

Milo Serdan • Hansaring 35 • 50338 Köln • Tel. 0178-325 44 21 • miloserd@mymail.de

Köln, 20.3.20..

LECKERO-GmbH
Personalmarketing
Frau Nicole Heilmann
Königstraße 12
51887 Köln

Bewerbung um einen Ausbildungsplatz zum Fachmann für Systemgastronomie

~~Liebe~~ Frau Heilmann,
Sehr geehrte

Sie suchen auf dem Internetportal „Jobjump" Schulabsolventen für eine Berufsausbildung in der Systemgastronomie. Was Sie schreiben, klingt ziemlich cool und deshalb möchte ich
5 mich um einen Ausbildungsplatz bei Ihnen bewerben.

Im Juni dieses Jahres erhalte ich den mittleren Schulabschluss. In der Schule haben mir am besten die Fächer Hauswirtschaft und Kochen gefallen, wo unsere Lehrerin uns alles alleine entscheiden und machen ließ.

10 Das Programm MS-Office sagt mir natürlich was, ich habe in der Schule auch schon damit am Computer gearbeitet. Besonders auf die praktischen Aufgaben an einem Ausbildungsplatz freue ich mich, aber natürlich interessiert mich auch die wirtschaftliche Seite in einem Unternehmen / Restaurant wie dem LECKERO.

Flexible Arbeitszeiten gehen auch völlig in Ordnung. Dazu zählen wahrscheinlich Abend-
15 schichten oder Wochenenddienste. Und fragen Sie ruhig mal meine Leute – die würden mich als freundlichen, hilfsbereiten und zuverlässigen Menschen beschreiben.

Ich würde mich also sehr freuen, wenn wir mal persönlich ein bisschen miteinander reden könnten.

Die allerbesten Grüße
Milo Serdan

---

b Markieren Sie in dem Brief unpassende bzw. umgangssprachliche Formulierungen.

c Ersetzen Sie die umgangssprachlichen Formulierungen im Brief durch die folgenden Textteile:

> Freunde, Bekannte und Lehrer • wir meist selbst Gerichte zusammenstellen, den Einkauf planen und ausführen und das Essen zubereiten konnten • ~~Sehr geehrte~~ • Sie mir die Möglichkeit zu einem Vorstellungsgespräch geben würden • Ihre Anzeige hat mein Interesse geweckt • ist mir durchaus bekannt • mit freundlichen Grüßen • bereiten mir keinerlei Probleme

2 Eine Bewerbung schreiben

Verfassen Sie nun ein eigenes Bewerbungsschreiben. Wählen Sie eine Anzeige im Internet. Nehmen Sie den korrigierten Brief oben als Grundlage.

Ich kann jetzt ...
- Bewerbungsschreiben verstehen.
- ein formelles Bewerbungsschreiben verfassen.
- Informationen über meine Ausbildung und Berufserfahrung geben.

SEHEN UND HÖREN 2

1 Starke Männer?

a Sehen Sie die Bilder an und vergleichen Sie die beiden jungen Männer. In welcher Situation befinden sie sich wohl jeweils?

b In welcher Situation wären Sie persönlich lieber und warum?

2 Zwei Wege

a Sehen Sie sich den Film ohne Schluss an. Was vermuten Sie? Um welche Art von Film handelt es sich? Der Film hat keinen Ton.

☐ Dokumentarfilm   ☐ Spielfilm   ☐ Werbefilm   ☐ Musikvideo

b Wer steht jeweils im Mittelpunkt des zweigeteilten Films?

„ *In einem Teil ist es ein junger Mann, der …*
Im anderen Teil sieht man einen jungen Mann, der … "

c Sehen Sie sich den Film noch einmal ohne Schluss an. Ordnen Sie die Begriffe den beiden jungen Männern und ihrem Leben zu. Beschreiben Sie die beiden Lebensformen.

> eigene Wohnung • ~~früh aufstehen~~ • betrunken sein • nette Freundin • sich langweilen • erfülltes Arbeitsleben • bei der Mutter wohnen • Geld verdienen • angenehme Freizeit • zufrieden sein • sehr spät nach Hause kommen • ins Fitnessstudio gehen • ein Auto haben • frustriert und lustlos sein • sich etwas leisten können • keine Perspektive sehen

Person A	Person B
früh aufstehen	…

d Was denken Sie? Wie endet der Film wohl?

3 Die Aussage

Sehen Sie den ganzen Film an. Diskutieren Sie.

- Was will der Film zeigen?
- Wen soll er wohl ansprechen?
- Wie finden Sie den Film? Begründen Sie.

„ *Der Film zeigt, dass man … / wie man …*
Er richtet sich an junge Leute, die …
Ich finde den Film … , weil … "

> **Wussten Sie schon?** → AB 65/Ü25
> Die sogenannte Duale Berufsausbildung ist in den deutschsprachigen Ländern sehr verbreitet. Die Auszubildenden arbeiten zwei bis drei Jahre in einem Unternehmen oder Betrieb und lernen, was man in diesem Beruf wissen und können muss. Gleichzeitig besuchen sie eine Berufsschule. Die Ausbildung wird mit einer Prüfung abgeschlossen.

Ich kann jetzt …
- die Handlung eines Werbefilms beschreiben.
- Inhalt und Absicht eines Werbefilms verstehen.

GRAMMATIK

1 Konjunktiv II: Irreale Wünsche und Bedingungen ← KB 53/2, 4

Wenn ich gut singen **könnte**, **würde** ich eine Band **gründen**. (→ Aber ich kann nicht gut singen.)

a Formen des Konjunktiv II (Präsens)

Den Konjunktiv II bildet man fast immer mit *würde-* + Infinitiv.
Bei den Verben *haben*, *sein*, den Modalverben und bei manchen Verben wie *kommen*, *gehen* und *wissen* ist die Originalform des Konjunktiv II üblicher. Die Originalform wird aus dem Präteritum abgeleitet, z. B. *kam* → *käme*.

	werden	haben	sein	Modalverben, z. B. müssen	kommen	gehen	wissen
ich	würde	hätte	wäre	müsste	käme	ginge	wüsste
du	würdest	hättest	wär(e)st	müsstest	käm(e)st	ging(e)st	wüsstest
er/es/sie	würde	hätte	wäre	müsste	käme	ginge	wüsste
wir	würden	hätten	wären	müssten	kämen	gingen	wüssten
ihr	würdet	hättet	wärt	müsstet	käm(e)t	ging(e)t	wüsstet
sie/Sie	würden	hätten	wären	müssten	kämen	gingen	wüssten

b Wortstellung

Hauptsatz vor Nebensatz mit *wenn*	Ich **würde** eine Band **gründen**, wenn ich gut singen **könnte**.
Nebensatz vor Hauptsatz mit *wenn*	Wenn ich gut singen **könnte**, **würde** ich eine Band **gründen**.
Verkürzter Nebensatz ohne *wenn*	**Könnte** ich gut singen, **würde** ich eine Band **gründen**.

2 Finalsätze ← KB 55/3

Eine Absicht oder ein Ziel drückt man mit den Konnektoren *damit* oder *um … zu* aus.

a Nebensatz mit *damit*

       Die Bewerber müssen sich kurzfassen.
Ziel / Absicht: Die Arbeitgeber wollen* viele Kandidaten kennenlernen.

Die Bewerber müssen sich kurzfassen, **damit** die Arbeitgeber viele Kandidaten kennenlernen können.
Damit die Arbeitgeber viele Kandidaten kennenlernen können, müssen sich die Bewerber kurzfassen.

* Die Modalverben *wollen*, *möchten* und *sollen* kommen in Finalsätzen nicht vor, sie werden oft durch *können* ersetzt.

b Nebensatz mit *um … zu*

Wenn das Subjekt in Haupt- und Nebensatz gleich ist, kann man einen Nebensatz mit *um … zu* + Infinitiv bilden.

       Die Bewerber haben höchstens fünf Minuten.
Ziel / Absicht: Die Bewerber erzählen ihren Werdegang im Eiltempo.

Die Bewerber haben höchstens fünf Minuten, **um** ihren Werdegang im Eiltempo **zu** erzählen.
Um ihren Werdegang im Eiltempo **zu** erzählen, haben die Bewerber höchstens fünf Minuten.

c *zum* + nominalisierter Infinitiv

Es gibt eine Variante zur *um … zu*-Konstruktion: *zum* + nominalisierter Infinitiv.

Man braucht Papier und Stifte, um zu zeichnen. → **Zum Zeichnen** braucht man Papier und Stifte.

Lösung zu Seite 56 / 57, Aufgabe 2:
A a) das Urlaubsgeld; b) eine Firma; c) Lohn-/Einkommenssteuer; d) Unfallversicherung; e) einem Beamten
B a) Werk; b) eingestellt werden; c) in Rente; d) ein Selbstständiger; e) ein Auszubildender

6 MUSIK

1 Über Musik sprechen

a Sehen Sie das Foto der Band an. Welche Art von Musik macht sie wohl?

b Würden Sie gern auf ein Konzert von dieser Band gehen? Warum (nicht)?

c Machen Sie eine Umfrage im Kurs zum Thema „Musik".
Lesen Sie die Fragen 1–6 und notieren Sie zuerst kurz Ihre Antworten. Befragen Sie sich dann gegenseitig. Suchen Sie Personen, die ähnliche Antworten haben wie Sie.

	Meine Antworten	Das sagt/sagen auch …
1 Welche Musik hören Sie gern?		
2 Wann / Bei welcher Gelegenheit hören Sie Musik?		
3 Hören Sie Musik lieber mit oder ohne Kopfhörer?		
4 Wo bzw. wie ist Ihre Musik gespeichert?		
5 In welcher Sprache hören Sie am liebsten Musik?		
6 Wie heißt Ihre Lieblingsband?		

d Berichten Sie im Plenum über Ihre Ergebnisse.

HÖREN

1 Sommer in der Stadt

Beschreiben Sie das Bild.

Was passiert hier wohl gerade?
Wie ist die Stimmung?

Auf dem Bild sieht man viele Bühnen. Vielleicht gibt es hier …

Im Stadtzentrum kommen viele Menschen zusammen. Vielleicht feiert man hier …

2 Ein besonderes Festival

a Hören Sie einen Vor-Ort-Bericht zum Festival auf dem Bild oben. Welche der folgenden Themen werden <u>nicht</u> angesprochen? Streichen Sie.

- Ort und Zeitpunkt des Bardentreffens
- Atmosphäre in der Stadt
- Geschichte des Bardentreffens
- Herkunft einiger Musiker
- Kosten des Festivals
- Größe des Festivals
- Namen bekannter Sänger
- Unterschiede zu anderen Festivals
- Kulturangebot neben der Musik

b Hören Sie den Vor-Ort-Bericht noch einmal. Welche Aussage ist richtig (R), welche falsch (F)? Markieren Sie.

R F
1 Die Reporterin berichtet über ein Musikfestival in Nürnberg. ☐ ☐
2 Der Besucher ist vom Bardentreffen begeistert. ☐ ☐
3 Er kennt <u>niemanden</u> von den Künstlern, die dieses Jahr auftreten. ☐ ☐
4 Die Besucherin hatte zuvor noch nichts vom Bardentreffen gehört. ☐ ☐
5 Auch ihre Freundin war vorher noch nie auf dem Bardentreffen. ☐ ☐
6 Schon von Anfang an kamen Zuschauer aus ganz Deutschland hierher. ☐ ☐
7 In Deutschland gibt es nirgendwo sonst so eine Veranstaltung. ☐ ☐
8 Auf dem Bardentreffen kann man nur Musik hören. ☐ ☐

3 Negationswörter → AB 69–70/Ü2–4

GRAMMATIK
Übersicht → KB 72/1

a Markieren Sie in den Aussagen 1 bis 8 in Aufgabe 2b die Negationswörter.

b Ergänzen Sie jeweils das Gegenteil.

überall – _____   jeder / alle / jemand – <u>niemanden</u>
immer – _____   alles / etwas – _____

Ich kann jetzt …
- einer Reportage über ein Musikfestival wichtige Informationen entnehmen.   ☐ ☐ ☐
- Negationswörter verstehen und verwenden.   ☐ ☐ ☐

SCHREIBEN

1 Eine E-Mail beantworten → AB 70–71/Ü5–6

a Lesen Sie die E-Mail Ihrer Freundin Sara und ergänzen Sie darin Ihren Namen und Wohnort.

1 _____
2 _____

Hallo _____,

hoffentlich bist Du wieder gut zu Hause angekommen! Es war wirklich schön, dass Du mich besucht hast. Jetzt hast Du Nürnberg und das tolle Bardentreffen kennengelernt. Mir hat es eine Menge Spaß gemacht, drei Tage „durchzufeiern" und mit Dir zusammen den Sommer zu genießen.

3 _____

Ich habe mich über Deine Gegeneinladung gefreut und würde wirklich furchtbar gern kommen. Im September kann ich mir ein paar Tage freinehmen und Dich in _____ besuchen. Würde Dir das passen? Super wäre natürlich auch, wenn wir irgendwo Livemusik hören könnten. Gibt es bei Dir in der Gegend auch ein Stadtfest mit Musik oder ein Konzert? Am liebsten natürlich gratis wie in Nürnberg! ☺ Hast Du noch einen Tipp, wie ich am einfachsten und günstigsten zu Dir kommen kann?

4 _____
Schreib mir bitte bald zurück, damit ich weiß, ob es klappt!

5 _____
Herzliche Grüße
6 *Unterschrift*
Deine Sara

b In welche Abschnitte ist die E-Mail gegliedert? Ordnen Sie neben der E-Mail zu.

Einleitung • Schluss • ~~Unterschrift~~ • Hauptteil • Anrede • Gruß

c Welche Redemittel passen zu welchem Abschnitt? Ergänzen Sie die Zahlen aus 1a.

☐ Vielen Dank für Deine / Eure E-Mail! • ☐ Lieber Elias • ☐ Liebe Grüße •
[6] Dein / Euer Nasser • ☐ Ich freue mich schon auf Deine / Eure Antwort! •
☐ Hi Hamid und Milena • ☐ Ich finde es toll, dass Du / Ihr … • ☐ Bis dann

d Schreiben Sie nun eine Antwort auf die E-Mail von Sara.

Schritt 1: Sammeln Sie Ideen. Machen Sie Notizen zu den folgenden Inhaltspunkten.
1 Danken Sie Sara für ihre Gastfreundschaft und die schöne Zeit in Nürnberg.
2 Schlagen Sie ein konkretes Datum für Saras Gegenbesuch vor.
3 Beschreiben Sie: Welche Musikveranstaltung würden Sie empfehlen und warum?
4 Machen Sie Sara einen Vorschlag, wie sie am besten anreisen kann.

Schritt 2: Ordnen Sie die folgenden Redemittel den Inhaltspunkten 1–4 zu.
☐ … passt mir auch gut, denn …
☐ Am besten kommst Du mit … Da … Dich … abholen.
[1] Noch mal herzlichen Dank für …
☐ Ich habe eine Idee, wohin wir gehen könnten. In … spielt … Der/Die ist/sind …

Schritt 3: Verfassen Sie nun Ihre E-Mail an Sara. Schreiben Sie etwas zu jedem der vier Punkte. Schreiben Sie etwa 100 Wörter.

Schritt 4: Kontrollieren Sie Ihren Text.

> *Richtig schreiben*
> *Formulieren Sie zu jedem Inhaltspunkt einen längeren Satz mit Nebensatz oder zwei kürzere Sätze. Vergessen Sie nicht Anrede, Einleitung, Schluss, Gruß und Unterschrift.*

Ich kann jetzt …
- die Gliederung einer E-Mail verstehen.
- eine längere private E-Mail schreiben.

WORTSCHATZ

1 Musikinstrumente → AB 71/Ü7

a Sehen Sie das Bild an. Welche Instrumente spielen die Musiker? Bilden Sie aus den Silben Wörter.

| ge • Kla • Flö • vier • Schlag • |
| te • Gei • ~~Trom~~ • te • zeug • |
| tar • Gi • re • ~~pe~~ |

Trompete _____ _____ _____ _____ _____

2 ◀) 8 b Hören Sie die Instrumente. Welches Instrument aus 1a wird hier gespielt? Ergänzen Sie.

1 _Flöte_   2 _____   3 _____   4 _____   5 _____   6 _____

2 ◀) 8 c Hören Sie die Instrumente noch einmal. Welche Instrument gefällt Ihnen besonders gut / weniger gut? Warum?

d Welche besonderen Instrumente gibt es in Ihrem Heimatland? Spielen Sie selbst ein Instrument oder würden Sie gern eines spielen? Welche Art von Musik machen Sie oder würden Sie gern machen? Berichten Sie.

2 Musik genießen

a Sehen Sie das Werbeplakat an. Was können Musikinteressierte in dieser Stadt alles tun?

„ *Man kann vermutlich in einem Chor …*
Es ist auch möglich, … mitzumachen.
Oder man besucht einen … kurs.
… ist / sind zurzeit sehr beliebt.. "

b Was würden Sie gern machen? Markieren Sie Aktivitäten, die Ihnen besonders gefallen würden.

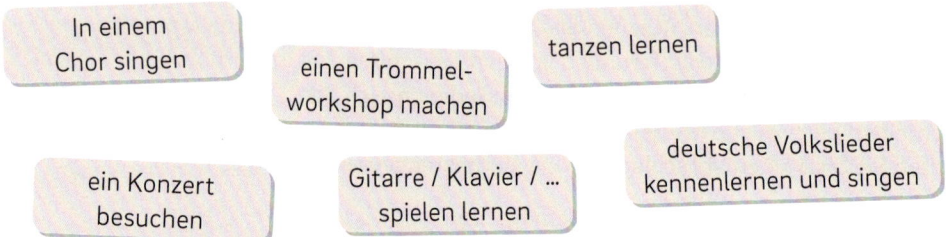

c Sprechen Sie mit Ihrer Lernpartnerin / Ihrem Lernpartner. Einigen Sie sich auf eine Aktivität.

„ *Ich würde am liebsten … Was hältst du davon?*
Keine schlechte Idee, aber wie wär's, wenn wir … oder …
… habe ich noch nie probiert, klingt aber auch gut.
Meinetwegen können wir das gern machen.
Gut, dann sind wir uns ja einig. Wir … also … "

Ich kann jetzt …
- über Musikinstrumente sprechen.
- Vermutungen zu einem Werbeplakat anstellen.
- mit einem Partner eine gemeinsame Aktivität planen.

SEHEN UND HÖREN

1 Musikalisch unterwegs in Köln → AB 72–73/Ü8–9

a Hören Sie im Radio Ankündigungen zu verschiedenen Veranstaltungen in Köln. Zu jeder Ankündigung sollen Sie zwei Aufgaben lösen. Hören Sie jeden Text zweimal und markieren Sie die richtige Antwort.

Ankündigung 1
1 Man kann gratis in einem Chor mitsingen.   ☐ Richtig   ☐ Falsch
2 Im Chor Cantaré ...   A singt man aktuelle deutsche Lieder.
   B muss man Noten kennen.
   C sind Männer besonders willkommen.

Ankündigung 2
1 Man kann im Kurs kostenlos tanzen lernen.   ☐ Richtig   ☐ Falsch
2 Der Tanzkurs ist für Personen, die ...   A noch nicht tanzen können.
   B als Paare kommen.
   C schon getanzt haben.

Ankündigung 3
1 Die Sambagruppe *Bateria Colónia* gibt ein Konzert.   ☐ Richtig   ☐ Falsch
2 Die Veranstaltung ist für Personen, ...   A die einmal pro Woche trommeln wollen.
   B die das gleiche Niveau haben.
   C die ein Instrument mitbringen.

b Welche Veranstaltung würden Sie spontan am liebsten besuchen? Warum?

2 Kayas Kanal

a Sehen Sie das Bild an. Was könnte Kayas Kanal sein und was kann man hier beispielsweise erfahren?

b Sehen Sie das Video in Abschnitten an.

Abschnitt 1:
- Welche Art von Tipps gibt Kaya in ihren Youtube-Videos? Markieren Sie.
  ☐ Musiktipps
  ☐ Freizeittipps
  ☐ Karnevalstipps
- Was hat sie bei der Sambagruppe *Bateria Colónia* gelernt?

Abschnitt 2:
Was erfährt man von Kaya über das Sambatrommeln? Berichten Sie.

Abschnitt 3:
- Was können / sollen die „Follower" von Kayas Kanal tun?
- Wie können die Zuschauer das Video von Kaya bewerten?

c Wie gefällt Ihnen Kayas Kanal? Gibt es Personen oder Channels auf Youtube, die Sie selbst gern sehen? Welche sind das? Berichten Sie.

Ich kann jetzt ...
- Ankündigungen in einem Radiobeitrag verstehen.
- Tipps und Infos auf Youtube verstehen.

LESEN

1 Eine deutsche Band → AB 73–74/Ü10–11

Was für eine Art von Musik macht die Band auf dem Foto wohl?

leicht • ernst • sanft • hart • rockig
aggressiv • fröhlich • klassisch • …

2 „Rammstein"

a Lesen Sie eine Reportage zu dieser Musikband und ergänzen Sie Informationen aus dem Text in Stichpunkten.

1 Typischer „Rammstein"-Fan: _männlich, schwarz gekleidet_
2 Herkunft der Band: _____
3 Musikstil: _____
4 Besonderheiten der Show: _____
5 Mögliche Gründe für den internationalen Erfolg: _____

DEUTSCHES THEATER
Eine deutsche Band füllt die Arenen der Welt

Vor einer Konzerthalle in Barcelona stehen an diesem Abend viele tausend Katalanen, die meisten jung, männlich und schwarz gekleidet. In einer guten Stunde wird der Gitarrist Paul Landers „Rrramm!" ins Mikrofon brüllen, dann gemeinsam mit dem anderen Gitarristen der Band – Richard Kruspe – antworten: „Sssschtein!" Das wirkt sehr hart und schneidend.

Rammstein – das sind sechs nicht mehr ganz junge Herren, die in den neuen Bundesländern schon Rockmusik gespielt haben, als die noch die DDR waren.

Das Album „Liebe ist für alle da" stand in fast 20 Ländern in den Top 10. In acht davon war es sogar auf Platz eins. Es fällt den Musikern nicht leicht, sich diesen Welterfolg zu erklären. Christian „Flake" Lorenz, der Keyboarder mit der Brille, sagt: „Wir sind im Ausland so erfolgreich, weil wir echt sind." Rammstein ist also eine echte deutsche Band. Aber was heißt das? Zunächst einmal: deutsch singen, deutsch spielen. „Es ist schwer, deutsche Rockmusik zu singen", sagt Flake Lorenz „denn die Sprache ist nicht sehr melodisch, sie ist eckig. Für Ausländer ist Deutsch eher eine aggressive Sprache."

Zu den deutschen Texten kommt ein weiteres besonderes Merkmal. „Wir haben eine große Show", sagt Paul Landers. „Ein Spektakel. Ein Theater." Da Till Lindemann seinen Gesang und seine Texte in „altmodischer" Weise, wie in einem klassischen Theaterstück, vorträgt, passen sie besonders gut dazu. Das alles mit schockierenden Zitaten und viel Feuer.

Till Lindemanns Vater war der Lyriker Werner Lindemann, der in der DDR ein paar Dutzend Gedichtbände und Kinderbücher veröffentlicht hat. „Wir kommen aus dem Osten, da gab es eine ganz andere Erziehung", sagt Landers, „daher gehen wir mit den Bildern und Assoziationen zu Deutschland sicher entspannter um."

Sie sind alle mit den Ideen des Sozialismus aufgewachsen. „Arbeiterlieder liegen uns sehr nah", sagt Lorenz: „Das war nämlich das Einzige, was mir damals im Musikunterricht Spaß gemacht hat." Und dem Publikum macht die Musik auch Spaß, das kann man sehen, in Barcelona. Viele Fans singen jede deutsche Zeile mit.

b Würden Sie gern ein Lied von „Rammstein" hören oder auf ein Konzert gehen?

LESEN

3 Etwas begründen – Konnektoren → AB 74–75/Ü12–16

GRAMMATIK
Übersicht → KB 72/2a+c

a Ergänzen Sie aus dem Text die passenden Konnektoren.

1 Die Musiker von „Rammstein" sind im Ausland so erfolgreich, _____ sie echt sind.
2 Nach Meinung des Keyboarders ist es schwer, deutsche Rockmusik zu singen, _____ die Sprache ist nicht sehr melodisch.
3 _____ Till Lindemann die Texte und den Gesang in „altmodischer Weise" vorträgt, passen sie besonders gut zur Show der Band.
4 Die Bandmitglieder hatten in ihrer Heimat im Osten Deutschlands eine andere Erziehung, _____ gehen sie mit Assoziationen zu Deutschland anders um.
5 Arbeiterlieder liegen C. Lorenz sehr nah. Sie waren _____ das Einzige, was ihm im Musikunterricht Spaß gemacht hat.

b Die Präposition „wegen"

Was bedeutet der folgende Satz? Markieren Sie.

Viele Fans lieben Rammstein *wegen* ihrer spektakulären Live-Auftritte.
☐ Viele Fans lieben Rammstein, wenn sie spektakuläre Live-Auftritte haben.
☐ Viele Fans lieben Rammstein, weil ihre Live-Auftritte spektakulär sind.

Bilden Sie Sätze mit *weil*.

1 *Wegen der weltweiten Beliebtheit von Rammstein* sind ihre Konzerte in wenigen Stunden ausverkauft.
  Weil Rammstein _____ *ist, sind ihre Konzerte in wenigen Minuten ausverlauft.*
2 *Wegen der sensationellen Show* wirken die Konzerte von Rammstein wie ein Theaterstück.
  Weil ...

c Sind Sie ein Rockmusik-Fan? Warum (nicht)?
Erzählen Sie und verwenden Sie *weil / da, denn, nämlich* oder *daher / darum / deshalb*.

> *Mir gefällt Rockmusik nicht, weil ...*

4 Ein Musikforum im Internet

a Lesen Sie den Beitrag in einem Musikforum zu „Rammstein". Welcher der beiden Titel passt zu dem Forumsbeitrag?

☐ Spiel-Verbot für Bands, die Gewalt zeigen oder darstellen
☐ Verkaufsverbot von Musik mit jugendgefährdenden Inhalten

Carlos Damian, „Rock-Blog"

Kaum eine deutsche Band ist so umstritten wir die Gruppe Rammstein. Die einen lieben sie, gerade weil sie radikal ist, und wegen ihrer spektakulären, schrillen Live-Auftritte. Andere wiederum finden ihre Shows, Bilder und Texte geschmacklos oder auch gefährlich, da die Band Gewalt angeblich positiv darstellt. Das Bild auf dem CD-Cover und ein Stück aus ihrem Album „Liebe ist für alle da" durfte zeitweise nicht mehr an Jugendliche verkauft werden. Das verbot die „Bundesprüfstelle für jugendgefährdende Medien", die prüft, ob Medien einen negativen Einfluss auf Jugendliche haben könnten.
Mich interessiert eure Meinung zu diesem Thema. Ich freue mich über jeden Beitrag!

LESEN

b Lesen Sie einige Kommentare von Forumsteilnehmern zum Beitrag in Aufgabe a und entscheiden Sie: Wie findet die Person ein Verbot bestimmter Medien für Jugendliche? Gut oder schlecht?

> *Meinungen verstehen*
> *Markieren Sie in den Aussagen der vier Personen die Stellen, an denen man die Meinung für oder gegen das Verbot herauslesen kann. Sehen Sie dazu das Beispiel 1 an.*

1 Clara, Emden: Was will oder <u>kann</u> man mit solchen <u>Verboten erreichen</u>? Höchstens, dass diese Lieder und Bilder <u>noch interessanter</u> werden, das heißt, die Kids <u>wollen unbedingt wissen</u> und sehen, was <u>sie nicht sehen sollen</u>! Und sie werden eine Möglichkeit finden dranzukommen.
☐ Gut ☐ Schlecht

2 Dimitri, Erlangen: Obwohl ich persönlich die Lieder und die Show recht spannend und die Provokationen der Band gut finde, kann ich auch verstehen, wenn man Jugendliche noch nicht reif dafür hält. Ich würde ein Verbot mancher Texte und Bilder für Jugendliche unterstützen, denn die Gedanken und Gefühle junger Menschen werden durch brutale Filme und Computerspiele sowieso schon negativ beeinflusst.
☐ Gut ☐ Schlecht

3 Sania, Leipzig: Bands wie „Rammstein" haben keinen schlechteren Einfluss auf Jugendliche als andere Bands. Außerdem kann man die Texte so oder so verstehen, da ist viel Spielraum möglich! Und sie machen einfach eine coole Show. Ich halte wirklich nichts von dieser Art von Zensur.
☐ Gut ☐ Schlecht

5 Kontroverses ausdrücken → AB 76–79/Ü17–23

GRAMMATIK
Übersicht → KB 72/2a + b

Lesen Sie die folgenden Sätze. Was bedeuten sie? Markieren Sie.

Der Nebensatzkonnektor *obwohl*

Dimitri versteht den Wunsch nach einem Verbot mancher Liedtexte von Rammstein für Jugendliche, obwohl er die Provokationen der Band gut findet.
☐ Dimitri gefällt die provokative Art der Band Rammstein, trotzdem versteht er den Wunsch nach einem Verbot mancher Liedtexte.
☐ Dimitri gefällt die provokative Art der Band Rammstein, deshalb versteht er den Wunsch nach einem Verbot mancher ihrer Liedtexte.

Die Präposition *trotz*

Trotz einer anstrengenden Tournee durch elf verschiedene Länder will Rammstein in diesem Jahr noch ein neues Album produzieren.
☐ Rammstein will in diesem Jahr noch ein neues Album produzieren. Trotzdem hat die Band eine anstrengende Tournee durch in elf verschiedene Länder hinter sich.
☐ Rammstein hat eine anstrengende Tournee durch elf verschiedene Länder hinter sich. Trotzdem will die Band in diesem Jahr noch ein neues Album produzieren.

Ich kann jetzt …
- einem Zeitungsartikel wichtige Informationen über eine Musikband entnehmen.
- kausale Zusammenhänge ausdrücken.
- unterschiedliche Meinungen in einem Forum verstehen.
- Kontroverses ausdrücken.

SPRECHEN

1 Deutschsprachige Musiker und Bands präsentieren

a Welche der folgenden deutschsprachigen Musiker, Sänger oder Bands kennen Sie? Notieren Sie noch weitere Namen und auch Liedtitel, die Sie kennen.

> Rammstein • Bilderbuch • Deichkind • La Brass Banda • Beginner •
> Wanda • Cro • Bligg • Namika • Kraftklub • Mark Forster •
> Voodoo Jürgens • Steff la Cheffe • Christina Stürmer • Adel Tawil • …

b Wählen Sie zu dritt einen oder zwei Interpreten aus und suchen Sie mit Ihrem Smartphone im Internet Videos mit Musikaufnahmen. Sehen Sie sich die Videos gemeinsam an.

> *Wir haben das Video „Lieblingsmensch" von Namika angesehen. Das Lied ist ziemlich gefühlvoll. Im Video sieht man …*

Welche Musikaufnahme haben Sie ausgewählt?
Wie finden Sie das Video und den Musikstil? Sprechen Sie.

2 Lieblingsmusiker oder -band aus dem Heimatland vorstellen → AB 78–79/Ü24–25

a Wählen Sie einen eine Musikerin / einen Musiker oder eine Band aus ihrem Heimatland aus und suchen Sie im Internet Informationen zu folgenden Stichpunkten.

> Themen / Texte • Gründung • Musikstil • Bandmitglieder • Erfolge • Auftritte

b Ordnen Sie die Stichpunkte den Redemitteln zu.

Musikstil

> „ *Sie / Er macht / machen hauptsächlich …-musik.*
> *… existiert seit …*
> *… ist in … aufgetreten. / … tritt in … auf.*
> *… ist mit dem Lied … bekannt / berühmt geworden.*
> *Zur Band gehören der Sänger… und …*
> *Sie / Er singt unter anderem über …* "

c Suchen Sie im Internet ein passendes Musikvideo und machen Sie sich Notizen.

Titel des Lieds / Thema / Zeitpunkt der Aufnahme / Grund für die Auswahl des Clips

> *Richtig recherchieren*
> *Konzentrieren Sie sich auf wenige Internetseiten und kopieren Sie die Adressen für Quellenangaben. Machen Sie gleich Notizen, die für Ihre Präsentationspunkte brauchbar sind. Laden Sie auch einige gute Bilder herunter.*

d Erstellen Sie nun mithilfe der Informationen aus 2a bis c eine kurze Präsentation. Überlegen Sie sich eine Einleitung und einen Schluss.

e Arbeiten Sie in Kleingruppen. Zeigen Sie Ihr Video und präsentieren Sie. Die anderen geben Feedback und stellen Rückfragen.

> „ *Das hat mir (sehr gut) gefallen. Vielen Dank!*
> *Danke für den tollen Vortrag. Besonders gefallen hat mir …*
> *Ich fände es besser, wenn du beim nächsten Mal …*
> *Die Band / die Musikerin / den Musiker finde ich sehr …*
> *Mich würde noch interessieren, …* "

Ich kann jetzt …
- Informationen auf Internetseiten recherchieren.
- eine Präsentation erstellen.
- eine Band oder eine Musikerin / einen Musiker vorstellen.
- anderen ein Feedback geben.

GRAMMATIK

1 Negationswörter ← KB 64/3

Negationswort	Beispiel
nichts	Die Besucherin hatte zuvor noch **nichts** vom Bardentreffen gehört.
nie, niemals	Auch ihre Freundin war vorher **nie(mals)** auf dem Bardentreffen.
niemand	Am Anfang kanne fast **niemand** außerhalb Nürnbergs das Bardentreffen.
nirgends, nirgendwo	In Deutschland gibt es **nirgendwo** sonst so eine Veranstaltung.

2 Kausale und konzessive Zusammenhänge

a Etwas begründen ← KB 69/3, KB 70/5

Kausale Konnektoren *(denn, weil, da, darum, deswegen, daher, deshalb, aus diesem Grund; nämlich)* und die Präposition *wegen* benutzt man, wenn man etwas begründen will.

b Kontroverses ausdrücken ← KB 70/5

Konzessive Konnektoren *(obwohl, trotzdem)* und die Präposition *trotz* benutzt man, wenn nicht das passiert, was man erwartet, sondern das Gegenteil.

c Wortstellung in Sätzen mit Konnektoren ← KB 69/3

Hauptsatz + Hauptsatz

Konnektor auf Position 0		
kausal	denn	Das Konzert wird um eine Woche verschoben, **denn** der Sänger **ist** erkrankt.
konzessiv	aber	Rammstein hat eine anstrengende Tournee hinter sich. **Aber** die Band **will** in diesem Jahr noch ein neues Album produzieren.
Konnektor auf Position 1 oder 3		
kausal	darum, deswegen, deshalb, daher, aus diesem Grund	Der Sänger ist erkrankt, **darum wird** das Konzert verschoben. Der Sänger ist erkrankt. Das Konzert **wird darum** verschoben.
konzessiv	trotzdem	Rammstein hat eine anstrengende Tournee hinter sich. **Trotzdem will** die Band in diesem Jahr noch ein neues Album produzieren. Rammstein hat eine anstrengende Tournee hinter sich. Die Band **will trotzdem** in diesem Jahr noch ein neues Album produzieren.
Adverb auf Position 3*		
kausal	nämlich	Das Konzert wird verschoben. Der Sänger **ist nämlich** erkrankt.

* nämlich kann auch weiter hinten im Satz stehen, z. B. in Sätzen mit reflexiven Verben oder mit Pronomen.

Hauptsatz + Nebensatz

Hauptsatz – Nebensatz		
kausal	weil	Das Konzert wird um eine Woche verschoben, **weil** der Sänger erkrankt **ist**.
konzessiv	obwohl	Rammstein will in diesem Jahr noch ein neues Album produzieren, **obwohl** die Band eine anstrengende Tournee hinter sich **hat**.
Nebensatz – Hauptsatz		
kausal	weil	**Weil** der Sänger erkrankt **ist, wird** das Konzert **verschoben**.
konzessiv	obwohl	**Obwohl** Rammstein eine anstrengende Tournee hinter sich **hat**, will die Band in diesem Jahr noch ein neues Album produzieren.

STELLENANZEIGEN

Djamal Hadad (37) ist Koch und hatte in Syrien sein eigenes Restaurant mit sechs Mitarbeitern. Er lebt seit zwei Jahren in Deutschland und spricht bereits gut Deutsch. Er möchte wieder in seinem gelernten Beruf arbeiten. Deshalb sucht er im Raum Frankfurt eine Stelle. Er möchte am liebsten eine Vollzeitstelle mit geregelten Arbeitszeiten haben.

CHECKLISTE STELLENANZEIGEN

☐ Stellen in verschiedenen Medien suchen und finden
☐ Beschäftigungsformen verstehen
☐ Stellenanzeigen lesen und verstehen
☐ Informationen über Arbeitsverhältnisse verstehen

1 Stellen suchen und finden

a Djamal sucht eine Stelle. Von welcher Methode erwarten Sie mehr Erfolg, von welcher weniger? Bewerten Sie die Methoden von 1 „erfolgreich" bis 6 „erfolglos". Mehrfachnennungen möglich.

☐ Stellenanzeigen lesen und auswerten (Internet, Zeitung)
☐ Auf Webseiten von Arbeitgebern suchen
☐ Die Bundesagentur für Arbeit um Vermittlung bitten
☐ Eine Initiativbewerbung an Arbeitgeber schicken
☐ Freunde und Bekannte fragen
☐ eine Anzeige / ein Stellengesuch aufgeben (Zeitung, Internet)

b Welche Methode haben Sie selber ausprobiert? Welche Erfahrungen haben Sie dabei gemacht? Sprechen Sie im Kurs.

c Sehen Sie sich Djamals Ergebnis einer Suche im Internet an. Welche Begriffe gibt es noch für den Beruf *Koch*?

EXTRA BERUF

Jobs finden ... was Koch   wo Frankfurt   25 km

Beikoch (m/w)
VINEXON GmbH
Hanau, Hessen

Koch (m/w)
Ladenzeile GmbH Frankfurt
Frankfurt am Main, Hessen

Frühstückskoch
Bergmann Personal-Services
Bad Homburg, Hessen

d Welche Begriffe würden Sie in die Suchmaschine eingeben, wenn Sie nach Ihrem Wunschberuf suchen? Verwenden Sie – wenn nötig – ein Wörterbuch.

Stellenmarkt
In den deutschsprachigen Ländern findet man eine freie Arbeitsstelle am besten über Anzeigen. Lesen Sie im Internet oder in Zeitungen unter „Stellenmarkt", welche Stellen angeboten werden. Beachten Sie dabei, dass Internetseiten in vielen Branchen inzwischen mehr genutzt werden als Tages- und Wochenzeitungen. Sehr beliebt sind auch spezielle Webseiten zur Karriereplanung und Jobsuche.

STELLENANZEIGEN

2 Beschäftigungsformen verstehen

a Djamal informiert sich auf einer Berufsmesse über unterschiedliche Beschäftigungsformen. Ordnen Sie die Begriffe den Definitionen zu.

1 befristet
2 fest angestellt
3 Zeitarbeit
4 Vollzeit
5 unbefristet
6 freiberuflich
7 Minijob
8 Teilzeit

☐ Die Arbeitnehmerin / der Arbeitnehmer arbeitet die gesetzlich oder im Tarifvertrag geregelte wöchentliche Stundenzahl.

☐ Die Arbeitnehmerin / der Arbeitnehmer schließt mit dem Arbeitgeber einen Arbeitsvertrag. Sie / er ist arbeitslosen-, renten- und krankenversichert.

☐ Der Arbeitsvertrag ist nicht zeitlich begrenzt. Die / der Beschäftigte ist dauerhaft angestellt.

☐ Die / der Beschäftigte hat einen Arbeitsvertrag mit einer Firma, die ihre Beschäftigten an andere Unternehmen verleiht.

☐ Die Arbeitnehmerin / der Arbeitnehmer arbeitet nur einen Teil der vollen Arbeitszeit. Sie / er erhält entsprechend weniger Gehalt.

☐ Die / der Beschäftigte verdient bis zu 450 Euro im Monat. Der Arbeitgeber zahlt Sozial- und Rentenversicherung, aber keine Krankenversicherung.

☐ Die Arbeit wird auf Honorarbasis geleistet. Die / der Beschäftigte bekommt keine bezahlten Urlaubstage und wird bei Krankheit nicht bezahlt. Sie / er muss seine Sozial- und Rentenversicherung sowie seine Krankenversicherung selbst bezahlen.

☐ Der Arbeitsvertrag ist zeitlich begrenzt. Er kann bis zu dreimal verlängert werden. Er endet automatisch, wenn das vereinbarte Datum erreicht ist.

EXTRA BERUF

Wussten Sie schon?
Im Jahr 1984 arbeiteten Arbeitnehmer 40 Stunden in der Woche. Danach haben die Gewerkschaften dafür gekämpft, dass die Wochenarbeitszeit gesenkt wurde. Heute liegt sie bei durchschnittlich 38 Stunden pro Woche. Zudem haben Arbeitnehmer im Vergleich zu anderen Ländern eine sehr geringe Zahl an Arbeitsstunden pro Jahr.

b Welche Beschäftigungsformen haben diese Personen? Sprechen Sie.

Ana Torres ist als Krankenschwester in einer Klinik angestellt. Sie arbeitet pro Woche 39 Stunden an fünf Tagen.

Mahmut Özdem ist Ingenieur und derzeit nicht fest angestellt. Er arbeitet für verschiedene Firmen und stellt seine Arbeit in Rechnung.

Christine Sauer arbeitet als Kauffrau für Bürokommunikation. Sie vertritt zurzeit eine Mitarbeiterin, die Elternzeit genommen hat. Christines Vertrag gilt für zwei Jahre.

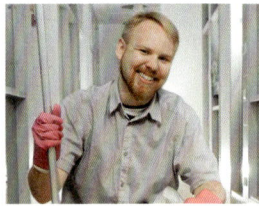

Henning Nilsson arbeitet als Reinigungskraft zwei Tage pro Woche auf 450-Euro-Basis. Er ist geringfügig beschäftigt.

STELLENANZEIGEN

3 Stellenanzeigen lesen und verstehen

a Djamal findet fünf Stellenanzeigen, die ihn interessieren. Lesen Sie die Anzeigen und entscheiden Sie, auf welche Anzeigen er sich bewerben könnte (siehe das Profil von Djamal auf Seite 73). Begründen Sie Ihre Entscheidung.

A
Die Ladenzeile GmbH in Frankfurt zählt zu den größten Einkaufszentren Deutschlands. Werden auch Sie Teil unseres Unternehmens. Zum nächstmöglichen Zeitpunkt suchen wir für unsere Bars und Restaurants

Köche oder Küchenhilfen (m/w)

mit abgeschlossener Ausbildung und Berufserfahrung. Wir bieten Ihnen einen krisensicheren, modernen Arbeitsplatz, Festanstellung mit attraktiven Zusatzleistungen und flexiblen Arbeitszeiten. Online-Bewerbung unter:
www.ladenzeile-frankfurt.de/jobs

B
Wir suchen ab sofort eine motivierte KÜCHENHILFE mit guten Deutschkenntnissen, auch Berufsanfänger. Minijob auf 450 €-Basis. Wir freuen uns auf Ihre aussagekräftige Bewerbung. Hof-Hotel und Restaurant Wallach GmbH, Mainzer Str. 189, 64567 Bad Homburg, Tel.: 06172-65 05, E-Mail: office@hof.de.

C
Zur Verstärkung unseres Teams suchen wir befristet für 2 Jahre einen **FRÜHSTÜCKSKOCH** (Teilzeit 30 h/Woche), der Spaß daran hat, unsere Gäste mit wechselnden und kreativen Leckereien zu verwöhnen. Berufserfahrung und gute Deutschkenntnisse erforderlich. • Kontakt: Bergmann Personal-Services. Tel. Hr. Njemcic: 0151-445 166 oder per E-Mail an: d.njemcic@bergmann-personal.de

D
Ausbildung zum **Koch (m/w)** in Frankfurt bei inngast Gastronomie GmbH

Für das kommende Ausbildungsjahr suchen wir engagierte junge Menschen für eine Ausbildung zum Koch (m/w). Wir bieten individuelle Entwicklungsmöglichkeiten und geregelte Arbeitszeiten. Du erlernst die verschiedenen Arten der Zubereitung von Speisen, Einkauf und die fachgerechte Lagerung von Lebensmitteln, Warenkunde und Qualitätskontrolle.

E
VINEXON » JOBS

Sie haben eine abgeschlossene Berufsausbildung zum Koch, Erfahrung in der Zubereitung von verschiedenen Gerichten und sind teamfähig und belastbar? Dann bewerben Sie sich jetzt! Wir suchen für unsere Betriebskantine in Hanau ab sofort einen **Beikoch (m/w)** in Vollzeit.

Ihre Aufgaben:
- Planung, Zubereitung und Ausgabe der Speisen
- Empfang von Gästen und Kassendienst
- Sauberkeit und Sicherheit im Küchenbereich

Nutzen Sie unser Bewerbungsportal und senden Sie uns die üblichen Unterlagen und ein aktuelles Gesundheitszeugnis. VINEXON GmbH, Martin Nagel, Bereich Personal, Lindauerweg 37, 63450 Hanau, Telefon: 06181 67-643.

EXTRA BERUF

b Vergleichen Sie die Stellenangebote. Was wird von Bewerbern verlangt?

Das wird verlangt	Anzeige
Abgeschlossene Berufsausbildung	A und E
Deutsche Sprachkenntnisse	
Vorkenntnisse in dem Beruf	
Selbstständiges Arbeiten	
Soziale Kompetenzen	

> *Suchendes Lesen*
> *Wenn Sie Stellenanzeigen in Zeitungen lesen, gehen Sie am besten systematisch vor: Zuerst überfliegen Sie alle Anzeigen und suchen nach Schlüsselwörtern, z. B. Koch oder Minijob. Erst im zweiten Schritt lesen Sie die Anzeigen, die passen, genau. Im Internet können Ihnen gezielte Suchbegriffe die Vorauswahl erleichtern.*

c Arbeiten Sie in Gruppen. Erklären Sie die unterschiedlichen Tätigkeiten von Koch, Aushilfe, Küchenhilfe und Beikoch mithilfe der Informationen aus den Anzeigen.

STELLENANZEIGEN

4 Informationen über Arbeitsverhältnisse verstehen

a Unterhalten Sie sich zu zweit. Welche Beschäftigungsformen kennen Sie? Welche Vor- und Nachteile sehen Sie bei diesen Formen? Gehen Sie auf folgende Punkte ein.

- Möchten Sie fest angestellt sein oder brauchen Sie Flexibilität?
- Welche Arbeitszeiten passen zu Ihrer familiären Situation?
- Wie weit darf der Arbeitsplatz von Ihrer Wohnung entfernt sein?

b 2 ◀)) 10 Djamal hört auf der Berufsmesse einen Vortrag. Hören Sie die Einleitung. Wer spricht hier? Worüber spricht die Person?

Wussten Sie schon?
In den deutschsprachigen Ländern werden die Arbeitgeber und die Arbeitnehmer von Institutionen vertreten: Der Verband der Arbeitgeber vertritt die Interessen der Unternehmen. Die Gewerkschaften vertreten die Interessen der Arbeitnehmer. Gewerkschaften handeln mit den Arbeitgebern sogenannte Tarifverträge aus, in denen unter anderem der Arbeitslohn, die Arbeitszeiten und der Urlaub geregelt werden.

EXTRA BERUF

c 2 ◀)) 11 Hören Sie den Vortrag einmal ganz. In welcher Reihenfolge hören Sie diese Themen? Nummerieren Sie, während Sie hören.

☐ Arbeitszeit   ☐ Überstunden
☑ Art des Arbeitsverhältnisses   ☐ Urlaub
☐ Dauer der Beschäftigung

d 2 ◀)) 11 Hören Sie den Vortrag noch einmal. Welche Lösung passt? Markieren Sie.

1 Beim ersten Kontakt mit dem Arbeitgeber sollte man …
  ☐ sich nach dem genauen Gehalt erkundigen.
  ☐ nach der Art des Arbeitsverhältnisses fragen.
  ☐ einen Besuch im Betrieb vereinbaren.

2 Der Arbeitgeber darf Stellen laut Gesetz …
  ☐ bei Teilzeitmitarbeitern nicht befristen.
  ☐ bis zu zwei Jahre befristen.
  ☐ auf unbestimmte Zeit befristen.

3 Angestellte in Vollzeit arbeiten …
  ☐ mindestens 10 Stunden am Tag.
  ☐ höchstens 60 Stunden pro Woche.
  ☐ genau 42 Stunden pro Woche.

4 Die Anzahl der Urlaubstage im Jahr …
  ☐ ist für alle Arbeitnehmer gleich geregelt.
  ☐ kann je nach Tarifvertrag unterschiedlich sein.
  ☐ darf nicht mehr als 30 betragen.

e Recherchieren Sie im Internet Informationen über die Arbeitsverhältnisse in der Branche, die Sie interessiert.

- Welche Arten von Arbeitsverhältnissen gibt es?
- Wie sind die Arbeitszeiten geregelt?
- Wie viele Urlaubstage hat man pro Jahr?

7 GELD

1 Spiele um Geld

a Sehen Sie das Foto an. Kennen Sie das Spiel?

b Kennen Sie noch ein anderes Spiel, bei dem Geld eine Rolle spielt? Woher kennen Sie das Spiel? Was ist das Ziel des Spiels? Wo / mit wem haben Sie es gespielt? Sammeln Sie im Kurs.

> Auf der ganzen Welt gibt es Kartenspiele, bei denen es um Geld geht. Ein gutes Beispiel ist …

> Im Fernsehen gibt es viele Spiele, bei denen man Geld gewinnen kann. Eine bekannte Quizshow ist zum Beispiel …

> In meinem Heimatland spielen viele Menschen Lotto. Das ist auch ein Spiel, bei dem man …

c Welche der genannten Spiele gibt es auch in Ihrem Heimatland? Sprechen Sie.

SPRECHEN 1

1 Spiele spielen → AB 83/Ü2

a Wann haben Sie zuletzt ein Spiel gespielt? Mit wem haben Sie gespielt? Erzählen Sie.

b Welche dieser Spiele kennen Sie? Welche haben Sie schon einmal gespielt?
Tauschen Sie sich zu zweit aus.

Wussten Sie schon? → AB 84/Ü3
Brettspiele gibt es seit mindestens 2600 vor Christi. Zu den klassischen Brettspielen zählen z. B. Schach, Dame, Mühle und Backgammon. In den deutschsprachigen Ländern sind Brettspiele besonders beliebt. Jährlich werden neue Spiele mit der Auszeichnung „Spiel des Jahres" geehrt.

c Lesen Sie die Spielanleitung. Um welches Spiel geht es hier?

… ist weltbekannt. Dieses Brettspiel wird von Menschen auf der ganzen Welt gespielt. Es geht vor allem um gute Planung und richtige Entscheidungen. Jeder Spieler bekommt vom Spielleiter Spielgeld als Startkapital und eine Spielfigur. Außerdem gehören zum Spiel ein Brett, ein Würfel und verschiedene Karten. Mit dem Spielgeld wird investiert. Man kauft möglichst viele Straßen. Wenn ein Spieler auf einer Straße landet, muss er dem Straßenbesitzer Miete bezahlen. Ziel des Spiels ist es, das Geld der anderen Spieler zu bekommen. Das Spiel ist zu Ende, wenn alle Spieler bis auf einen ihr Geld verloren haben. Der Gewinner hat also das größte Vermögen.

d Was ist richtig? Markieren Sie.

1 Das in der Anleitung beschriebene Spiel ist ein …
 ☐ Strategiespiel. ☐ Ratespiel. ☐ Wissensspiel.

2 Ziel dieses Spiels ist es, …
 ☐ etwas zu lernen. ☐ den anderen Spielern das Geld abzunehmen. ☐ als Erster am Ziel anzukommen.

3 Die Spielmaterialien bestehen aus …
 ☐ Würfel, Brett und Figuren. ☐ Karten, Würfel und Brett. ☐ Spielgeld, Karten, Würfel, Brett und Figuren.

4 Das Spiel endet, wenn …
 ☐ alle Spieler im Ziel sind. ☐ alle Ereigniskarten verbraucht sind. ☐ alle bis auf einen Spieler kein Geld mehr haben.

SPRECHEN 1

2 Passiv

GRAMMATIK
Übersicht → KB 88/1a+b

a Lesen Sie die Sätze und ergänzen Sie *Nominativ* und *Akkusativ*.

AKTIV: Menschen auf der ganzen Welt spielen dieses Brettspiel.
　　　　　Nominativ　　　　　　　　　　　　　　　　　_____

PASSIV: Dieses Brettspiel wird von Menschen auf der ganzen Welt gespielt.
　　　　　_____

b Ergänzen Sie die Regeln.

- Das Passiv bildet man mit dem Verb _____ und dem _____ des Verbs:
  Das Spielgeld wird investiert.

- Die handelnde Person wird meistens nicht genannt, man kann sie aber mit der Präposition
  _____ (+ Dativ) ergänzen:
  Die Spieler investieren das Spielgeld. → *Das Spielgeld wird von den Spielern investiert.*

c Wie lauten die Sätze im Passiv? Ergänzen Sie. → AB 84–86/Ü4–8

AKTIV	PASSIV
1 Zuerst verteilt der Spielleiter das Startkapital.	Das Startkapital _wird_ zuerst verteilt.
2 Die Spieler ziehen Karten.	Karten _____
3 Sie kaufen Straßen und Häuser.	Straßen und Häuser _____
4 Sie verkaufen auch Grundstücke.	Grundstücke _____
5 Die Spieler bezahlen die Miete.	Die Miete _____

3 Mein Lieblingsspiel → AB 86/Ü9

a Arbeiten Sie zu viert. Erklären Sie ein Spiel, das Sie gern mögen. Sprechen Sie.

- Wie heißt das Spiel?
- Was braucht man dazu? (Karten, Figuren, Würfel, …)
- Wie viele Spieler braucht man?
- Wie lange dauert es?

„ *… ist weltbekannt / (nicht) sehr bekannt.*
Das Spiel wird von … gespielt.
Jeder Spieler bekommt …
Außerdem gehören zum Spiel …
Mit … wird …
Wenn ein Spieler …, muss er …
Ziel des Spiels ist es, …
Gewinner ist, wer …
Das Spiel endet, wenn … "

Ich kann jetzt …
- eine Spielanleitung verstehen.
- Spielregeln im Passiv formulieren.
- ein Spiel beschreiben, das ich gern spiele.

LESEN 1

1 Welcher Einkaufstyp sind Sie? → AB 87/Ü10

a Beschreiben Sie die Fotos.

- Wo sind diese Personen? Was tun sie?
- Die Kundin / Der Kunde kauft etwas, was sie/er nicht geplant hat. Warum wohl?

b Machen Sie einen Test.

Lassen Sie sich beim Einkaufen verführen?

Wählen Sie für Ihre Antwort: 1 = überhaupt nicht / 2 = eher nicht / 3 = eher schon / 4 = auf jeden Fall

a Ich sehe bei Packungen nicht nur auf den Preis, sondern auch auf die Menge. [1] [2] [3] [4]
b Ich weiß beim Einkaufen genau, was ich brauche. [1] [2] [3] [4]
c Ich gehe mit einem Einkaufszettel in den Supermarkt. [1] [2] [3] [4]
d Ich kaufe hauptsächlich Produkte in meiner Augenhöhe. [1] [2] [3] [4]
e Ich lasse mich gern von einer Verkäuferin / einem Verkäufer bedienen. [1] [2] [3] [4]
f Ich lasse mich von Verkäufern zu einem Kauf überreden. [1] [2] [3] [4]
g Es passiert mir, dass ich beim Warten an der Kasse zu Waren greife,
   die dort im Regal liegen, z. B. Süßigkeiten. [1] [2] [3] [4]

c Was ist Ihr Testergebnis? Zählen Sie Ihre Punkte zusammen. Lesen Sie danach das Ergebnis zu Ihrer Punktzahl.

Welcher Einkaufstyp sind Sie?

	a	b	c	d	e	f	g
1	0	0	0	3	3	3	3
2	1	1	1	2	2	2	2
3	2	2	2	1	1	1	1
4	3	3	3	0	0	0	0

0–7 Punkte: Der Anfänger
Leider kaufen Sie ziemlich unüberlegt ein. Sie kennen die Tricks der Verkäufer und Händler nicht besonders gut. Sie sollten sich mehr mit diesem Thema beschäftigen, damit man Ihnen nicht alles verkaufen kann.

8–14 Punkte: Der Erfahrene
Sie erkennen schon viele Verkaufstricks. Aber leider kennen Sie noch nicht alle Gefahren. Um voll und ganz informiert zu sein, sollten Sie immer mal wieder einen Blick auf die Seiten von Kundenberatungen im Internet werfen.

15–21 Punkte: Der Profi
Es gibt keinen Verkäufer und keinen Supermarktdesigner, der Sie mit irgendwelchen Tricks zum Kauf überreden könnte. Machen Sie weiter so!

d Unterhalten Sie sich im Kurs: Passt die Beschreibung zu Ihnen?

Ich kann jetzt …
- einen Test zum Thema „Einkaufsverhalten" bearbeiten.
- eine Testauswertung verstehen.

SPRECHEN 2

1 Auf dem Flohmarkt

a Stellen Sie sich vor: Sie brauchen Geld und möchten etwas von Ihren Sachen auf dem Flohmarkt verkaufen. Überlegen Sie zu zweit: Was verkaufen Sie?

> ein altes Fahrrad • seltene Computerspiele • ungetragene Markensportschuhe • ...

b Beschreiben Sie nun den Gegenstand (5–6 Merkmale):

> Sportschuhe
> Marke: SPRINT 69
> Größe: 42
> Farbe: schwarz/golden
> Alter: 3 Jahre
> Zustand: neu, nicht getragen
> Neupreis: Euro 250

2 Verkaufsgespräch

2 ◀) 12 a Hören Sie ein Gespräch. Was passt nicht? Markieren Sie.

Der Verkäufer
- [ ] informiert über das Produkt.
- [ ] bietet einen hohen Preis.

Der Käufer
- [ ] stellt Fragen zum Produkt.
- [ ] verlangt einen hohen Preis.

2 ◀) 12 b Hören Sie das Gespräch noch einmal. Wer von beiden sagt das? Notieren Sie (V) für Verkäufer und (K) für Käufer.

1 ____   „Von diesen Schuhen sind nur wenige hergestellt worden.
2 _K_   Sind Sie sicher? Die wurden doch überall ganz günstig verkauft!
3 ____   Was wollen Sie für die Schuhe denn haben?
4 ____   Bei eBay bekomme ich die sicher billiger.
5 ____   Sie wurden nie getragen. Legen Sie doch noch was drauf.
6 ____   Sagen wir: 60 Euro. Wären Sie damit einverstanden?"

3 Passiv in der Vergangenheit → AB 88–89/Ü11–12

GRAMMATIK
Übersicht → KB 88/1c

Suchen Sie in Aufgabe 2b die Formen im Passiv Perfekt und im Passiv Präteritum. Ergänzen Sie die Tabelle.

Position 1	Position 2		Satzende
	sind		
	wurden		
	wurden		

4 Verkaufsgespräche auf dem Flohmarkt → AB 89/Ü13

a Teilen Sie den Kurs in Käufer und Verkäufer. Jeder Verkäufer wählt einen Verkaufsgegenstand.
b Die Käufer und Verkäufer schreiben wichtige Redemittel aus Aufgabe 2b auf Papierstreifen.
c Jeder Käufer sucht sich einen Verkäufer. Führen Sie Ihr Verkaufsgespräch.

Ich kann jetzt ...
- ein privates Verkaufsgespräch verstehen.
- das Passiv in der Vergangenheit verstehen.
- genaue Informationen über ein Produkt geben und über den Preis verhandeln.

LESEN 2

1 Gefahren beim Online-Shopping

a Welche Produkte haben Sie schon einmal online gekauft? Sprechen Sie.

> ein Buch • ein Computerprogramm / Software • einen Film • Lebensmittel •
> ein Kleid oder einen Anzug • Musik • ein Smartphone • Schuhe

b Sehen Sie das Bild an. Lesen Sie die Überschrift und die Einleitung.

Online-Shopping: Wie man Gefahren erkennt und Probleme vermeidet

Online-Shopping wird immer beliebter. Mit nur wenigen Klicks können Waren im Internet bestellt werden: Ihr Einkauf wird unkompliziert mit der Post geliefert. Digitale Produkte wie Software oder Musik werden nur heruntergeladen. Wir geben Ihnen ein paar Tipps, worauf beim Online-Kauf geachtet werden sollte.

c Von wem stammt dieser Text?

☐ einer Organisation zum Schutz der Verbraucher
☐ einem Unternehmen, das Waren im Internet verkauft

d Worum geht es? Was meinen Sie?

> *Richtig Lesen – Vorwissen aktivieren*
> *Bevor Sie den Text ganz lesen, sollten Sie sich zuerst mit der Überschrift und dem Untertitel beschäftigen. Was fällt Ihnen zu „Online-Shopping", „Gefahren", „Probleme" spontan ein? Schlagen Sie im Wörterbuch das Wort „vermeiden" nach, wenn es Ihnen nicht bekannt ist.*

2 Ratgeber → AB 89–91/Ü14–16

Lesen Sie zuerst die Aufgaben 1 bis 4 und markieren die Schlüsselwörter. Lesen Sie dann den Text auf S. 83 und wählen Sie bei jeder Aufgabe die richtige Lösung a, b oder c.

1 Käufer müssen bei Online-Bestellungen prüfen, ob sie …
a den Preis inklusive Steuern und Versandkosten sehen.
b mit ihrer Bestellung Steuern sparen.
c online einen niedrigeren Preis als im Geschäft bezahlen.

2 Extras zu einer Ware …
a dürfen auf der Internetseite versteckt angegeben werden.
b müssen auf der Internetseite klar sichtbar sein.
c müssen vom Kunden immer bezahlt werden.

3 Wer online kauft, sollte …
a auf keinen Fall „auf Rechnung" bezahlen.
b eine kostenlose Art der Bezahlung wählen.
c immer per Kreditkarte zahlen.

4 Zum Umtausch von Online-Käufen …
a muss die Bestellung schriftlich widerrufen werden.
b kann die Ware unkommentiert zurückgeschickt werden.
c darf die Ware jederzeit zurückgesendet werden.

LESEN 2

Was sollte ich vor der Bestellung beachten?

Wichtig ist, dass alle Informationen zur Bestellung auf der Internetseite angegeben werden. In der Produktinformation muss beispielsweise der Gesamtpreis genannt werden. Hierzu gehören außer dem Preis die Mehrwertsteuer und die Versandkosten. Zur Sicherheit sollten Kunden die Bestellung vor dem Kauf genau überprüfen.

Was passiert mit Zusatzleistungen?

Es kommt öfter vor, dass zum Beispiel eine längere Garantiezeit für ein technisches Gerät oder die Versicherung für ein Smartphone mit verkauft wird, ohne dass der Kunde das wünscht. Solche Leistungen müssen bei der Bestellung auf jeden Fall genannt werden. Es ist nicht erlaubt, dass sie auf anderen Seiten oder im Kleingedruckten angegeben werden. Zusatzleistungen müssen nur bezahlt werden, wenn sie bei der Bestellung angezeigt wurden.

Wie kann man bezahlen?

Es gibt mehrere Möglichkeiten der Bezahlung. Den Kunden muss mindestens ein kostenfreies Zahlungsmittel angeboten werden, wie beispielsweise die Zahlung „auf Rechnung". Wenn für den Online-Händler Gebühren entstehen, dürfen diese vom Kunden zurückverlangt werden. Das ist zum Beispiel beim Kauf mit Kreditkarte der Fall.

Was ist mit Gebühren beim Online-Einkauf?

Kunden müssen erkennen können, ob sie für die Bestellung einer Ware online Gebühren bezahlen müssen. Das kann zum Beispiel durch den Hinweis „zahlungspflichtig bestellen" auf dem Bestellbutton sichtbar gemacht werden. Ist der Button falsch beschriftet, brauchen Online-Kunden nicht zu bezahlen.

Kann ich die Ware umtauschen?

Die meisten Waren dürfen von Kunden innerhalb von 14 Tagen zurückgeschickt werden. Wichtig ist: Zum Umtausch muss der Kaufvertrag schriftlich widerrufen werden, zum Beispiel per E-Mail. Es reicht nicht, das Paket mit der bestellten Ware ohne Kommentar an den Händler zurückzusenden. In solchen Fällen kann der Händler sich von den Kunden die Kosten für die Rücksendung der Ware zurückholen.

3 Passiv mit Modalverb

GRAMMATIK
Übersicht → KB 88/1d

a Formulieren Sie diese Tipps anders.

- Bestellung überprüfen! — *Die Bestellung sollte vor dem Kauf überprüft werden.*
- Zusatzleistungen nicht bezahlen! — *Zusatzleistungen müssen*
- Waren zurückschicken! — *Waren dürfen*
- Kaufvertrag schriftlich widerrufen! — *Der Kaufvertrag muss*

b Ergänzen Sie die Tabelle.

Position 1	Position 2		Satzende
Die Bestellung	sollte	vor dem Kauf	überprüft werden.
Zusatzleistungen			
Waren			
Der Kaufvertrag			

Ich kann jetzt …
- Ratgebende Hinweise aus dem Internet verstehen, z. B. von einer Verbraucherzentrale.
- Erklärungen und Ratschläge für Verbraucher zu Onlinegeschäften verstehen.
- Ratschläge im Passiv mit Modalverb formulieren.

WORTSCHATZ

1 Einkaufsgewohnheiten → AB 91/Ü17

a Sammeln Sie mit Ihrer Lernpartnerin / Ihrem Lernpartner Ideen. Ergänzen Sie.

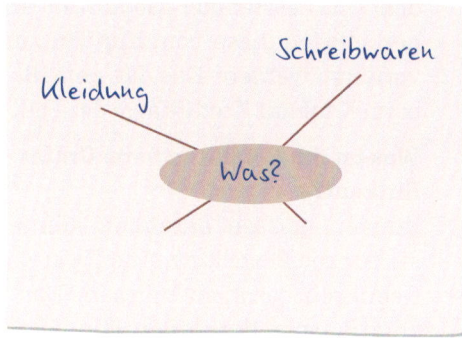

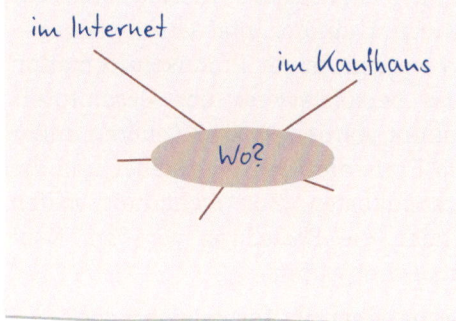

b Erzählen Sie über Ihre Einkaufsgewohnheiten.

Ich kaufe sehr gern Computerspiele im Internet.

Was ich weniger mag, ist Schuhe kaufen. Das hasse ich.

Am liebsten kaufe ich in einem großen Elektronikladen. Ich zahle meistens in bar.

2 Über Geld sprechen → AB 91/Ü18

a Zu wem passen diese Aussagen am besten? Ordnen Sie zu.

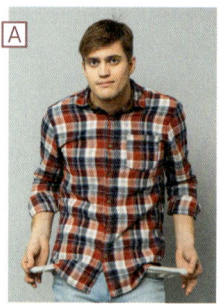
A

☒ hat immer Bargeld dabei • ☐ seine Kreditkarte ist gesperrt • ☐ bekommt jedes Jahr viele Zinsen • ☐ überzieht sein Konto • ☐ kann die Miete pünktlich überweisen • ☐ bezahlt seine Rechnungen oft zu spät • ☐ bezahlt auch größere Beträge oft bar • ☐ legt ihr / sein Geld an • ☐ hat immer Geld auf dem Konto • ☐ bekommt wenige Zinsen • ☐ muss einen Kredit aufnehmen

B

b Wie ist es bei Ihnen? Erzählen Sie im Kurs.

3 Nachsilben → AB 91–92/Ü19–20

GRAMMATIK
Übersicht → KB 88/2

Ergänzen Sie die Artikel. Markieren Sie die Nachsilben und ergänzen Sie die Tabelle.

___ Banker •	___ Bäckerei •
___ Elektronik •	___ Elektronikhändler •
___ Garantie •	___ Industrie •
___ Kästchen •	___ Praktikant •
___ Student •	___ Mehrheit •
___ Päckchen •	___ Quittung •
___ Rechnung •	___ Sicherheit •
___ Verkäufer •	___ Werbung

Nomen mit der Nachsilbe	→ Artikel
-er, -ler, -ent, -ant	_____
-chen	_____
-ung, -heit, -ik, -ei, -ie	_____

Ich kann jetzt …
- über meine Vorlieben beim Einkaufen sprechen.   ☐ ☐ ☐
- Wörter zum Thema „Geld" verstehen und verwenden.   ☐ ☐ ☐
- bei Nomen mit bestimmten Nachsilben die richtigen Artikel verwenden.   ☐ ☐ ☐

SCHREIBEN

1 Online einkaufen

Wann haben Sie zuletzt etwas im Internet gekauft? Erzählen Sie.

- Was haben Sie gekauft? Und bei welchem Anbieter?
- Haben Sie die Ware neu oder gebraucht gekauft?
- Wie zufrieden waren Sie mit dem Service?

2 Wie funktioniert Online-Shopping?

a Bilden Sie eine Reihenfolge. Arbeiten Sie zu zweit.

- ☐ die Warensendung annehmen
- ☐ ein Online-Bestellformular ausfüllen
- ☐ per Karte oder Überweisung bezahlen
- ☑ im Internet einen Anbieter suchen
- ☐ im Online-Katalog die Ware aussuchen
- ☐ meine persönlichen Daten im Formular eingeben

b Erklären Sie jetzt, wie es funktioniert.

> zuerst • als Nächstes • dann • danach • anschließend • schließlich

Zuerst sucht man im Internet einen Anbieter, dann sucht man im Online-Katalog …

3 Einen Meinungsbeitrag schreiben → AB 92/Ü21

a Lesen Sie die Meinungsbeiträge in einem Internetforum. Wer sieht Online-Shopping positiv? Markieren Sie.

☐  Man braucht sich nicht zu wundern, wenn es keine guten Geschäfte im Stadtzentrum mehr gibt. Die Miete ist da zu teuer. Das lohnt sich nicht mehr. Wer als Käufer keinen Computer oder Smartphone hat, ist bald vom modernen Konsum ausgeschlossen.
Azem C., Stuttgart

☐  Praktisch finde ich, dass man jetzt auch gut einkaufen kann, wenn man auf dem Land wohnt, weit weg von den tollen Geschäften. Ich habe nicht die Zeit, immer in die nächste Stadt zu fahren, wenn ich etwas brauche.
Laila A., Gars am Inn

☐  Ich finde es schlimm, was viele Leute machen. Die bestellen alles Mögliche und wissen schon, dass sie die Hälfte wieder umtauschen. Für die Firmen ist das ein riesiger Schaden. Die bezahlen nämlich das Porto.
Judith Y., Buxtehude

☐ Man kann viele Waren bequemer finden. Außerdem ist im Internet vieles billiger. Ich finde Online-Shopping darum nicht schlecht. Meiner Meinung nach haben viele Firmen da etwas verschlafen.
Jigar B., Dresden

b Welche der folgenden Aspekte beim Online-Shopping bewerten die Personen positiv (+), welche negativ (–)? Markieren Sie.

- ☑ Preis
- ☐ nötige Technik
- ☐ Verhalten der Käufer
- ☐ Zeitaufwand

c Schreiben Sie Ihre Meinung zum Online-Shopping als Diskussionbeitrag für das Forum. Der Text sollte mindestens 40 Wörter lang sein.

„*Ich denke, …*
Meiner Meinung nach …
Positiv / Praktisch / … finde ich, dass …
Ich finde es gut / schlimm / problematisch …"

Ich kann jetzt …
- erklären, wie man Waren im Internet bestellt.
- in einem Forum meine Meinung zum Online-Shopping sagen.

HÖREN

1 Eine Radiosendung

a Sehen Sie die Fotos an. Sie hören dazu gleich eine Radiosendung mit dem Titel *Meine Frau zahlt*. Worum könnte es in der Sendung gehen? Überlegen Sie zu zweit und notieren Sie <u>zwei</u> Sätze.

Es geht wahrscheinlich um ...

2 ◀)) 13 b Hören Sie den Anfang der Sendung. War Ihre Antwort richtig?

2 ◀)) 14–16 c Hören Sie jetzt die Sendung in drei Abschnitten. Markieren Sie und notieren Sie.

	Beate & Ludwig	Karin & Stefan	Michaela & Robbie
1 Sie sind verheiratet.	☐	☐	☐
2 Sie haben Kinder.	☐	☐	☐
3 Der Mann sucht eine Arbeit.	☐	☐	☐
4 Der Mann ist von Beruf	_____	_____	_____

2 ◀)) 17 d Hören Sie die Sendung noch einmal. Welche Aussage passt zu wem? Markieren Sie.

	Beate	Ludwig	Karin	Stefan	Michaela	Robbie
1 ... arbeitet gern im Haushalt und kümmert sich gern um die Kinder.	☐	☐	☐	☐	☐	☐
2 ... hat schon immer für sich selbst gesorgt und findet das in Ordnung.	☐	☐	☐	☐	☐	☐
3 ... möchte erst Kinder, wenn er auch etwas verdient.	☐	☐	☐	✗	☐	☐
4 ... hätte kein Problem damit, allein für eine Familie zu sorgen.	☐	☐	☐	☐	☐	☐
5 ... hätte es lieber, wenn beide wieder Geld verdienen würden.	☐	☐	☐	☐	☐	☐
6 ... hofft darauf, bald wieder Arbeit zu finden.	☐	☐	☐	☐	☐	☐

2 Meinungen äußern → AB 93/Ü22

Was ist Ihre Meinung zu den Interviews? Unterhalten Sie sich in Kleingruppen.

Ich hätte kein Problem damit, ...

In meinem Heimatland ist es üblich, dass ...

Ich kann jetzt ...
- eine längere Radiosendung zum Thema „Frauen als Alleinverdienerinnen" verstehen.
- verschiedene Meinungen zu diesem Thema verstehen.

SEHEN UND HÖREN

1 Das Deutschlandlabor: Geld

a Sehen Sie den Anfang der Reportage <u>ohne Ton</u> und überlegen Sie.
- Für welches Publikum ist diese Sendung? Woran erkennen Sie das?
- In welcher Reihenfolge (1 bis 6) kommen die Teile der Reportage vor?

Vorstellung Deutschlandlabor [1]   Beispiel: „Die Tafel" in Berlin [ ]

Abschluss [ ]   Aufgabe für die Moderatoren [ ]

Fakten: Geld in Deutschland [ ]   Meinungen: Menschen auf der Straße [ ]

b Sehen Sie die Reportage nun ganz <u>mit Ton</u> an und überprüfen Sie Ihre Lösung.

c Sehen Sie die Reportage in Abschnitten und beantworten Sie die Fragen.

Abschnitt 2: Ergänzen Sie die Informationen.

~~9,3 Billionen~~ • 30 000 • zwei oder mehr • ein Drittel • einem Prozent

Deutschland ist ein reiches Land. Insgesamt besitzen alle Deutschen zusammen _9,3 Billionen_ Euro. _____ dieses Geldes gehört nur _____ der Menschen. Durchschnittlich verdient ein Arbeitnehmer _____ Euro im Jahr. Aber es gibt auch Menschen, die viel weniger verdienen und _____ Jobs haben.

Abschnitt 3: Wie wichtig ist Geld? Was meinen die Passanten? Machen Sie sich Notizen und vergleichen Sie im Plenum.

Abschnitt 4: Sehen Sie den Abschnitt <u>ohne Ton</u>. Wen und was sehen Sie hier? Sehen Sie den Abschnitt noch einmal <u>mit Ton</u> und beantworten Sie die Fragen.

1 Was ist die *Tafel* und wie hilft sie?
2 Wer arbeitet für die *Tafel*?
3 Wer wird von der *Tafel* versorgt und wie oft kommen die Menschen?

aussortieren   Ehrenamt   die Kiste   Ausgabestellen
sammeln   spenden   verteilen

Abschnitt 5: Erinnern Sie sich noch? Welche Aufgabe haben die beiden Moderatoren? Was machen sie? Sammeln Sie Stichworte. Sehen Sie dann Abschnitt 5 und vergleichen Sie Ihre Lösung.

2 Ihr Kommentar

Wie hat Ihnen die Reportage gefallen? Wen oder was habe Sie in dieser Reportage „kennengelernt"? Wozu würden Sie gern noch mehr sehen?

Ich kann jetzt ...
- in einer kurzen Reportage die wichtigsten Daten und Fakten verstehen.
- eine Reportage zusammenfassen und kommentieren.

GRAMMATIK

1 Passiv ← KB 79/2, 81/3, 83/3

a Funktion

Man benutzt das Passiv, wenn eine Tätigkeit und nicht so sehr die Person, die etwas macht, wichtig ist.

> Aktiv: Zuerst **verteilt** der Spielleiter das Startkapital.
> Nominativ — Akkusativ
>
> Passiv: Das Startkapital **wird** zuerst (vom Spielleiter) **verteilt**.
> Nominativ

b Handelnde Person

Wenn die Person, die etwas tut, wichtig ist, kann man sie mit der Präposition *von* + Dativ ergänzen.

> Zuerst wird das Startkapital **vom Spielleiter** verteilt.
> von + Dativ

c Wortstellung

Das Passiv bildet man aus dem Verb *werden* + Partizip II.

	Position 1	Position 2		Satzende
Präsens	Das Startkapital	wird	zuerst	verteilt.
Präteritum	Das Startkapital	wurde	zuerst	verteilt.
Perfekt	Das Startkapital	ist	zuerst	verteilt worden.

d Passiv mit Modalverb (Präsens)

Das Passiv mit Modalverb bildet man aus einem Modalverb + Partizip II + *werden*.

	Position 1	Position 2		Satzende
Präsens	Die Entscheidungen	müssen	genau	geprüft werden.
	Die Garantie	kann		verlängert werden.

2 Wortbildung Nomen: Nachsilben ← KB 84/3

Nomen haben manchmal bestimmte Nachsilben (Suffixe), z. B. *-er, -chen, …*
Nomen mit diesen Nachsilben haben jeweils den gleichen Artikel.

der		das		die	
-er*	Bank**er**, Spiel**er**, Gewinn**er**	-chen	Päck**chen**, Bröt**chen**	-ung:	Quitt**ung**, Pack**ung**, Rechn**ung**
-ler	Händ**ler**, Bett**ler**			-heit:	Mehr**heit**, Sicher**heit**
-ent*	Stud**ent**, Präsid**ent**			-ik:	Elektron**ik**, Mathemat**ik**
-ant	Praktik**ant**, Inform**ant**			-ei:	Bäcker**ei**, Metzger**ei**
				-ie:	Industr**ie**, Droger**ie**

* *-er, -ent*: bei Personen immer *der*, aber: *das Zimmer, das Wetter, das Dokument, …*

8 LEBENSLANG LERNEN

1 Lernphasen im Leben → AB 97–98/Ü3

a Was meinen Sie? Was lernt ein Mensch normalerweise in welchem Alter? Ergänzen Sie.

	Alter		Alter
Fahrrad fahren	____	kurze Texte lesen und schreiben	____
ein Musikinstrument spielen	____	schwimmen	____
kurze Sätze sprechen	____	laufen	____

b Vergleichen Sie Ihre Lösungen. Wo gibt es Unterschiede?

Mit 2 Jahren kann man kurze Sätze sprechen.

Ich glaube, das kann man schon im Alter von einem Jahr.

c Was meinen Sie? Was lernt man weltweit im selben Alter? Wobei spielen Kultur und Tradition eines Landes eine Rolle?

d Was kann man auch noch in späteren Jahren erlernen? Was weniger gut? Worin kann man sich als Erwachsener noch verbessern?

LESEN

1 Was ich gern lernen oder erfahren möchte

Sie möchten in Ihrer Freizeit einen Kurs an der Volkshochschule besuchen.
Welcher dieser fünf Themenbereiche würde Sie besonders interessieren?

FRANKFURTER VOLKSHOCHSCHULE
Herbst/Winter

Inhaltsverzeichnis:
Mensch, Gesellschaft, Politik ....
Kultur, Kunst, Kreativität ....
Gesundheit und Umwelt ....
Berufliche Weiterbildung und Karriere ....
Sprachen ....

Wussten Sie schon? → AB 98/Ü4
Eine Volkshochschule (VHS) ist eine Institution zur Erwachsenen- und Weiterbildung. Die erste deutsche VHS wurde 1902 in Berlin gegründet. In Deutschland gibt es heute etwa 900 Volkshochschulen mit fast neun Millionen Teilnehmenden.

2 Kursangebote der Volkshochschule → AB 99/Ü5

a Sehen Sie die Kursangebote auf der rechten Seite an.
Zu welchen Themenbereichen in Aufgabe 1 passen sie?

b Lesen Sie die Situationen 1 bis 6 und die Kursangebote A bis H.
Welches Angebot passt zu welcher Situation? Für welche Situation gibt es keine Lösung (X)?

Beispiel: Imna möchte sich als Assistentin in einem Büro bewerben. Sie braucht dafür
ein Zertifikat, in dem steht, dass sie korrekt und schnell tippen kann. Angebot B

Suchendes Lesen
Wenn Sie in Prüfungen in mehreren Texten schnell nach bestimmten Informationen suchen sollen, können Sie so vorgehen: Unterstreichen Sie zuerst in den Situationen die Schlüsselwörter. Lesen Sie dann den Text / die Texte und finden Sie die Informationen, die zu den Schlüsselwörtern passen.

1 Svetlana sitzt den ganzen Tag im Büro und möchte sich am Wochenende gern wieder regelmäßig im Freien bewegen und auch nette Leute kennenlernen. Sie sucht einen passenden Kurs. Angebot ___

2 Mark ist ein schüchterner Mensch und möchte lernen, wie man selbstsicherer wirkt und sich gleichzeitig im Beruf besser präsentiert. Angebot ___

3 Amina hat seit ihrer Ankunft in Deutschland die Sprache gut gelernt und erledigt deshalb für ihre Familie den Briefwechsel mit offiziellen Stellen. Manchmal hat sie jedoch Verständnisprobleme mit den Formulierungen der Behörden. Angebot ___

4 Danilo ist derzeit arbeitslos. Er hat in seiner Heimat als Logistikfachkraft gearbeitet und würde gern mehr darüber erfahren, wie er gute Jobangebote findet und wie man sich bewirbt. Angebot ___

5 Franjo hat sich selbst einige Programmiersprachen beigebracht, möchte aber nun seine Kenntnisse in einem Kurs vertiefen und erweitern. Angebot ___

6 Serena hat eine Stelle als Kassenkraft und Verkäuferin in einer großen Supermarktkette gefunden und möchte sich auf ihre Tätigkeit so gut wie möglich vorbereiten. Angebot ___

LESEN

A **Erfolgreich und sicher einkaufen im Internet**
Sie erhalten einen Überblick über wichtige Online-Anbieter und lernen, wie Sie im Internet Preise vergleichen können. Außerdem erlernen Sie die Erstellung sicherer Passwörter und erfahren, worauf Sie beim Einkaufen im Netz oder beim Onlinebanking besonders achten müssen. *Otto-Hahn-Schule*

B **Schnellkurs Zehn-Finger-System**
Wer E-Mails, Referate oder Formulare mit zehn Fingern schreiben muss oder im Chat mit Freunden flüssig und schnell tippen möchte, ist hier richtig. Kursinhalt: Übung des Zehn-Finger-Systems und Optimierung der persönlichen Bearbeitungszeit. *Bildungs- und Kulturzentrum*

C **Fit durch Yoga**
Sich anstrengen und wieder loslassen. Schritt für Schritt erlernen Sie die wichtigsten Körperhaltungen und Bewegungsabläufe des klassischen Yogas. Unsere geschulten Trainer vermitteln Ihnen die Grundlagen dieser Sportart an zwei Wochenenden im Mai. *VHS Sonnemannstraße*

D **Sich mit Erfolg online bewerben**
Das Internet bietet viele Chancen auf einen neuen Arbeitsplatz. Sie erhalten Hinweise zur Suche passender Stellenanzeigen und üben, wie Sie sich optimal schriftlich präsentieren. Außerdem erfahren Sie, welche Unterlagen für eine Bewerbung wichtig sind. Bringen Sie bitte einen USB-Stick mit, um die Zusammenfassung des Kurses für sich zu speichern. *Otto-Hahn-Schule*

E **Überzeugend auftreten**
Souveränes Auftreten und eine glaubwürdige Körpersprache sind Schlüssel zum beruflichen und privaten Erfolg. Unter Anleitung eines professionellen Schauspielers gewinnen Sie mehr Selbstsicherheit und steigern die Ausdruckskraft Ihrer Stimme. *Schule am Ried*

F **Radtouren rund um die Stadt**
Von Mai bis Juli entdecken Sie immer sonntags die schönsten Plätze der näheren Region. In Gruppen zu zehnt geht es zunächst mit der S-Bahn „raus aus der Stadt": Von dort radeln Sie insgesamt circa 40 km. Mittagspausen in gemütlichen Gasthöfen sind geplant. *VHS Sonnemannstraße*

G **Behördendeutsch**
Egal ob Jobcenter oder Finanzamt – Briefe von Behörden sind für viele Menschen schwer verständlich. Doch keine Panik: In diesem Kurs lernen Sie die Bedeutung der wichtigsten amtsdeutschen Ausdrücke und Begriffe kennen. Zudem gibt es Tipps und Tricks, wie Sie am besten mit den Behörden korrespondieren. *VHS Sonnemannstraße*

H **Umgang mit Kunden in Serviceberufen**
Sie haben oder suchen einen Job im Verkauf oder in der Gastronomie, in dem es ganz oft um den richtigen Umgang mit Kunden geht. In Rollenspielen versetzen Sie sich sowohl in die Situation einer freundlichen und geduldigen Servicekraft als auch in die des unzufriedenen Gastes bzw. Kunden. *Otto-Hahn-Schule*

c Welcher der angebotenen Kurse würde Sie interessieren? Warum?

3 Genitiv → AB 99–101 / Ü 6–10

GRAMMATIK
Übersicht → KB 100/1

a Woran erkennen Sie, dass es sich um den Genitiv handelt? Markieren Sie die Genitivsignale in den Beispielen. Welche Endung haben die Adjektive?

> Zusammenfassung des Kurses • Optimierung der persönlichen Bearbeitungszeit • Suche passender Stellenanzeigen • Anleitung eines professionellen Schauspielers • Ausdruckskraft Ihrer Stimme • Bedeutung der wichtigsten amtsdeutschen Ausdrücke • Situation einer freundlichen Servicekraft • Bewegungsabläufe des klassischen Yogas

b Ordnen Sie die Beispiele aus 3a in die Tabelle ein. Finden Sie dann eigene Beispiele.

	Singular			Plural
	Maskulinum	Neutrum	Femininum	
Definiter Artikel		Zusammenfassung des Kurses		
Indefiniter Artikel				
Possessivartikel				

Ich kann jetzt …
- gezielt Informationen in einem Kursverzeichnis suchen.
- die Genitivformen erkennen und bilden.

SPRECHEN

1 Lebenslanges Lernen → AB 101/Ü11

a Was haben Sie *von wem* oder *wo* gelernt? Notieren Sie je ein bis zwei Fertigkeiten.

- von Ihren Eltern: _Sprechen,_
- von Geschwistern: _____
- von Freunden: _____
- in der Schule: _Lesen und Schreiben,_
- in einem Kurs: _____
- autodidaktisch / ohne Unterricht: _____
- mit Medien, z. B. am Computer: _____

b Gehen Sie im Kursraum herum und vergleichen Sie. Wo haben Sie Gemeinsamkeiten, wo gibt es Unterschiede?

c Machen Sie eine Klassenstatistik. Notieren Sie die Ergebnisse und machen Sie Aussagen dazu.

„ *Die meisten haben ... (von ...) gelernt.*
Einige haben ...
Ungefähr die Hälfte der Klasse hat ...
Ein Drittel / Viertel hat ...
Nur wenige haben ... (mit) ... gelernt. "

	von der Familie	in der Schule	von Freunden	auto-didaktisch
Schreiben	II	IIII		
Kochen	II	I	III	I
Schwimmen	I			
...				

2 Fortbildungsangebote

Wählen Sie einen Kurs aus den Kursangeboten (KB 91) oder einer VHS oder eines anderen Anbieters in Ihrer Nähe. Warum wählen Sie diesen Kurs? Wofür könnte er Ihnen nützlich sein? Machen Sie Notizen und sprechen Sie dann im Kurs.

Also für mich wäre der Kurs ... interessant, denn ...

Ich könnte mehr mit ... anfangen. Das würde mir helfen, wenn ich ...

3 Lernen und Prüfungsvorbereitung → AB 102/Ü12–13

a Sehen Sie die Bilder an. Auf was für eine Prüfung bereitet sich hier jemand vor? Was vermuten Sie? Sprechen Sie im Kurs.

A

B

C

SPRECHEN

b Die Personen in 3a bereiten sich auf unterschiedliche Weise auf ihre Prüfung vor. Sammeln Sie Vor- und Nachteile der verschiedenen Vorbereitungsarten und ergänzen Sie das Raster.

	Gruppenkurs mit Lehrer	Online-Übungen	Vorbereitung mit einem Lernpartner
Vorteile		man kann den Stoff wiederholen, sooft man will	
Nachteile			

c Lesen Sie, was andere zum Thema Prüfungsvorbereitung sagen. Arbeiten Sie zu zweit. Person A liest die Meinung von Hassan, Person B liest die Meinung von Renata. Berichten Sie Ihrer Lernpartnerin / Ihrem Lernpartner darüber. Was ist beiden beim Lernen wichtig?

Als ich mich auf meine theoretische Führerscheinprüfung vorbereitet habe, haben mir die Aufgaben im Internet viel genützt. Die konnte ich wiederholen, so oft ich wollte, und schwierige Wörter und Begriffe erst einmal nachschlagen. Es ist wichtig, dass ich mir so viel Zeit lassen kann, wie ich brauche. Das ist in einem Kurs eher schwierig.

Sehr hilfreich fand ich beim Lernen den Vorbereitungskurs in der Fahrschule. Dort konnte man Fragen stellen und hat zusammen mit anderen geübt – das hat mich nochmal extra motiviert. Für mich kommt es eher nicht infrage, nur alleine mit Online-Material zu üben.

4 Diskussion

a Wählen Sie jetzt in Kleingruppen eine Prüfung aus, auf die Sie sich vorbereiten, z. B. eine Führerscheinprüfung, eine Sprachprüfung, eine Abschlussprüfung, …

b Unterhalten Sie sich über das Thema Prüfungsvorbereitung. Sagen Sie Ihre Meinung und erzählen Sie von Ihrer eigenen Erfahrung. Diskutieren Sie auch die Vor- und Nachteile der verschiedenen Vorbereitungsarten.

„ *Sehr nützlich finde ich …, weil …*
Als ich mich auf meine … vorbereitet habe,
hat mir … sehr geholfen.
Wenn man …, kann man sich optimal …
Es ist für mich wichtig, dass … „

„ *kommt für mich persönlich eher nicht infrage.*
Das stimmt schon, aber …
Mit … habe ich keine so guten Erfahrungen gemacht.
In dem Punkt … hast du eigentlich recht. „

Ich kann jetzt …
- über meine Lernerfahrungen sprechen.
- über eine einfache Statistik sprechen.
- über Vor- und Nachteile verschiedener Arten der Prüfungsvorbereitung sprechen.

HÖREN 1

1 Freude am Lernen?

Sehen Sie die beiden Bilder und die Begriffe an. Was meinen Sie? Welche Faktoren können das Lernen positiv oder aber negativ beeinflussen?

> Lernstoff • Motivation • Zeitdruck • Lernorte • stressfrei lernen • Atmosphäre • Wiederholung • sich organisieren • Prüfungsangst • effizient sein

Wenn man stressfrei lernt, hat das sicher einen positiven Einfluss.

2 Eine Gesprächsrunde

a Hören Sie eine Gesprächsrunde zum Thema: *Effizienter lernen – ja, aber wie?* Welche der in Aufgabe 1 genannten Faktoren werden darin angesprochen? Unterstreichen Sie.

b Hören Sie die Gesprächsrunde noch einmal: Wer sagt was? Markieren Sie.

	Moderator	M. Ampidou Kinderpflegerin	Herr Steffen Lernberater
1 Weiterbildung und lebenslanges Lernen sind in der heutigen Zeit besonders wichtig.	☐	☐	☐
2 Man hat eine kürzere Ausbildungszeit, wenn man sich im eigenen Berufsfeld weiterqualifiziert.	☐	☐	☐
3 Auch wenn man Interesse am Lernstoff hat, kann es manchmal zu viel werden.	☐	☐	☐
4 Es gibt unterschiedliche Probleme, die Menschen beim Lernen haben.	☐	☐	☐
5 Häufig wird der Stoff im Unterricht nicht ausreichend behandelt.	☐	☐	☐
6 Es ist wichtig, den Lernstoff in Portionen einzuteilen.	☐	☐	☐
7 Eine selbst erstellte Mindmap ist eine sehr effiziente Art zu lernen.	☐	☐	☐
8 Manche Menschen lernen lieber an einem untypischen Lernplatz.	☐	☐	☐
9 Wichtig ist beim Lernen auch die Häufigkeit des Wiederholens.	☐	☐	☐

c Welche Aussagen und Tipps finden Sie besonders interessant oder hilfreich? Sprechen Sie.

HÖREN 1

3 Position von *nicht* → AB 103–104/Ü14–17

GRAMMATIK
Übersicht → KB 100/2

a Lesen Sie die folgenden Aussagen zum Thema „Lernen" aus der Gesprächsrunde und ergänzen Sie *nicht* an der richtigen Stelle.

a In kurzer Zeit alles zu lernen, was man braucht, um eine Ausbildung abzuschließen, ist *nicht* einfach.
b Viele Menschen, die einen bestimmten Lernstoff beherrschen wollen, kennen nämlich die wichtigsten Regeln für effizientes Lernen.
c Für manche ist der ideale Lernplatz eben am Schreibtisch.
d Verzichten Sie beim Lernen auf regelmäßige Pausen!
e Das Gelernte sollte täglich wiederholt werden.
f Aber beim Wiederholen des Stoffes sollte man sich möglichst langweilen.

2 ◀)) 19 **b** Hören Sie die Aussagen noch einmal und kontrollieren Sie.

c Welche der folgenden beiden Regeln zur Stellung von *nicht* im Satz passt jeweils dazu? Ergänzen Sie die Buchstaben der Sätze aus 3a.

nicht steht ...
1 **am Satzende** oder **vor** dem zweiten Teil des Verbs
   Beispiele: Der Lernberater erklärt die Regeln **nicht**.   Sätze: _____
              Am Wochenende möchte ich **nicht** lernen.
2 **vor** dem Satzteil oder Wort, der / das verneint wird
   Beispiele: Wir bereiten uns **nicht** auf die Prüfung vor.   Sätze: _a, ..._
              Die Prüfung ist **nicht** einfach.

d Welche Aussagen passen zu welchem Paar? Bilden Sie Sätze mit und ohne *nicht*.

im Verkauf arbeiten • gut verdienen • arbeitslos sein

Ramon
„Ramon arbeitet im Verkauf."

Anita
„Anita arbeitet nicht im Verkauf."

bei Prüfungen nervös werden • sich mit Medien auf die Prüfung vorbereiten • in einer Lerngruppe lernen

Elio

Marian

Ich kann jetzt ...
- wichtige Informationen in einer Gesprächsrunde verstehen.
- einzelne Standpunkte in einer Diskussion unterscheiden.
- negative Aussagen mit *nicht* korrekt bilden.

SCHREIBEN

1 Ein Jugendmagazin

Sehen Sie sich das Titelblatt des Jugendmagazins an. Was meinen Sie? Um wen geht es in dem Artikel „Arme Eltern – schlechte Chancen?" wohl? Markieren Sie.

Es geht um …
- ☐ Eltern, die wenig Chancen auf einen besseren Arbeitsplatz haben.
- ☐ Kinder, die ihre Eltern arm gemacht haben.
- ☐ Kinder, die aus finanziellen Gründen keine so gute Bildung erhalten.

2 Beitrag in einem Online-Gästebuch
→ AB 104–105 / Ü 18–19

a Im Online-Gästebuch des Jugendmagazins finden Sie folgende Meinung. Lesen Sie.

> 18.03. 21.30 Uhr Chris Müller, 28 Jahre
> Es heißt immer: Gute Bildung für alle! Dabei haben auch hierzulande nicht alle wirklich die gleichen Chancen: Natürlich kann man für Kinder, die in der Schule Schwierigkeiten haben, Nachhilfestunden organisieren. Aber die kosten viel Geld! Ich finde, für schwächere Schüler müssen die Schulen selbst mehr kostenlose Hilfe und Förderung anbieten – das wäre auf jeden Fall sozial gerechter!

b Schreiben Sie nun selbst einen Eintrag.

Schritt 1: Sammeln Sie Stichpunkte zu folgenden Fragen:
- Bekommen die Kinder in Ihrem Heimatland an öffentlichen Schulen guten Unterricht?
- Haben dort Ihrer Meinung nach alle Kinder die gleichen Chancen im Schulsystem?
- Was sollte man am Schulunterricht in Ihrem Heimatland ändern / verbessern?

Schritt 2: Schreiben Sie jetzt Ihren Beitrag für das Online-Gästebuch. Verwenden Sie einige dieser Redemittel. Schreiben Sie circa 80 Wörter.

„*An öffentlichen Schulen ist der Unterricht sehr gut / nicht so gut / …
Die Chancen der Kinder in … sind ziemlich gleich / nicht wirklich gleich, weil …
Ich finde, man sollte …
Außerdem wäre es wichtig, … zu …*"

> Ich komme aus …
> Dort ist vieles anders als hier / ähnlich wie hier. …

3 Selbstkorrektur

Kontrollieren Sie Ihren Text. Beachten Sie dabei folgende Punkte.

- Haben Sie zu allen Inhaltspunkten ausführlich genug geschrieben?
- Haben Sie die Sätze so miteinander verbunden, dass sich der Text flüssig liest?

Ich kann jetzt …
- einen Eintrag in einem Online-Gästebuch schreiben.
- schriftlich persönliche Ansichten zum Thema „Bildungschancen" ausdrücken.

HÖREN 2

1 Eine Anleitung verstehen

2 ◀)) 20–23 **a** Hören Sie die Anleitung für einen Gruppentanz. Welche Zeichnung passt jeweils? Markieren Sie.

2 ◀)) 24 **b** Möchten Sie das auch ausprobieren? Dann hören Sie die Anleitung noch einmal und tanzen Sie mit.

2 Lokale Präpositionen → AB 105–106 / Ü 20–22

GRAMMATIK
Übersicht → KB 100/3

a Lesen Sie nun die Tanzanleitung und ergänzen Sie folgende Präpositionen.

☐ außerhalb • ☑ innerhalb • ☐ entlang • ☐ gegenüber • ☐ an ... vorbei • ☐ um ... herum

Die Klasse teilt sich in zwei gleich große Gruppen. Die eine Hälfte stellt sich im Kreis auf.
Die andere Hälfte bildet einen Kreis (1) des ersten Kreises.
Der äußere Kreis läuft oder tanzt nun im Uhrzeigersinn (2) den inneren Kreis (2). Dieser bewegt sich in die andere Richtung. Sobald die Musik stoppt, bleiben alle stehen. Machen Sie einen Schritt auf die Person zu, die Ihnen (3) im anderen Kreis steht. Legen Sie nun Ihre rechte Hand auf die rechte Schulter Ihres Gegenübers und drehen Sie sich zusammen einmal im Kreis herum, wenn die Musik wieder anfängt. Jetzt laufen Sie wieder in den zwei Kreisen im Takt der Musik weiter. Wiederholen Sie das Ganze dreimal. Bleiben Sie hintereinander stehen und legen Sie beide Hände auf die Schultern der Vorderfrau oder des Vordermannes. Öffnen Sie die Kreise. Bilden Sie eine sogenannte „Polonaise". Laufen Sie nun (4) des Klassenzimmers weiter. Gehen Sie mit Musikbegleitung den Flur (5) und (6) den anderen Klassenräumen (6).

b Kasus der lokalen Präpositionen. Nach welchen Präpositionen folgt der Akkusativ, nach welchen der Dativ, nach welchen der Genitiv? Ergänzen Sie die Tabelle mithilfe des Textes.

Präposition + Akkusativ	Präposition + Dativ	Präposition + Genitiv
		außerhalb

Ich kann jetzt ...
- Anweisungen für einen Tanz verstehen.
- die Bedeutung lokaler Präpositionen verstehen.

WORTSCHATZ

1 Moderne Lernausstattung → AB 107/Ü23

a Was ist das? Ordnen Sie zu.

> 1 der Computer/Laptop • 2 die Maus und Tastatur • 3 das Tablet und das Smartphone •
> 4 die Kopfhörer • 5 der Lautsprecher • 6 die App • 7 der USB-Stick • 8 das WLAN •
> 9 der Drucker und der Scanner • 10 der Bildschirm / Monitor

b Was passt nicht? Streichen Sie das Wort durch.

einen Computer ...	eine Datei ...	eine E-Mail ...	eine App ...
anschließen	öffnen	tippen	aufrufen
hochfahren	ausdrucken	einlegen	herunterladen
verbinden	löschen	versenden	aufschließen
~~einlegen~~	anschließen	weiterleiten	schließen

sich in ein / mit einem WLAN ...	eine Sprachnachricht ...	auf einem USB-Stick ...	mit einem Tablet online ...
einloggen	aufnehmen	speichern	Geld überweisen
trennen	verschicken	kopieren	Geld abheben
einwählen	schreiben	surfen	einen Kurs buchen
verbinden	löschen	löschen	Wörter übersetzen

c Wie ist Ihr Arbeitsplatz ausgestattet?
Was brauchen Sie unbedingt?

Für mich ist mein USB-Stick ganz wichtig. Den brauche ich, wenn ...

2 Spiel: Wortfelder *lernen* und *lehren*

a Suchen Sie zum Stamm der Verben *lernen* und *lehren* möglichst viele neue Wörter. Es können Verben, Nomen oder Adjektive sein. Sie haben fünf Minuten Zeit. Arbeiten Sie zu zweit.

b Lesen Sie nun Ihre Wörter laut vor. Wer ein Wort hat, das kein anderes Team gefunden hat, bekommt einen Punkt. Das Team mit den meisten Punkten hat gewonnen.

Ich kann jetzt ...
- sagen, was man mit dem Computer und Computerzubehör machen kann.
- Wortverbindungen zu *lernen* und *lehren* finden.

SEHEN UND HÖREN

1 Sprachen lernen

 a Sehen Sie einen kurzen Film an. Sehen Sie den Film zunächst <u>ohne Ton</u>. Was meinen Sie? Woher kommen die Personen? Was sagen sie?

 b Sehen Sie den Film nun <u>mit Ton</u> an. Was sagen die Personen in verschiedenen Sprachen?

c Was möchten die Filmemacher erreichen? Was meinen Sie? Markieren Sie und sprechen Sie im Kurs.

☐ Menschen sollen über die Liebe nachdenken.
☐ Sie möchten Werbung für etwas machen.
☐ Menschen aus verschiedenen Kulturen sollen sich kennenlernen.

2 Meinungen zum Film

a Was meinen Sie? Warum spricht der Film die Zuschauer an?

> informativ • man weiß nicht sofort, worum es geht •
> tolle Filmmusik • sympathische, offene und strahlende Gesichter

b Hat Ihnen der Werbespot gefallen? Warum (nicht)?

3 Projekt – Wir drehen einen kurzen Film

a Arbeiten Sie in Gruppen. Lesen Sie die Sätze. Welches Gefühl passt zu welchem Satz? Ergänzen Sie.

☐ Ärger   ☐ Begeisterung   ☐ Verliebtsein

1 Deutsch ist eine reiche Sprache! Damit kann man so viel sagen!

2 Ich möchte dich gern wiedersehen!

3 Ich hasse „der", „die", „das"!

b Wählen Sie einen der drei Sätze aus und übersetzen Sie ihn in Ihre Muttersprache oder in verschiedene Fremdsprachen.

c Sprechen Sie den Satz und versuchen Sie dabei, das Gefühl auszudrücken. Filmen Sie sich gegenseitig beim Sprechen des Satzes und zeigen Sie Ihre Aufnahmen den anderen Gruppen. Diese raten den Satz.

d Welcher Film hat Ihnen gefallen? Warum? Wählen Sie den besten Film im Kurs.

Ich kann jetzt …
- das Ziel eines Werbefilms erkennen.
- meine Meinung zu einem Film ausdrücken.

GRAMMATIK

1 Genitiv ← KB 91/3

a Funktion

Mit dem Genitiv wird etwas näher bestimmt. In der gesprochenen Sprache ersetzt man den Genitiv zunehmend durch **von** + Dativ: *Unter Anleitung eines Teams ...* → *Unter Anleitung von einem Team ...*

b Formen

Singular	Definiter Artikel	Indefiniter Artikel	Possessivartikel
maskulin	Unterlagen **des** Kurs**es***	Unterlagen ein**es** Kurs**es**	Unterlagen mein**es** Kurs**es**
neutral	Anleitung **des** Teams	Anleitung ein**es** Teams	Anleitung mein**es** Teams
feminin	Ausdruckskraft **der** Stimme	Ausdruckskraft ein**er** Stimme	Ausdruckskraft mein**er** Stimme
Plural	Erstellung **der** Passwörter	Erstellung eigen**er** Passwörter**	Erstellung **meiner** Passwörter
		Erstellung **von** Passwörter**n****	

* *-es* oft nach einsilbigen Nomen *(Kurses)*, Nomen auf *-s, -ss, -ß, -tsch, -x, -z, -tz (Hauses)* und bei Nomen auf *-nis (Zeugnisses)*
** Den Genitiv im Plural ohne Artikel kann man nur bilden, wenn vor dem Nomen ein Adjektiv steht, z. B. *Erstellung eigener Passwörter*. Ohne Adjektiv nimmt man die Form „von" + Dativ, z. B. *Erstellung von Passwörtern*.

2 Die Position von *nicht* ← KB 95/3

Position		Beispiel
nicht steht	**am Satzende** oder **vor** dem zweiten Teil des Verbs	Viele Menschen kennen die Regeln für effizientes Lernen **nicht**. Beim Wiederholen des Stoffes sollte man sich **nicht** langweilen.
	vor dem Satzteil oder Wort, der / das verneint wird	Das Gelernte sollte **nicht** *täglich* wiederholt werden. Für manche ist der ideale Lernplatz eben **nicht** am Schreibtisch.

3 Lokale Präpositionen ← KB 97/2

Lokale Präpositionen + Akkusativ		Lokale Präpositionen + Dativ		Lokale Präpositionen + Genitiv	
um ... herum	**um** das Haus **herum**	an ... vorbei	**an** der Schule **vorbei**	außerhalb	**außerhalb** der Stadt
entlang	den Fluss **entlang**	entlang	**entlang** der Straße	innerhalb	**innerhalb** des Kreises
		gegenüber	**gegenüber** dem Kino / dem Kino **gegenüber**		

AUF DER JOBMESSE

Bartosz Mucha (29) kommt aus Polen und ist gelernter Mechatroniker. Er lebt mit seiner deutschen Freundin Barbara seit kurzem in der Nähe von Stuttgart. Deutsch hatte er bereits einige Jahre in der Schule gelernt. Nun möchte er in Stuttgart seinen Beruf ausüben und sucht einen Arbeitgeber. Ein Bekannter empfiehlt ihm, eine Jobmesse zu besuchen.

CHECKLISTE JOBMESSE

☐ Den Besuch einer Jobmesse planen
☐ Ein Firmenporträt ansehen und verstehen
☐ Kontakt zu Firmen aufnehmen
☐ Sich auf ein Vorstellungsgespräch vorbereiten

1 Den Besuch einer Jobmesse planen

2 🔊 25   a   Hören Sie ein Gespräch zwischen Bartosz und seinem Bekannten Ulli. Was ist richtig? Markieren Sie.

1 Bartosz interessiert sich für Job- und Karrieremessen und fragt Ulli danach. ☐
2 Ulli empfiehlt Bartosz, auf eine Messe für verschiedene Berufszweige zu gehen. ☐
3 Ulli meint, Bartosz hat gute Chancen bei der Stellensuche. ☐
4 Die Messe findet weit entfernt von Stuttgart statt. ☐
5 Bartosz möchte die Messe *automotive TopCareer* besuchen. ☐
6 Bartosz soll auf die Messe einen Lebenslauf und Ausweiskopien mitnehmen. ☐

EXTRA BERUF

b   Welche Vorteile kann es für arbeitssuchende Fachkräfte wie Bartosz haben, eine Messe zu besuchen? Sprechen Sie im Kurs.

Man hat die Möglichkeit, mit potentiellen Arbeitgebern …

Auf einer Messe kann man …

> *Wussten Sie schon?*
> *Job- und Karrieremessen sind eine gute Möglichkeit, berufliche Kontakte zu knüpfen. Sie haben oft branchenspezifische Schwerpunkte wie zum Beispiel Medizin und Pflege, Informationstechnologie, Bauwirtschaft oder Automobilindustrie und werden von Industrie- und Handelskammern, Unternehmensverbänden, Hochschulen oder Dienstleitern durchgeführt. Auf Jobmessen suchen zahlreiche Arbeitgeber nach neuen Mitarbeitern. Es werden Vorträge, Diskussionsrunden und Workshops rund um Themen wie Karriereplanung und Bewerbung angeboten.*

c   Welche Jobmesse käme für Sie infrage? Suchen Sie im Internet eine Messe für Ihr Berufsfeld und tauschen Sie sich in Kleingruppen aus.

AUF DER JOBMESSE

2 Ein Firmenporträt ansehen und verstehen

a Auf der Internetseite der Messe findet Bartosz die Namen einiger Firmen, die dort vertreten sind. Er sieht sich die Webseite eines Unternehmens an. Welche Informationen erhält er? Ordnen Sie zu!

> Standort des Unternehmens • ~~Motto des Unternehmens~~ • Zahl der Beschäftigten • Unternehmensphilosophie • mögliche Beschäftigungsformen

EXTRA BERUF

KONZERN   PRESSE   STANDORT   GESCHÄFTSKUNDEN   **KARRIERE**

Ziegler ist Zukunft.

Motoren der Zukunft – Willkommen bei der Ziegler Gruppe

Sie suchen eine neue berufliche Herausforderung? Dann sind Sie bei uns genau richtig! Das Unternehmen Ziegler hat seinen Hauptsitz im Großraum Stuttgart und bietet Ihnen einen erstklassigen Einstieg in die Automobilbranche.

Die Ziegler Gruppe ist ein modernes und zukunftsorientiertes Unternehmen mit rund 2 400 Beschäftigten und 320 Auszubildenden. Wir produzieren hochwertige Motoren und beliefern Automobilhersteller auf der ganzen Welt. Unsere Unternehmensphilosophie basiert auf vier Elementen: Mobilität, Sicherheit, Qualität und Innovation.

Bewerben Sie sich noch heute und gestalten Sie mit uns die Zukunft des Automobils!

In unserem Karriereportal finden Sie aktuelle Stellenausschreibungen und Ausbildungsplätze. Wir freuen uns auf Ihre Online-Bewerbung!

Die Zukunft wartet auf Sie. Ziegler auch.

Karriere bei Ziegler   Führungs- und Fachkräfte   Ausbildung und Praktikum   Initiativbewerbung

Motto des Unternehmens

b Was erfährt Bartosz über die Firma Ziegler? Ergänzen Sie.

Branche: _____   Produkt: _____   Kunden: _____

c Welche Aussage ist richtig? Markieren Sie.

1 Die Firma Ziegler …   ☐ sucht nur Fachkräfte mit Erfahrung in der Automobilbranche.
　　　　　　　　　　　☐ bietet auch Stellen für Berufseinsteiger.

2 Die Bewerber …   ☐ sollen ihre Bewerbungsunterlagen mit der Post senden.
　　　　　　　　　☐ können sich auch unabhängig von Stellenanzeigen bewerben.

d Besuchen Sie die Webseite eines Unternehmens, in dem Sie gern arbeiten möchten. Sammeln Sie Informationen über das Unternehmen und die Karrieremöglichkeiten und präsentieren Sie Ihre Ergebnisse im Kurs.

> *Wussten Sie schon?*
> *In einem Firmenporträt stellt sich ein Unternehmen nach außen dar. Einerseits finden sich darin alle wichtigen Fakten über das Unternehmen wie Gründungsjahr, Name des Gründers und des Geschäftsführers, Anzahl der Mitarbeiter und Standort. Andererseits aber auch Daten und Ereignisse in der Firmengeschichte, Kooperationen mit Partnerunternehmen sowie Unternehmensziele. Oft betont eine Firma in ihrem Porträt auch ihr sogenanntes „Alleinstellungsmerkmal", das sie von der Konkurrenz unterscheidet.*

AUF DER JOBMESSE

3 Kontakt zu Firmen aufnehmen

a Vor seinem Messebesuch möchte Bartosz sich auf ein kurzes Gespräch mit den Vertretern der Firma vorbereiten. Welche Fragen könnte er stellen? Sprechen Sie im Kurs.

> freie Stellen · Chancen für Mechatroniker · Standorte · neue Technologien · Weiterbildungsmöglichkeiten · Karrieremöglichkeiten · Bewerbungsunterlagen

Welche Chancen bietet Ihr Unternehmen …

b Auf der Messe: Hören Sie nun das Gespräch zwischen Bartosz und einem Vertreter der Firma Ziegler. Beantworten Sie die Fragen in Stichworten.

1 Für welchen Bereich interessiert sich Bartosz?   *Motorenproduktion*
2 Was ruft der Firmenvertreter am Computer auf?
3 Welche Stelle ist momentan ausgeschrieben?
4 Wo hat Bartosz seine Ausbildung gemacht?
5 Welche Abteilung findet Bartosz sehr spannend?
6 Was gibt der Firmenvertreter Bartosz mit?

EXTRA BERUF

c Hören Sie noch einmal. Wie war das Gespräch? Notieren Sie: „g" = das hat Bartosz gut gemacht; „v" = das kann Bartosz noch verbessern. Vergleichen Sie dann im Kurs.

sich vorstellen _____
Interesse zeigen _____
Rückfragen stellen _____
passende Fragen stellen _____
Fragen des Gesprächspartners beantworten

d Bereiten Sie zusammen mit Ihrer Lernpartnerin / Ihrem Lernpartner ein Messegespräch vor. Ein Lernpartner ist ein Messebesucher, der andere ein Firmenvertreter. Wählen Sie eine Firma aus Ihrem Berufsfeld. Benutzen Sie Ihre Fragen zur Gesprächsvorbereitung aus Aufgabe 3a.

> *Tipps für die richtige Gesprächsführung*
> *Stellen Sie sich bei einem Gespräch mit einer Ihnen unbekannten Person immer persönlich mit Namen vor. Sprechen Sie Ihr Gegenüber auch mit Namen an, z. B. „Ich hätte da noch eine Frage, Frau Schlemmer …". Hören Sie aufmerksam zu, stellen Sie gegebenenfalls Rückfragen und unterbrechen Sie Ihre Gesprächspartnerin / Ihren Gesprächspartner nicht. Wichtig ist auch der Blickkontakt zu Ihrem Gegenüber. Versuchen Sie verständlich und klar zu sprechen und kommen Sie schnell auf den Punkt.*

AUF DER JOBMESSE

4 Sich auf ein Vorstellungsgespräch vorbereiten

a Bartosz hat für Anfang Dezember einen Besuch bei Freunden in Krakau geplant. Eine Woche nach dem Messebesuch erhält er ein Schreiben der Firma Ziegler. Was erfährt er darin? Was soll er tun? Lesen Sie und sprechen Sie im Kurs.

> Sehr geehrter Herr Mucha,
>
> wir bedanken uns recht herzlich für Ihr Interesse an unserem Unternehmen und Ihre Bewerbung auf die ausgeschriebene Stelle als NFZ-Mechatroniker.
>
> Wir freuen uns Ihnen mitteilen zu können, dass Ihre Bewerbung unser Interesse geweckt hat. Um uns ein individuelles Bild von Ihnen machen zu können, möchten wir Sie gern zu einem persönlichen Vorstellungsgespräch am 4. Dezember 20.. um 10 Uhr in unserer Zweigstelle Neckarsulm einladen. Bitte melden Sie sich kurz vor dem Gesprächstermin bei den Mitarbeitern am Empfang.
>
> Sollten Sie diesen Gesprächstermin nicht wahrnehmen können, kontaktieren Sie uns bitte, um einen alternativen Termin zu vereinbaren.
>
> Mit freundlichen Grüßen
>
> Tatjana Siebers
>
> Ziegler | Personalabteilung

EXTRA BERUF

b Um sich optimal auf das Gespräch vorzubereiten, stellt Bartosz eine Checkliste zusammen. Ordnen Sie die Verben den Nomen zu.

> ~~auswählen~~ • bestätigen • informieren • organisieren • überlegen • zusammenstellen • sammeln

- ☐ den Termin schriftlich _____
- ☐ Kleidung für den Termin _auswählen_
- ☐ die An- und Rückreise _____
- ☐ Freunde und Familie über den Termin _____
- ☐ wichtige Unterlagen _____
- ☐ sich Reaktionen auf typische Fragen _____
- ☐ Informationen über die Firma _____

c Welche der Punkte in Aufgabe 4b finden Sie besonders wichtig? Markieren Sie und diskutieren Sie im Kurs.

> *Vorbereitung auf ein Vorstellungsgespräch*
> *Das Vorstellungsgespräch ist die letzte Hürde bei der Stellensuche. Achten Sie bei der Auswahl der Kleidung auf den „Dresscode": Für eine Stelle in einer Versicherung oder Bank kleidet man sich anders als für eine Stelle in Handwerk oder Industrie. Stellen Sie auch sicher, dass Sie den Weg zum Unternehmen gut finden und pünktlich sind. Nehmen Sie Ihre Bewerbungsunterlagen mit und informieren Sie sich im Vorfeld über das Unternehmen. Sie müssen sich in wenigen Sätzen selbst gut präsentieren und sollten dabei möglichst positive Signale mit Ihrer Körpersprache aussenden.*

ARBEITSBUCH

LEKTION 1 IN KONTAKT

WIEDERHOLUNG WORTSCHATZ

1 Nachfragen

Sie verstehen etwas nicht. Was können Sie sagen?
Ergänzen Sie in der richtigen Form.

> sprechen • ~~verstehen~~ • hören •
> wiederholen • bedeuten • kennen •
> erklären • schreiben

1 Das Wort habe ich nicht _verstanden_.
   Wie _____ man das?
   Können Sie das bitte noch einmal
   _____?

2 Das Wort _____ ich leider nicht. Ich habe es noch nie _____.
   Was _____ das?

3 Ich weiß nicht, was ich hier in der Aufgabe machen soll. Können Sie mir die Aufgabe
   _____?

4 Könnten Sie bitte etwas langsamer _____?

2 Was macht man alles im Deutschunterricht?

a Ergänzen Sie.

1 _Filme_   (MLFEI) im Original ansehen   6 _____ (REGESPCHÄ) hören
2 _____   (EEDIRL) singen   7 _____ (UNGNEÜB) machen
3 _____   (EBATLLNE) ausfüllen   8 _____ (EISPEL) machen
4 _____   (XETET) lesen/schreiben   9 _____ (ÖRWERT) lernen
5 _____   (EAILSM-) schreiben   10 _____ (EGRELN) lernen

b Wie heißen die Wörter im Singular? Ergänzen Sie und notieren Sie auch den Artikel.

maskulin (der)	neutral (das)	feminin (die)
Filme – der Film		

---

zur Einstiegsseite, KB 1, Aufgabe 1

3 Ein Brief an mich

SCHREIBEN

Schreiben Sie zu Kursbeginn einen Brief auf Deutsch an sich selbst. Sie können z. B. schreiben, was Sie in den nächsten Wochen alles tun wollen, was Sie sich für den Kurs wünschen, … Kleben Sie den Brief zu und geben Sie ihn Ihrer Kursleiterin / Ihrem Kursleiter. Am Ende des Kurses gibt sie / er Ihnen den Brief ungeöffnet zurück. Sie werden staunen, wie viel Sie bereits gelernt haben, und Ihre Erfolge erkennen.

AB 1

LEKTION 1

zu Sprechen, KB 2, Aufgabe 1

4 Gespräche führen WORTSCHATZ

a Ordnen Sie zu.

1 über — sein
2 locker — machen
3 von sich — erzählen
4 jemanden — darstellen
5 einen Witz — ansprechen
6 sich positiv — das Wetter reden

b Ergänzen Sie die Begriffe aus Aufgabe 4a in der richtigen Form.

Small Talk leicht gemacht!

Jemanden anzusprechen (1) ist eigentlich keine so große Herausforderung! Denken Sie daran: Fast immer freut sich die andere Person, wenn Sie das Gespräch beginnen. Von daher können Sie ganz _____ (2)! Wählen Sie zunächst ein neutrales Thema – man kann immer _____ (3). Humor dagegen ist sehr individuell, Sie sollten also nur _____ (4), wenn Sie sicher sind, dass Ihr Gesprächspartner diesen auch lustig findet. Seien Sie höflich und achten Sie darauf, _____ von Anfang an _____ (5) und auch etwas _____ (6): Sehen Sie sich nicht nur als Interviewer: Ihr Gesprächspartner möchte auch etwas über Sie erfahren.

zu Sprechen, KB 2, Aufgabe 2

5 Kennenlernen GRAMMATIK

a Was passt zusammen? Verbinden Sie.

1 Wo — kommen Sie?
2 Woher — Sie Deutsch gelernt?
3 Welche — Sprachen sprechen Sie?
4 Was sind — Sie eigentlich von Beruf?
5 Wo haben — arbeiten Sie im Moment?

b Welche Antwort passt zu welcher Frage in 5a? Ordnen Sie zu.

- [5] Hier, an der Volkshochschule.
- [ ] Ich habe als Fischer gearbeitet.
- [ ] Aus Massaua. Das liegt in Eritrea, Ostafrika.
- [ ] Also, ich suche gerade eine neue Herausforderung.
- [ ] Meine Muttersprache ist Tigrinya und ich kann auch Arabisch.

c Beantworten Sie die Fragen aus 5a aus Ihrer Perspektive.

1 _____
2 _____
3 _____
4 _____
5 _____

LEKTION 1

WIEDERHOLUNG GRAMMATIK

zu Hören, KB 3, Aufgabe 2

6 Temporaladverbien: zeitliche Reihenfolge und Wiederholung

a Stellen Sie sich vor: Sie melden sich in einem sozialen Netzwerk an. Was müssen Sie tun? Bringen Sie die Schritte in die richtige Reihenfolge.

- ☐ Dann geben Sie Ihren Namen, Ihre E-Mail-Adresse und ein Passwort ein.
- ☒ 3 Danach klicken Sie auf „Registrieren". Sie sind jetzt Mitglied des sozialen Netzwerks.
- ☐ Zuerst gehen Sie auf die Webseite des Netzwerks. Jetzt sind Sie auf der Startseite.
- ☐ Schließlich können Sie Kontakt mit anderen aufnehmen, E-Mails verschicken oder chatten.
- ☐ Anschließend können Sie Ihre Seite aufbauen. Sie können Ihr Profil ausfüllen, noch mehr Angaben zur Person machen und Fotos hochladen. Und hoffentlich bekommen Sie bald interessante Nachrichten!

b Ersetzen Sie.

1 jeden Morgen   _morgens_
2 jeden Tag   _____
3 jeden Sonntag   _____
4 jeden Monat   _____
5 jeden Abend   _____
6 jeden Mittag   _____

c Ordnen Sie die Wörter aus 6b zu.

Ada geht _morgens_ schon vor dem Frühstück ins Internet und liest ihre Mails. Am Vormittag arbeitet sie. _____, wenn sie Pause hat, schaut sie wieder in ihre privaten Mails. _____, nach der Arbeit, chattet sie mit ihren Freunden. Manchmal bis in die Nacht. Am Wochenende, immer _____, skypt sie mit ihrer Familie in der Türkei. Letzten Monat hat sie _____ ungefähr zehn Textnachrichten geschrieben. Das sind _____ fast 300. Das war bisher ihr Rekord.

---

zu Hören, KB 3, Aufgabe 2

7 Temporaladverbien: Häufigkeit

GRAMMATIK

Ergänzen Sie.

| ~~häufig~~ • nie • immer • selten • manchmal • oft |

1 Ich chatte _häufig_ mit meinen Freunden – so halten wir Kontakt.
2 Ich skype sehr _____ – vielleicht einmal oder zweimal im Monat.
3 _____ twittere ich, aber nicht so oft. Ich finde, das macht keinen Spaß.
4 Ich lese keine Zeitung, sondern informiere mich eigentlich _____ im Internet.
5 Ohne mein Smartphone gehe ich _____ aus dem Haus – ich habe es wirklich immer dabei.
6 Ich checke ziemlich _____ – so ungefähr jede Stunde – ob ich neue Nachrichten habe.

LEKTION 1

zu Hören, KB 3, Aufgabe 2

8 Medien nutzen

WORTSCHATZ

Ergänzen Sie die Nomen.

E-Mails • Internet • Kontakt • Themen • Skype

1 morgens ___E-Mails___ checken
2 im _____ surfen
3 per _____ telefonieren
4 täglich mit Freunden _____ halten
5 Informationen zu verschiedenen _____ suchen

zu Hören, KB 3, Aufgabe 2

9 Neu und alt

LESEN

Lesen Sie den Artikel und ergänzen Sie.

Echte Freunde • Lexika und Wörterbücher • Papierfotos • Postkarten • Wecker

Unsere Medienwelt – 5 Dinge, die vom Aussterben bedroht sind …

1 _____
Noch in den 90er-Jahren war es ganz normal, aus dem Urlaub eine kitschige Ansichtskarte zu schicken. Unwichtige Zeilen wie „Das Wetter ist schön und der Strand traumhaft" vermisst heutzutage wohl niemand. Allerdings freut sich jeder, wenn ihm ein lieber Mensch eine Karte
5　schreibt, statt nur mit einer Handy-Nachricht oder via Facebook über eine Reise zu berichten.

2 _____
Früher konnte man Erinnerungen an die Kinder oder an den traumhaften Urlaub in den Händen halten und anschauen. Mittlerweile sind viele Reisen und private Ereignisse nur noch auf Chipkarten und in Computern gespeichert.

10　3 _____
Wissen hatte früher ein paar hundert Seiten und passte zwischen zwei Buchdeckel. Heute findet man im Internet stets aktualisiertes Wissen – man muss nur online sein. So kann man schneller und bequemer z. B. ein deutsches Wort oder eine Erklärung nachschlagen, ohne lange blättern zu müssen.

15　4 _____
Wo er früher stand, liegt heutzutage oft das Handy. Ein eigenes Gerät braucht man für den Start in den Tag nicht mehr. Man lässt sich zwar viel moderner wecken, aber das Aufstehen fällt genauso schwer.

5 _____
20　Das Wort „Freund" hat im Zeitalter sozialer Netzwerke eine andere Bedeutung bekommen. Ich klicke dich an, du klickst mich an. Und schon ist man in der Freundschaftsliste. Kann man wirklich einen Freundeskreis von 200 oder mehr Freunden haben?

LEKTION 1

zu Wussten Sie schon?, KB 5

10 Eine neue Sprache lernen
LESEN / WORTSCHATZ

Ergänzen Sie die Wörter.

> Aussprache • Ergebnis • Kommunikation • Kursleiter • Lerntyp • Redemittel • ~~Regeln~~ • System • Tabellen • Übungen

Shojas Gedanken zum Thema ... Sprachenlernen

Viele denken, dass Grammatik und _Regeln_ (1) das Wichtigste sind, wenn man eine Sprache lernt. Als ich vor vielen Jahren in einem Kurs anfing, Deutsch zu lernen, hat mein erster _____ (2) mit uns vor allem die Grammatik geübt. Er hat uns das _____ (3) erklärt, viele „übersichtliche" _____ (4) präsentiert und wir haben viele _____ (5) gemacht. Aber ich war mit dem _____ (6) nicht zufrieden – ich habe fast nie wirklich etwas gesagt! Erst als ich eine neue Kursleiterin hatte, wusste ich: Das Ziel des Sprachenlernens ist _____ (7)! Grammatik ist notwendig, aber zum Sprachenlernen gehört mehr. Man sollte wissen, wie man lernt, also welcher _____ (8) man ist. Man sollte _____ (9) auswendig lernen – Und: Man sollte seine _____ (10) immer weiter verbessern, denn nur dann ist erfolgreiche Kommunikation möglich!

zu Lesen, KB 6, Aufgabe 5

11 Adjektivdeklination mit indefinitem Artikel
GRAMMATIK

Ergänzen Sie die Endungen und den Kasus (Nominativ, Akkusativ, Dativ).

1 Im Deutschunterricht ist für mich wichtig:
- ein nett_____ Lehrer.
- eine nett_____ Lehrerin.
- ein gut_____ Lehrbuch.
- aktuell_____ Texte und Filme.

} _Nominativ_

2 Ich möchte gern ...
- einen gut_____ Unterricht.
- eine spannend_____ DVD sehen.
- ein deutsch_____ Lied hören.
- viele interessant_____ Übungen machen.

} _____

3 Deutsch lerne ich am liebsten ...
- in einem schön_____ Raum.
- in einer modern_____ Schule.
- mit einem gut_____ Buch.
- mit nett_____ Leuten.

} _____

zu Lesen, KB 6, Aufgabe 5

12 Adjektivdeklination mit definitem Artikel
GRAMMATIK

Ergänzen Sie die Tabelle.

Das fällt mir schwer:	Ich lese ...	Ich lerne mit ...
der schwierig_e_ Text	den lang_____ Text.	dem sympathisch_____ Schüler.
das kompliziert_____ Spiel	das neu_____ Buch.	dem gut_____ Lehrwerk.
die neu_____ Grammatik	die schwer_____ Übung.	der nett_____ Nachbarin.
die lang_____ Übungen	die neu_____ Wörter.	den lustig_____ Kollegen.

AB 5

LEKTION 1

zu Lesen, KB 6, Aufgabe 5

13 Gespräche im Unterricht

GRAMMATIK

Ergänzen Sie.

1 Sind das d<u>ie</u> neu<u>en</u> Wörter, die wir lernen müssen?
2 Ich habe Probleme mit d_____ kompliziert_____ Satz auf Seite 3.
3 Ich lerne gern mit d_____ neu_____ Buch.
4 Hast du schon d_____ neu_____ Kursleiterin kennengelernt?
5 Lernen Sie bitte d_____ wichtig_____ Redemittel auswendig.
6 Wie findest du d_____ jung_____ Lehrer?
7 D_____ lang_____ Texte zu lesen, fällt mir schwer.
8 Was sollen wir für d_____ geplant_____ Exkursion morgen mitbringen?
9 Wir haben d_____ alt_____ Kursraum renoviert. Jetzt ist er viel schöner.
10 Mein Tipp: Wiederhole d_____ schwierig_____ Wörter jede Woche, dann kannst du sie bald!

zu Lesen, KB 6, Aufgabe 5

14 Lernerporträts

GRAMMATIK

a Was möchten die Lerner im Unterricht machen? Ergänzen Sie.

> deutsche • deutschsprachigen • einsprachiges • englischen • gute • kommunikative • kleine • kreativer • kurze • ~~kurze~~ • langen • langweiligen • tolles • zweisprachigen

1 Ich lese gern. Allerdings mag ich nur <u>kurze</u> Texte, keine _____ Textpassagen – die finde ich einfach noch zu schwer. Ich kann noch nicht so viele Wörter, deshalb benutze ich ein _____ Wörterbuch. Das finde ich super: Man lernt damit mehr als mit einem _____ Wörterbuch.

2 Meine Freizeit verbringe ich normalerweise viel mit meinen _____ Freunden. Die _____ Sprache brauche ich im Job: Ich telefoniere sehr viel und ich bin oft auf Messen. Für mich also bitte keine _____ Grammatikübungen, sondern _____ Aufgaben!

3 Ich nutze am liebsten unterschiedliche Medien zum Lernen, deshalb interessiere ich mich für Musik und Filme aus den _____ Ländern. Ich finde, es ist ein _____ Gefühl, wenn man einen Film im Original ohne Untertitel versteht! Das macht den Unterricht spannend und ist außerdem eine wirklich _____ Übung!

4 Für mich ist es wichtig, das Schreiben zu üben. Ich habe angefangen, _____ Gedichte auf Deutsch zu schreiben. Natürlich mache ich dabei immer mal wieder _____ Fehler. Aber das finde ich nicht schlimm: Ich bin ein _____ Mensch und aus Fehlern kann man lernen!

3 ◀)) 1 b Hören Sie und vergleichen Sie.

LEKTION 1

zu Lesen, KB 6, Aufgabe 5

15 Immer online

GRAMMATIK

1 Frank ist immer online. Er liest jeden Tag die aktuell__en__ Nachrichten.
2 Er hat bei Facebook einen groß_____ Freundeskreis und schon fast 1 000 international_____ Freunde.
3 Oft chattet er im Internet mit mindestens fünf verschieden_____ Freunden gleichzeitig.
4 Er führt stundenlang_____ Gespräche per Skype.
5 Frank möchte per Internet ein_____ neu_____ Partnerin kennenlernen. Aber er hat noch nicht die richtig_____ gefunden.
6 Pro Tag schreibt er circa 20 lang_____ Nachrichten auf seinem Smartphone.

zu Lesen, KB 6, Aufgabe 5

16 Adjektivdeklination ohne Artikel

GRAMMATIK ENTDECKEN

a Lesen Sie die Anzeigen und markieren Sie die Nomen mit Adjektiven in drei Farben: Nominativ, Akkusativ und Dativ.

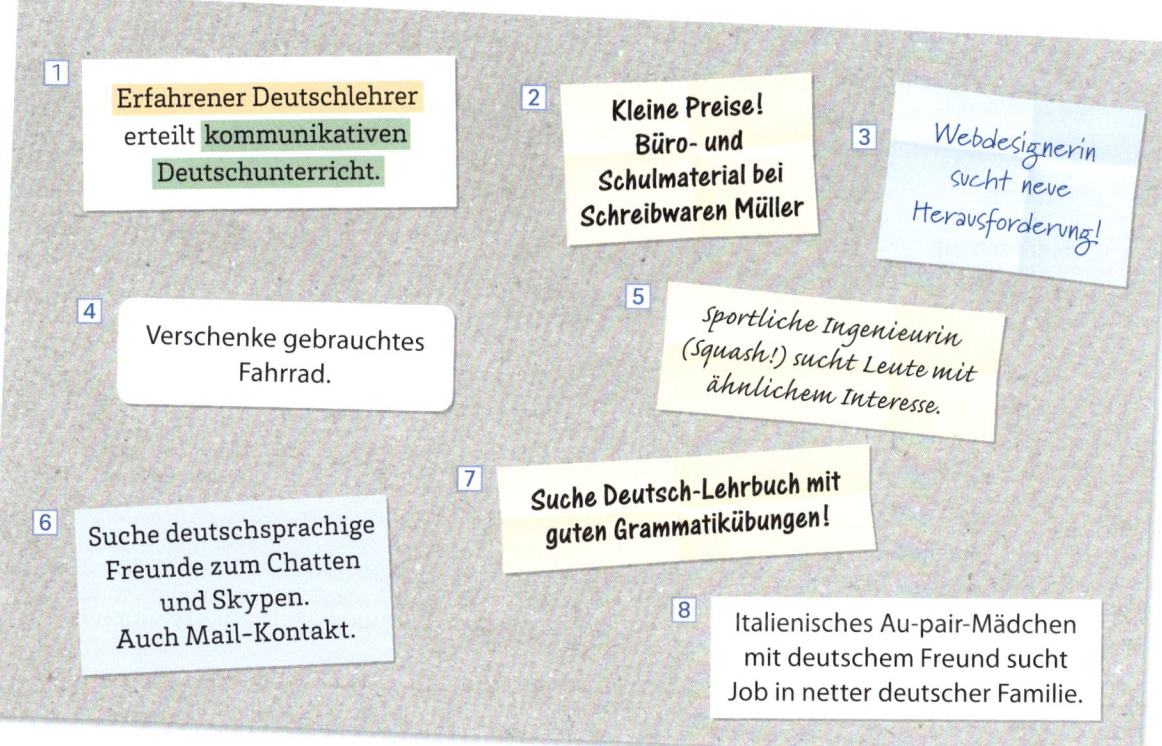

1 Erfahrener Deutschlehrer erteilt kommunikativen Deutschunterricht.

2 Kleine Preise! Büro- und Schulmaterial bei Schreibwaren Müller

3 Webdesignerin sucht neve Herausforderung!

4 Verschenke gebrauchtes Fahrrad.

5 Sportliche Ingenieurin (Squash!) sucht Leute mit ähnlichem Interesse.

6 Suche deutschsprachige Freunde zum Chatten und Skypen. Auch Mail-Kontakt.

7 Suche Deutsch-Lehrbuch mit guten Grammatikübungen!

8 Italienisches Au-pair-Mädchen mit deutschem Freund sucht Job in netter deutscher Familie.

b Ergänzen Sie die Tabelle.

	Nominativ	Akkusativ	Dativ
maskulin			deutschem Freund
neutral			
feminin			
Plural		deutschsprachige Freunde	

AB 7

LEKTION 1

zu Lesen, KB 6, Aufgabe 5

17 Adjektivdeklination   GRAMMATIK

Ergänzen Sie.

1. Sympathisch_____ Deutschlehrerin erteilt interessant_en_ und abwechslungsreich_____ Deutschunterricht.

2. Langweiliger Job? Interessant_____ Aufgaben für kreativ_____ Menschen bei Werbung4you.com!

3. Wer übt mit mir Deutsch? Lustig_____ Iraker sucht deutsch_____ Freunde.

4. Effizient_____ Bewerbungstraining gesucht!

5. Aussprache korrigieren? Mit unserer neu_____ Methode gelangen Sie über Nacht zu schnell_____ Erfolg!

6. Aktiv_____, unternehmungslustig_____ Koch aus Eritrea sucht nett_____ Tandempartner zum Sprechen (Deutsch und Englisch).

7. Gebraucht_____ Lehrwerk zu verschenken.

zu Lesen, KB 6, Aufgabe 5

18 Lerntipps   GRAMMATIK

Ergänzen Sie.

Alles, was Spaß macht!

- Schreiben Sie ein außergewöhnlich_es_ Erlebnis auf. Kleben Sie ein schön_____ Bild dazu.
- Schreiben Sie mal wieder eine nett_____ Postkarte an einen lieb_____ Freund oder eine lieb_____ Freundin.
5 - Machen Sie einer sympathisch_____ Person jeden Tag ein nett_____ Kompliment.
- Mögen Sie deutschsprachig_____ Musik? Dann singen Sie doch bekannt_____ Lieder unter der Dusche oder beim Fahrradfahren!
- Erzählen Sie mal einen lustig_____ Witz auf Deutsch!
- Sammeln Sie deutsch_____ Sprichwörter. Suchen Sie ähnlich_____ in Ihrer Sprache.

10 ### Lernen mit Fantasie!

- Suchen Sie Wörter, die sich reimen, z. B. schön – Föhn. Schreiben Sie ein klein_____ Gedicht. Lernen Sie das Gedicht auswendig und tragen Sie es vor.
- Suchen Sie in lang_____ Wörtern so viele Wörter wie möglich und bilden Sie neu_____ Wörter aus den Buchstaben.
15 Beispiel: Sp<u>rach</u>unterricht: *Ach! – ich – reich – nicht – Teich – auch – spricht – Schach – Rache – ...*
- Spielen Sie mit Wörtern! Bilden Sie mit neu_____ Wörtern klein_____ Sätze oder denken Sie sich ungewöhnlich_____ Geschichten aus.
20 - Hängen Sie schwierig_____ Wörter im Zimmer auf! Schmücken Sie Ihren alt_____ Spiegel oder das langweilig_____ Bad mit Zetteln, auf die Sie Wörter geschrieben haben, die Sie immer wieder vergessen.

LEKTION 1

zu Lesen, KB 6, Lerntipp

19 Nomen-Verb-Verbindung   WORTSCHATZ

Ordnen Sie zu.

1 eine wichtige Rolle — nachschlagen
2 einen guten Eindruck — spielen
3 eine interessante Frage   haben
4 ein neues Wort   machen
5 beruflichen Erfolg   präsentieren
6 ein Ergebnis   stellen

zu Wortschatz, KB 7, Aufgabe 3

20 Ein einsprachiges Wörterbuch benutzen   GRAMMATIK

Ordnen Sie die Wörter aus dem folgenden Satz den grammatischen Begriffen zu.

Mein Lehrer hat gesagt, wir sollen neue Wörter oft wiederholen.

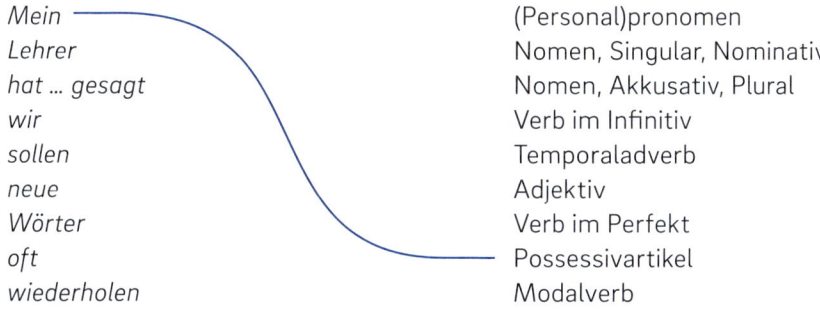

Mein — (Personal)pronomen
Lehrer   Nomen, Singular, Nominativ
hat ... gesagt   Nomen, Akkusativ, Plural
wir   Verb im Infinitiv
sollen   Temporaladverb
neue   Adjektiv
Wörter   Verb im Perfekt
oft — Possessivartikel
wiederholen   Modalverb

21 Deutschlernen   MEIN DOSSIER

Schreiben Sie zu folgenden Punkten:

MEIN PORTRÄT

Name: _____
Land: _____
Beruf: _____
Ich lerne Deutsch, weil _____
Das fällt mir schwer: _____
Das kann ich gut: _____
Das mache ich gern / Das macht mir Spaß: _____
Mein größter Wunsch / Mein Ziel: _____
Mein deutsches Lieblingswort ist: _____
An einem normalen Tag spreche ich das erste Mal Deutsch mit

LEKTION 1

AUSSPRACHE: *e* und *er* am Wortende

1 Ergänzen Sie. Hören Sie dann und sprechen Sie nach.

So macht Deutschlernen Spaß!

Ein gemütlich_____ Raum.
Eine sympathisch_____ Lehrerin.
Ein sympathisch_____ Lehrer.
Viele neu_____ Wörter.
Klar_____ Grammatiktabellen.
Hilfreich_____ Grammatikregeln.
Interessant_____ Texte.
Eine schön_____ Schule.

Nett_____ Teilnehmer.
Lustig_____ Spiele.
Aktuell_____ DVDs.
Modern_____ Lieder.
Abwechslungsreich_____ Übungen.
Interessant_____ Lernstoff.
Ein klar_____ Lehrplan.
Einfach ein gut_____ Unterricht!

2 Welches Wort hören Sie? Markieren Sie.

1. ☐ Lehre ☐ Lehrer
2. ☐ Spiele ☐ Spieler
3. ☐ schöne ☐ schöner
4. ☐ schwere ☐ schwerer
5. ☐ Rolle ☐ Roller
6. ☐ Suppe ☐ super

7. ☐ keine ☐ keiner
8. ☐ Worte ☐ Wörter
9. ☐ Katze ☐ Kater
10. ☐ Schule ☐ Schüler
11. ☐ Liebe ☐ lieber
12. ☐ Spitze ☐ Spitzer

3 Partnerdiktat

a Schreiben Sie einen Text für Ihre Lernpartnerin / Ihren Lernpartner.

Ein schöner Sommer!
warme Luft
ein blauer See
grüne Wiesen
…

Ein tolles Wochenende!
gutes Gefühl
…

Eine neue Wohnung!
viele Vorteile
…

Ein interessanter Job!
nette Kollegen
…

b Diktieren Sie den Text Ihrer Lernpartnerin / Ihrem Lernpartner.

LEKTION 1 LERNWORTSCHATZ

EINSTIEGSSEITE, KB 1

der Interviewer, –
die Lösung, -en
die Person, -en

zweimal

SPRECHEN, KB 2

die Ausbildung, -en
die Fremdsprache, -n
das Gespräch, -e
die Herausforderung, -en
die Messe, -n
die Muttersprache, -n
der Witz, -e

darstellen
erzählen
sammeln

höflich
sozial

HÖREN, KB 3

das Handy, -s
das Interview, -s
die Nachricht, -en
die Reihenfolge, -n
das Thema, die Themen

chatten
checken
markieren
skypen
twittern

online sein

täglich

häufig
selten

LESEN, KB 4–6

der Alltag (Sg.)
der Artikel, – (Wortart)
der Ausdruck, ¨e
die Aussprache (Sg.)
der Erfolg, -e
das Ergebnis, -se
der Fehler, –
das Gefühl, -e
die Kommunikation, -en
der Kursleiter, –
die Kursleiterin, -nen
der Laut, -e
der (Lern)typ, -en
die Liste, -n
das Material, -ien
das Original, -e
das Redemittel, –
die Regel, -n
die Rolle, -n
das Symbol, -e
das System, -e
die Tabelle, -n
das Training, -s
die Übung, -en

anfangen, fing an,
   hat angefangen
erkennen, erkannte, hat erkannt
gehören zu (+ Dat.)
korrigieren
passen
präsentieren
schwerfallen, fiel schwer,
   ist schwergefallen
es fällt (mir) schwer
verbringen, verbrachte,
   hat verbracht
verbessern
wiederholen

eine Rolle spielen

aktiv
aktuell
deutschsprachig
durchschnittlich
korrekt
kreativ
am liebsten
notwendig
nützlich
regelmäßig
spannend
unterschiedlich
wichtig

daher
normalerweise

allerdings

WORTSCHATZ, KB 7

der Satz, ¨e
der Vorteil, -e
das Wörterbuch, ¨er
der Zweck, -e

(sich) ansehen, sah an,
   hat angesehen
nachschlagen, schlug nach,
   hat nachgeschlagen

geeignet sein

SEHEN UND HÖREN, KB 8–9

der Teilnehmer, –
die Teilnehmerin, -nen
das Ziel, -e

berichten
(sich) überlegen
vergleichen, verglich,
   hat verglichen

nun

hauptsächlich

Nomen mit der Angabe (Sg.) verwendet man (meist) nur im Singular.
Nomen mit der Angabe (Pl.) verwendet man (meist) nur im Plural.

LEKTIONSTEST 1

1 Wortschatz

Ergänzen Sie die Nomen.

1 Für die Kommunikation spielt die Aussprache eine wichtige R_____.
2 Ich möchte deutsche Filme im O_____ verstehen, ohne Untertitel.
3 Die Prüfung war nicht so schwer. Ich bin mir sicher, dass das E_____ von meinem Test gut ist.
4 Mein Tipp für das Deutschlernen: Lerne die Nomen immer zusammen mit ihrem A_____. Das hilft später sehr!
5 Grammatikübungen fallen mir schwer – sie sind für mich eine große H_____.
6 Ich benutze immer ein einsprachiges W_____, wenn ich ein Wort nicht verstehe.
7 Es fällt mir schwer, deutsche Wörter auszusprechen. Deshalb mache ich immer viele Übungen zum Ausspracht_____.
8 Ich mache mir eine L_____ der unregelmäßigen Verben und lerne sie auswendig.

Je 1 Punkt   Ich habe _____ von 8 möglichen Punkten erreicht.

2 Grammatik

a Was ist richtig? Markieren Sie.

Den letzten Brief habe ich vor fünf Jahren geschrieben. Ich schreibe sehr *selten / oft* (1) Briefe, eigentlich fast nie. Ich gehe *immer / nie* (2) ohne mein Handy aus dem Haus. Das brauche ich unbedingt. Ich habe keine Zeitung mehr, sondern informiere mich *immer / nie* (3) online. Ich schreibe fast nur Nachrichten, aber *mehrmals / manchmal* (4) auch E-Mails.

Je 1 Punkt   Ich habe _____ von 4 möglichen Punkten erreicht.

b Ergänzen Sie die Endungen.

1 Ich lerne Deutsch mit einem interessant____ Buch, in einer schön____ Schule und in einem ruhig____ Raum.
2 Wir haben das alt____ Klassenzimmer renoviert. Jetzt ist es viel schöner.
3 Sind das die neu____ Wörter, die wir lernen müssen?
4 Ich habe Probleme mit der schwierig____ Grammatik in Lektion 5.
5 Ich möchte deutsch____ Bands hören und ihre Liedtexte verstehen.
6 Frank möchte per Internet eine attraktiv____ Partnerin kennenlernen. Aber er hat noch nicht die richtig____ gefunden.
7 Erfahren____ Deutschlehrer erteilt kommunikativ____ Deutschunterricht mit modern____ Methode.
8 Ich lerne die neu____ Ausdrücke immer gleich auswendig. Das hilft mir.
9 In meinem Job telefoniere ich viel. Ich brauche Deutsch also für meinen beruflich____ Alltag.

Je 1 Punkt   Ich habe _____ von 14 möglichen Punkten erreicht.

3 Kommunikation

Ordnen Sie zu.

1 Also, ich brauche Deutsch   Hören und Sprechen am wichtigsten.
2 Ich arbeite in einem Restaurant und habe viel   viel schriftlich kommunizieren.
3 Für mich sind also   mit deutschen Gästen zu tun.
4 Aber ich muss natürlich auch   für meinen Beruf.

Je 1 Punkt   Ich habe _____ von 4 möglichen Punkten erreicht.

Auswertung:

Ich habe _____ von 30 möglichen Punkten erreicht.

☺	😐	☹
30–24	23–18	17–0

LEKTION 2 FEIERN

WIEDERHOLUNG WORTSCHATZ

1 Rund ums Fest!

a Wie heißen diese Feste? Schreiben Sie.

1 Hochzeit   2 _____   3 _____   4 _____

b Welche Wünsche passen? Ordnen Sie sie den Bildern aus a zu. Schreiben Sie.

1 Alles Gute! _____   3 _____
2 _____   4 _____

2 Wörterschlange zum Thema Feste

Bilden Sie eine Wörterschlange.
Das neue Wort beginnt immer mit dem letzten
Buchstaben des vorhergehenden Wortes.

Feier – Restaurant – tanzen – N...

zu Hören, KB 12, Aufgabe 1

3 Pünktlichkeit in der Arbeitswelt   WORTSCHATZ

Ergänzen Sie je einen Begriff der Gegensatzpaare in der richtigen Form.

> höflich / unhöflich • sich verspäten / rechtzeitig kommen •
> die Begrüßung, -en / die Verabschiedung • formell / informell • kritisieren / loben

1 Zu einem Fortbildungskurs in der Firma sollten Sie unbedingt pünktlich sein, weil das sonst _____ (1) ist. Man lässt seine Kollegen und die Kursleitung nicht warten.

2 Wenn Sie zum verabredeten Mittagessen mit Kollegen ein paar Minuten zu spät kommen, ist das kein Problem. So ein Essen ist in der Regel _____ (2). Bei der _____ (3) erwähnen Sie vielleicht kurz, warum Sie zu spät kommen.

3 Bei einer Besprechung mit Ihrem Chef sollten Sie _____ hingegen nicht _____ (4). Kommen Sie mehr als fünf Minuten zu spät, müssen Sie damit rechnen, dass Sie dafür _____ (5) werden.

AB 13

LEKTION 2

zu Hören, KB 12, Aufgabe 2

4 Eine Einladung bei einem Arbeitskollegen   GRAMMATIK ENTDECKEN

a Hören Sie die Sätze und ergänzen Sie.

ohne Modalpartikeln

1 Beeil dich ein bisschen.
2 Haben Sie den Weg zu uns leicht gefunden?
3 Kennen Sie sich?
4 Ihre Wohnung ist toll!
5 Ich weiß nicht, was du immer hast. Dein Chef ist ganz nett.

mit Modalpartikeln

1 Beeil dich __mal__ ein bisschen.
2 Haben Sie den Weg zu uns _____ leicht gefunden?
3 Kennen Sie sich _____?
4 Ihre Wohnung ist _____ toll!
5 Ich weiß nicht, was du immer hast. Dein Chef ist _____ ganz nett.

b Hören Sie die Sätze mit Modalpartikeln noch einmal und sprechen Sie nach.

c Was drücken die Sätze mit Modalpartikeln in a aus? Ordnen Sie zu. Hören Sie dann noch einmal.

	Satz
Interesse	3
Überraschung	☐
Aufforderung/Bitte	☐
Gegensatz	☐
Interesse	☐

zu Hören, KB 12, Aufgabe 2

5 Einladung   GRAMMATIK

a Ergänzen Sie die Modalpartikeln.

> doch • ja • denn • denn • ~~eigentlich~~ • doch • eigentlich

● Sind wir hier __eigentlich__ (1) richtig?
■ Ja, da steht's _____ (2): Basti und Benni Krämer.
● Wie lange dauert das _____ (3), bis hier jemand aufmacht?
■ Wann soll die Party _____ (4) anfangen?
● In der Einladung auf Facebook hieß es: Ab 20 Uhr. Ich bin mir aber jetzt nicht sicher.
■ 20 Uhr? Dann wären wir _____ (5) genau pünktlich.
● Es ist aber noch so ruhig. Wen haben die _____ (6) alles eingeladen?
■ Alle ihre Freunde, glaube ich.
● Oh je, ich glaube, wir sind die ersten.
■ Aber das ist _____ (7) super! Dann bekommen wir mehr zu essen ...

b Hören Sie das Gespräch und kontrollieren Sie.

LEKTION 2

zu Wussten Sie schon?, KB 12

6 Gute Ratschläge LANDESKUNDE / LESEN

Lesen Sie den Text und die Aufgaben 1 bis 4. Was passt? Markieren Sie.

1 Zu einer Einladung zum warmen Essen sollte der Gast …
- a maximal 15 Minuten zu spät kommen.
- b eine Stunde später kommen.
- c 15 Minuten zu früh kommen.

2 Welches Gastgeschenk ist nicht so üblich?
- a ein alkoholisches Getränk
- b rote Rosen
- c etwas Süßes

3 Gastgeber …
- a dürfen die Gäste ruhig ein wenig warten lassen.
- b sollten die Gäste mitarbeiten lassen.
- c müssen mit den Vorbereitungen früh genug beginnen.

4 Small Talk. Welches Thema sollte man lieber nicht ansprechen?
- a Gehalt
- b Berufstätigkeit
- c Familie

Kurz-Ratgeber für Gäste

Sie sind zum ersten Mal bei Ihrem Chef zum Abendessen eingeladen? Oder zu einem ersten Kennenlernen bei den Eltern Ihrer Freundin / Ihres Freundes? Sie wissen nicht, was Sie beachten müssen? Sie haben keine Zeit, Freunde zu fragen? Kein Grund zur Panik! Wir
5 helfen Ihnen, damit Sie alles richtig machen.
Zunächst einmal: Zu einer Party dürfen Sie ruhig mal eine Stunde später kommen. Gern auch zwei, wenn Sie zu Hause noch an Ihrem Outfit feilen wollen. Aber eine Einladung zu einem warmen Abendessen sollten Sie nicht auf die leichte Schulter nehmen. Wenn Sie sich öfter mal verspäten, dann stellen Sie sich Ihre Uhr einfach 15 Minuten vor, damit Sie auch
10 garantiert zur richtigen Zeit kommen. Wenn Sie eine Viertelstunde später eintreffen, nimmt Ihnen das auch niemand übel, aber denken Sie daran: Ihre Gastgeber versuchen, das Essen pünktlich bereitzuhalten. Oder essen Sie gern kalte Suppe?
Zeigen Sie, dass Sie sich über die Einladung freuen, indem Sie den Gastgebern eine Kleinigkeit mitbringen. Das muss nicht unbedingt eine teure Flasche Rotwein sein.
15 Vielleicht greifen Sie zu einer Schachtel Pralinen oder schenken der Gastgeberin ein paar hübsche Blumen. Sie wird sich bestimmt darüber freuen. Seien Sie jedoch vorsichtig bei der Wahl der Blumen! Rote Rosen sollten Sie wirklich nur in Ausnahmefällen wählen, denn die sprechen eine ganz eigene Sprache …
Übrigens, nicht nur für den Gast, sondern auch für den Gastgeber gelten bestimmte Regeln.
20 Ein guter Gastgeber hat seinen Zeitplan im Griff. Pünktliche Gäste sollte er nicht bestrafen, indem er sie bei den Vorbereitungen mithelfen lässt. Wenn Sie als Gast aber sehen, dass es doch noch etwas zu tun gibt, dann können Sie ruhig Ihre Hilfe anbieten. Vielleicht kommen Sie so schon beim Tischdecken mit dem Gastgeber ins Gespräch. Spätestens jedoch, wenn alle gemütlich am Tisch sitzen und miteinander plaudern, ist das Eis gebrochen. Sie haben
25 gewiss viel zu erzählen, also nur zu! Ihre Gastgeber und die anderen Gäste werden sicher gern etwas über Ihr Heimatland oder Ihre Familie erfahren. Und vielleicht interessiert es Sie ja auch, welche Hobbys Ihr Gegenüber hat oder was sie/er von Beruf ist. Neugier ist grundsätzlich erlaubt, aber übertreiben Sie es bitte nicht! Nicht jeder Deutsche wird Ihnen z. B. gern erzählen, was er verdient oder welche berufliche Position er hat.

LEKTION 2

zu Sprechen 1, KB 13, Aufgabe 2

7 Sich verabreden
WORTSCHATZ

3 ◉ 8 Ergänzen Sie in der richtigen Form. Hören Sie dann das Gespräch und kontrollieren Sie.

> anbieten • einladen • vorhaben • annehmen • ~~passen~~ • stören

- ■ Hallo, hier ist Anna.
- ● Hallo Anna, ich bin's, Peter.
- ■ Hi, Peter.
- ● Äh … _____ (1) ich dich gerade?
- ■ Nein, gar nicht.
- ● Wie war dein Wochenende?
- ■ Ganz gut. Und deins?
- ● Auch nicht schlecht. Also, warum ich dich anrufe: Nächste Woche feiere ich meinen Geburtstag und da wollte ich dich _____ (2). Hättest du Lust zu kommen?
- ■ Klingt toll. Die Einladung _____ sehr gern _____ (3). Wann und wo ist das denn?
- ● Am Samstagabend bei mir.
- ■ Das _passt_ (4) prima. Samstag _____ ich noch nichts _____ (5). Um wie viel Uhr?
- ● So gegen 8.
- ■ Aha. Also, ich komme wahrscheinlich etwas später, so gegen neun. Ist das okay?
- ● Gar kein Problem. Wir feiern die ganze Nacht.
- ■ Soll ich noch was mitbringen … zu essen oder so?
- ● Wie nett, dass du das _____ (7)! Sehr gern. Es wäre toll, wenn du einen Salat machen könntest.
- ■ Okay, gern. Alles klar!
- ● Bis Samstag dann! Ich freu mich!
- ■ Ich mich auch. Also, vielen Dank für die Einladung und bis dann! Ciao!
- ● Tschüss!

zu Lesen, KB 15, Aufgabe 3

8 Schriftliche Einladungen
KOMMUNIKATION

Ordnen Sie zu.

1 *Zu … laden wir Dich / Euch herzlich ein.*
2 *Wer kann für Getränke sorgen?*
3 *Treffpunkt ist am … um … am Hauptbahnhof.*
4 *Wir bitten Euch, uns bis nächste Woche mitzuteilen, ob Ihr kommen könnt.*
5 *Wir hoffen auf zahlreiche Teilnahme.*

Ort und Zeitpunkt für ein Treffen nennen
den Grund für das Schreiben nennen
um Hilfe bitten
zum Kommen auffordern
um eine Bestätigung bitten

WIEDERHOLUNG GRAMMATIK

zu Lesen, KB 15, Aufgabe 3

9 Eine unglaubliche Geschichte

Ergänzen Sie in dem Telefongespräch die Reflexivpronomen.

… Und dann habe ich am Mittwoch zufällig Amaniel auf der Straße wiedergesehen. Unglaublich! Nach so langer Zeit!

Er hat _sich_ (1) gleich mit mir verabredet. Und gestern waren wir dann in einem Café. Wir haben _____ (2) lange über die alten Zeiten unterhalten. Und ich habe _____ (3) noch genauso gut mit ihm verstanden wie früher. So ein netter Typ! Stell dir vor, am Wochenende will er _____ (4) schon wieder mit mir treffen.

LEKTION 2

Er will eine Wanderung in den Bergen mit mir machen. Und ich freue _____ (5) schon sehr darauf. Er meint, seine Ex-Freundin hat _____ (6) immer über solche Ausflüge beschwert. Also, das würde ich nie! Ich glaube fast, er hat _____ (7) ein bisschen in mich verliebt. Als wir _____ (8) gestern voneinander verabschiedet haben, hat er mir ganz lange in die Augen geschaut. Echt schön! Und das, wo ich _____ (9) noch letzte Woche so sehr mit Faris gestritten hatte. Erinnerst du _____ (10) noch an Faris? Ihr habt _____ (11) doch auch einmal so über ihn geärgert, damals als ...

---

zu Lesen, KB 15, Aufgabe 3

10 Verben mit Präposition
GRAMMATIK ENTDECKEN

a Markieren Sie in den Texten die Verben mit Präposition.

Liebe Frau Gurian,

herzlichen Dank, dass Sie mich zu Ihrer Abschiedsfeier eingeladen haben. Leider habe ich an dem Tag einen Termin außer Haus und kann nicht daran teilnehmen und mich von Ihnen persönlich verabschieden. Ich möchte Ihnen daher auf diesem Weg ganz herzlich zu der neuen Stelle gratulieren und mich für alles bedanken, was Sie für Ihre Abteilung getan haben. Für die neue Aufgabe wünsche ich Ihnen viel Erfolg!
Ich hoffe auf ein baldiges Wiedersehen und würde mich über eine Nachricht von Ihnen freuen.

Herzliche Grüße
Arnold Seifert, Personalchef Hauber AG

PS: Sie fragen nach Ihrem Zeugnis. Das schicke ich an Ihre private Adresse!

Liebe Anna, hast Du eigentlich schon an Georg und Barbara geschrieben? Sie haben ja schon im April die Einladung zu ihrer Hochzeit an uns verschickt und um eine Antwort bis Juni gebeten. Und jetzt höre ich, dass Du Dich noch nicht gemeldet hast. Sie warten auf Deine Zusage!
Du musst unbedingt auch kommen!
Ich freue mich auf Dich! ☺
Giorgos

Hey Leute! Unsere Strandparty ist schon nächste Woche! Wir beschäftigen uns schon seit Tagen mit nichts anderem mehr ;).
Noch mal zur Erinnerung: Wir sorgen für die Getränke, Ihr müsst Euch aber um das Essen kümmern. Wenn Ihr Fragen habt, dann meldet Euch bei uns!
Metin und Mira

b Ergänzen Sie die Präpositionen und den Kasus (Akkusativ/Dativ).

(ver)schicken an • sich freuen _____ •
sich freuen _____ • sich bedanken _____ •
warten _____ • sorgen _____ •
bitten _____ • hoffen _____ •
schreiben _____ • sich kümmern _____

an • auf • für • über • um + _____

sich beschäftigen _____ • fragen _____ •
sich melden _____ • teilnehmen _____ •
einladen zu • gratulieren _____ •
sich verabschieden _____

an • bei • mit • nach • von • zu + _____

AB 17

LEKTION 2

zu Lesen, KB 15, Aufgabe 3

11 Akkusativ oder Dativ?   GRAMMATIK

Ergänzen Sie die Endungen, wo nötig, und markieren Sie.

	Akkusativ	Dativ
1 Ich habe die E-Mail an dein___ alte Adresse geschickt.	X	☐
2 Würdet Ihr gern mal an ein___ Ausflug teilnehmen?	☐	☐
3 Ich möchte mich für dies___ tolle Party bedanken.	☐	☐
4 Nächste Woche beschäftigen wir uns endlich mit unser___ Urlaubsplanung, o.k.?	☐	☐
5 Benni hat sich wirklich total über unser___ Geschenk gefreut.	☐	☐
6 Ich suche nach mein___ Einladung. Hast du sie gesehen?	☐	☐
7 Du brauchst nichts zu trinken mitzubringen. Nico sorgt für d___ Wein.	☐	☐

zu Lesen, KB 15, Aufgabe 3

12 Verben mit Präposition: Fragen und Antworten   GRAMMATIK ENTDECKEN

a Was passt? Markieren Sie.

1 ● Wann lädt uns Claudia denn zu ihrer Abschiedsfeier ein?
  ■ *(Dazu)/ Zu ihr* hat sie uns doch schon letzte Woche eingeladen.

2 ● Warum hat sich Claudia eigentlich nicht von Herrn Schlotter verabschiedet?
  ■ *Davon / Von ihm* konnte sie sich gar nicht verabschieden, er war ja im Urlaub.

3 ● Weiß jeder, was er bei der Party zu tun hat? Sorgt Thomas eigentlich für die Getränke?
  ■ Ich glaube, *dafür / für sie* sorgt schon Annemarie.

4 ● Warum flüstert ihr? Sprecht ihr etwa über die neue Praktikantin?
  ■ Nein, *über sie / darüber* sprechen wir nicht. Aber hast du schon den neuen Informatiker gesehen? Stell dir vor, der …

5 ● Denkt Eva oft an ihren Freund in Venezuela?
  ■ Ja, ich glaube, sie denkt oft *daran / an ihn*. Aber nächste Woche kommt er ja wieder.

b Was passt? Markieren Sie.

| Personen | ☐ Wovon? / Davon. | ☐ Von wem? / Von mir/dir/ …. |
| Sachen | ☐ Wovon? / Davon. | ☐ Von wem? / Von mir/dir/ …. |

c Ergänzen Sie.

1 ● Wo*zu* lädt Claudia ein?
  ■ Zu ihrer Abschiedsfeier.
2 ● _____ wem verabschiedet sich Claudia?
  ■ Von ihrem Kollegen.
3 ● Wor_____ bittet Claudia ihre Kollegen?
  ■ Um Antwort.
4 ● _____ wen soll man seine Antwort schicken?
  ■ An Frau Meier.
5 ● Wor_____ freuen sich Robert und Janina?
  ■ Auf ihre Hochzeit.
6 ● _____ wem möchten sie feiern?
  ■ Mit Freunden und Verwandten.

d *Wo-* und *da-*: Wann braucht man ein *-r-*? Markieren Sie.

☐ durch ☐ für ☐ um ☐ an ☐ nach ☐ auf ☐ mit ☐ über ☐ von ☐ zu

LEKTION 2

zu Lesen, KB 15, Aufgabe 3

13 Fragen   GRAMMATIK

Ergänzen Sie die Fragewörter zu den Präpositionen.

~~von~~ • zu • an • von • mit • über

1 ◆ Carla, du bist ja ganz in Gedanken. _Von wem_ träumst du denn? Von deinem neuen Freund?
 ■ Ja. Und du, _____ träumst du? Von einer Reise um die Welt?

2 ■ _____ hast du dich denn gestern geärgert?
 ● Über das Gespräch mit meinem Chef.

3 ● Hast du schon gesehen? Frau Schmied hat Blumen im Büro und der Chef hat ihr gratuliert!
 ◆ _____ denn?
 ● Ich glaube zum 20-jährigen Betriebsjubiläum.

4 ● _____ warst du denn gestern Abend verabredet?
 ■ Mit Anna.

5 ◆ Schau mal, da drüben steht Thomas. Erinnerst du dich an ihn?
 ● _____?
 ◆ Na, an Thomas Reiter aus der Grundschule!

zu Wussten Sie schon?, KB 15

14 Stammtisch und Co.   LANDESKUNDE / HÖREN

3 ◀) 9–11 Wo trifft man sich zum Gespräch mit anderen? Hören Sie drei Interviews und markieren Sie.

Interview 1:

1 Die Person arbeitet in einem Kaffeehaus in Wien (Österreich).
 ☐ Richtig ☐ Falsch

2 Was macht sie am liebsten im Kaffeehaus?
 a Ihre Freunde treffen.
 b Menschen beobachten.
 c Sich mit Kollegen treffen.

Interview 2:

3 Die Person wohnt in Bayern (Deutschland).
 ☐ Richtig ☐ Falsch

4 Wen trifft er beim Stammtisch regelmäßig?
 a Lokalpolitiker.
 b Seine Freunde.
 c Seine Kollegen.

Interview 3:

5 Die Person leitet ein Unternehmen in Bern (Schweiz).
 ☐ Richtig ☐ Falsch

6 Wo trifft sie ihre Kollegen auf einen Apéro?
 a In einer Bar in der Stadtmitte.
 b In ihrem Wohnort, außerhalb der Stadt.
 c Am Bahnhof, bevor sie nach Hause fährt.

LEKTION 2

zu Schreiben, KB 16, Aufgabe 2

15 Eine Einladung ablehnen SCHREIBEN

a Lesen Sie die Einladung von Anne und Jonas. Was ist richtig? Markieren Sie.

1 Was feiern Anne und Jonas?
   a Renovierung ihrer Wohnung
   b Eröffnung ihrer Tanzbar
   c Einzug in ihre Wohnung

2 Die Gäste sollen …
   a helfen, Kisten auszupacken.
   b Kleinigkeiten in der Wohnung machen.
   c für Essen oder Getränke sorgen.

b Lesen Sie Bärbels Antwort. Was passt? Markieren Sie.

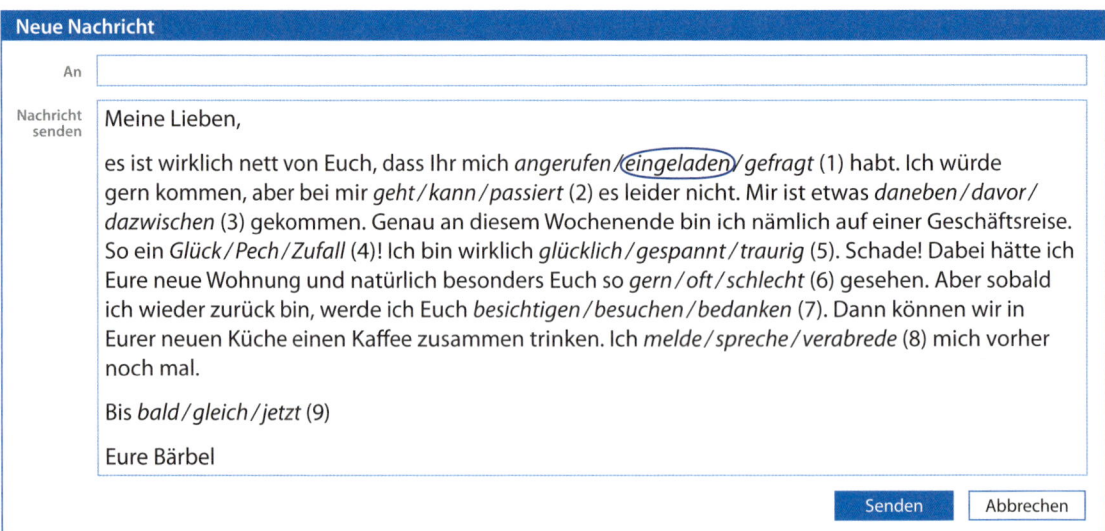

Neue Nachricht

An

Nachricht senden

Meine Lieben,

es ist wirklich nett von Euch, dass Ihr mich *angerufen / eingeladen / gefragt* (1) habt. Ich würde gern kommen, aber bei mir *geht / kann / passiert* (2) es leider nicht. Mir ist etwas *daneben / davor / dazwischen* (3) gekommen. Genau an diesem Wochenende bin ich nämlich auf einer Geschäftsreise. So ein *Glück / Pech / Zufall* (4)! Ich bin wirklich *glücklich / gespannt / traurig* (5). Schade! Dabei hätte ich Eure neue Wohnung und natürlich besonders Euch so *gern / oft / schlecht* (6) gesehen. Aber sobald ich wieder zurück bin, werde ich Euch *besichtigen / besuchen / bedanken* (7). Dann können wir in Eurer neuen Küche einen Kaffee zusammen trinken. Ich *melde / spreche / verabrede* (8) mich vorher noch mal.

Bis *bald / gleich / jetzt* (9)

Eure Bärbel

c Anne und Jonas haben Sie auch zur Party eingeladen, aber Sie haben leider keine Zeit.

Schreiben Sie an Anne und Jonas. Entschuldigen Sie sich und erklären Sie, warum Sie nicht kommen können. Schreiben Sie circa 40 Wörter. Denken Sie an die Anrede und die Grußformel am Schluss.

LEKTION 2

zu Schreiben, KB 16, Aufgabe 2

16 Kurz-Mitteilungen verstehen   LESEN

Nummerieren Sie: In welcher Mitteilung lesen Sie, dass der Verfasser ...

zu einem besonderen Geburtstag einlädt? 1
auf eine Entschuldigung reagiert? ☐
die Einladung annimmt? ☐
eine Unterkunft sucht? ☐
Probleme mit dem Verkehr hat? ☐
sich nach der Party bedankt? ☐
um Geschenke bittet. (aus Spaß!) ☐

1
Traurig aber wahr: Ich werde 30! Wer jammert mit? Kommt doch bitte am Samstag um 20 Uhr zu mir in die Schillerstraße 20. Für Essen, Getränke und gute Musik sorge ich. Ihr braucht nichts mitzubringen (außer wertvollen Geschenken!) *g*
Schreibt eine E-Mail an meine Büroadresse, damit ich weiß, ob Ihr kommt.
BD Klaus

2
Mensch, Klaus, nach sechs Jahren... schön, mal wieder von Dir zu hören. Mein Mann – Robert – und ich kommen gern! Wir sind sowieso unterwegs in den Sommerurlaub. Kommen praktisch bei Dir vorbei. Kannst Du für uns Zimmer oder Bett besorgen?
LG Julia

3 10 km Stau. Mist! Sry! Bitte nicht auf uns warten. HDL Julia

4 Kein Problem. Haben mit der Feier angefangen. bd K

5 Robert + ich bedanken uns für das super Fest. Toll, die alten Freunde zu sehen... Besuch uns bald in Berlin. Gute Idee? LG Julia

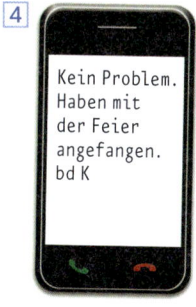

zu Wortschatz, KB 17, Aufgabe 1

17 Partyorganisation   WORTSCHATZ

Welches Wort passt am besten? Ordnen Sie zu.

1 Zu einer Abschlussfeier   _einladen_   (einladen) · gratulieren · tanzen
2 Einen runden Geburtstag _____   feiern · einladen · begrüßen
3 Eine schriftliche Einladung _____   ausleihen · mitteilen · verschicken
4 Sich für das Geschenk _____   bedanken · verschicken · kritisieren
5 Zum Geburtstag _____   begrüßen · gratulieren · verschicken
6 Eine Musikanlage _____   ausleihen · planen · verschicken
7 Etwas zu essen und zu trinken _____   mitbringen · sorgen · senden
8 Sich über eine Überraschung _____   organisieren · besorgen · freuen
9 Musik zum Tanzen _____   planen · verschicken · zusammenstellen

AB 21

LEKTION 2

zu Wortschatz, KB 17, Aufgabe 1

18 Partys, Feste, Feiern

WORTSCHATZ

Welches Wort passt? Ordnen Sie zu.

☐ Abschiedsfeier/-fest/-party ☐ Trauerfeier ☐ Grillparty/-fest
☐ Familienfeier/-fest ☐ Stadtfest ☐ Filmfest ☑ Weinfest

1 Bei diesem Fest steht ein besonderes alkoholisches Getränk im Mittelpunkt.
2 Bei diesem Fest feiern Bewohner von einem Ort zusammen, meistens im Zentrum oder auf einem schönen Platz.
3 Dazu zählen zum Beispiel Weihnachten oder Geburtstag.
4 Dieses Fest findet meistens im Garten statt. Es gibt Würstchen, Steaks und viele Salate.
5 Dieses Fest gibt es in manchen Städten einmal pro Jahr. Die Besucher gehen ins Kino und zu Veranstaltungen, auf denen sie Stars treffen können.
6 Auf diese Party kommen Freunde und Kollegen von einer Person, die bald weggeht. Sie wollen ihr auf Wiedersehen sagen.
7 Wenn jemand gestorben ist, gibt es eine ...

zu Wortschatz, KB 17, Aufgabe 2

19 Etwas höflicher, bitte!

KOMMUNIKATION

a Formulieren Sie höfliche Bitten.

> Könnten Sie bitte ...? / Könntest du bitte ...? • Dürfte ich Sie bitten, zu ...? / Dürfte ich dich bitten, zu ...? • Würden Sie bitte ...? / Würdest du bitte ...? • Wäre es möglich, dass Sie/du ...?

1 Jakob: Verschick die Einladungen. *Jakob, könntest du bitte die Einladungen verschicken?*

2 Erol: Organisier doch bitte eine Musikanlage. _____

3 Herr Kletschko: Dekorieren Sie den Raum. _____

4 Herr Gerber: Besorgen Sie die Getränke. _____

5 Frau Sander: Wählen Sie einen Sitzplatz. _____

6 Dana: Räum auf. _____

b Wählen Sie drei Bitten aus a und reagieren Sie.
Verwenden Sie die Redemittel aus dem Kursbuch (KB 17).

LEKTION 2

zu Sehen und Hören, KB 18, Aufgabe 1

20 Oktoberfest in München

LESEN

Welche Aussagen sind richtig (R), welche falsch (F)? Lesen Sie den Text und markieren Sie.

Das Oktoberfest findet einmal im Jahr auf der Theresienwiese statt. Es erinnert an das Hochzeitsfest von König Ludwig I. von Bayern mit Prinzessin Therese von Sachsen-Hildburghausen im Jahr 1810.
Das zweiwöchige Volksfest beginnt immer am Samstag nach dem 15. September: Das Ende des Festes ist der erste Sonntag im Oktober. Ist der 1. oder 2. Oktober ein Sonntag, geht das Fest bis zum „Tag der Deutschen Einheit" am 3. Oktober. Die Bierzelte sind täglich von 11 Uhr bis 23 Uhr geöffnet. Das Oktoberfest gilt als das größte Volksfest der Welt. Jährlich kommen circa sechs Millionen Besucher. Die Münchner Hotels sind in diesen Wochen ausgebucht. Für 120 000 Personen gibt es in den Bierzelten Sitzplätze. Jährlich arbeiten etwa 13 000 Personen auf der „Wiesn", davon sind 8 000 festangestellt. Der Bierkonsum erreicht Jahr für Jahr neue Rekorde, obwohl der Preis pro Maß Bier in jedem Jahr um ungefähr vier Prozent steigt. Während des letzten Oktoberfestes wurden rund 61 000 Hektoliter Bier getrunken. Nicht genau gezählt wurde, wie viele Brezeln und Herzen aus Lebkuchen gegessen und wie viele Fahrten in den zahlreichen Karussells gemacht wurden.

	R	F
1 Das größte Volksfest der Welt ist in der Schweiz.	☐	☒
2 Das Münchner Oktoberfest findet jährlich Ende September statt.	☐	☐
3 Es erinnert an die Hochzeit von König Ludwig I. und seiner Frau Magdalena.	☐	☐
4 Die Bierzelte sind 12 Stunden am Tag geöffnet.	☐	☐
5 Seit es das Oktoberfest gibt, waren sechs Millionen Besucher dort.	☐	☐
6 In den Bierzelten arbeiten 12 000 Personen als Kellner.	☐	☐
7 Es wird in den letzten Jahren weniger Bier getrunken.	☐	☐
8 Auf dem Oktoberfest gibt es viele bayrische Spezialitäten.	☐	☐

21 Erinnerung an ein Fest

MEIN DOSSIER

Wählen Sie ein privates Fest, zu dem Sie eingeladen waren. Zum Beispiel eine Hochzeit, ein Volksfest, eine Geburtstagsparty oder ein ähnliches Fest. Oder berichten Sie von einem Fest wie dem Oktoberfest. Kleben Sie ein Foto oder eine Einladung davon ein. Schreiben Sie ein paar Sätze dazu.

- Wo war das Fest?
- Wann waren Sie dort? Jahreszeit, Datum, Uhrzeit, …
- Was hatten die Gäste an? Und Sie?
- Was hat es zu essen und zu trinken gegeben?
- Wie ist das Fest abgelaufen?

Das interessanteste Fest, das ich in letzter Zeit miterlebt habe, war die Hochzeit eines Bekannten aus Usbekistan. Das Fest …

LEKTION 2

AUSSPRACHE: Die Vokale u – ü – i

1 Wortpaare u – ü

a Hören Sie einige Wortpaare. Ergänzen Sie das zweite Wort des Paares.

u – ü		ü – u	
jung	jünger	würde	
dumm		pünktlich	
kurz		Grüße	
durfte		Füße	
muss		wüsste	

b Sprechen Sie diese Paare reihum.

2 i oder ü?

a Welches Wort hören Sie? Markieren Sie.

1 ☐ für ☐ vier 6 ☐ Küche ☐ Kirche
2 ☐ Gefühl ☐ gefiel 7 ☐ küssen ☐ Kissen
3 ☐ Glück ☐ Klick 8 ☐ Tür ☐ Tier
4 ☐ Flüge ☐ Fliege 9 ☐ spülen ☐ spielen
5 ☐ lügen ☐ liegen 10 ☐ Küste ☐ Kiste

b Bilden Sie einen Satz mit möglichst vielen Wörtern aus a.
Schreiben Sie den Satz auf einen Zettel und geben Sie den Zettel weiter an Ihre Lernpartnerin / Ihren Lernpartner. Diese/Dieser liest den Satz laut vor.

3 Zungenbrecher

Hören Sie die Zungenbrecher erst langsam, dann immer schneller. Sprechen Sie dann nach.

1 *Weiße Borsten bürsten besser als schwarze Borsten bürsten.*

2 *Müller Lümmer frühstückt schüsselweise grünes Gemüse.*

3 *Gudruns Truthuhn tut gut ruhn, gut ruhn tut Gudruns Truthuhn!*

4 Selbstkontrolle

Hören Sie die folgenden Sätze. Sprechen Sie sie nach. Nehmen Sie sich auf und vergleichen Sie Ihre Aussprache mit der Aussprache auf der CD. Wo hören Sie Unterschiede?

- Viel Vergnügen!
- Hübsche Frisur!
- Was für eine Überraschung!
- Würden Sie mir bitte ein Stück Kuchen geben?

LEKTION 2 LERNWORTSCHATZ

EINSTIEGSSEITE, KB 11

die Feier, -n
der Kollege, -n

feiern

HÖREN, KB 12

die Begrüßung, -en

kritisieren
(sich) verspäten

formell / informell
pünktlich

eigentlich

SPRECHEN 1, KB 13

der Abschluss, ¨e
die Wahl, -en

ablehnen
anbieten, bot an, hat angeboten
annehmen, nahm an,
   hat angenommen
bitten um (+ Akk.), bat,
   hat gebeten
nennen, nannte, hat genannt
stören
vorhaben, hatte vor,
   hat vorgehabt

festlich
gemütlich

LESEN, KB 14–15

die Abteilung, -en
die Anrede, -n
der Assistent, -en
die Assistentin, -nen
der Ausflug, ¨e
der Betrieb, -e
die Hochzeit, -en
der Junggeselle, -n
die Junggesellin, -nen

die Kantine, -n
der Schritt, -e
die Überraschung, -en
der Wirt, -e
das Zelt, -e

sich bedanken für (+ Akk.)
sich bedanken bei (+ Dat.)
denken an (+ Akk.), dachte,
   hat gedacht
einladen zu (+ Dat.), lud ein,
   hat eingeladen
folgen
fragen nach (+ Dat.)
sich freuen auf (+ Akk.)
sich freuen über (+ Akk.)
gratulieren zu (+ Dat.)
helfen bei (+ Dat.), half,
   hat geholfen
hoffen auf (+ Akk.)
sich kümmern um (+ Akk.)
mitteilen
organisieren
planen
schicken an (+ Akk.)
schreiben an (+ Akk.), schrieb,
   hat geschrieben
senden an (+ Akk.)
sorgen für (+ Akk.)
suchen nach (+ Dat.)
(sich) verabschieden von (+ Dat.)
warten auf (+ Akk.)

besonderer / besonderes /
   besondere
gemeinsam
politisch
zahlreich

möglichst

SCHREIBEN, KB 16

die Abkürzung, -en
der Beitrag, ¨e
die Diskussion, -en

(sich) beschäftigen mit (+ Dat.)
klappen
(sich) melden bei (+ Dat.)
reagieren
sich verabreden mit (+ Dat.)

weg

WORTSCHATZ, KB 17

die Anlage, -n
die Bar, -s
die Tätigkeit, -en

ausleihen, lieh aus,
   hat ausgeliehen
aussuchen
begrüßen
verschicken
zusammenstellen

SEHEN UND HÖREN, KB 18

der Abschnitt, -e
die Brezel, -n
das Karussell, -s
der Lebkuchen, –
das Volk, ¨er
das Volksfest, -e
das Zeichen, –

anders

SPRECHEN 2, KB 19

die Daten (Pl.)
die Einzelheit, -en
die Erfahrung, -en
die Präsentation, -en
das Publikum (Sg.)
der Vortrag, ¨e

erleben
recherchieren

typisch

LEKTIONSTEST 2

1 Wortschatz

a Was ist richtig? Markieren Sie.

1 die Gäste *annehmen / verabschieden / gratulieren*
2 die Gästeliste *recherchieren / überlegen / zusammenstellen*
3 Geschenke *ausleihen / annehmen / melden*
4 eine Musikanlage *sorgen / besorgen / erleben*
5 besonderes Essen *anbieten / kritisieren / vorhaben*
6 einen Geburtstagsgruß *verschicken / gratulieren / nennen*

Je 1 Punkt   Ich habe _____ von 6 möglichen Punkten erreicht.

b Ordnen Sie zu.

1 Gäste zu einer _____ einladen
2 eine _____ annehmen oder ablehnen
3 sich für ein _____ bedanken
4 an die passende _____ denken
5 das _____ bestellen

Einladung • Musik • Feier • Essen • Geschenk

Je 1 Punkt   Ich habe _____ von 5 möglichen Punkten erreicht.

2 Grammatik

a Was ist richtig? Ergänzen Sie.

1 ● Sind wir hier _____ richtig? (eigentlich / mal)
2 ■ Ich glaube, ja. Hier steht es _____: Schustermann. (denn / doch)
3 ■ Wie viel Uhr ist es _____? (denn / doch) Schau bitte _____ auf die Uhr. (eigentlich / mal) Ich glaube, wir sind echt spät dran.
4 ● Naja, der Bus kam _____ so spät. (mal / ja) Normalerweise kommt der _____ um sieben nach acht. (doch / mal)
5 ■ Ach was, der war _____ ganz pünktlich. (denn / doch) Du hast _____ wieder ewig gebraucht. (eigentlich / mal)

Je 1 Punkt   Ich habe _____ von 8 möglichen Punkten erreicht.

b Ergänzen Sie die Präpositionen und Artikel / Endung.

1 Benni hat sich wirklich total _____ _____ Einladung gefreut.
2 Evi hat sich schon _____ _____ Geschenk bedankt.
3 Ich wollte dich _____ dein_____ Hilfe bitten.
4 Ich suche _____ mein_____ roten Schuhen. Hast du sie gesehen?
5 Ich warte _____ _____ Bus, er hat leider Verspätung.

Je 0,5 Punkte   Ich habe _____ von 5 möglichen Punkten erreicht.

3 Kommunikation

Formulieren Sie höflicher.

1 Frau Kosavic, schreiben Sie die Gästeliste.
2 Paul, organisier die Getränke.
3 Julia, stell die Musik für den Abend zusammen.
4 Ahmed, leih eine Musikanlage aus.
5 Herr Meier, verschicken Sie die Einladungen.
6 Ishmet, biete den Gästen etwas zu trinken an.

Je 1 Punkt   Ich habe _____ von 6 möglichen Punkten erreicht.

Auswertung:

Ich habe _____ von 30 möglichen Punkten erreicht.

☺	😐	☹
30–24	23–18	17–0

LEKTION 3 UNTERWEGS

WIEDERHOLUNG WORTSCHATZ

1 Reisen

a Finden Sie noch 17 Wörter rund ums Reisen. Markieren Sie.

H	D	G	E	P	A	E	C	K	E	W	F	Z	X	B
A	G	P	W	H	R	K	O	V	I	U	E	E	T	P
L	S	U	T	O	N	B	I	B	S	C	H	I	F	F
B	E	R	B	T	M	U	M	O	E	H	R	N	L	A
P	D	T	P	E	N	S	I	O	N	C	R	Z	U	E
E	E	J	H	L	E	G	A	T	B	O	A	E	G	H
N	T	O	U	R	I	S	T	I	A	T	D	L	Z	R
S	J	O	Q	A	M	R	K	E	H	K	H	Z	E	E
I	R	E	Z	E	P	T	I	O	N	L	R	I	U	S
O	F	O	T	O	A	P	P	A	R	A	T	M	G	T
N	X	Z	E	L	T	J	U	B	A	G	T	M	N	A
R	A	U	T	O	L	Z	M	K	O	F	F	E	R	I
I	G	G	P	I	P	A	S	S	N	V	E	R	R	J
Q	J	U	G	E	N	D	H	E	R	B	E	R	G	E

b Ordnen Sie die Begriffe aus a zu und ergänzen Sie weitere Wörter, die Sie kennen.

Hier kann ich übernachten:	
Damit verreise ich:	
Das gibt es im Hotel:	Tourist
Das nehme ich mit:	

zu Hören, KB 26, Aufgabe 2

2 Vermutungen mit *wohl, sicher, ...* GRAMMATIK

Antworten Sie auf die Fragen mit *wohl, sicher, wahrscheinlich, eventuell, vermutlich* oder *vielleicht*.

1 Was wollt ihr dieses Jahr im Urlaub machen? (Nordsee fahren)
   Dieses Jahr fahren wir wohl an die Nordsee.
2 Wo wollt ihr übernachten? (auf dem Campingplatz)

3 Habt ihr ein Zelt? (von Christian leihen)

4 Fährt noch jemand mit? (Paul und Lisa)

5 Schreibst du mir eine Postkarte? (keine Zeit haben)

zu Hören, KB 26, Aufgabe 2

3 Vermutungen mit *werden + wohl, sicher, ... + Infinitiv* GRAMMATIK

Was machen die Leute wohl? Was meinen Sie?
Ordnen Sie zu und schreiben Sie Vermutungen.

an einen See fahren • sich lange nicht sehen •
einen Ausflug in den Bergen machen • seine Freundin
vom Bahnhof abholen • ~~zum Surfen gehen~~

1 Er *wird wohl zum Surfen gehen.*
2 Die Familie _____
3 Sie _____
4 Die beiden _____
5 Er _____

AB 27

LEKTION 3

zu Wortschatz, KB 27, Aufgabe 2

4 Vorsilben

Ergänzen Sie die Vorsilben. Hören Sie dann und vergleichen Sie.

ab • an • an • auf • aus • ein • ein • ~~hin~~ • mit

Eine Reise nach Schweden

Letzten Sommer bin ich verreist und habe meinen Bruder in Schweden besucht. Ich wollte schon früher _hin_ fahren (1), aber eine Reise quer durch Europa ist leider nicht billig. Deshalb hatten wir uns seit drei Jahren nicht gesehen. Am Reisetag bin ich sehr früh _____ gestanden (2), denn ich wollte noch Schokolade für meine Nichte besorgen. Ich bringe immer etwas _____ (3), wenn ich jemanden besuche. Auf dem Weg zum Bahnhof habe ich noch ein paar Sachen _____ gekauft (4). Als ich am Bahnhof _____ gekommen (5) war, gab es eine technische Störung und der Zug konnte nicht _____ fahren (6). Typisch! Am Ende hatte der Zug zwei Stunden Verspätung und ich bin erst um Mitternacht _____ gekommen (7). Ich war 14 Stunden unterwegs! Deshalb war ich hundemüde und wollte nur noch ins Bett. Am nächsten Morgen habe ich die Geschenke _____ gepackt (8). Meine Nichte hat sich sehr über die Schokolade gefreut. Mein Bruder hat gefragt: „Und was hast du für mich?" Ich bin total erschrocken: Ich hatte vergessen, das Geschenk für ihn _____ zupacken (9)!

zu Wortschatz, KB 27, Aufgabe 2

5 *Fahren, gehen* oder *laufen*?

Ergänzen Sie die Verben *fahren, gehen* oder *laufen* in der richtigen Form. Manchmal passen auch mehrere Verben.

1 ● Hallo Deniz! Wie __läuft__ es denn bei dir in der Arbeit?
  ■ Es _____ so. Aber Ende des Jahres müssen leider fünf Mitarbeiter _____.
2 ● Ich _____ im Sommer für ein Jahr nach Wien. Vorher will ich aber noch einmal zu meinen Großeltern nach Skopje _____.
3 ◆ Wie alt ist denn die Tochter von Klara jetzt?
  ■ Lilli? Die ist gestern ein Jahr geworden und hat gerade _____ gelernt.
4 ● Kannst du mal schauen, wann der erste Zug morgens von Berlin nach Köln _____?
  ■ Tut mir leid, das _____ leider nicht. Mein Handy _____ gerade nicht.

zu Wortschatz, KB 27, Aufgabe 2

6 Rein – raus – runter ...

Ergänzen Sie.

1 Ach! Wie soll ich das alles noch _____ bringen?
2 Komm _____. Hier ist so eine tolle Aussicht.
3 Was für ein Wetter. Ich möchte gar nicht _____ gehen.
4 Komm _____! Es ist ganz einfach. Außerdem kannst du doch schwimmen.
5 Wie kommen wir jetzt wieder _____?

LEKTION 3

zu Lesen 1, KB 28, Aufgabe 2

7 Mobilität in Großstädten

LANDESKUNDE / LESEN

a Lesen Sie die Texte und ordnen Sie die Überschriften zu.

1 Schnell und flexibel mit dem Fahrrad durch die Stadt
2 Umweltbewusstsein nimmt zu
3 Öffentliche Verkehrsmittel machen es möglich
4 Mit dem Auto mobil

Mobilität in Großstädten

[3] In großen Städten, wie Wien, Berlin oder Zürich pendeln täglich viele Menschen zur Arbeit und benutzen die U-Bahn, den Bus, die Bahn oder die Tram (in der Schweiz: das Tram). Das geht schnell und man kann die Zeit für andere Dinge nutzen, z. B.
5 Zeitung lesen, Musik hören oder erste E-Mails bearbeiten. Deshalb ist das Netz an öffentlichen Verkehrsmitteln gut ausgebaut. Während in den großen Städten von Deutschland und Österreich die U-Bahn eine große Rolle spielt, fahren in Zürich die meisten Leute mit der Tram. Das Züricher
10 Trambahnnetz gilt als eines der besten europaweit.

[ ] Auch aus ökologischen Gründen lassen immer mehr Leute das Auto stehen und steigen auf öffentliche Verkehrsmittel um. Die Wiener beispielsweise legen immer mehr Wege mit Bus, U-Bahn, Bahn und Bim (umgangssprachlich für „Straßenbahn"
15 in Österreich) zurück. Laut Wiener Linien sind öffentliche Verkehrsmittel beliebter als das Auto.

[ ] In vielen Städten gibt es sogar ein neues Mietsystem von Autos, das sich in den letzten Jahren bewährt hat. Man muss sich nur ein einziges Mal registrieren und bekommt dann einen
20 Chip. Damit kann man – auch spontan, ohne Voranmeldung – in ein Auto einsteigen und losfahren. Natürlich darf man das Auto auch einfach irgendwo wieder abstellen. Fragen, wie „Wann kommt eigentlich der nächste Bus?" oder „Lohnt sich überhaupt ein Auto, wenn ich es nur selten benutze?" braucht man sich
25 nicht mehr zu stellen.

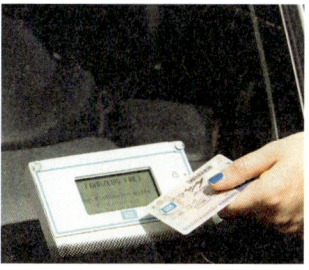

[ ] Wer die Stadt lieber mit dem Fahrrad erkunden möchte, findet in vielen Städten auch Fahrradstationen, wo man gegen Gebühr Räder ausleihen kann. Das System funktioniert ähnlich wie bei den Autos. Per Handy anmelden, die PIN eingeben, das Schloss
30 entriegeln und los geht's! Ob mal kurz zum Shoppen oder zum Picknick an den See – das System ist einfach und praktisch. Nicht nur Touristen, sondern auch viele Einheimische nutzen dieses Angebot.

b Richtig (R) oder falsch (F)? Markieren Sie.   R   F

1 In Zürich fahren die meisten Leute U-Bahn.
2 Immer mehr Leute in Wien fahren mit dem Auto.
3 Man kann in vielen Städten Autos oder Fahrräder auch für kurze Zeit mieten.
4 Man muss sie aber auf jeden Fall rechtzeitig reservieren.

LEKTION 3

WIEDERHOLUNG GRAMMATIK

zu Lesen 1, KB 29, Aufgabe 3

8 Unterwegs

Was passt zusammen? Verbinden Sie.

1 Ein Fernbus ist ein Fahrzeug, — d
2 Eine Strafe ist eine Geldsumme,
3 Wir fahren mit dem Elektrobus,
4 Ein Leihfahrrad ist ein Fahrrad,
5 Ich habe eine App,
6 Ein Passagier ist eine Person,
7 Der Hauptbahnhof ist ein Ort,

a das ich mieten kann.
b mit der ich eine digitale Fahrkarte kaufen kann.
c der umweltfreundlich mit Strom fährt.
d mit dem ich weite Strecken fahren kann.
e an dem ich das Verkehrsmittel wechseln kann.
f die ein Verkehrsmittel nutzt.
g die ich bezahlen muss, wenn ich keine gültige Fahrkarte habe.

zu Lesen 1, KB 29, Aufgabe 3

9 Relativsätze

GRAMMATIK ENTDECKEN

a Lesen Sie die Sätze und markieren Sie die Relativpronomen.

Wenn ich in der Stadt unterwegs bin, brauche / genieße / mag ich …
- einen Zug, *der* die Stadt mit den Vororten verbindet.
- eine Fahrkarte, die ich flexibel nutzen kann.
- öffentliche Verkehrsmittel, die bezahlbar sind.
- ein gutes Buch, das ich unterwegs lesen kann.
- eine U-Bahn, die bequem ist.
- andere Passagiere, die ich nach dem Weg fragen kann.
- einen Bahnhof, den ich zu Fuß erreiche.
- eine App, deren Benutzung kostenlos ist.
- einen Bus, dessen Abfahrt pünktlich ist.
- ein Elektrofahrzeug, das umweltfreundlich ist.

Am liebsten besuche ich …
- meinen Bruder, dem ich von meiner Arbeit berichte.
- meine Freundin, der ich immer Blumen mitbringe.
- meine Bekannten, denen ich oft etwas zu essen koche.

b Ordnen Sie die Relativpronomen in die Tabelle ein.

	Nominativ	Akkusativ	Dativ	Genitiv
maskulin				
neutral			dem	dessen
feminin	die			
Plural				deren

LEKTION 3

zu Lesen 1, KB 29, Aufgabe 3

10 Relativsätze mit Präpositionen GRAMMATIK

a Ergänzen Sie die Präpositionen *auf, an, von, über*.

1 Meine Kurleiterin bietet eine Exkursion an, __an__ der ich auf jeden Fall teilnehme.
2 Wir haben entschieden, eine Fahrradtour zu machen, _____ die ich mich total freue.
3 Wir besuchen den Botanischen Garten, _____ den ich schon viel gelesen habe.
4 Ich mag die vielen bunten Blumen, die mich _____ den Garten meiner Mutter erinnern.
5 Danach machen wir eine Pause in dem kleinen Biergarten, _____ dem ich dir schon viel erzählt habe.
6 Der Ausflug war ein Erlebnis, _____ dem ich vermutlich noch wochenlang träume.

b Markieren Sie die Präpositionen, Relativpronomen und Verben.

c Ergänzen Sie nun die Verben in der Tabelle.

mit Akkusativ	mit Dativ
sich freuen auf	teilnehmen an

zu Lesen 1, KB 29, Aufgabe 3

11 Rund ums Reisen GRAMMATIK

Ergänzen Sie die Präpositionen und die Relativpronomen.

1 Wir machen heute einen Ausflug, __an dem__ eventuell auch mein Freund teilnimmt.
2 Die Busfahrt nach Hamburg war ein Ereignis, _____ ich mich noch lang erinnern werde.
3 Praktisch sind Apps, _____ man Fahrkarten bargeldlos bezahlen kann.
4 Stadtverkehr ohne Stau ist etwas, _____ ich oft träume, wenn ich morgens mit dem Auto in die Arbeit fahre.
5 Mein Freund Abdallah, _____ ich mich am Busbahnhof treffen wollte, kam leider zu spät.
6 Ich habe heute das Zugticket, _____ ich mich kümmern sollte, online gebucht.

zu Lesen 1, KB 29, Aufgabe 3

12 So schöne Tage! GRAMMATIK

Ergänzen Sie die Relativpronomen und die Präpositionen, wo nötig.
Manchmal gibt es mehrere Lösungsmöglichkeiten.

Ich erinnere mich gern an …
den Ausflug, __den__ (1) wir am Wochenende gemacht haben.
_____ (2) so aufregend war.
_____ (3) wir so viele schöne Erlebnisse hatten.
_____ (4) ich dir die Fotos gezeigt habe.

die Zugfahrt, _____ (5) ich mit meinem Freund gemacht habe.
_____ (6) ich mich lange gefreut habe.
_____ (7) ich heute noch gern denke.
_____ (8) wir schon lange geplant haben.

LEKTION 3

das Stadtfest,	_____	(9) ich mit meiner Familie besucht habe.
	_____	(10) Motto dieses Jahr „Weltmusik" ist.
	_____	(11) viele gute Bands gespielt haben.
	_____	(12) ich so viele schöne Fotos gemacht habe.
die Leute,	_____	(13) ich in Salzburg kennengelernt habe.
	_____	(14) ich so viel Spaß hatte.
	_____	(15) ich noch heute Mails schreibe.
	_____	(16) mich eingeladen haben.

> zu Lesen 1, KB 29, Aufgabe 3

13 In der Natur unterwegs   GRAMMATIK

a **Ordnen Sie zu.**

> ~~überall~~ • alles • nichts • dort/da • etwas

Das war ein toller Ausflug. Es gibt wirklich _____ (1), was ich beim nächsten Mal anders machen würde.
Schau mal hier die Fotos! Ich habe _überall_ (2), wo ich war, Fotos gemacht.
Und schau hier die kleine Kirche – das war _____ (3), wo wir eine längere Pause gemacht haben.
Und dann ist _____ (4) passiert, was ich nie vergessen werde. Das muss ich dir unbedingt erzählen: …
So nun habe ich dir _____ (5) gezeigt und erzählt, was ich am Wochenende erlebt habe.

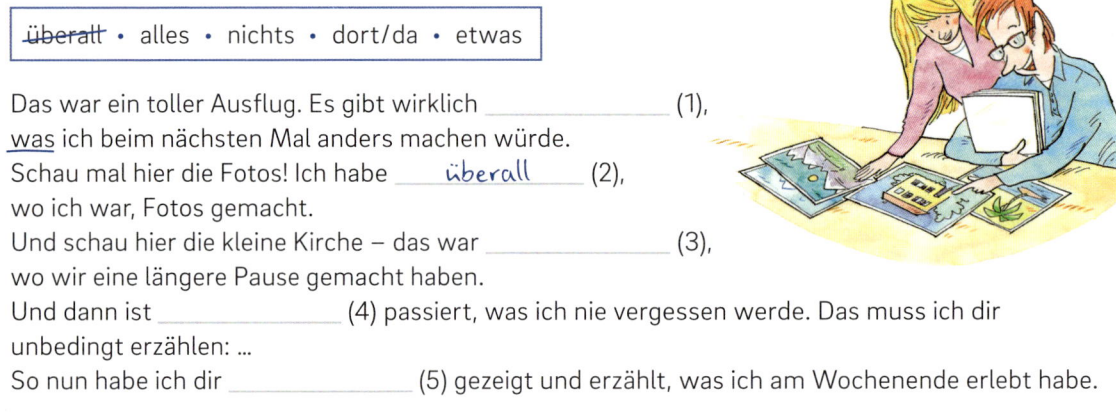

b **Markieren Sie die Relativpronomen.**

> zu Lesen 1, KB 29, Aufgabe 3

14 *Wo* oder *was?*   GRAMMATIK

Was ist richtig? Markieren Sie.

1 Wir fahren zum See, (wo)/ was man wunderbar baden kann.
2 Ich habe alles dabei, wo / was ich mir notiert hatte.
3 Es ist das Spannendste, wo / was ich je erlebt habe.
4 Mein Elektrorad ist das Umweltfreundlichste, wo / was zur Zeit auf dem Markt ist.
5 Hast du alles eingepackt, wo / was ich dir gesagt habe?
6 Ich fahre eventuell nach Bremen, wo / was meine Schwester lebt.
7 Eine Fahrradtour ist etwas, wo / was mir überhaupt keinen Spaß machen würde.

> zu Lesen 1, KB 29, Aufgabe 3

15 Relativsätze   GRAMMATIK

Verbinden Sie die beiden Sätze zu einem Satz.

1 Mit der App kann man Fahrkarten bequem per Handy kaufen. Das war neu für mich.
2 Die App kann man kostenlos herunterladen. Das wusste ich nicht.
3 Die Fahrkarte erhält man nur digital. Das ist umweltfreundlich.
4 Man kann auch verschiedene Fahrkarten kombinieren. Das finde ich praktisch.
5 Am Wochenende dürfen Freunde kostenlos mitfahren. Das hat mich überrascht.

1 Mit der App kann man Fahrkarten per Handy kaufen, was neu für mich war.

LEKTION 3

zu Sprechen, KB 30, Aufgabe 1

16 Freizeitpläne   HÖREN

3 ◀)) 17   Ordnen Sie die Verben zu. Hören Sie dann und vergleichen Sie.

> Meinst • Klingt • ist • schlage • machen • glaube • hältst • möchte • wäre • schlägst • können

- ● Was ___hältst___ (1) du davon, wenn wir eventuell morgen einen Ausflug machen?
- ■ _____ (2) gut, aber wohin? Was _____ (3) du vor?
- ● Wir _____ (4) Sport machen. Vielleicht wandern oder klettern.
- ■ Klettern? Das _____ (5) mir viel zu gefährlich.
- ● Okay. Dann _____ (6) ich vor, dass wir in die Stadt gehen. Ich habe gehört, dass heute ein Fest stattfindet.
- ■ Ich weiß nicht. _____ (7) du nicht, dass dort zu viele Menschen sind? Ich _____ (8) lieber etwas Gemütliches machen. Wie _____ (9) es, wenn wir mal wieder ein Picknick machen?
- ● Ein Picknick? Ich _____ (10), morgen eher nicht. Das Wetter wird wohl schlecht.
- ■ Na, dann bleiben wir zu Hause.
- ● Einverstanden! Das ist die beste Idee, das _____ (11) wir!

zu Sprechen, KB 30, Aufgabe 1

17 Verrückte Vorschläge   KOMMUNIKATION

a   Mehmet macht seinen Freunden Vorschläge. Schreiben Sie.

> zum Mond fliegen • mit dem Fahrrad um die Welt fahren • zum Nordpol reisen • einen Popstar treffen • mit einer wilden Achterbahn fahren • einen Marathon laufen • …

Wie wäre es, wenn wir zum Mond fliegen würden? Was …

b   Ergänzen Sie die Reaktionen der Freunde.
Verwenden Sie die Redemittel aus dem Kursbuch (KB 30).

Ich glaube, diesmal eher nicht.

Osman hat noch Fragen.

Klingt spannend, aber …

Leyla lehnt ab.

Aber Maria ist einverstanden!

LEKTION 3

zu Lesen 2, KB 33, Aufgabe 2

18 Werden + Infinitiv   GRAMMATIK

Was bedeuten die Sätze? Kreuzen Sie an.

	Versprechen	Vorhersage	Vermutung	Plan/Vorsatz
1 Er wird krank sein.			x	
2 Der Wetterbericht sagt, morgen wird es regnen.				
3 Danke dir! Ich werde dir das Geld zurückgeben.				
4 Im Sommer werde ich meinen Freund in Stuttgart besuchen.				

zu Lesen 2, KB 33, Aufgabe 2

19 Vermutungen   GRAMMATIK

Was vermutet Marija: Wie geht es Janez und was macht er wohl?
Schreiben Sie Sätze mit *werden* + Infinitiv.

1 nicht die ganze Woche lang zelten
   Wahrscheinlich *wird er nicht die ganze Woche lang zelten.*

2 die Wanderung abbrechen
   Vermutlich _____

3 total enttäuscht sein
   Wahrscheinlich _____

4 keine Rucksacktour mehr im Februar machen
   Eventuell _____

5 das nächste Mal im Sommer wandern
   Vielleicht _____

6 früher nach Hause zurückkommen
   Sicher _____

LEKTION 3

zu Lesen 2, KB 33, Aufgabe 2

20 Vorhersagen: Unterwegs in der Zukunft   GRAMMATIK / KOMMUNIKATION

a Schreiben Sie Fragen mit *werden* + Infinitiv.

1 Sind wir in zehn Jahren alle mit dem Elektroauto unterwegs?
   Werden wir in zehn Jahren alle mit dem Elektroauto unterwegs sein?
2 Gibt es nur noch selbstfahrende Autos?
3 Gibt es Unfallassistenten, die schwierige Entscheidungen übernehmen?
4 Bucht man Fahrkarten nur noch online?
5 Fährt man mit dem Zug in zwei Stunden von München nach Hamburg?
6 Sind im Jahr 2050 Flüge in den Weltraum ganz normal?
7 Gibt es Hotels im All und Tagesausflüge zum Mond?
8 Fliegen Forscher bald zu anderen Planeten?
9 Wie entwickelt sich der öffentliche Verkehr?
10 Ändert sich das Klima in Zukunft jährlich?

b Antworten Sie auf fünf Fragen aus a mit:

- Meiner Meinung nach …
- Wahrscheinlich wird man …
- Ich selbst würde gern …

Meiner Meinung nach wird es in zehn Jahren nur noch Elektroautos geben.

zu Lesen 2, KB 33, Aufgabe 2

21 Pläne: 5 Dinge, die ich in meinem Leben noch machen werde   GRAMMATIK

Schreiben Sie Sätze mit *werden* + Infinitiv.

1 in meiner Lieblingsfußballmannschaft als Profi spielen
2 einen Baum pflanzen
3 die Zugspitze besteigen
4 mit meinem Lieblingsstar einen Abend verbringen
5 mit meiner besten Freundin / meinem besten Freund …

1 Ich werde in meiner …

zu Lesen 2, KB 33, Aufgabe 2

22 Versprechen   GRAMMATIK

Aller Abschied ist schwer. Goran macht eine Reise. Was verspricht Goran seiner Freundin? Schreiben Sie.

> ~~auf mich aufpassen~~ • jeden Tag eine Nachricht schreiben • dir eine Postkarte schicken • viele Fotos machen • immer an dich denken • dir etwas Schönes mitbringen • …

Natürlich werde ich auf mich aufpassen.
Ich werde …

LEKTION 3

zu Schreiben, KB 34, Aufgabe 2

23 Adjektive

WORTSCHATZ

Was passt nicht? Streichen Sie durch.

1 Busfahrt: kostengünstig – umweltfreundlich – ~~beleidigend~~
2 Fernbus: bequem – zufrieden – modern
3 Busfahrer: sinnlos – freundlich – engagiert
4 Buchung: einfach – sportlich – schnell
5 Service: katastrophal – lecker – gut

zu Schreiben, KB 34, Aufgabe 3

24 Mit dem Fernbus unterwegs

KOMMUNIKATION

a Ergänzen Sie die Bewertung.

Besonders gut gefallen • echt günstiges • ein großes Plus • ~~ein tolles Erlebnis~~ • Fast nicht zu toppen • problemlos • pünktlich • unkomplizierte • wirklich ziemlich • Unsere einzige Kritik:

★★★★☆

Zusammen mit einem Freund bin ich neulich von Stuttgart nach Hamburg gefahren. Für uns war das _ein tolles Erlebnis_ (1)! Wir haben die Fahrt online gebucht und so ein _____ (2) Ticket bekommen. Der Bus hatte eine Klimaanlage – _____ (3) im Sommer! Und was mir aufgefallen ist: Die Sitze waren _____ (4) bequem! _____ (5) hat mir aber das kostenlose Wifi, das auch _____ (6) funktioniert hat (plus Steckdose zum Aufladen des Handys! ☺). _____ (7). Wegen einer Verspätung bei der Abfahrt und einem kleinen Stau (Unfall auf der A7) sind wir nicht ganz _____ (8) in Hamburg angekommen. _____ (9) war aber, dass die Fahrradmitnahme nur 9€ gekostet hat! Eine wirklich bezahlbare und _____ (10) Reise. Ich werde in Zukunft öfter so reisen!

b Wählen Sie eines der folgenden Verkehrsmittel und schreiben Sie einen ähnlichen Bericht (mit Bewertung) wie in a. Verwenden Sie dazu die Redemittel aus a und aus dem Kursbuch (KB 34).

Zug • Straßenbahn • Rikscha • Carsharing • Flugzeug • Fähre • Mitfahrgelegenheit • U-Bahn • Leihfahrrad • Taxi

LEKTION 3

zu Sehen und Hören, KB 35, Aufgabe 1

25 Anders reisen
GRAMMATIK

Ergänzen Sie die Präpositionen und den Artikel, wo nötig.

Ich würde unbedingt gern einmal ...
mit dem Kajak _über den_ (1) See fahren.
in einem Ballon _____ (2) Berge fahren.
mit dem Hundeschlitten _____ (3) Grönland reisen.
in einem Raumschiff _____ (4) Mond fliegen.
mit dem Fahrrad quer _____ (5) Österreich fahren.

zu Sehen und Hören, KB 35, Aufgabe 2

26 Interview
HÖREN

3 ◀)) 18   Hören Sie noch einmal das Interview mit Thomas Bauer. Was ist richtig? Markieren Sie.

1 Thomas Bauer hat immer dabei:
☐ Tagebuch ☐ Notizblock ☐ viel Gepäck ☐ Laptop ☐ Diktiergerät

2 Er hat folgende Verkehrsmittel benutzt:
☐ Rikscha ☐ Fahrrad ☐ Hundeschlitten ☐ Kajak ☐ Ballon

3 Mit wem / Womit hatte er schon einmal Schwierigkeiten?
☐ mit fremden Leuten ☐ mit dem Klima/Wetter ☐ mit dem Essen ☐ mit Hotels

27 Mein Lieblingsgegenstand
MEIN DOSSIER

Beschreiben Sie einen Gegenstand, den Sie oft brauchen. Machen Sie sich Notizen.
Schreiben Sie dann Ihre persönliche Geschichte dazu.

Das ist mein/meine ...
Ich finde ihn/sie/es ...
Das kann ich damit machen: ...
Warum ich ihn/sie/es so mag: ...

Mein Fahrrad
Das ist mein Fahrrad. Ein Freund hat es mir geschenkt. Es ist schon sehr alt und erinnert mich an das Fahrrad meines Großvaters. Ich benutze es ständig, auf dem Weg in die Arbeit und für Ausflüge in die Stadt. Es fährt einfach sehr gut ...

LEKTION 3

AUSSPRACHE: Die Wortpaare *tz – z* und *s – ss – ß*

3 ◀))) 19   **1** Hören Sie die Sätze und sprechen Sie nach.

1 Wir zelten nur selten.

2 Die Katze streichelt mit der Tatze Moritz' Glatze.

3 Drei Spatzen haben zusammen Spaß.

4 Wir haben auf dem Campingplatz einen Schatz gefunden.

5 Es lagen zwei zischende Schlangen zwischen zwei spitzen Steinen und zischten dazwischen.

6 Der Zauberer zaubert zehn kleine Zebras.

3 ◀))) 20   **2** Welches Wort hören Sie? Markieren Sie.

a *s* oder *z*
1 ☐ seit   ☐ Zeit
2 ☐ selten   ☐ zelten
3 ☐ Sinn   ☐ Zinn
4 ☐ sehen   ☐ Zehen
5 ☐ Seile   ☐ Zeile

b *s* oder *ss*
1 ☐ Riese   ☐ Risse
2 ☐ Hasen   ☐ hassen
3 ☐ Wiesen   ☐ Wissen
4 ☐ Gase   ☐ Gasse
5 ☐ Wesen   ☐ wessen

c *s/ss/ß* oder *tz/z*
1 ☐ Spaß   ☐ Spatz
2 ☐ Wiese   ☐ Witze
3 ☐ heißen   ☐ heizen
4 ☐ Nässe   ☐ Netze
5 ☐ müssen   ☐ Mützen

3 Diktat

Diktieren Sie Ihrer Lernpartnerin / Ihrem Lernpartner Teil 1 oder Teil 2 der Übung.
Wer das Diktat hört und schreibt, schließt das Buch.

[1] Wir haben eine Reise nach Hessen gemacht.
Der Zug war sehr voll und wir hatten keine Plätze reserviert.
Die Heizung im Zug hat leider nicht funktioniert.
Auf der Rückreise haben wir unseren Zug verpasst.
Und wir haben unsere Brotzeit vergessen. Pech!

[2] Die Situation am Samstag war so:
Susanne wollte die Sonne genießen und faulenzen.
Also habe ich gesagt: Wir bauen unser neues Zelt auf!
Aber nicht auf einem Campingplatz, sondern auf der Wiese am Fluss.
Das war super und hat großen Spaß gemacht.

LEKTION 3 LERNWORTSCHATZ

EINSTIEGSSEITE, KB 25

unterwegs

HÖREN, KB 26

der Passagier, -e
die Situation, -en
die Strafe, -n
das Verkehrsmittel, –
die Vermutung, -en
der Vorschlag, ⸚e

vermuten
vorschlagen, schlug vor,
   hat vorgeschlagen

einverstanden sein

gültig
öffentlich

eventuell
vermutlich
wohl

WORTSCHATZ, KB 27

die Bewegung, -en

erfinden, erfand, hat erfunden
unterscheiden, unterschied,
   hat unterschieden
verreisen

drüben

LESEN 1, KB 28–29

die Abfahrt, -en
die App, -s
die Chipkarte, -n
der / die / das Elektro-
   das Elektrofahrzeug, -e
die Form, -en
die Mobilität (Sg.)
der Verkehr (Sg.)
die Überschrift, -en
die Umwelt (Sg.)

bieten, bot, hat geboten
herunterladen, lud herunter,
   hat heruntergeladen
kombinieren
mieten
nutzen
verzichten auf (+ Akk.)
wechseln
wünschen
verbinden, verband,
   hat verbunden

bequem
bezahlbar
flexibel
kostenlos
praktisch
umweltfreundlich

überhaupt

SPRECHEN, KB 30–31

die Freizeit (Sg.)
das Picknick, -e
die Speise, -n
der Titel, –
die Wanderung, -en

gelingen, gelang, ist gelungen
klettern
mitbringen, brachte mit,
   hat mitgebracht
stattfinden, fand statt,
   hat stattgefunden
überzeugen
wandern

lecker
sportlich
jährlich

LESEN 2, KB 32–33

die Entscheidung, -en
der Stau, -s
der Unfall, ⸚e
die Vorhersage, -n
die Zukunft (Sg.)

abholen
entscheiden, entschied,
   hat entschieden
übernehmen, übernahm,
   hat übernommen

zukünftig

SCHREIBEN, KB 34

die Bewertung, -en
die Kritik, -en
die Leistung, -en
der Service (Sg.)

funktionieren

jemandem auffallen, fiel auf,
   ist aufgefallen

ständig

ziemlich

auf jeden Fall

SEHEN UND HÖREN, KB 35

die Art, -en
die Lebensgefahr, -en
der Mond, -e

anstrengend

unbedingt

LEKTIONSTEST 3

1 Wortschatz

Was ist richtig? Markieren Sie.

1 Die Suppe schmeckt sehr gut. Sie ist ziemlich *bequem / anstrengend / lecker*.
2 Die Bahn war total überfüllt. Viele *Passagiere / Teilnehmer / Gäste* mussten im Gang stehen.
3 Die Fahrkarte von gestern ist heute leider nicht mehr *gültig / kostenlos / zukünftig*.
4 Ich mache eine Diät. Ich *entscheide / verzichte / vermute* auf fettiges Essen.
5 Der Preis für die Zugfahrt von Berlin nach München ist *kombiniert / reduziert / integriert*.
6 Das Ticket ist wirklich *umweltfreundlich / flexibel / bezahlbar*.

Je 1 Punkt   Ich habe _____ von 6 möglichen Punkten erreicht.

2 Grammatik

a Schreiben Sie Vermutungen oder Vorhersagen.

1 als Forscher an der Universität arbeiten (Anna)   Sicher_____.
2 auf dem Mond leben (einige Menschen)   Vermutlich_____.
3 mit Freunden eine Wanderung machen (ich)   Wahrscheinlich_____.

Je 1 Punkt   Ich habe _____ von 3 möglichen Punkten erreicht.

b Was ist richtig? Markieren Sie.

1 Der Flug mit dem Ballon war etwas, *was / das* ich nie vergessen werde.
2 Das Ticket, *mit dem / das* ich gefahren bin, habe ich online gebucht.
3 Das war das Schönste, *was / das* ich je erlebt habe.
4 Die Frau, *deren / dessen* Reiseberichte so viel Erfolg haben, hat ein spannendes Leben.
5 Er hat lange als Forscher im Ausland gelebt, *was / das* eine wichtige Erfahrung für ihn war.
6 Hat alles funktioniert, *das / was* du vorbereitet hast?

Je 1 Punkt   Ich habe _____ von 6 möglichen Punkten erreicht.

c Schreiben Sie Relativsätze.

1 Das war ein Erlebnis! Ich werde es nie vergessen.
2 Das war eine wunderschöne Wanderung. Ich erinnere mich gern daran.
3 Dieses Fernbusunternehmen kann ich nur empfehlen. Ich bin schon oft damit gereist.
4 Ahmad besucht seine Schwester. Er hat mir eine Nachricht aus Bonn geschrieben.
5 Ich lade mir eine App herunter. Ich kann mir mit ihr eine Fahrkarte kaufen.

Je 2 Punkte   Ich habe _____ von 10 möglichen Punkten erreicht.

3 Kommunikation

Was ist richtig? Markieren Sie.

1 ● Meinst du nicht, wir sollten morgen zu Hause bleiben?
  ■ Warum *bloß / nur / eigentlich* nicht?
2 ● Wie *wäre / hätte / würde* es denn, wenn wir heute noch einen Ausflug machen?
  ■ *Hört / Klingt / Riecht* spannend.
3 ● Ich werde nächste Woche nach Mainz fahren. *Würdest / Wärest / Hättest* du denn mitfahren?
  ■ Nach Mainz? Ich glaube, *diesmal / ständig / zukünftig* eher nicht.

Je 1 Punkt   Ich habe _____ von 5 möglichen Punkten erreicht.

Auswertung:

Ich habe _____ von 30 möglichen Punkten erreicht.

☺	😐	☹
30–24	23–18	17–0

LEKTION 4 WOHNEN

WIEDERHOLUNG WORTSCHATZ

1 ... Haus ...

Was passt? Ergänzen Sie.

1 Neben unserem Haus steht unser kleines (1). Dort haben wir unsere Fahrräder und das Werkzeug.
2 Die Brunners wohnen in einem Mehrfamilienhaus. Unsere Familie wohnt alleine in einem (2).
3 In New York gibt es viele davon. Ich habe mal in einem (3) gewohnt, im 20. Stock.
4 Der (4) kümmert sich um das Haus und repariert manchmal Dinge im Haus.
5 Wir machen jeden Sommer ein Grillfest im Garten. Auch dieses Jahr kommen fast alle (5). Nur die Schmitts sind in Urlaub.
6 Wenn ich mir ein Haus wünschen könnte, dann wäre mein (6) irgendwo im Süden am Meer.
7 Im nächsten Urlaub fahren wir nach Dänemark und haben dort ein (7) gemietet.
8 Die (8) war wieder die ganze Nacht offen.
9 Ich zieh besser meine Stiefel aus. Hast du ein Paar (9)?

1 G A R T E N H A U S
2 _ F A M I L I E N H A U S
3 _ _ _ _ _ H A U S
4 _ _ _ _ H A U S M _ _ _ _
5 _ _ _ _ H A U S B _ _ _ _
6 _ _ _ _ _ H A U S _ _ _
7 _ F _ _ _ H A U S _ _ _
8 _ _ _ H A U S _ _ _
9 _ _ _ _ H A U S _ _ _

2 Rund ums Wohnen

Was passt nicht? Streichen Sie durch.

1 Badewanne – Dusche – ~~Bett~~
2 Balkon – Terrasse – Garage
3 Wohnzimmer – Badezimmer – Kinderzimmer
4 Flur – Gang – Toilette
5 Garten – Erdgeschoss – Stockwerk
6 Fernsehgerät – Spülmaschine – Stuhl
7 Briefkasten – Klingel – Topf
8 Küche – Keller – Dachgeschoss
9 Aufzug – Müll – Treppe
10 klingeln – klopfen – parken

---

zur Einstiegsseite, KB 37, Aufgabe 1

3 Mein Traumhaus

WORTSCHATZ

Ergänzen Sie.

Mein Traumhaus ist ein Schloss (1). Ganz einsam und ruhig liegt es, mitten im schottischen Hochmoor.
Es ist 300 _____ (2) groß und hat zehn
_____ (3), drei Badezimmer und einen riesigen
_____ (4) mit vielen _____ (5)
und einem alten _____ (6). Daran hängt eine Hängematte, in der ich den ganzen Tag liege und lese.
Im _____ (7) steht ein Billardtisch.
Wenn Freunde kommen, können wir immer Billard spielen.
Im Badezimmer gibt es eine runde _____ (8)
und ein großes Fenster, von dem ich eine wunderbare
_____ (9) auf die Landschaft habe.

Badewanne · Aussicht ·
Wohnzimmer · Baum ·
Garten · Quadratmeter ·
Zimmer · Blumen · ~~Schloss~~

AB 41

LEKTION 4

zu Wortschatz, KB 38, Aufgabe 2

4 Wohnungseinrichtung
WORTSCHATZ

Lesen Sie den Text und ergänzen Sie.

> Vorhänge • Spiegel • Waschmaschine • Möbel • Sofa • ~~Kleiderschrank~~ •
> Geschirrspüler • Bild • Wohnzimmer • Stuhl • Blumenvase • Wände

Gestalten Sie Ihr Wohnambiente kreativ!
Tipps und Tricks von Profis für einen günstigen Wohntraum

Möbel tauschen
Wenn das _____ (1) unbequem ist oder der _Kleiderschrank_ (2) zu klein, dann brauchen Sie eine neue Einrichtung. In Einrichtungsbörsen kann man _____ (3) tauschen und findet günstige Angebote.

Clever investieren
Sie brauchen eine neue _____ (4) oder einen neuen _____ (5)? Aber Sie können sich das nicht leisten? Dann gehen Sie zum Reparaturservice, wo man auch gebrauchte Geräte günstig kaufen kann.

Möbel mieten
Sie wollen mal wieder Ihr _____ (6) verändern? Das ist nicht schwierig! Mieten Sie sich z. B. ein neues _____ (7) und hängen Sie es auf. Ihre Freunde werden begeistert sein. Oder mieten Sie einen alten _____ (8) aus einem Kino. Und schon können Sie eine neue Wohn-Atmosphäre schaffen.

Erinnerungen wecken
Flohmärkte sind ideal, um hübsche Wohn-Accessoires zu finden. Ein alter _____ (9) für den Flur, Omas _____ (10) für die Fenster oder eine ausgefallene _____ (11) für den Wohnzimmertisch peppen Ihre Wohnung für wenig Geld auf.

Neue Farbe ins Spiel bringen
Laden Sie Ihre Freunde zu einem Handwerkerwochenende ein. Drücken Sie ihnen Pinsel und Farbe in die Hand und malen Sie Ihre _____ (12) neu an. Mit einem leckeren Essen zwischendurch halten Sie Ihre Freunde bei Laune.

zu Wortschatz, KB 38, Aufgabe 4

5 Wortbildung Nomen
GRAMMATIK

a Bilden Sie zusammengesetzte Nomen. Ordnen Sie sie dann mit Artikel den Bildern zu.

1 Klapp	Bett
2 Hoch	Schrank
3 Bilder	Eimer
4 Dusch	Rahmen
5 Wasch	Stuhl
6 Brat	Schirm
7 Kühl	Tisch
8 Müll	Wanne
9 Sonnen	Terrasse
10 Liege	Pfanne
11 Dach	Vorhang
12 Bade	Becken

(1 Klapp — Tisch)

LEKTION 4

der Klapptisch

b Was ist was? Ordnen Sie zu.

Verb + Nomen: der Klapptisch,

Adjektiv + Nomen:
Nomen + Nomen:

zu Hören, KB 39, Aufgabe 3

6 Brauchen / nicht brauchen ... zu   GRAMMATIK ENTDECKEN

a In welchen Sätzen folgt nach *brauchen* ein Objekt, in welchen *zu* + Infinitiv? Markieren Sie.

			Objekt	zu + Infinitiv
Ich brauche	eine bessere Wohnung. keine bessere Wohnung.	brauchen +	☐	☐
	die Maklergebühr **nicht zu** bezahlen. **keine** bessere Wohnung **zu** suchen. **nur** eine bessere Wohnung **zu** suchen.	nicht/nur/kein brauchen +	☐	☐

b Sie ziehen bei Freunden in ein WG-Zimmer. Erklären Sie die Vorteile:
   Was brauchen Sie <u>nicht</u> zu tun? Schreiben Sätze.

> ~~Maklergebühr zahlen~~ • ~~mit Vermietern diskutieren~~ • Mietpreise vergleichen •
> Wohnungsanzeigen lesen • verschiedene Wohnungen besichtigen

Ich brauche keine Maklergebühr zu bezahlen.
Ich brauche nicht mit Vermietern zu diskutieren.

LEKTION 4

zu Hören, KB 39, Aufgabe 3

7 Wohnen in einer Wohngemeinschaft GRAMMATIK

Schreiben Sie Sätze mit *nicht / nur brauchen … zu* + Infinitiv.

1 Hi Leyla,
Du musst die Spülmaschine nicht ausräumen. Das mache ich!

Leyla braucht die Spülmaschine nicht auszuräumen.

2 Liebe Mona, liebe Lisa,
Ihr müsst nicht putzen.
Hab' ich schon gemacht.

3 Abdullah,
Du musst die Kakteen nur einmal pro Woche gießen. Danke!

4 Liebe Ayana,
Du musst nur die Schildkröte füttern. Die Katze füttert Frau Neumann von nebenan.

5 Samuel,
die Rechnung habe ich schon bezahlt.

zu Hören, KB 39, Aufgabe 3

8 Villa Kunterbunt GRAMMATIK

In der „Villa Kunterbunt" ist alles erlaubt: Schreiben Sie die Hausordnung für die „Villa Kunterbunt". Schreiben Sie Sätze mit *brauchen*.

Hausordnung

1 Fahrräder bitte im Fahrradkeller abstellen!
2 Wäsche bitte nicht im Garten aufhängen. Wäsche bitte im Waschkeller aufhängen.
3 Zwischen 13 und 15 Uhr ist Mittagsruhe. Bitte ganz leise sein!
4 Schließen Sie bitte abends immer die Haustür ab.
5 Nehmen Sie bitte Rücksicht auf die Nachbarn!
6 Putzen Sie regelmäßig Ihre Treppe!

Hausordnung der Villa Kunterbunt

1 Sie brauchen die Fahrräder nicht im Fahrradkeller abzustellen.
Sie können sie überall abstellen!

2 _____
Sie können sie im Garten aufhängen!

3 _____
Sie können Musik hören, tanzen, grillen.

4 _____
Bei uns sind alle willkommen.

5 _____
Alle sind tolerant.

6 _____
Der Hausmeister reinigt das ganze Treppenhaus.

LEKTION 4

zu Hören, KB 39, Aufgabe 4

9 Forumsbeiträge zum Thema Wohnungssuche   WORTSCHATZ

Lesen Sie und ordnen Sie die Wörter zu.

1 **Nick**
Hallo, ich ziehe im Herbst nach Hamburg. Was ratet ihr mir: Wie finde ich am besten eine günstige Unterkunft?

2 **jo 2812**
Hi Nick, es wäre schon gut, wenn Du etwas genauer sagen würdest, was Du suchst. Ein _Zimmer_ in einer WG? Eine eigene _____? In welchem _____ möchtest du wohnen? Welche _____ stellst du dir vor? Es gibt ja viele Möglichkeiten …

> Größe •
> Stadtteil •
> Wohnung •
> ~~Zimmer~~

3 **Nick**
Oh, sorry, ja klar. Also: Ich würde gern in Altona wohnen. Da habe ich einen Job bekommen :-) Ich suche erst mal nur eine Unterkunft – Zimmer oder Wohnung ist egal. Ich finde gut, wenn ich keinen _____ bezahlen brauche ;-) Wie ist es in Hamburg bei der _____ einer Wohnung: Kommen da viele _____? Ist es überhaupt sinnvoll, _____ zu lesen oder werden die meisten Wohnungen über Mund-zu-Mund-Propaganda vermittelt? :-o

> Anzeigen •
> Besichtigung •
> Interessenten •
> Makler

4 **jo 2812**
Na ja – es geht schon viel über persönliche Kontakte … Mein Tipp: Gib selbst eine _____ auf! Manche _____ suchen so nach Mietern. Sonst: soziale _____ nutzen. Und unbedingt Informationen einholen: Auf www.hamburg.de kannst du dir den _____ anschauen!

> Annonce •
> Mietspiegel •
> Netzwerke •
> Vermieter

Nick
Super, danke!

zu Schreiben, KB 41, Aufgabe 3

10 Wortstellung im Hauptsatz   GRAMMATIK ENTDECKEN

Ordnen Sie die Sätze in die Tabelle ein. Beginnen Sie dabei mit den markierten Wörtern.

Elisa hat eine Stelle in Dresden bekommen.
1 Sie ist <u>aus diesem Grund</u> umgezogen.
2 Sie hatte <u>schon nach einer Woche</u> eine schöne Wohnung gefunden.
3 Elisa ist sehr glücklich, <u>weil die Wohnung einen Balkon hat</u>.
4 Sie findet <u>außerdem</u> die große Küche sehr praktisch.
5 Sie hat <u>in der Wohnung</u> ein separates Zimmer für Gäste.
6 Sie hat ihre Ruhe, <u>auch wenn Gäste zu Besuch sind</u>.
7 Sie braucht <u>jetzt</u> nur noch eine neue Lampe für das Wohnzimmer.
8 Elisa fährt <u>morgen</u> in die Stadt und sucht eine Lampe aus.

Position 1	Position 2	
1 Aus diesem Grund	ist	sie umgezogen.
…		

AB 45

LEKTION 4

zu Schreiben, KB 41, Aufgabe 4

11 Eine Wohnung suchen

SCHREIBEN

Lesen Sie die Webseite der MAKLERINNEN. Ergänzen Sie dann die E-Mail unten.

WOHNEN LEICHT GEMACHT!
DIE MAKLERINNEN bieten Unterstützung bei der Wohnungssuche

Altbau, Neubau, Einfamilienhaus, 2-Zimmer-Wohnung, kleines Apartment oder ein Zimmer zur Untermiete – wir finden genau das, was Sie suchen! Es gibt keinen Grund zu warten! Schicken Sie uns eine E-Mail und beschreiben Sie Ihre Wünsche. Oder rufen Sie uns einfach an!

Schreiben Sie zu folgenden Punkten:
1 Was suchen Sie?
2 Welche Größe / Ausstattung / Einrichtung suchen Sie?
3 Was ist Ihnen wichtig?
4 Was ist Ihnen nicht so wichtig?

Größe / Ausstattung / Einrichtung:	wichtig / nicht so wichtig:
… Quadratmeter	zentral / außerhalb / einsam
… Zimmer	gemütlich / ruhig
Altbau / Neubau / …	in der Stadt / auf dem Land
Garten / Terrasse / Balkon	an einem See / in den Bergen
modern / einfach / luxuriös	schöne Aussicht
…	Lift
	viel Natur
	Einkaufsmöglichkeiten
	Kneipen / Kinos / Cafés
	…

[1] Sehr geehrte MAKLERINNEN,
Ich suche ein / eine _____

[2] Meine neue Unterkunft sollte _____

[3] Mir ist besonders wichtig, dass _____

[4] Nicht so wichtig sind _____

Ich würde mich freuen, wenn ich so bald wie möglich von Ihnen hören würde.

Mit freundlichen Grüßen

LEKTION 4

zu Lesen, KB 42, Aufgabe 1

12 Wohnen in der Großstadt LESEN

Lesen Sie noch einmal die Texte im Kursbuch (KB 42). Welche Aussagen sind richtig? Markieren Sie.

Text 1
1 Chris wohnt schon seit fast acht Jahren
   immer mit denselben Leuten zusammen. ☐
2 Die Bewohner kochen ab und zu zusammen. ☐
3 Es gibt vor allem Probleme mit dem Bad,
   da die Mitbewohner fast alle gleichzeitig aufstehen. ☐
4 Jeder zahlt mal die Putzmittel. ☐

Text 2
1 Die Wohnung ist für fünf Personen zu klein.
   Aber der älteste Sohn hat ein eigenes Zimmer. ☐
2 Wohnungen sind teuer. Deshalb ist es schwierig,
   eine neue Wohnung zu finden. ☐
3 Im Schlafraum ist noch Platz für ein Doppelbett. ☐
4 Die Familie hat tagsüber mehr Platz,
   weil die Kinder in die Schule gehen. ☐

zu Wussten Sie schon?, KB 42

13 Wohnen in einer WG LANDESKUNDE / HÖREN

3 ◀)) 21 **a** Hören Sie die Radioreportage. Notieren Sie Vorteile und Nachteile einer WG.

Vorteile	Nachteile / Probleme
günstiger, ...	

b Markieren Sie.

1 Wie ist die Atmosphäre in der WG? ☐ Gut. ☐ Schlecht.

2 Wie würden Sie die Personen beschreiben? Was passt zu wem am besten?

	chaotisch / locker	vernünftig / tolerant	ruhig / sanft / ernst
▪ Vivian	☐	☐	☐
▪ Paul	☐	☐	☐
▪ Mike	☐	☐	☐

3 ◀)) 21 **c** Hören Sie noch einmal und korrigieren Sie.

1 Die drei wohnen in einer ~~Neubauwohnung.~~ Altbauwohnung
2 Die Wohnung ist nicht so groß. _____
3 Paul und Mike sind ordentlich. _____
4 Mike ist oft genervt und gestresst, weil das Bad besetzt ist. _____
5 Paul hat es auch im Studentenwohnheim gut gefallen. _____
6 Die drei unternehmen selten etwas zusammen. _____
7 Sie haben eine gemeinsame Haushaltskasse, aus der sie alles bezahlen. _____

LEKTION 4

WIEDERHOLUNG GRAMMATIK

zu Lesen, S. 42, Aufgabe 2

14 Temporale Präpositionen

Ergänzen Sie die richtige Präposition und den Artikel, wo nötig.

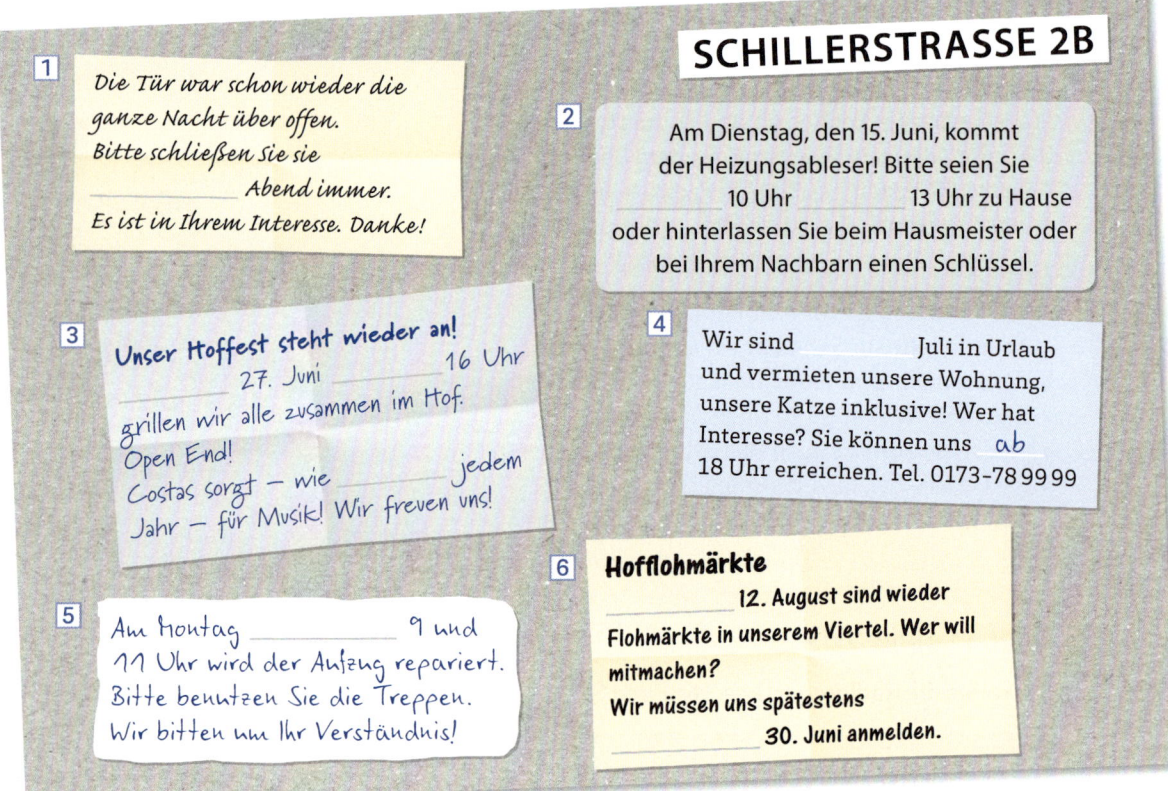

1. Die Tür war schon wieder die ganze Nacht über offen. Bitte schließen Sie sie _____ Abend immer. Es ist in Ihrem Interesse. Danke!

2. **SCHILLERSTRASSE 2B** — Am Dienstag, den 15. Juni, kommt der Heizungsableser! Bitte seien Sie _____ 10 Uhr _____ 13 Uhr zu Hause oder hinterlassen Sie beim Hausmeister oder bei Ihrem Nachbarn einen Schlüssel.

3. Unser Hoffest steht wieder an! _____ 27. Juni _____ 16 Uhr grillen wir alle zusammen im Hof. Open End! Costas sorgt – wie _____ jedem Jahr – für Musik! Wir freuen uns!

4. Wir sind _____ Juli in Urlaub und vermieten unsere Wohnung, unsere Katze inklusive! Wer hat Interesse? Sie können uns _ab_ 18 Uhr erreichen. Tel. 0173-78 99 99

5. Am Montag _____ 9 und 11 Uhr wird der Aufzug repariert. Bitte benutzen Sie die Treppen. Wir bitten um Ihr Verständnis!

6. **Hofflohmärkte** _____ 12. August sind wieder Flohmärkte in unserem Viertel. Wer will mitmachen? Wir müssen uns spätestens _____ 30. Juni anmelden.

---

zu Lesen, KB 42, Aufgabe 2

15 Überraschungsparty

GRAMMATIK ENTDECKEN

Lesen Sie Thomas' Mail. Markieren Sie die Zeitangaben.

Betreff: Überraschungsparty im Juli!

Hi Freunde,

am <u>27. Juli</u> hat Gerda Geburtstag. Ich möchte ihr eine Überraschungsparty schenken: ein Grillfest! Es wäre schön, wenn ihr kommen könnt. Wichtig: Gerda weiß nichts davon, bitte sagt ihr nichts!!!
Die Party ist bei uns im Hinterhof – außerhalb der Öffnungszeiten der Werkstatt ist da niemand. Wir können also in Ruhe feiern!
Wir starten am Freitag (27.7.) um 17 Uhr. Gegen halb sechs kommt Gerda aus dem Büro. Dann gibt es Cocktails. Und am Abend grillen wir. Ich habe seit letzter Woche einen neuen Gasgrill – das ist also eine Premiere! :-)
Ich will in einer Woche, am besten schon am Samstag, die Getränke bestellen.
Daher meine Bitte: Gebt mir innerhalb der nächsten Tage Bescheid, ob ihr kommt.
Euer Thomas (Ich bin schon ganz aufgeregt! :-))

LEKTION 4

zu Lesen, KB 42, Aufgabe 2

16 Schon wieder umziehen! — GRAMMATIK

a Ordnen Sie die Präpositionen zu.

> am • außerhalb • bis zum • im • in • innerhalb • ~~seit~~ • um • vor • während

Lieber Tim! _Seit_ (1) zehn Jahren wohne ich in WGs. _____ (2) des letzten Jahres habe ich mich sehr oft über meine Mitbewohner geärgert. Darum habe ich beschlossen: Ich will meine eigene Wohnung! Und: _____ (3) der nächsten sechs Monate werde ich eine Wohnung finden! Bereits _____ (4) ein paar Wochen, _____ (5) Juni hat es geklappt: Ich habe einen Mietvertrag unterschrieben! Jetzt muss ich noch renovieren. Damit bin ich wahrscheinlich _____ (6) drei Wochen fertig. _____ (7) 1. August _____ (8) 9 Uhr kommt das Umzugsauto. Ich hoffe, wir schaffen das alles _____ (9) Abend.

Iris und Sebastian kommen und helfen. Kannst Du auch kommen? Ich weiß – es ist schwer für Dich, _____ (10) der Ferienzeiten Urlaub zu bekommen. Aber vielleicht geht es? ☺
Viele Grüße, Felix

b Ordnen Sie die Beispiele aus dem Text in die Tabelle ein.

Temporale Präposition		Beispiel
um	genaue Uhrzeit	
an + Dativ	Tag	
	Tageszeit	(aber: *in der Nacht!*)
	Datum	am 27. Juli
	Feiertag	
in + Dativ	Jahreszeit	
	Monat, Jahrhundert	
	zukünftiger Zeitpunkt	
gegen + Akkusativ	ungenaue Tageszeit	
	ungenaue Zeitangabe	
seit + Dativ		
während + Genitiv		
innerhalb + Genitiv		
außerhalb + Genitiv		

c Ergänzen Sie die Tabelle in b mit diesen und eigenen Beispielen.

> im Sommer • am 28.12. • gegen Mittag • an Weihnachten • in zwei Monaten • am Vormittag • im 19. Jahrhundert • um 22.00 Uhr • an meinem Geburtstag • während der Ferien • gegen 18.00 Uhr

LEKTION 4

zu Lesen, KB 43, Aufgabe 3

17 Leben im Mehrgenerationenhaus

LESEN

3 🔊 22 Lesen Sie noch einmal den Text im Kursbuch (KB 43). Ergänzen Sie.
Hören Sie dann und vergleichen Sie.

„Meine Frau und ich haben vorher in einem _____ (1) gewohnt. Da war alles so ruhig und anonym. Wir haben uns wie in einem _____ (2) gefühlt. Da haben wir von dem _____ (3) ‚Generationsübergreifendes Wohnen' gehört und dachten: Das probieren wir mal aus!
Anfangs war das gar nicht so leicht. Da hatten wir schon Probleme, vor allem mit der _____ (4). Alles lag rum – Spielsachen und Schuhe auf dem Flur. Ja, da waren wir nicht sehr _____ (5) davon. Aber man lernt auch mit der Zeit, _____ (6) zu werden. Wir haben auch mittlerweile unsere Nachbarn, die fünfjährigen _____ (7), total liebgewonnen, obwohl sie ganz schön laut sein können.
Aber der _____ (8) stört uns gar nicht mehr. Schön ist auch, dass man immer zu einem Nachbarn gehen kann, wenn man _____ (9) braucht. Meine Frau hat sich anfangs nicht getraut. Dann habe ich gesagt: ‚Mensch, Schatz. Das ist doch hier ganz normal.'
Aber so _____ (10) ein Hausbewohner mal die Treppen für uns und wir passen dafür auf die Kinder auf. Und wenn uns mal die Decke auf den Kopf fällt, gehen wir in den _____ (11), wo man immer einen Hausbewohner zum Reden oder Karten spielen findet. Wir fühlen uns einfach total _____ (12) hier, lieben die angenehme _____ (13) und freuen uns auf die nächsten Jahre."

zu Sprechen, KB 44, Aufgabe 3

18 Gebt Ben eine Chance!

KOMMUNIKATION

a WG sucht Mitbewohner! Lesen Sie den Aushang. Wie soll die neue Mitbewohnerin / der neue Mitbewohner sein? Was soll sie/er gut und gern machen? Markieren Sie.

> **Nette WG sucht neue Mitbewohnerin / neuen Mitbewohner**
> - Bist du ruhig und ordentlich?
> - Spülst du immer dein Geschirr ab?
> - Kannst du kochen?
>
> *Hast du alle Fragen mit „Ja" beantwortet?* WIE LANGWEILIG! ☺
>
> Das ist uns zwar alles sehr wichtig, denn wir haben stressige Jobs und wollen zuhause keinen Streit und keine Probleme. Aber: Wir sind auch lustig und feiern genauso gern. Wenn du Lust hast, melde dich!
> Wir freuen uns.
>
> *Susi, Robbie, Anne*
> *robbie@gmx.de*

b Ben sucht ein Zimmer in einer WG und hat auch einen Aushang gemacht.
Lesen Sie die Infos zu Ben und ergänzen Sie dann die E-Mail auf der nächsten Seite.

WG gesucht!
Ich bin Ben, 21 Jahre alt, Elektrotechniker
Lieblingsessen: Fast Food
Hobbys: Musik hören und das auch oft laut
Das mache ich gern: Leute einladen und feiern
Ihn bringe ich mit: meinen Papagei *Captain Jack*
Macken: unordentlich, chaotisch, aber auch richtig nett!
zimmer-fuer-ben@gmx.de

50 AB

LEKTION 4

c Was schreibt die WG? Lesen Sie die Mail und ergänzen Sie.

> Was wir gar nicht leiden können … • Es wäre schön … • Für uns kommt nicht infrage … •
> Wir mögen es nicht • Wir wünschen uns • ~~Wir möchten auf keinen Fall~~

Von: robbie@gmx.de
An: zimmer-fuer-ben@gmx.de
Betreff: Vielleicht bist Du unser neuer Mitbewohner

Hi Ben,
Du scheinst ja ganz nett zu sein! Wir würden Dich total gern in unserer WG einziehen lassen. Aber:

Wir möchten auf keinen Fall (1), dass regelmäßig Partys bei uns sind.
_____ (2), dass wir ab und zu etwas zusammen unternehmen.
_____ (3), wenn jeder einmal pro Woche kocht.
_____ (4) ist Unordnung! Kommst Du damit klar?
_____ (5), wenn das Geschirr tagelang rumsteht.
_____ (6), dass der Papagei in der Küche rumfliegt.

Na, willst Du immer noch einziehen? Dann komm doch einfach mal vorbei, in die Weidenstraße 17! Wir freuen uns.

Ciao
Susi, Robbie und Anne

19 Hier bin ich gern!

MEIN DOSSIER

Fotografieren Sie einen Platz, an dem Sie entspannen und den Alltag vergessen können und an dem Sie sich gern aufhalten! Das kann ein Platz in Ihrer Wohnung sein, in einem Café oder auch ein Platz draußen.
Schreiben Sie einen Text, warum Sie den Platz mögen und was Sie dort gern machen. Kleben Sie auch ein Foto dazu.

Ich bin gern bei uns im Stadtpark.
Ich fahre oft mit dem Fahrrad dorthin
und setze mich auf eine Bank.
Das finde ich sehr entspannend.
Ich genieße …

LEKTION 4

AUSSPRACHE: *pr – tr – kr – spr – str*

1 *pr – tr – kr*

a Hören Sie die Wörter und sprechen Sie nach.

pr	tr	kr
Projekt	Trick	Krokodil
Profi	Treppe	(Schild)kröte
Problem	Traum	Kreditkarte
praktisch	Treffpunkt	kriegen
Prüfung	Träne	kreativ
probieren	trauen	Kritik

b Wählen Sie Wörter aus a und schreiben Sie Sätze. Ihre Lernpartnerin / Ihr Lernpartner spricht die Sätze nach.

Das Krokodil weint viele Tränen – Krokodilstränen

Mein Traumhaus – Treffpunkt für alle meine kreativen Freunde.
Die Profis haben praktische und kreative Tricks.
Die Kröte hat sich nicht getraut.

2 *spr – str*

Hören Sie die Sätze und sprechen Sie nach.

1 Wir streichen die Wohnung ganz ohne Stress.
2 Nach der Renovierung sieht alles schön aus, nur gibt es keinen Strom mehr.
3 Die Kinder spielen im Garten und versprechen, nicht zu streiten.
4 Hinter dem Haus ist eine Spielstraße.
5 Im Garten ist ein Springbrunnen.
6 Herr Strobl, unser strenger Nachbar, spricht fünf Sprachen.

3 Zungenbrecher

Hören Sie die Zungenbrecher erst langsam, dann immer schneller. Sprechen Sie dann nach.

Der Streusalzstreuer zahlt
keine Streusalzstreuersteuer,
keine Streusalzstreuersteuer
zahlt der Streusalzstreuer.

Kritische Kröten kauen
keine konkreten Kroketten.
Keine konkreten Kroketten
kauen kritische Kröten.

LEKTION 4 LERNWORTSCHATZ

EINSTIEG, KB 37

der Traum, ¨e

verteilen
raten, riet, hat geraten

mitten in

WORTSCHATZ, KB 38

der Drucker, –
die Einrichtung, -en
der Grund, ¨e
das Heim, -e
das Wohnheim, -e
der Kasten, ¨
der Mülleimer, –
der Profi, -s
das Regal, -e
der Spiegel, –
der Trick, -s
die Unterkunft, ¨e
der Vorhang, ¨e
die Wohngemeinschaft
   (WG), -en

ideal
schwierig

innen

HÖREN, KB 39

die Anzeige, -n
das Gehalt, ¨er
der Makler, –
die Maklerin, -nen
die Möglichkeit, -en
die Sendung, -en
die Wohnung, -en

besichtigen
ausprobieren

SCHREIBEN, KB 40-41

der Bau, -ten
der Altbau, -ten
die Besichtigung, -en
das Formular, -e
der / das / die Haupt-
   der Hauptsatz, ¨e
   die Hauptstadt, ¨e
die Stellung, -en
die Unterstützung, -en
das Verständnis (Sg.)

ansehen, sah an, hat angesehen
beschreiben, beschrieb,
   hat beschrieben
renovieren
zusagen

offiziell
schlimm

LESEN, KB 42–43

das Altersheim, -e
der Artikel, – (Textsorte)
der Bewohner, –
der / das / die Doppel-
   das Doppelbett, -en
der Gedanke, -n
der Hausmeister, –
der Lärm (Sg.)
das Projekt, -e
der Rentner, –
die Vorstellung, -en

erwarten
herrschen
reinigen
sparen

angenehm
begeistert
gewöhnlich
tolerant
unabhängig

außerhalb (temporal) (+ Gen.)
gegen (+ Akk.)
innerhalb (temporal) (+ Gen.)
seit (+ Dat.)
von … an (+ Dat.)
während (+ Gen.)
insgesamt
inzwischen
zunächst

SPRECHEN, KB 44

die Ausbildung, -en
der Blitz, -e
der Ersatz (Sg.)
der Mitbewohner, –
die Technik, -en
der Techniker, –
die Technikerin, -nen
die Umfrage, -n

infrage kommen, kam infrage,
   ist infrage gekommen

SEHEN UND HÖREN, KB 45

die Beziehung, -en
der Kompromiss, -e
der Kurzfilm, -e
die Taktik, -en

empfehlen, empfahl,
   hat empfohlen
streiten, stritt, hat gestritten

LEKTIONSTEST 4

1 Wortschatz

Bilden Sie neue Wörter. Ordnen Sie sie dann zu.

baden • heim • Quadrat • liegen • Dach • wohnen • Stühle • Terrasse • Wanne • Haus • Meister • Meter • Becken • waschen

Julius hat ein Zimmer in einem _____ (1) bekommen! Leider ist es nur 12 _____ (2) groß und es gibt keine _____ (3), sondern nur eine Dusche und ein _____ (4). Der _____ (5) ist leider auch nicht gerade freundlich. Aber es gibt einen großen Vorteil: Die _____ (6) für alle Bewohner! Dort stehen _____ (7) und man hat eine tolle Aussicht!

Je 1 Punkt   Ich habe _____ von 7 möglichen Punkten erreicht.

2 Grammatik

a Was muss Sarah alles/nicht machen? Schreiben Sie Sätze mit _brauchen_.

> Liebe Sarah!
> Bitte den Briefkasten nur am Wochenende leeren.
> Die Zeitungen musst du nicht aufheben.
> Die Pflanzen bitte nur 1x pro Woche gießen.
> Aber die Kakteen überhaupt nicht gießen!

1 Sarah braucht …
2 Sie braucht keine…
3 Die Pflanzen …
4 Aber die Kakteen …

Je 1 Punkt   Ich habe _____ von 4 möglichen Punkten erreicht.

b Beginnen Sie den Satz mit den markierten Teilen und schreiben Sie.

1 Julia ist <u>schon seit Jahren</u> Mitglied im Mieterverein.
2 Sie hat sich <u>auch dieses Jahr</u> dort beraten lassen.
3 Sie spart dabei viel Geld, <u>weil sie für das Gespräch mit einer Juristin nichts zahlen muss</u>.
4 Sie hat <u>ihrem Vermieter</u> geschrieben. Sie wird <u>sicher</u> schnell eine Antwort bekommen.

Je 1 Punkt   Ich habe _____ von 5 möglichen Punkten erreicht.

c Welche Präposition ist richtig? Markieren Sie.

1 Ich habe immer in der Stadt gewohnt. Aber _vor / seit_ 20 Jahren bin ich dann aufs Land gezogen.
2 Die WG-Bewohner waren schon _zwischen / während_ der Schulzeit befreundet.
3 Leon war _innerhalb / außerhalb_ einer Woche bei sieben Wohnungsbesichtigungen.
4 Ich ziehe _in / ab_ zwei Wochen um. _Von / Seit_ März an habe ich dann also eine neue Adresse.
5 Wir haben unseren Nachbarn _an / in_ seinem Geburtstag mit einem Geschenk überrascht.
6 Ich weiß nicht genau, wann ich komme, aber so _gegen / am_ vier Uhr bin ich wahrscheinlich da.
7 Sie erreichen uns persönlich _von / ab_ Montag _bis / an_ Freitag. Sie können aber auch _innerhalb / außerhalb_ unserer Sprechzeiten eine Nachricht hinterlassen.

Je 1 Punkt   Ich habe _____ von 10 möglichen Punkten erreicht.

3 Kommunikation

Ergänzen Sie in der richtigen Form.

wünschen • mögen • leiden • sein • kommen

Es _____ (1) gar nicht infrage, dass bei uns im Haus regelmäßig Partys stattfinden. Wir _____ (2) uns, dass wir ein gutes Verhältnis zu unseren Nachbarn haben. Es _____ (3) schön, wenn sich alle an die Hausordnung halten. Was wir gar nicht _____ (4), ist Unordnung! Wir können es gar nicht _____ (5), wenn die Fahrräder im Treppenhaus stehen.

Je 1 Punkt   Ich habe _____ von 5 möglichen Punkten erreicht.

Auswertung:

Ich habe _____ von 30 möglichen Punkten erreicht.

☺	😐	☹
30–24	23–18	17–0

LEKTION 5 BERUFSEINSTIEG

WIEDERHOLUNG WORTSCHATZ

1 Berufe und Tätigkeiten

a Was macht man in diesen Berufen? Ordnen Sie zu.

1 Krankenpfleger/in — neue Maschinen konstruieren
2 Hausfrau / Hausmann — Speisen zubereiten
3 Ingenieur/in — Apparate reparieren
4 Koch / Köchin — Schüler unterrichten
5 Journalist/in — sich um den Haushalt kümmern
6 Lehrer/in — Patienten betreuen
7 Musiker/in — Kunden beraten
8 Mechaniker/in — Stücke komponieren und spielen
9 Verkäufer/in — Informationen sammeln und für eine Zeitung schreiben

b Was macht man als …? Wie finden Sie diese Tätigkeiten? Bilden Sie Sätze.

> interessant • spannend • langweilig • schwer • toll • kompliziert • …

1 Als Krankenpflegerin betreut man Patienten. Das finde ich toll, aber auch anstrengend!

2 Ausbildung und Beruf

Was passt nicht? Streichen Sie durch.

1 einen Arbeitsvertrag   schicken – ~~bestellen~~ – unterschreiben
2 eine Ausbildung   machen – abschließen – besuchen
3 ein Ziel   erreichen – mitbringen – haben
4 Lohn   bekommen – erhalten – erklären
5 Geld   aufschreiben – verdienen – ausgeben
6 eine Stelle   suchen – untersuchen – interessant finden

---

zu Sehen und Hören 1, KB 52, Aufgabe 1

3 Was ist das *Atelier La Silhouette*?

WORTSCHATZ

Bilden Sie Sätze.

1 Atelier La Silhouette – 20 Jahre – existieren
   Das Atelier La Silhouette existiert seit 20 Jahren.

2 damals – Sozialarbeiterin – Betrieb – gründen

3 junge Migrantinnen – Ausbildung – Schneiderin – absolvieren – dort

4 die Auszubildenden – Werkstatt – nähen lernen

5 alle Mitarbeiterinnen – außerdem – Kundinnen – beraten

6 gemeinsam – sie – Stoff und Schnitt – für Kleidungsstücke – auswählen

7 die Auszubildenden – ihre gute Arbeit – stolz sein auf

8 faire Chance – für die Zukunft – hier – sie – bekommen

LEKTION 5

WIEDERHOLUNG GRAMMATIK

zu Sehen und Hören 1, KB 53, Aufgabe 2

4 Eine E-Mail von der Chefin

könntest • wäre • würdet • hättet • ~~könntet~~ • wäre

Ergänzen Sie die Vorschläge und Bitten.

Liebes Team,
die Weihnachtszeit naht und wie jedes Jahr meine Bitte: _Könntet_ (1) Ihr Euch bitte in eine Liste eintragen, wer wann Urlaub nimmt? Karin, es _____ (2) toll, wenn Du die Liste vorbereiten und im Kopierraum aufhängen _____ (3). Da wir ja auch unsere interne Weihnachtsfeier planen wollen, _____ (4) es schön, wenn Ihr auch gleich eintragen _____ (5), wann Ihr dafür Zeit _____ (6).

zu Sehen und Hören 1, KB 53, Aufgabe 2

5 Konjunktiv II

GRAMMATIK ENTDECKEN

a (M)ein idealer Arbeitsplatz. Markieren Sie alle Formen im Konjunktiv II. Ordnen Sie sie dann in die Tabelle ein.

Am liebsten <u>würde</u> ich in einem kleinen Familienbetrieb <u>arbeiten</u>, der praktische Produkte herstellt, wie zum Beispiel Möbel mit verschiedenen Funktionen. Man <u>könnte</u> z. B. ein Bett als Sofa oder Schrank benutzen. Die Büros und Werkstätten in unserer Firma wären riesengroß und hell. Alle Mitarbeiter würden sich gut kennen und es gäbe keinen Streit. Man wüsste immer, wen man um Hilfe bitten könnte. Pro Woche müsste man höchstens 15 Stunden arbeiten – man käme also zwischen 11 und 13 Uhr zum Arbeitsplatz und ginge spätestens um 16 Uhr nach Hause. Außerdem würde man unheimlich gut verdienen und niemand müsste Schulden machen. Auch die Auszubildenden hätten eine sichere Zukunft in der Firma. Man dürfte mit seinem Chef oder seiner Chefin jederzeit über alles sprechen. Auf so einen Betrieb wäre man wirklich stolz!

Konjunktiv II	
würde + Infinitiv	Originalform
würde … arbeiten, …	könnte, …

b Sehen Sie die Originalformen der Verben *können, müssen, dürfen, haben, sein, geben, gehen, kommen* und *wissen* noch einmal an. Wie lauten die Verbformen im Präteritum? Ergänzen Sie.

Konjunktiv II		Präteritum	
ich/er _könnte_	– sie _könnten_	ich/er _konnte_	– sie _konnten_
ich/er _____	– sie _____	ich/er _____	– sie _____
ich/er _____	– sie _____	ich/er _____	– sie _____
ich/er _____	– sie _____	ich/er _____	– sie _____
ich/er _____	– sie _____	ich/er _____	– sie _____
ich/er _____	– sie _____	ich/er _____	– sie _____
ich/er _____	– sie _____	ich/er _____	– sie _____
ich/er _____	– sie _____	ich/er _____	– sie _____
ich/er _____	– sie _____	ich/er _____	– sie _____

LEKTION 5

zu Sehen und Hören 1, KB 53, Aufgabe 2

6 Irreale Wünsche · GRAMMATIK

Schreiben Sie Sätze. Verwenden Sie auch die Originalformen.

1 Paul ist angestellt. (eine eigene Firma haben)
   Er hätte gern eine eigene Firma.

2 Die Ausbilderin hat die Namen einiger Auszubildenden vergessen. (sich alle Namen merken)
   Sie würde sich gern ...

3 Einige Auszubildende haben Schulden. (weniger Geldprobleme haben)

4 Mirko beginnt jetzt das zweite Lehrjahr. (mit der Ausbildung fertig sein)

5 Nuria und Svetlana müssen immer an der Kasse arbeiten. (Kunden beraten)

6 Naima muss um 7 Uhr mit der Arbeit anfangen. (später anfangen)

7 Elias weiß noch nicht, wo er nach der Ausbildung arbeiten kann. (es wissen)

zu Sehen und Hören 1, KB 53, Aufgabe 2

7 Irreales ausdrücken · GRAMMATIK

Wählen Sie passende Antworten. Verwenden Sie auch die Originalform des Konjunktiv II.

Was **würden** Sie **tun**, ...

– **wenn** Sie Auszubildender **wären**?
– **wenn** Sie Ausbilder oder Meister **wären**?

immer pünktlich zur Arbeit kommen · die Ausbildungsschritte gut planen · viele Fragen haben · gern zur Berufsschule gehen · freundlich, aber streng sein · viele Fragen beantworten müssen · genaue Anweisungen geben · gern mit netten Kollegen zusammenarbeiten · viel Neues lernen müssen

Wenn ich Auszubildender wäre, würde ich immer pünktlich zur Arbeit kommen.
Oder: *Wenn ich Auszubildender wäre, käme ich immer pünktlich zur Arbeit.*

zu Sehen und Hören 1, KB 53, Aufgabe 4

8 Verkürzte irreale Sätze · GRAMMATIK

Formen Sie irreale *wenn*-Sätze in Sätze ohne *wenn* um.

1 Wenn Jamila Kassabi nicht Vollzeit berufstätig wäre, hätte sie mehr Zeit für ihre Hobbys.
2 Wenn Nick Gerner Beamter wäre, könnte man ihn nicht entlassen.
3 Wenn Dunja Voitic eine eigene Firma gründen würde, wäre sie endlich unabhängig.
4 Wenn Eva Leb wählen könnte, würde sie gern bei einer berühmten Modefirma arbeiten.
5 Wenn Amadou Kenta besser Deutsch könnte, hätte er bessere Chancen bei der Jobsuche.

1 Wäre Jamila Kassabi nicht Vollzeit berufstätig, hätte sie mehr Zeit für ihre Hobbys.

LEKTION 5

zu Lesen 1, KB 54, Aufgabe 2

9 Ich war bei einem Speed-Dating!   WORTSCHATZ

a   Lesen Sie das Telefongespräch und ergänzen Sie.

> kurzfassen • ~~bewerben~~ • Zeitdruck • entschieden • bloß • aufgeregt • Energiekonzerns • geeignet • gewöhnt • Vorstellungsgespräch • Bewerbungsmappe • gelohnt • Chemie

■ Ja, hallo?
● Hallo Faris, hier ist Marta.
■ Hey, hallo Marta, schön, dass du mal wieder anrufst! Wie läuft es denn so?
● Du wirst es nicht glauben, ich war gestern bei einem Speed-Dating!
■ Was? Bei einem Speed-Dating? Ich dachte, du bist glücklich mit Mika?
● Bin ich ja! Das Thema war aber dabei nicht Partnersuche, sondern es ging darum, sich um einen Job zu _bewerben_ (1). Es waren eine Menge Firmen und Bewerber da und man hatte jeweils zehn Minuten für ein _____ (2). Da muss man sich ganz schön _____ (3)!
■ Das klingt ja spannend. Warst du sehr _____ (4)?
● Klar war ich nervös, aber nach ein oder zwei Gesprächen _____ (5) man sich an die Situation. Außerdem haben die Personalchefs uns Bewerber wirklich freundlich behandelt.
■ Man hat also wirklich _____ (6) zehn Minuten Zeit pro Gespräch? Da würde ich mich, glaube ich, unter _____ (7) fühlen. Und wie läuft das genau ab?
● Als Erstes hat sich der potenzielle Arbeitgeber die _____ (8) angesehen. Danach musste ich noch alle möglichen Fragen beantworten. Wichtig ist natürlich auch, dass die _____ (9) zwischen den Gesprächspartnern stimmt.
■ Und wie ist es bei dir am Ende ausgegangen? Hat sich eine Firma für dich _____ (10)?
● Es scheint so, denn ein Vertreter aus der Personalabteilung eines _____ (11) meinte, ich bin für die Stelle als Bürokauffrau gut _____ (12) und er würde mich gern einstellen. Das heißt, das Speed-Dating hat sich für mich auf jeden Fall _____ (13).
■ Mensch, Glückwunsch, Marta, ich glaube zum nächsten Speed-Dating gehe ich auch mal hin …

3 ◀)) 26   b   Hören Sie nun das Gespräch und kontrollieren Sie.

zu Lesen 1, KB 55, Aufgabe 3

10 *Damit – um … zu*   GRAMMATIK

Karims Ziele: Für wen macht er das? Markieren Sie.

	für sich	Chef	Freundin
1 Karim hat ein gutes Abitur gemacht, um Informatik zu studieren.	☒	☐	☐
2 Er hat sich sehr angestrengt, damit seine Freundin stolz auf ihn ist.	☐	☐	☐
3 Er erledigt alle Aufgaben in kürzester Zeit, damit sein Chef zufrieden ist.	☐	☐	☐
4 Karim arbeitet auch noch in einer Kneipe, um seine Schulden zurückzuzahlen.	☐	☐	☐
5 Karim macht eine Fortbildung, damit sein Chef ihm andere Projekte gibt.	☐	☐	☐

LEKTION 5

zu Lesen 1, KB 55, Aufgabe 3

11 Wozu macht man das? GRAMMATIK

Schreiben Sie Sätze mit *um ... zu*.

> pünktlich zum Bewerbungsgespräch kommen • einen sicheren Arbeitsplatz haben • ~~sich über offene Stellen informieren~~ • viele Gespräche führen können • eine gute Arbeitsstelle finden

1 Ich sehe mir Stellenangebote im Internet an, *um mich über offene Stellen zu informieren.*
2 Ich schreibe viele Bewerbungen, _____
3 Die Chefs sprechen nur 10 Minuten mit jedem Bewerber, _____
4 Marco entscheidet sich für die Stelle als Beamter, _____
5 Amira überprüft vorher im Internet, wie lange die Fahrt zur Firma dauert, _____

zu Lesen 1, KB 55, Aufgabe 3

12 Was Sie alles tun sollten, *um ... zu* / *damit ...* GRAMMATIK

Schreiben Sie je einen Ratschlag mit *um ... zu* und einen mit *damit*.

1 Wozu sollte Pablo eine Ausbildung abschließen?
(Er hat gute Berufschancen. / Seine Eltern müssen ihn nicht mehr finanziell unterstützen.)
Pablo sollte eine Ausbildung abschließen, *um gute Berufschancen zu haben.*
Er sollte eine Ausbildung abschließen, *damit seine Eltern ihn nicht mehr finanziell unterstützen müssen.*

2 Wozu sollte Carina eine eigene Firma gründen?
(Sie verdient einmal viel Geld. / Kein Chef kann ihr etwas sagen.)
Carina sollte eine eigene Firma gründen, _____
Sie sollte eine eigene Firma gründen, _____

3 Wozu sollte Deniz einen Sprachkurs machen?
(Er verbessert seine Fremdsprachenkenntnisse. / Seine Firma kann ihn ins Ausland schicken.)
Deniz sollte einen Sprachkurs machen, _____
Er sollte einen Sprachkurs machen, _____

4 Wozu sollte Mouna sich arbeitslos melden?
(Sie bekommt neue Stellenangebote. / Die Agentur für Arbeit bezahlt ihr Arbeitslosengeld.)
Mouna sollte sich arbeitslos melden, _____
Sie sollte sich arbeitslos melden, _____

zu Lesen 1, KB 55, Aufgabe 3

13 Tipps für Berufseinsteiger GRAMMATIK

Ergänzen Sie die Sätze mit *um ... zu* oder *damit*.

1 Sie sollten sich bei mehreren Firmen bewerben, *um* _____
2 Sie sollten pünktlich zum Bewerbungsgespräch kommen, *damit* _____
3 Bei einem Vorstellungsgespräch muss man sich passend kleiden, _____
4 Ein Freund oder eine Freundin sollte das Gespräch vorher mit Ihnen üben, _____
5 Man sollte sich vorher gut über die Firma informieren, _____

LEKTION 5

> zu Wortschatz, KB 56, Aufgabe 1

14 Lebensläufe   LESEN

a   Lesen Sie zwei Lebensläufe zu den vier Personen aus dem Kursbuch (KB 56) und ergänzen Sie.

1 „Ich habe eine Realschule besucht (1) und mit der mittleren Reife _____ (2). Mit 17 Jahren habe ich erst einmal ein freiwilliges soziales Jahr gemacht und in einem Waisenhaus _____ (3). Die Arbeit mit Kindern hat mir so viel Spaß gemacht, dass ich danach eine Ausbildung zum Erzieher _____ (4) habe. Ich habe auch gleich eine Stelle in einem Schulhort _____ (5). Nach zwei Jahren habe ich jedoch gekündigt und musste mich bei der Bundesagentur für Arbeit _____ (6) melden. Bereits einen Monat später hat mich dann ein Kindergarten _____ (7), in dem ich bis heute arbeite."

2 „Mein beruflicher Werdegang ist relativ schnell erzählt. Ja, nach der Schule habe ich an der Fachhochschule für Wirtschaft in Köln Betriebswirtschaft studiert und mein Studium in sechs Semestern _____ (8). Da war ich 22. Damals wollte ich so schnell wie möglich berufstätig sein und eine feste Anstellung _____ (9). Inzwischen bin ich seit 15 Jahren bei den Stadtwerken in Köln tätig und kann nicht mehr _____ (10) werden. Wahrscheinlich bleibe ich hier, bis ich in _____ (11) gehe."

b   Welcher Lebenslauf passt zu wem? Warum? Schreiben Sie 3–4 Sätze pro Person.

> Der Lebenslauf 1 passt am besten zu Person ...
> Die / Der sieht ziemlich ... aus. Und sie / er hat vielleicht auch ...

> zu Wortschatz, KB 56, Aufgabe 2

15 Berufstätigkeit   WORTSCHATZ

Was passt nicht? Streichen Sie durch.

1 Arbeitnehmer – ~~Mitarbeiter~~ – Angestellter – Selbstständiger
2 Lohn – Gehalt – Steuern – Einkommen
3 Praktikant – Rentner – Beamter – Urlauber
4 einstellen – kündigen – entlassen – feuern
5 sozialversichert – arbeitslosenversichert – rentenversichert – haftpflichtversichert
6 Unternehmen – Werk – Universität – Fabrik
7 berufstätig – angestellt – arbeitslos – in Ausbildung

LEKTION 5

zu *Wussten Sie schon?*, KB 57

16 Beamte

LANDESKUNDE

a Sehen Sie den Witz über Beamte an. Welches Klischee über das typische Beamtenleben steckt hinter dem Witz? Markieren Sie.

- ☐ Beamte arbeiten meistens ohne Mittagspause durch.
- ☐ Beamte nutzen ihre Mittagspause zum Schlafen, um danach mehr zu leisten.
- ☐ Beamte streiken oft in der Mittagspause.
- ☐ Beamte arbeiten wenig und schlafen manchmal sogar am Arbeitsplatz.

GEHST DU MIT IN DIE MITTAGSPAUSE ODER ARBEITEST DU WIEDER DURCH?

b Warum gibt es „Beamtenwitze"? Lesen Sie den Text und schreiben Sie zwei Gründe.

> Beamte haben einen sehr sicheren, soliden Arbeitsplatz, weil ihnen nicht gekündigt werden kann. Auch ihre Arbeitsbedingungen, zu denen Arbeitszeiten, Überstunden, Pausen usw. gehören, sind klar geregelt. Wahrscheinlich beneiden andere Arbeitnehmer die Beamten oft heimlich um diese „Privilegien", sodass im Laufe der Zeit eine Menge sogenannter „Beamtenwitze" entstanden sind. Darin werden Beamte meist als bequeme, nicht allzu fleißige Menschen dargestellt, denen es nur darum geht, während ihrer Arbeitszeit möglichst wenig zu arbeiten.

Es gibt viele Beamtenwitze, weil

Außerdem

zu Wortschatz, KB 57, Aufgabe 3

17 Was braucht man *zum* …?

GRAMMATIK

Ordnen Sie zu und schreiben Sie die Sätze.

1 lernen	Waschmittel und eine Waschmaschine
2 rechnen	eine Kasse und Wechselgeld
3 kassieren	Nadel, Faden und eventuell Knöpfe
4 Auto fahren	einen Taschenrechner
5 Wäsche waschen	einen ruhigen Ort
6 nähen	einen Führerschein und ein Fahrzeug

Zum Lernen braucht man einen ruhigen Ort.

zu Wortschatz, KB 57, Aufgabe 3

18 Was benutzen Sie selbst an Ihrem Arbeitsplatz?

SCHREIBEN

Schreiben Sie einen kurzen Text. Verwenden Sie die Adverbien *manchmal, meistens, oft, selten, immer*.

Zum Telefonieren benutze ich meistens das Handy. …

LEKTION 5

zu Sprechen, KB 58, Aufgabe 1

19 Small Talk WORTSCHATZ

a Ordnen Sie den Fragen die Antworten zu.

Marius
1 Und wie bist du auf die Idee gekommen, Pilotin zu werden? Das ist ja eher so ein typischer Männerberuf, oder?
2 Ist bestimmt nicht leicht, da reinzukommen! Was braucht man denn da für Voraussetzungen?
3 Und ist es denn auch dein Traumjob?
4 Was, andererseits?
5 Verstehe ich, … Ich wünsch' dir auf jeden Fall weiterhin ganz viel Spaß beim Fliegen!

Bianca
A Spaß macht es auf jeden Fall. Man kommt in der ganzen Welt herum. Und man hat ziemlich viel Verantwortung, das gefällt mir. Andererseits …
B Danke!
C Das stimmt, lange war das wohl auch so, aber inzwischen sind Frauen da völlig gleichberechtigt. Mich persönlich hat Fliegen jedenfalls schon immer interessiert, mein Onkel hat einen Flugschein und da durfte ich früher schon ein paar Mal mitfliegen. Also habe ich mich bei der Lufthansa um einen Ausbildungsplatz zur Pilotin beworben. Das hat dann auch geklappt.
D Es kann auch manchmal etwas anstrengend sein.
E Ja, erstmal wird man getestet – mathematische Begabung, technisches Wissen, Englischkenntnisse. Körperlich fit muss man natürlich auch sein!

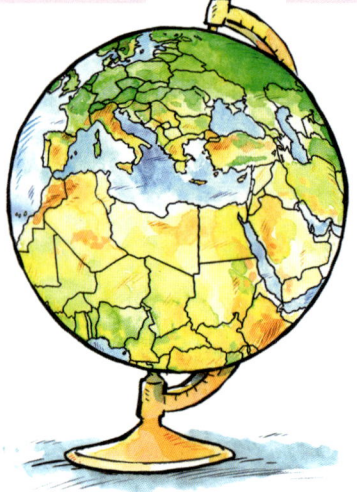

b Welche Wörter haben eine ähnliche Bedeutung wie die Wörter aus dem Gespräch? Ordnen Sie zu.

1 klappen — absolut
2 gleichberechtigt — funktionieren
3 anstrengend — unbedingt
4 völlig — ist notwendig für den Beruf
5 Begabung — kostet viel Energie und Nerven
6 Voraussetzungen — haben die gleichen Chancen und Rechte
7 auf jeden Fall — Talent

c Hören Sie das Gespräch und kontrollieren Sie.

LEKTION 5

zu Sprechen, KB 58, Aufgabe 2

20 Was würde dich interessieren?

KOMMUNIKATION

Lesen Sie und ergänzen Sie.

> für diesen Beruf braucht man vor allem • Außerdem hätte ich die Möglichkeit • ~~wäre ich gern~~ • ist auch oft anstrengend • Gut gefällt mir • wollte ich schon • würde ich jeden Tag • würde ich mir wünschen

„Also, ich bin ja jetzt noch Schüler. Nächstes Jahr mache ich mein Abitur. Ich weiß noch nicht genau, was ich dann machen werde. Aber einen Traumberuf habe ich schon: Wenn ich wählen könnte, _wäre ich gern_ (1) Arzt. Ich denke, _____ (2) Interesse an Medizin und Gesundheit. Als Arzt _____ (3) einige Stunden Sprechzeit für meine Patienten am Vormittag und am späten Nachmittag bis zum Abend einrichten. _____ (4), dass ich vielen Menschen wirklich helfen kann, wieder gesund zu werden. _____ (5), mich weiterzubilden und neue Therapiemethoden auszuprobieren. Das wäre spannend. Aber der Beruf _____ (6), da manchmal Menschen mit einer schweren Krankheit kommen. Natürlich _____ (7), allen helfen zu können, wieder gesund zu werden. Das _____ (8) als kleiner Junge."

zu Sprechen, KB 58, Aufgabe 2

21 Ihr Traumberuf?

SPIEL

a Notieren Sie auf einem Blatt einige Sätze über Ihren Traumberuf. Verwenden Sie auch Redemittel aus Übung 20. Schreiben Sie keinen Namen dazu.

> Ich wäre gern Altenpflegerin …
> Für diesen Beruf braucht man vor allem …
> …

b Ihre Lehrerin / Ihr Lehrer sammelt die Blätter ein und verteilt sie. Lesen Sie den Text vor und raten Sie im Kurs: Wer hat das geschrieben?

zu Lesen 2, KB 59, Aufgabe 1

22 Textzusammenfassung

WORTSCHATZ

Lesen Sie die Stellenanzeige der *LECKERO GmbH* im Kursbuch (KB 59) und ergänzen Sie.

> erwartet • Anfang • Bereiche • Bewerbung • verlassen • ~~Gastronomie~~ • Mitarbeitern

Von unseren Bewerbern wird eine abgeschlossene Schulausbildung und kaufmännisches Interesse _____ (1). Natürlich sollten Sie sich für die _Gastronomie_ (2) interessieren und Sie müssen von _____ (3) an zeitlich flexibel sein. In Zusammenarbeit mit unseren qualifizierten _____ (4) lernen Sie während Ihrer Berufsausbildung die verschiedenen _____ (5) unseres Restaurantbetriebs genau kennen. Wenn Sie noch dazu gern Verantwortung übernehmen und wir uns im manchmal hektischen Berufsalltag immer auf Sie _____ (6) können, freuen wir uns jetzt schon auf Ihre _____ (7)!

AB 63

LEKTION 5

zu Lesen 2, KB 59, Aufgabe 1

23 Berufliche Ziele WORTSCHATZ

a Was bedeutet das? Ordnen Sie zu.

1 das Tagesgeschäft mitgestalten — sich mit bestimmten Computerprogrammen auskennen
2 eine qualifizierte Berufsausbildung erhalten — unterschiedliche Tätigkeiten ausüben
3 eine zupackende Persönlichkeit haben — im Arbeitsalltag mitentscheiden
4 Verantwortung übernehmen — einen Beruf erlernen
5 über MS-Office-Kenntnisse verfügen — für die Folgen einer Handlung geradestehen
6 einen abwechslungsreichen Arbeitsplatz haben — sich aktiv am Arbeitsplatz einbringen

b Welche dieser Ziele sind für Sie persönlich wichtig, welche haben weniger Bedeutung? Schreiben Sie.

„*Besonders wichtig ist / wäre für mich … zu … Das kann / könnte ich zum Beispiel, wenn ich …
Ich möchte aber auch gern … beispielsweise …
Es ist für mich nicht so wichtig, … zu …
Ich habe auch (nicht) die Absicht, …
Außerdem hätte ich vermutlich Schwierigkeiten, … zu …*"

zu Schreiben, KB 60, Aufgabe 1

24 Bewerbungsschreiben KOMMUNIKATION

a Welche Formulierungen passen für ein Bewerbungsschreiben? Markieren Sie.

1 Sehr geehrte Damen und Herren, [X]
2 In der Schule fand ich die Fächer … absolut cool. ☐
3 Aus folgenden Gründen halte ich mich für diese Position geeignet: ☐
4 Liebe Frau …, ☐

5 Ich habe meinen qualifizierenden Hauptschulabschluss im Mai ziemlich gut gemacht. ☐
6 Sie finden in mir einen äußerst zuverlässigen Mitarbeiter für die Stelle als … ☐
7 Meinen mittleren Schulabschluss habe ich mit einem guten Notendurchschnitt gemacht. ☐
8 Ich glaube, dass ich locker alles kann, was Sie so verlangen. ☐

9 In eine andere Stadt umzuziehen, wäre gar kein Problem. ☐
10 Meine bevorzugten Schulfächer waren … ☐
11 Der Job würde mir, glaube ich, großen Spaß machen. ☐
12 Es wäre nett, mal persönlich mit Ihnen zu reden. ☐

13 Ihre Anzeige in … hat mein Interesse geweckt. ☐
14 Zu Schicht- und Wochenenddiensten wäre ich natürlich jederzeit bereit. ☐
15 Über die Möglichkeit zu einem persönlichen Gespräch würde ich mich sehr freuen. ☐
16 Mit freundlichen Grüßen ☐

b Ordnen Sie die markierten Formulierungen aus a den Inhaltspunkten zu. Es können mehrere Formulierungen zu einem Punkt passen.

Inhalt	Formeller Brief/Bewerbungsschreiben
Anrede:	1, …
Grund für das Schreiben:	
Eigene Qualifikation:	
Was man für die Stelle tun würde:	
Schlusssatz:	
Gruß:	

LEKTION 5

zu *Wussten Sie schon?*, KB 61

25 Duale Berufsausbildung

LANDESKUNDE / LESEN

Lesen Sie den Zeitungsartikel und markieren Sie.

1 In den Ländern mit dualer Berufsausbildung
- ☐ wollen viele junge Leute Automobilkaufmann oder Zimmermann werden.
- ☐ haben mehr Menschen eine berufliche Qualifikation als anderswo.
- ☐ kann man nur zwischen wenigen Ausbildungsberufen wählen.

2 Für eine duale Berufsausbildung entscheidet sich
- ☐ mehr als die Hälfte aller Jugendlichen.
- ☐ jeder sechste Jugendliche.
- ☐ ein Teil der arbeitslosen Jugendlichen.

3 Wer einen Chefposten in einer Firma will,
- ☐ muss auf jeden Fall studieren.
- ☐ muss sich mit dem alten Chef gut verstehen.
- ☐ kann sich auch ohne Studium über Weiterbildung qualifizieren.

Die duale Berufsausbildung: Ein Erfolgsmodell in Deutschland, Österreich und der Schweiz

Weil sich in allen drei Ländern relativ viele Jugendliche nach der Schule für eine Ausbildung entscheiden, ist die Jugendarbeitslosigkeit geringer als in zahlreichen anderen Industrieländern.

Von A wie Automobilkaufmann bis Z wie Zimmermann: Die Jugend in den D-A-CH-Ländern, also in Deutschland, Österreich und der Schweiz, hat eine große Auswahl an Ausbildungsberufen. Im internationalen Vergleich gibt es hier deutlich mehr beruflich qualifizierte Menschen als in anderen Ländern. Die dualen Berufsbildungssysteme sind auch ein wichtiger Faktor für den wirtschaftlichen Erfolg. Und zwar aus folgenden Gründen:
In Ländern, die ihren Nachwuchs in der Kombination von Betrieb und Berufsschule ausbilden, gibt es nach der Ausbildung traditionell weniger Probleme für die jungen Leute, einen festen Arbeitsplatz zu finden. Rund sechs von zehn Schulabsolventen eines Jahrgangs schließen hier einen Ausbildungsvertrag ab.

Länder mit einem beruflichen Ausbildungssystem bieten ihren Bürgern mehr Chancen, sich zu qualifizieren. In den D-A-CH-Ländern gibt es durch die duale Berufsausbildung viele Fachkräfte. Auch nach ihrem Berufsabschluss haben sie zahlreiche Möglichkeiten, sich beruflich weiterzuqualifizieren. Viele schaffen so auch den Weg in die Chefetagen.

26 Interessante Berufe

MEIN DOSSIER

a Machen Sie interessante Fotos von Menschen an ihrem Arbeitsplatz oder suchen Sie geeignete Fotos in Zeitungen oder im Internet.

b Schneiden oder drucken Sie die Fotos aus und kleben Sie sie ein. Kommentieren Sie die Bilder mit Ihren Gedanken.

Ich wüsste gern, was er da gerade entdeckt hat. ...

LEKTION 5

AUSSPRACHE: Wortakzent

1 Hören Sie die Wörter. Welche Silben sind betont? Markieren Sie und lesen Sie dann die Wörter laut.

a Trennbare – untrennbare Verben

trennbar	untrennbar
einstellen	entlassen
beibringen	bewerben
vorstellen	gewöhnen
ablehnen	erkennen
auswählen	verdienen

b Deutsche Wörter – Fremdwörter

Deutsche Wörter	Fremdwörter
Arbeit	Abitur
Stelle	Mobilität
Künstler	Ingenieur
Zukunft	Information
Werkstatt	Büro

2 Zusammengesetzte Nomen

a Hören Sie die Wörter und ergänzen Sie.

1 Bildung — Weiterbildung
2 Gespräch
3 Schule
4 Vertrag
5 Platz
6 Versicherung

b Hören Sie noch einmal und markieren Sie: Welches Wort ist betont?

3 „Brummen"

a Hören Sie „gebrummte" Wörter. Welches Wort hören Sie? Markieren Sie.

1 ☒ Zukunft ☐ Büro
2 ☐ Ausbildung ☐ Ingenieur
3 ☐ Arbeitsvertrag ☐ Information
4 ☐ Vorstellungsgespräch ☐ Bewerbungsgespräch

b Ordnen Sie die Wörter aus a den Betonungsmustern zu.

1 ●• — Zukunft
2 ●•••
3 ●•••
4 •●
5 •●•
6 •●••
7 ••●
8 ••●

c „Brummen" Sie nun selbst ein Wort aus Übung 3. Die anderen raten.

Büro?

LEKTION 5 LERNWORTSCHATZ

EINSTIEGSSEITE, KB 51

das Atelier, -s
der / die Auszubildende, -n
das Schaufenster, –
der Schneider, –
die Schneiderin, -nen

nähen
sich etwas vorstellen

SEHEN UND HÖREN 1, KB 52–53

die Anleitung, -en
die Chance, -n
das Kleidungsstück, -e
die Schulden (Pl.)

beibringen, brachte bei, hat beigebracht
gründen

berühmt
finanziell

LESEN 1, KB 54–55

die Absicht, -en
der Arbeitgeber, –
die Bedingung, -en
die Bewerbung, -en
die Bürokauffrau, -en
die Chemie (Sg.)
der Druck (Sg.)
der Zeitdruck (Sg.)
die Energie, -n
der Energiekonzern, -e
die Geschwindigkeit, -en
der Vertreter, –

sich entscheiden für (+ Akk.), entschied, hat entschieden
erledigen
sich kurzfassen
sich gewöhnen an (+ Akk.)
lächeln
überprüfen

bloß
damit
höchstens
jedoch
um … zu

WORTSCHATZ, KB 56–57

der / die Angestellte, -n
der Beamte, -n
die Beamtin, -nen
der Bund (Sg.)
das Einkommen, –
die Einkommenssteuer, -n
der Erzieher, –
die Erzieherin, -nen
die Kenntnis, -se
der Knopf, ⸚e
die Nadel, -n
der Polizist, -en
der Praktikant, -en
die Praktikantin, -nen
die Rente, -n
die Tafel, -n
das Unternehmen, –
die Versicherung, -en
das Werk, -e

abschließen
einstellen
entlassen, entließ, hat entlassen
in Rente gehen / sein
kündigen
streiken
sozialversichert sein

arbeitslos
beruflich
berufstätig
staatlich

solange

SPRECHEN, KB 58

das Abitur / das Abi (Sg.)
der Pilot, -en
die Pilotin, -nen
die Strategie, -n
die Voraussetzung, -en

verwenden

völlig
gleichberechtigt
jedenfalls

LESEN 2, KB 59

der Anfang, ⸚e
der Bereich, -e
der Mitarbeiter, –
die Mitarbeiterin, -nen
die Verantwortung, -en

sich bewerben um (+ Akk.), bewarb, hat beworben
sich verlassen auf (+ Akk.)

SCHREIBEN, KB 60

die Grundlage, -n
das Interesse, -n
  Interesse wecken
das Vorstellungsgespräch, -e

zubereiten
zuverlässig

natürlich

SEHEN UND HÖREN 2, KB 61

der Grund, ⸚e
die Schwierigkeit, -en
das Video, -s
die Werbung (Sg.)
der Werbefilm, -e

LEKTIONSTEST 5

1 Wortschatz

Was ist richtig? Markieren Sie.

Samira hat sich vor zwei Monaten um eine neue Stelle *entschieden / erhalten / beworben* (1). Für die Bewerbung musste sie eine Mappe *verwenden / erledigen / zubereiten* (2). Von einer Firma, die neue Mitarbeiter *entlassen / verwenden / einstellen* (3) will, bekam sie eine Einladung zu einem Vorstellungsgespräch. Als Samira dorthin ging, war sie natürlich sehr *geeignet / aufgeregt / anstrengend* (4). Die Stelle interessiert Samira, weil sie *Verantwortung / Voraussetzung / Versicherung* (5) übernehmen möchte. Die Firma baut gerade ein neues *Haus / Werk / Büro* (6), weil sich die Produktion verbessern soll.

Je 1 Punkt   Ich habe _____ von 6 möglichen Punkten erreicht.

2 Grammatik

a **Berufswünsche: Ergänzen Sie im Konjunktiv II.**

> gründen • haben • einstellen • sein • kommen • müssen

Marek _____ gern einen eigenen Betrieb _____ (1). Dafür _____ (2) er natürlich erst einmal Schulden machen und sehr viel arbeiten. Mit der Zeit _____ er dann aber immer mehr Mitarbeiter _____ (3). Seine Eltern _____ (4) auf jeden Fall stolz auf ihn. Natürlich _____ (5) sie zu jeder Firmenfeier. Mit 50 Jahren _____ (6) Marek dann genug Geld, um nicht mehr arbeiten zu müssen.

Je 1 Punkt   Ich habe _____ von 6 möglichen Punkten erreicht.

b **Schreiben Sie Sätze ohne *wenn*.**

1 Wenn meine Eltern schon in Rente wären, würden sie sich ein neues Hobby suchen.
2 Wenn ich nähen könnte, würde ich mir schöne Stoffe kaufen.
3 Wenn die Mitarbeiter streiken würden, hätten sie eine Chance auf ein höheres Einkommen.
4 Wenn dich deine Firma entlassen würde, wärst du arbeitslos.

Je 2 Punkte   Ich habe _____ von 8 möglichen Punkten erreicht.

c **Ergänzen Sie *um ... zu, damit, zum* oder – .**

1 In der Wirtschaftskrise musste die Firma mehrere Angestellte entlassen, _____ weiter _____ existieren. Das meinte jedenfalls die Firmenleitung. _____ Arbeitslosengeld _____ erhalten, müssen sich die entlassenen Mitarbeiter arbeitslos melden.
2 Arbeitslose Personen müssen sich auch bei der Bundesagentur für Arbeit vorstellen, _____ die Bundesagentur ihnen neue Stellen _____ anbieten kann.
3 _____ Lesen von kleingedruckten Texten brauchen viele Leute _____ eine Brille.
4 Herr Rose benutzt _____ Arbeiten außerhalb des Büros _____ ein Smartphone.

Je Satz 1 Punkt   Ich habe _____ von 5 möglichen Punkten erreicht.

3 Kommunikation

Verbinden Sie die Teile zu sinnvollen Aussagen.

1 Für diesen Beruf braucht	wäre ich	nicht so wichtig.
2 Zu einem Ortswechsel	die Möglichkeit,	für die Stelle geeignet.
3 Ein hohes Einkommen	wäre für mich	Karriere zu machen.
4 Aus folgenden Gründen	man vor allem	jederzeit bereit.
5 Außerdem hätte ich	halte ich mich	Spaß am Verkauf.

Je 1 Punkt   Ich habe _____ von 5 möglichen Punkten erreicht.

Auswertung:

Ich habe _____ von 30 möglichen Punkten erreicht.

☺	😐	☹
30–24	23–18	17–0

LEKTION 6 MUSIK

WIEDERHOLUNG WORTSCHATZ

1 Musik

Lesen Sie die Anzeigen und ergänzen Sie.

Musik • Kopfhörer • Tickets • Instrumente • Sänger • ~~Album~~ • Konzert • Club • Stimme • Eintritt

1. Wer hat das erste _Album_ von den Rolling Stones? Suche es verzweifelt. Janina 0160-3422567

2. Cellolehrer erteilt Musikunterricht. Nur 25 Euro pro Stunde. Auch andere _____ (Klavier, Geige, Kontrabass); Christian: 0160-56789

3. Verkaufe meinen _____. Fast neu, super Zustand! VB 20 Euro. monim@yabadoo.de

4. Habe noch zwei _____ für das Wanda Konzert im Mai. Wer kommt mit? Sami 0174-67432

5. Eine Party steht an? DJ Basti macht Euren Partyraum zu einem _____! Von Hip-Hop bis House, Reggae bis Rave habe ich alles. Auch _____ aus den 80ern und 90ern. Ruft mich an! Basti 0172-34882

6. Jeder hat eine schöne _____! Der sing & swing Chor sucht noch _____. Wir treffen uns jeden Donnerstagabend. Wer hat Lust? Bitte melden bei Lea: 0173-357899

7. Sommer – Sonne – Sterne! Wie jedes Jahr findet am 27. Juli unser Vollmond-_____ statt. _____: nur 5 Euro für 5 Bands! Tickets bekommt Ihr im Vorverkauf oder an der Abendkasse.

WIEDERHOLUNG GRAMMATIK

zu Hören, KB 64, Aufgabe 3

2 *Nicht, nichts* oder *kein-*?

Was ist richtig? Markieren Sie.

1 Ich hole dich dann gegen sieben ab, wenn du *nicht* / (*nichts*) / *kein* dagegen hast.
2 Das Konzert findet schon am Freitag statt und *nicht* / *nichts* / *kein* erst am Samstag.
3 Ich habe an der Abendkasse leider *nicht* / *nichts* / *keine* Karten mehr bekommen.
4 Der Kopfhörer funktioniert *nicht* / *nichts* / *kein*.
5 Ich kenne *nicht* / *nichts* / *kein* Festival, das besser ist!

zu Hören, KB 64, Aufgabe 3

3 Negationswörter   GRAMMATIK

Ergänzen Sie.

niemand • nichts • nirgendwo • nie / niemals • ~~niemand~~

Das Bardentreffen findet seit 1976 in Nürnberg statt. In den ersten Jahren kannte _niemand_ (1) außerhalb der Stadt das Musikfestival. Inzwischen ist es international bekannt. _____ (2) sonst in Deutschland gibt es ein so großes Musikfestival mit freiem Eintritt. Die meisten Stadtbewohner genießen die Atmosphäre auf dem Festival. Nur wenige Nürnberger haben das Bardentreffen noch _____ (3) besucht. _____ (4) wird auf dem Bardentreffen enttäuscht: Die Stimmung ist immer sehr gut und es ist für jeden Musikgeschmack etwas dabei. Für Menschen, die nicht gerne Musik hören, ist das Bardentreffen hingegen _____ (5).

LEKTION 6

zu Hören, KB 64, Aufgabe 3

4 Etwas / nichts, immer / nie ...   GRAMMATIK

Ergänzen Sie.

> etwas • nichts • nie(mals) • ~~nirgendwo~~ • jemand • niemand • immer • überall

1 ● Wusstest du, dass es in der Schweiz so viele Musikfestivals wie _nirgendwo_ sonst in Europa gibt?
 ■ Nein, das wusste ich nicht.
2 ♦ Warst du schon auf einer House-Party?
 ▲ Nein, und ich möchte auch _____ auf eine gehen. House interessiert mich nicht.
3 ♦ Hat _____ für mich angerufen?
 ▲ Nein, _____.
4 ● Hast du schon mal _____ von der Band Rammstein gehört?
 ♦ Nein, von der habe ich noch _____ gehört. Ist sie berühmt?
 ● Ja klar, die Band ist sehr bekannt und hat schon fast _____ auf der Welt Konzerte gegeben.
5 ● Was machst du normalerweise an deinem Geburtstag?
 ■ Da gehe ich _____ mit meinen Freunden in eine Musikkneipe. Jedes Jahr in den Jazzkeller.

zu Schreiben, KB 65, Aufgabe 1

5 Eine Einladung   KOMMUNIKATION

Lesen Sie noch einmal die E-Mail im Kursbuch (KB 67) und ordnen Sie die Redemittel folgenden Punkten zu.

> Was hältst Du davon, wenn wir auf ein Konzert von ... gehen? Er / Sie spielt ... • Hättest Du Lust, auf ein Konzert von ... zu gehen? Das ist eine Musikerin / ein Musiker, die / den ich ... finde. • ~~Herzlichen Dank für ...~~ • Am besten nimmst Du ... • Ich mag die Band, weil ... • Du könntest mit ... fahren. • Ich finde die Band ... • Am besten wäre es, wenn Du ... nehmen würdest • Der Termin passt mir gut. • Es war toll bei Euch. Danke Dir! • Ja, im / am ... kann ich. • Ich schlage vor, Du nimmst ... • Der Termin am ... ist gut. • Tausend Dank für ...

1 Danken Sie für die Gastfreundschaft.	2 Bestätigen Sie den Termin für einen Gegenbesuch.	3 Beschreiben Sie: Welches Konzert würden Sie empfehlen und warum?	4 Machen Sie einen Vorschlag, wie sie anreisen kann.
Herzlichen Dank für ...			

LEKTION 6

zu Schreiben, KB 65, Aufgabe 1

6 Persönlicher Brief

SCHREIBEN

Ergänzen Sie die E-Mail.

> Am günstigsten ist es • Hier in Chemnitz spielt • Anfang September passt mir gut • Lieber • noch einmal herzlichen Dank • ~~Ich finde es prima,~~ • Ich habe schon eine Idee • In Chemnitz kann ich Dich • Ich freue mich schon • Herzliche Grüße und hoffentlich bis bald

_____ (1) Elias,

_____ (2) für Deine Gastfreundschaft. Es hat mir wirklich sehr bei Dir gefallen. Nürnberg ist wunderschön. *Ich finde es prima,* (3) dass Du auch zu mir kommen kannst. _____ (4), denn da kann ich ohne Probleme Urlaub nehmen. _____ (5), wohin wir gehen können. _____ (6) Kraftklub. Das ist eine bekannte deutsche Band, die hier aus der Gegend kommt. Das Konzert wird sicher toll, weil sie seit langer Zeit endlich mal wieder in ihrer Heimatstadt spielen. Sie spielen eine Mischung aus Rock- und Rapmusik.
_____ (7), wenn du mit dem Zug anreist. _____ (8) dann vom Bahnhof abholen und wir gehen erst einmal zu mir. Ich wohne direkt in der Stadt. Aber das können wir noch besprechen. Bis November ist ja noch ein bisschen Zeit.
_____ (9) auf Deine Antwort. Und denk daran: Es lohnt sich wirklich!

_____ (10),

Deine Tanja

---

zu Wortschatz, KB 66, Aufgabe 1

7 Musik

WORTSCHATZ

a Was passt nicht? Streichen Sie durch.

1 Trompete – Flöte – ~~Gitarre~~
2 Musiker – Metzger – Sänger
3 Chor – Orchester – Kino
4 Plakat – Künstler – Pianist

5 komponieren – dirigieren – korrigieren
6 laufen – singen – tanzen
7 einzigartig – unbegabt – außergewöhnlich
8 beliebt – regelmäßig – oft

b Ordnen Sie die Wörter zu.

> ~~Künstler~~ • Klavier • Pianist • Band • Geige • Kino • Orchester • Trompete • Theater • Musiker • Sänger • Chor • Oper • Schlagzeug • Flöte • Dirigent

Instrumente	Personen	Gruppen	Veranstaltungsorte
	Künstler, …		

AB 71

LEKTION 6

zu Sehen und Hören, KB 67, Aufgabe 1

8 Singen im Chor   HÖREN

3 ◀)) 32   a   Ergänzen Sie die Ankündigung. Hören Sie dann und vergleichen Sie.

~~Singen~~ • Volkslieder • Chor • Saal • Sänger • Notenkenntnisse • Männerstimmen

Singen (1) lernen kostenlos! Der gemischte _____ (2) Cantaré sucht noch neue Sängerinnen und _____ (3)! Wir singen alles – Rock, Pop, Soul, aber auch bekannte _____ (4) aus verschiedenen Kulturen. Der Chor freut sich auf Deine Anmeldung – gern auch direkt bei der Probe. Chorerfahrung und _____ (5) sind erwünscht, aber kein Muss. Insbesondere _____ (6) werden gesucht. Wir proben jeden Sonntagabend im großen _____ (7) im Musikforum. Kontakt: Helma Müller, Tel. 0401/ 21 45 43.

b   Fassen Sie nun den Inhalt des Hörtextes zusammen. Verbinden Sie die Sätze.

1 Der Chor Cantaré   direkt bei der Probe möglich.
2 Im Chor werden   ist erwünscht.
3 Die Anmeldung ist   sucht Sängerinnen und Sänger.
4 Chorerfahrung   jeden Sonntagabend im Musikforum.
5 Cantaré probt   unterschiedliche Musikrichtungen gesungen.

zu Sehen und Hören, KB 67, Aufgabe 1

9 Festivals in deutschsprachigen Ländern   LANDESKUNDE / LESEN

Lesen Sie den Text. Ergänzen Sie dann die Informationen in der Tabelle.

Name des Festivals	Wo findet es statt?	Seit wann findet es statt?	Wann findet es statt?	Was gibt es dort?
	Salzburg			Opern, Konzerte, …

Die Musik- und Kulturszene in den deutschsprachigen Ländern ist sehr vielfältig. Das ganze Jahr über finden zahlreiche große und kleinere regionale Festivals statt. Wir stellen Ihnen einige berühmte Festivals vor.

Festspiele Zürich

5 In der Stadt Zürich gibt es mehrere Wochen lang im Sommer rund um den See zahlreiche kulturelle Veranstaltungen, die zum Teil auch gratis sind. Eine einzigartige Kombination von Oper, Konzert, Tanz, Theater und
10 Kunst lockt jeden Sommer einige Wochen lang viele Besucher an. Die Festspiele wurden 1996 ins Leben gerufen und finden jedes Jahr im Juni statt.

LEKTION 6

„Rock im Park" in Nürnberg

15 Jedes Jahr im Sommer findet in Nürnberg „Rock im Park" statt, ein Rockfestival, zu dem jährlich über 85 Bands und über 70 000 Besucher kommen. „Rock im Park" ist eines der größten Rock-Events in Deutschland.
20 Es gibt keine bestimmte musikalische Stilrichtung. Jede Musik ist erlaubt. Das Festival dauert drei Tage. 1976 trafen sich auf dem Nürnberger Zeppelinfeld Zehntausende Musikfans zum ersten Open-Air-Festival
25 mit „Santana" und „Chicago". Zwei Jahre später, 1978, trat Eric Clapton in einer Show mit Bob Dylan vor 80 000 Besuchern auf.

Die Salzburger Festspiele

Für Musikfreunde ist Salzburg ein Paradies.
30 Vor allem in der Festspielsaison machen die Musikliebhaber die Stadt lebendig. Pro Jahr kommen durchschnittlich etwa 5,5 Millionen Gäste nach Salzburg. Die Festspiele finden seit 1920 jedes Jahr im Sommer (von
35 Juli bis August) statt. Die Veranstaltungsorte sind das Salzburger Festspielhaus und das Mozarthaus, wo Opern und Konzerte stattfinden. Es gibt aber nicht nur Musikaufführungen, sondern überall in der Stadt gibt es auch Kunstausstellungen und Theatervorstellungen. Sehr bekannt ist auch das Theaterstück „Jeder-
40 mann", das traditionell jedes Jahr aufgeführt wird.

zu Lesen, KB 68, Aufgabe 1

10 Adjektive   WORTSCHATZ

Schreiben Sie die Adjektive richtig.

1 Der Sänger gefällt mir sehr gut, die Stimme ist sehr sanft und __gefühlvoll__ (GLFHÜELOLV).
2 Ich mag Salsa-Musik. Da habe ich immer gleich gute Laune und könnte _____ (LFRHICÖH) die ganze Nacht durchtanzen.
3 Die Liveshows der Band sollen spektakulär sein. Leider ist das nächste Konzert bereits _____ (VRASUEKAUTF).
4 Er ist Jazzmusiker, spielt aber auch manchmal Melodien mit _____ (GIROCKNE) und _____ (SSSCHKLAINE) Elementen.
5 Die Melodie gefällt mir, aber im Text gibt es ganz schön viele Stellen zum Thema Gewalt. Das ist mir viel zu aggressiv und _____ (DIRAKAL).

LEKTION 6

zu Lesen, KB 68, Aufgabe 1

11 Kunst in der DDR
LANDESKUNDE

Welches Adjektiv passt? Markieren Sie.

In der ehemaligen DDR war es für Liedermacher, Musiker, Maler und Schriftsteller schwierig, *(öffentlich)/offenbar* Kritik am Staat zu üben. *Künstlerische/Künstliche* Aktivitäten wurden vom Staat kontrolliert und zensiert. So war die offizielle Kunstszene nicht sehr vielseitig und vor allem politisch harmlos. Veranstaltungen wurden zum Teil sogar *verboten/erlaubt* und einige Künstler mussten das Land verlassen, wenn sie zu *politisch/praktisch* waren. Vor allem in den siebziger Jahren gab es einige Liedermacher, die politische Lieder schrieben und sich dabei an den sozialistischen Arbeiterliedern orientierten. Ein *berühmter/gefährlicher* Liedermacher war Wolf Biermann. Als Siebzehnjähriger siedelte er 1953 in die DDR über und wurde später wieder aus der DDR ausgewiesen, weil er zu *kritisch/kreativ* war. Im Westen setzte Biermann dann seine Karriere fort.

— WIEDERHOLUNG GRAMMATIK

zu Lesen, KB 69, Aufgabe 3

12 *Weil ...*

Schreiben Sie *weil*-Sätze.

Und was machst du heute Abend?

1 Ich gehe ins Kino, _weil mich der neue Film mit Elyas M'Barek interessiert._
  (neue Film – mit Elyas M'Barek – mich interessieren)

2 Ich gehe ins Konzert, _____
  (zum Geburtstag – Karten von Ramón – bekommen haben)

3 Ich gehe ins Fitnessstudio, _____
  (jeden Freitag – Zumba-Kurs stattfinden – dort)

4 Ich gehe früh ins Bett, _____
  (müde sein – morgen früh – aufstehen müssen – und)

5 Ich treffe Susanna, _____
  (endlich – mit ihr – mal wieder etwas Lustiges – unternehmen möchten)

zu Lesen, KB 69, Aufgabe 3

13 Etwas begründen: *denn, weil, nämlich, deshalb, ...*
GRAMMATIK ENTDECKEN

Markieren Sie die Verben. Ordnen Sie dann die Sätze in die Tabelle ein.

Carla <u>singt</u> morgens immer unter der Dusche. Sie <u>ist</u> gut gelaunt.

1 Carla singt morgens immer unter der Dusche, *denn* sie ist gut gelaunt.
2 Carla singt morgens immer unter der Dusche, *weil/da* sie gut gelaunt ist.
3 Carla singt morgens immer unter der Dusche. Sie ist *nämlich* gut gelaunt.
4 Carla ist gut gelaunt. *Daher/Darum/Deshalb* singt sie morgens immer unter der Dusche.

Hauptsatz + Nebensatz	Hauptsatz + Hauptsatz
	1 Carla singt morgens immer unter der Dusche, denn sie ist gut gelaunt.

LEKTION 6

zu Lesen 1, KB 69, Aufgabe 3

14 Meine Lieblingsband   GRAMMATIK

Ergänzen Sie die Sätze mit denn, weil / da, daher / darum / deshalb.

1 Meine Lieblingsband tritt in meiner Stadt auf, _deshalb_ kommt mein Freund zu Besuch.
2 Ich mag ihre Lieder, _____ ihre Texte sind sehr außergewöhnlich.
3 Die Band ist auch hier sehr erfolgreich. _____ gibt es sogar einen Fanklub.
4 Mein Lieblingsmusiker ist der Gitarrist und Sänger, _____ er eine großartige Stimme hat.
5 Die Band hat internationalen Erfolg, _____ hört man sie auch in den USA.
6 Ich freue mich schon total auf das Konzert, _____ die Show immer großartig ist.
7 Bis dahin höre ich täglich ihr neues Album, _____ ich kann nicht so lange warten.

zu Lesen 1, KB 69, Aufgabe 3

15 Wichtige Nachrichten   GRAMMATIK

Lesen Sie die Nachrichten. Schreiben Sie Sätze mit denn, weil / da, nämlich, daher / darum / deshalb.

1 Ich komme später, denn ich habe den Bus verpasst.
  Ich komme später, weil ich den Bus verpasst habe.
  Ich komme später. Ich habe nämlich den Bus verpasst.
  Ich habe den Bus verpasst. Daher/Darum/Deshalb komme ich später.

zu Lesen, KB 69, Aufgabe 3

16 *Wegen – weil*   GRAMMATIK

a Lesen Sie die Schilder und schreiben Sie *weil*-Sätze.

1 Man darf die Baustelle nicht betreten, weil …
2 Das Konzert findet nicht statt, weil …
3 Familie Schmackes öffnet am 17. und 18. August die Metzgerei nicht, weil …
4 Die Firma ist geschlossen, weil …
5 Das Schwimmbad ist erst am 9.12. wieder geöffnet, weil …

3 ◁)) 33   b   Hören Sie und vergleichen Sie.

AB 75

LEKTION 6

zu Lesen, KB 70, Aufgabe 5

17 Trotz – obwohl – trotzdem   GRAMMATIK ENTDECKEN

Formen Sie die Sätze mit *obwohl* und *trotzdem* um. Markieren Sie dann die Verben.

1 Trotz des schlechten Wetters war das Open-Air-Konzert super.
2 Trotz der schlechten Plätze war ich von dem Musical begeistert.
3 Trotz der tollen Stimmung hat mir das Konzert nicht gefallen.
4 Trotz des langweiligen Videoclips mag ich das neue Lied von La Brass Banda total gern.
5 Trotz Krankheit trat der Künstler auf.

1 Obwohl das Wetter schlecht war, war das Open-Air-Konzert super.
Das Wetter war schlecht. Trotzdem war das Open-Air-Konzert super.

zu Lesen, KB 70, Aufgabe 5

18 Konzessive Konnektoren   GRAMMATIK

Schreiben Sie die Sätze mit *aber, obwohl, trotzdem*.

1 Ich hatte hohes Fieber. Ich bin ins Konzert gegangen. (trotzdem)
2 Das Konzert hat eine gute Kritik bekommen. Es war langweilig. (obwohl)
3 Ich höre eigentlich nie Jazz. Heute habe ich eine Ausnahme gemacht. (aber)
4 Er ist ein guter Sänger. Er ist kaum bekannt. (Trotzdem)
5 Ich habe das Album schon hundertmal gehört. Ich mag nur die Melodien, aber nicht die Texte. (obwohl)
6 Sie ist ein Star. Sie gibt nie Interviews. (aber)
7 Er hat sich eine Karaoke Anlage gekauft. Er singt gar nicht gern. (obwohl)
8 Ich mag keine Volksmusik. Ich gehe mit meiner Freundin in ein Konzert von Hansi Wallner. (trotzdem)

1 Ich hatte hohes Fieber. Trotzdem bin ich ins Konzert gegangen.

zu Lesen, KB 70, Aufgabe 5

19 *Obwohl* oder *weil*?   GRAMMATIK

Schreiben Sie Sätze mit *obwohl* oder *weil*.

1 *Weil die Stimmung schlecht war*_____, bin ich nach einer Stunde gegangen.
   (Stimmung – war – schlecht)

2 Ich folge Mark Forster auf Twitter, _____.
   (seine Musik – ich – nicht mag)

3 _____, will er Musik studieren.
   (nicht – er – kann – singen)

4 Paul besucht mich im Sommer, _____.
   (wir gemeinsam – zu „Rock im Park" – möchten – gehen)

5 Ich kaufe mit das neue Album von Culcha Candela, _____
   (es – hat bekommen – schlechte Kritiken)

6 Hana hat am Samstag keine Zeit, _____
   (sie – geht – auf das Konzert – ihrer Lieblingsband)

76 AB

LEKTION 6

zu Lesen, KB 70, Aufgabe 5

20 *Trotzdem* oder *deshalb*?   GRAMMATIK

a Markieren Sie.

1 Das Wetter ist schlecht. *(Trotzdem)/ Deshalb* gehe ich auf ein Open-Air-Konzert.
2 Das Musical hat gute Kritiken bekommen. Wir haben *trotzdem / deshalb* keine Karten gekauft.
3 Ich mag die Musik von „Ich + Ich". *Trotzdem / Deshalb* kaufe ich mir die neue CD.
4 Ich möchte ein Instrument lernen. *Trotzdem / Deshalb* suche ich einen Lehrer.

b Markieren Sie nun die Verben. Formen Sie die *trotzdem*- und *deshalb*-Sätze um.

1 Ich gehe trotzdem auf ein Open-Air-Konzert.

zu Lesen, KB 70, Aufgabe 5

21 *Trotz* oder *wegen*?   GRAMMATIK

Markieren Sie.

[1] *Trotz / Wegen* starker Erkältung ging Helene Fischer auf die Bühne. Das Konzert war ein voller Erfolg.

[2] Das Konzert wurde *trotz / wegen* eines Gewitters abgesagt.

[3] Das Open-Air-Konzert findet *trotz / wegen* schlechten Wetters statt.

[4] *Trotz / Wegen* eines Streiks am Baseler Flughafen saß Steff la Cheffe stundenlang am Flughafen fest.

[5] *Trotz / Wegen* der vielen Besucher waren die Parkplätze rund um das Konzertgelände nach kurzer Zeit geschlossen.

[6] *Trotz / Wegen* der großen Nachfrage gibt es noch zwei weitere Konzerte.

zu Lesen, KB 70, Aufgabe 5

22 Gründe und Gegengründe   GRAMMATIK

Ergänzen Sie die passenden Konnektoren.

1 Der Live-Auftritt war einfach toll. Vor allem, _weil_ die Show außergewöhnlich war.
2 Das Konzert war super. _____ kaufe ich mir morgen die CD.
3 Ich habe gleich beim ersten Lied getanzt, _____ der Rhythmus hat mir gefallen.
4 Alle haben den Refrain mitgesungen, _____ die Melodie so schwierig war.
5 Ich bin in der Oper eingeschlafen, _____ sie so langweilig war.
6 Der Sänger hat meistens schlechte Laune. _____ ist er eigentlich ganz nett.
7 Ich wollte mal wieder deine Stimme hören. _____ habe ich dich angerufen.
8 Sie kann nicht so gut singen, _____ singt sie gern.
9 Ich hatte hohes Fieber. _____ bin ich zu der Veranstaltung gegangen.
10 Sie schaut sich jede Woche die Serie an, _____ sie den Schauspieler sehr mag.
11 _____ er berühmt ist, lebt er in einer kleinen Wohnung.
12 Ich kann keine Eintrittskarten kaufen, _____ ich kein Geld habe.
13 Mir gefällt das Lied sehr, _____ ich den Text nicht verstehe.

LEKTION 6

zu Lesen, KB 70, Aufgabe 5

23 Geschichten erzählen   SPIEL

Eine Lernpartnerin / Ein Lernpartner beginnt einen Satz, der mit einem Konnektor *(weil, denn, ...)* endet. Die / Der Nächste muss den Satz beenden und einen neuen Satz hinzufügen, der auch mit einem Konnektor endet. Sie können alle Konnektoren benutzen.

> Carla wollte ins Konzert gehen. Am Eingang wurde sie plötzlich ganz nervös, weil ...

> Weil sie ihr Ticket vergessen hatte. Das Konzert war ausverkauft, deshalb ...

> Deshalb musste sie sich etwas ausdenken. Aber ...

zu Sprechen, KB 71, Aufgabe 1

24 Deutschsprachige Musiker   LANDESKUNDE / LESEN

Lesen Sie die Kurzporträts zu den Bands und ordnen Sie die Wörter zu.

Deutschsprachige Sänger werden immer erfolgreicher

Seit einigen Jahren entwickelt sich in der Musikszene ein neuer Trend: Die Beliebtheit deutschsprachiger Musik nimmt zu. Im Juni 2015 waren die zehn meistverkauften Alben in Deutschland von deutschsprachigen Interpreten – das erste Mal in der Geschichte der Offiziellen Deutschen Albumcharts! Und auch in Österreich und in der Schweiz sind deutschsprachige Texte in den letzten Jahren so beliebt wie nie zuvor.

Cro

Musikstil: Rap und Pop
Hits / Alben: *Easy; Einmal um die Welt; Bye Bye*

Cro machte 2011 das erste Mal mit seinem _Hit_ (1) *Easy* auf sich aufmerksam, mit dem er über 40 Wochen in den deutschen Charts war. Inzwischen tritt er jedes Jahr auf vielen _____ (2) in ganz Deutschland auf und auch seine Shows in großen _____ (3) sind meist ausverkauft. Der _____ (4) trägt bei Konzerten und in Videos eine Pandamaske, um unerkannt zu bleiben. Seinen _____ (5) bezeichnet er selbst als „Raop", also eine Mischung aus Rap und Pop.

- Sänger
- Musikstil
- ~~Hit~~
- Festivals
- Konzerthallen

Voodoo Jürgens

Musikstil: Austropop
Hits / Alben: *Heite grob ma Tote aus; Meine Damen, meine Herren*

Der Wiener Musik Voodoo Jürgens war zuerst _Mitglied_ (1) in der Band *Die Eternias*. Nach dem Ende der Band im Jahr 2014 startete Voodoo Jürgens seine _____ (2). Sein Künstlername ist eine Anlehnung an den österreichischen Schlagersänger Udo Jürgens. Er spielt _____ (3) und singt seine Lieder gefühlvoll im österreichischen Dialekt. Überregional bekannt wurde der _____ (4) durch den Radiosender FM4. Sein erstes _____ (5) *Ansa Woar* erreichte Platz 1 der österreichischen Charts.

- ~~Mitglied~~
- Album
- Musiker
- Gitarre
- Solokarriere

LEKTION 6

Lo & Leduc

Musikstil: Mundart / Pop
Hits / Alben: *Zucker fürs Volk; Ingwer und ewig*

Das Schweizer Popduo Lo & Leduc lernte sich 2005 kennen. Ihre ersten _Lieder_ (1) konnten kostenlos über das _____ (2) heruntergeladen werden. Im Frühjahr 2014 veröffentlichten sie ihr erstes Album *Zucker fürs Volk*, das das ganze Jahr in den Charts blieb. Sie singen auf *Schwizerdütsch* und machen _____ (3), die in den Schweizer Clubs und auf Festivals für gute _____ (4) sorgt. Bei den *Swiss Music Awards* 2015 erhielten die beiden Künstler die meisten _____ (5) und gewannen insgesamt drei Auszeichnungen.

- Tanzmusik
- ~~Lieder~~
- Stimmung
- Internet
- Nominierungen

zu Sprechen, KB 71, Aufgabe 2

25 Musik aus meiner Heimat

SCHREIBEN

Schreiben Sie ein Kurzporträt zu einer bekannten Band aus Ihrem Heimatland. Verwenden Sie die Redemittel aus dem Kursbuch (KB 71).

*Ich komme aus Indonesien.
Dort gibt es viele gute Bands.
Eine davon ist ...
Sie macht hauptsächlich ...*

26 Mein Lieblingslied

MEIN DOSSIER

a Schreiben Sie Ihr Lieblingslied auf.

b Denken Sie an bestimmte Erlebnisse oder Dinge, wenn Sie es hören? Schreiben Sie.

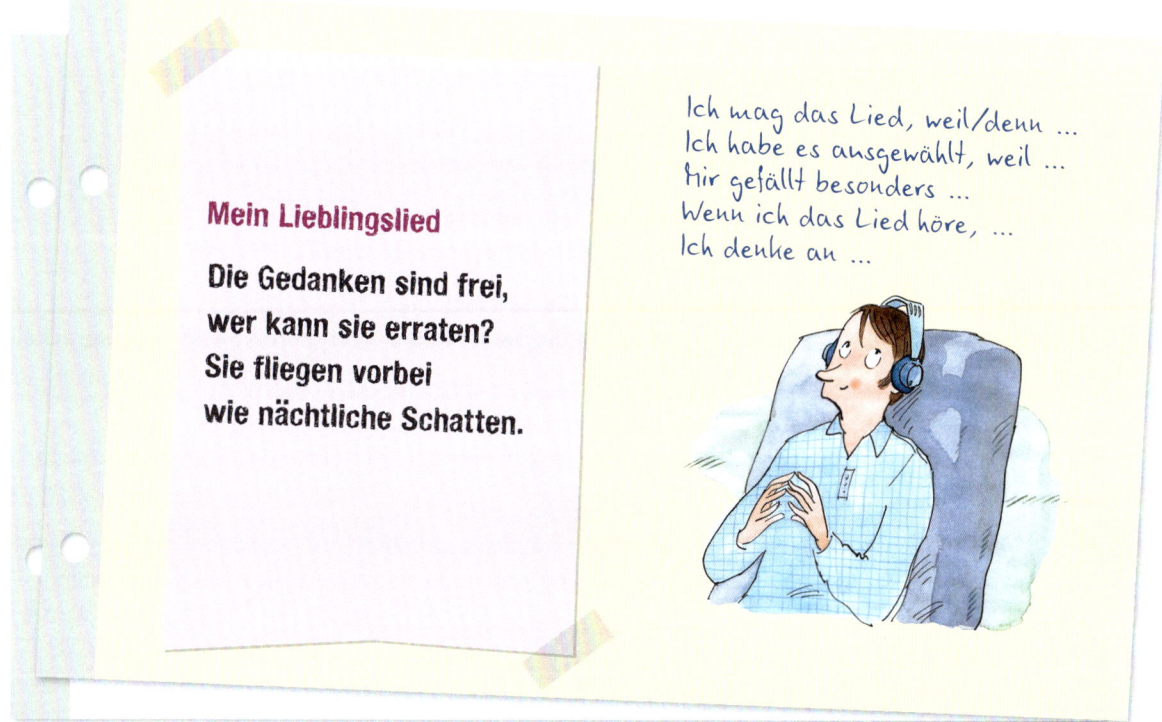

Mein Lieblingslied

Die Gedanken sind frei,
wer kann sie erraten?
Sie fliegen vorbei
wie nächtliche Schatten.

*Ich mag das Lied, weil/denn ...
Ich habe es ausgewählt, weil ...
Mir gefällt besonders ...
Wenn ich das Lied höre, ...
Ich denke an ...*

LEKTION 6

AUSSPRACHE: Satzakzent und Satzmelodie

1 Satzakzent

3 ◀) 34 **a** Hören Sie und achten Sie auf die Betonung. Welches Wort ist am stärksten betont? Markieren Sie.

1 Ich <u>höre</u>.
Ich höre <u>Musik</u>.
Ich höre <u>gern</u> Musik.
Ich höre gern <u>laute</u> Musik.

2 Ich singe.
Ich singe ein Lied.
Ich singe ein wunderschönes Lied.
Ich singe ein wunderschönes Lied nur für dich.

3 Ich tanze.
Ich tanze Hip-Hop.
Ich tanze jede Woche Hip-Hop.
Ich tanze jede Woche schnellen Hip-Hop.

4 Ein Gespräch
● Was machst du in deiner Freizeit?
■ Ich höre gern Musik.
● Hörst du gern Rap?
■ Oh ja, ich liebe Rap.

● Magst du auch Rockmusik?
■ Nein, Rock mag ich gar nicht.
● Singst du auch gern?
■ Oh ja, ich singe gern und gut!

3 ◀) 34 **b** Hören Sie noch einmal und sprechen Sie nach.

2 Satzmelodie

3 ◀) 35 **a** Hören Sie und markieren Sie die Satzmelodie: → oder ↘.

1 Obwohl der Sänger krank war →, hat das Konzert stattgefunden ↘.
Das Konzert hat stattgefunden ↘/→, obwohl der Sänger krank war ↘.

2 Weil es schon so spät war ☐, bin ich gleich nach dem Konzert nach Hause gegangen ☐.
Ich bin gleich nach dem Konzert nach Hause gegangen ☐, weil es schon so spät war ☐.

3 Obwohl ich sehr müde war ☐, konnte ich nicht sofort einschlafen ☐.
Ich konnte nicht sofort einschlafen ☐, obwohl ich sehr müde war ☐.

3 ◀) 36 **b** Sprechen Sie die Sätze. Achten Sie dabei auf die Satzmelodie.
Hören Sie dann die Sätze und vergleichen Sie die Satzmelodie. Korrigieren Sie Ihre Aussprache.

1 Ich habe im Konzert ganz vorne gestanden, weil ich ihre Stimme hören wollte.
Weil ich ihre Stimme hören wollte, habe ich im Konzert ganz vorne gestanden.
Weil ich ihre wunderschöne Stimme hören wollte, habe ich im Konzert ganz vorne gestanden.

2 Das Festival hat mir gut gefallen, obwohl ich so gefroren habe.
Obwohl ich so gefroren habe, hat mir das Festival gut gefallen.
Obwohl ich wegen des starken Windes so gefroren habe, hat mir das Festival gut gefallen.

3 Ich habe keine CD gekauft, obwohl ich genug Geld dabeihatte.
Obwohl ich genug Geld dabeihatte, habe ich keine CD gekauft.
Obwohl ich eigentlich genug Geld dabeihatte, habe ich keine CD gekauft.

LEKTION 6 LERNWORTSCHATZ

EINSTIEG, KB 63

die Gelegenheit, -en
der Kopfhörer, –
der / die / das Lieblings-
 die Lielingsband, -s

speichern

ähnlich

HÖREN, KB 64

die Atmosphäre, -n
die Bühne, -n
das Festival, -s
die Kosten (Pl.)
der Künstler, –
die Reportage, -n
die Stimmung, -en
der Zeitpunkt, -e

ansprechen, sprach an,
 hat angesprochen
auftreten, trat auf,
 ist aufgetreten

bekannt
enttäuscht

niemals
niemand
nirgends
nirgendwo

SCHREIBEN, KB 65

die Gastfreundschaft (Sg.)
die Gegend, -en

anreisen
genießen, genoss, hat genossen
sammeln

furchtbar
konkret

hoffentlich

WORTSCHATZ, KB 66

die Aktivität, -en
der Chor, ¨e
die Flöte, -n
die Geige, -n
die Gitarre, -n
das Instrument, -e
 ein Instrument spielen
das Klavier, -e
das Plakat, -e
das Schlagzeug, -e
die Trompete, -n
das Volkslied, -er

singen, sang, hat gesungen

meinetwegen

SEHEN UND HÖREN, KB 67

die Ankündigung, -en
der Kanon (Sg.)
der Karneval, –
die Note, -n
das Paar, -e
die Strophe, -n
der Tanz, ¨e
die Veranstaltung, -en

froh

LESEN, KB 68–70

die Beliebtheit (Sg.)
das Bundesland, ¨er
der Einfluss, ¨e
die Erziehung (Sg.)
die Gewalt, -en
die (Konzert)halle, -n
der Sänger, –
die Sängerin, -nen
der Schaden, ¨
das Verbot, -e
die Zeile, -n

begründen
entwickeln
erreichen
unterstützen

ausverkauft
angeblich
erfolgreich
fröhlich
gefährlich
gefühlvoll
geschmacklos
klassisch
nah
radikal
reif
rockig
sanft
spektakulär
umstritten sein
weltweit

damals
obwohl
sogar
trotzdem

SPRECHEN, KB 71

die Gründung, -en
das Mitglied, -er
der Musikstil, -e

kopieren

aufmerksam
auf etwas aufmerksam
 machen

LEKTIONSTEST 6

1 Wortschatz

Was ist richtig? Markieren Sie.

1 Der Sänger ist krank. Die Band kann deshalb nicht *auftreten / unterstützen / genießen*.
2 Der Thomanerchor in Leipzig hat über 90 *Mitglieder / Strophen / Noten*.
3 Die Band hat Platz 1 in den deutschen Albumcharts *kopiert / entwickelt / erreicht*.
4 Das Konzert war schon nach wenigen Stunden *aufmerksam / ausverkauft / bekannt*.
5 Die Darstellung von Gewalt in Musikvideos finde ich *fröhlich / geschmacklos / nah*.

Je 1 Punkt   Ich habe _____ von 5 möglichen Punkten erreicht.

2 Grammatik

a Ergänzen Sie *weil, denn, obwohl, aber, deshalb, trotzdem* und schreiben Sie Sätze.

1 Er will Musiker werden, _____ (nicht musikalisch sein)
2 Das Wetter ist so schön. _____ (ich aufs Open-Air gehen)
3 Paul besucht mich im Mai, _____
_____ (gemeinsam auf „Rock am Ring" gehen möchten)
4 Er ist ein berühmter Sänger. _____ (jeden Tag üben müssen)
5 Das Konzert war nicht schlecht, _____ (Show schrecklich sein)
6 Anna nimmt Musikunterricht, _____ (Sängerin werden wollen)
7 Ich höre nie klassische Musik. _____
_____ (gestern in ein Bach-Konzert gehen)

Je 2 Punkte   Ich habe _____ von 14 möglichen Punkten erreicht.

b Ordnen Sie zu.

nicht • nichts • niemand(em) • nirgends • überall • etwas

1 ● Hast du die Tickets gesehen? Ich habe sie _____ gesucht, kann sie aber nicht finden.
   ■ Nein, die habe ich _____ gesehen.
2 ● Hast du mit jemandem darüber gesprochen?
   ■ Nein, mit _____.
3 ● Hast du in der Zeitung _____ über das Konzert gelesen?
   ■ Nein, ich habe gar _____ darüber gehört oder gelesen.
4 ◆ Ich könnte _____ Musik studieren, weil ich total unmusikalisch bin.

Je 1 Punkt   Ich habe _____ von 6 möglichen Punkten erreicht.

3 Kommunikation

Ergänzen Sie *ausverkauft, gefährlich, Konzert, Stimmung, Strophe*.

Liebe Barbara,
letzte Woche war ich mit Mohcine auf einem _____ (1) der Band Rammstein. In der Konzerthalle waren über 40 000 Menschen, die _____ (2) war super! Ich kann gut verstehen, warum die Konzerte der Band immer _____ (3) sind. Mohcine kannte jede _____ (4) und hat die ganze Zeit mitgesungen. Beim Lied „Mein Herz brennt" gab es eine spektakuläre Feuershow, das sah richtig _____ (5) aus. Ich habe viele Fotos gemacht und kann sie Dir gern zeigen, wenn wir uns sehen!
Liebe Grüße, Susi

Je 1 Punkt   Ich habe _____ von 5 möglichen Punkten erreicht.

Auswertung:

Ich habe _____ von 30 möglichen Punkten erreicht.

☺	😐	☹
30–24	23–18	17–0

82 AB

LEKTION 7 GELD

WIEDERHOLUNG WORTSCHATZ

1 Quizfragen

Was ist richtig? Markieren Sie.

	A	B	C
1 Was muss man oft tun, wenn man ins Ausland reist?	☐ Geld leihen	☐ Geld wechseln	☐ Geld zahlen
2 Was bezahlt man für den Umtausch von Geld?	☐ ein Trinkgeld	☐ eine Gebühr	☐ eine Miete
3 Wo bekommt man in deutschsprachigen Ländern <u>kein</u> Bargeld?	☐ am Automaten	☐ bei der Bank	☐ bei einer Versicherung
4 Womit darf man <u>nicht</u> bezahlen?	☐ Bargeld	☐ Falschgeld	☐ Kleingeld
5 Womit kann man <u>nicht</u> online bezahlen?	☐ mit Bargeld	☐ mit einer Kreditkarte	☐ mit einer Überweisung

---

zu Sprechen 1, KB 78, Aufgabe 1

2 Wortfeld *Spielen*   WORTSCHATZ

a Wie heißen die Spiele? Ordnen Sie zu.

> das Ballspiel • das Computerspiel • ~~das Kartenspiel~~ • das Brettspiel

  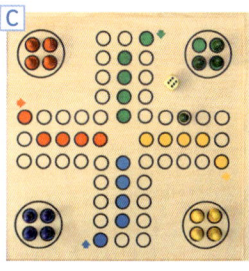 

A *das Kartenspiel*   B _____   C _____   D _____

3 ◄)) 37 b Welches Spiel wird gespielt? Hören Sie und bringen Sie die Fotos in die richtige Reihenfolge.

Geräusch	1	2	3	4
Foto				

c Was passt? Ordnen Sie die Begriffe aus a zu.

1 _____ : der Bildschirm • die Graphik • das Level • der PC
2 _____ : der Würfel • die Figur • der Start • das Ziel
3 _____ : der Spieler • das Tor • die Mannschaft • das Spielfeld
4 _____ : ziehen • mischen • austeilen • zeigen

LEKTION 7

zu *Wussten Sie schon?*, KB 78

3 Spiel des Jahres

WORTSCHATZ

Ergänzen Sie.

kämpfen • Brettspiel • gehört • gewonnen • beliebtesten • Spielkarten • Mitspieler • ~~Preis~~ • verlieren • gewinnen

Der Verein *Spiel des Jahres* vergibt einen ___Preis___ (1) für neue deutschsprachige Brett- und Kartenspiele.
Zu den _____ (2) Spielen, die
5 ihn bekommen haben, _____ (3) das Spiel *Carcasonne*. Vorgeschlagen war auch das _____ (4) *Die verbotene Insel* aus den USA. Bei diesem Spiel ist Kooperation wichtig. Alle _____ (5) können nur gemeinsam _____ (6) oder verlieren.
10 Worum geht es in diesem Spiel? Irgendwo weit draußen im Meer liegt die verbotene Insel. Dort gibt es vier wertvolle Schätze. Die Spieler sind Abenteurer, die versuchen, diese Schätze zu finden, bevor die Insel im Meer untergeht. Falls sie es schaffen, haben sie das Spiel _____ (7). Versinkt die Insel vorher im Wasser, _____ (8) sie das Spiel. Welche Teile der Insel wann im Meer versinken, entscheiden die _____ (9).
15 Die Spieler können gegen den Untergang _____ (10), indem sie zusammenhalten.

WIEDERHOLUNG GRAMMATIK

zu Sprechen 1, KB 79, Aufgabe 2

4 *Werden* als Vollverb und *werden* + Infinitiv

a Ergänzen Sie.

ist ... geworden • werde ... spielen • werde ... ziehen • ~~werden ... besser~~ • will ... werden • wurden • wollte ... werden

1 Die neuen Computerspiele ___werden___ immer ___besser___.
2 Das war das letzte Mal. Ich _____ sicher nicht noch einmal mit dir _____.
3 Alma _____ als junges Mädchen gern Pilotin _____.
4 Ashwary _____ auf keinen Fall dick _____.
5 Ich _____ nächstes Jahr wahrscheinlich in die Schweiz _____.
6 Bakir _____ gestern Vater _____. Das Baby heißt Marie.
7 Unsere Klasse hat das Fußballturnier verloren. Wir _____ letzter.

b Welche Funktion hat *werden* in den Sätzen in a? Markieren Sie.

Satz	1	2	3	4	5	6	7
werden als Vollverb	X						
werden + Infinitiv							

84 AB

LEKTION 7

zu Sprechen 1, KB 79, Aufgabe 2

5 Passiv   GRAMMATIK ENTDECKEN

a Was passt? Ordnen Sie die Sätze den Bildern zu.

> Alina bezahlt die Schlossallee. • Der Westbahnhof wird verkauft. • Die Schlossallee wird bezahlt. • Eine Sechs wurde gewürfelt. • Eine Karte wird gezogen. • Niklas hat eine Sechs gewürfelt. • ~~Thomas verkauft den Westbahnhof.~~ • Vanessa zieht eine Karte.

1 _Thomas verkauft den Westbahnhof._   2 _____   3 _____   4 _____

5 _____   6 _____   7 _____   8 _____

b Schreiben Sie die Sätze aus a in die Tabelle.

	Nominativ		Akkusativ	
1	Thomas	verkauft	den Westbahnhof.	
2	Der Westbahnhof	wird		verkauft.
3				
4				
5				
6				
7				
8				

LEKTION 7

zu Sprechen 1, KB 79, Aufgabe 2

6 Spielbeschreibung   GRAMMATIK

Ergänzen Sie das Partizip II der Verben.

1 Monopoly ist ein Brettspiel, das überall auf der Welt ___gespielt___ wird. (spielen)
2 Bevor wir mit dem Spiel beginnen, wird das Brett _____. (aufbauen)
3 Dann wird die Spielanleitung _____. (lesen)
4 Die Würfel, Karten und Spielfiguren werden auf den Tisch _____. (legen)
5 Der erste Spieler ist an der Reihe. Zuerst wird _____. (würfeln)
6 Danach wird die Spielfigur auf ein neues Feld _____. (stellen)
7 Nach und nach werden alle Straßen _____. (kaufen)
8 Kommt man auf ein Ereignisfeld, wird eine Karte _____. (nehmen)

zu Sprechen 1, KB 79, Aufgabe 2

7 Quizsendung *Wer wird Millionär?*   GRAMMATIK

Schreiben Sie Sätze im Passiv.

1 die Kandidaten – am Anfang – begrüßen
2 danach – der erste Spieler – vorstellen
3 die Fragen – langsam – vorlesen
4 die vier möglichen Antworten – auf dem Bildschirm – zeigen
5 dann – der Spieler – nach der Lösung fragen

1 Am Anfang werden die Kandidaten begrüßt.

zu Sprechen 1, KB 79, Aufgabe 2

8 Von der Idee zum Spiel   GRAMMATIK

Schreiben Sie im Passiv.

1 Ein Autor entwickelt die Idee für ein neues Spiel.
2 Ein Designer baut ein Spielbrett.
3 Ein Zeichner malt die Spielkarten.
4 Mitarbeiter des Verlags probieren das Spiel aus.
5 Mehrere Experten bewerten die Qualität des Spiels.
6 Vielleicht wählt eine Jury das Spiel zum „Spiel des Jahres".
7 Verkäufer empfehlen das Spiel.

1 Die Idee für ein neues Spiel wird von einem Autor entwickelt.

zu Sprechen 1, KB 79, Aufgabe 3

9 Geschenk   SCHREIBEN

Sie haben von Freunden ein Spiel geschenkt bekommen. In einer E-Mail an eine Freundin beschreiben Sie es kurz. Erklären Sie es. Verwenden Sie auch die Redemittel aus dem Kursbuch (KB 79).

- Was für eine Art von Spiel ist es?
- Woraus besteht es? (z. B. Brett, …)
- Mit wie vielen Spielern wird es gespielt?
- Wie wird es gespielt?
- Was gefällt Ihnen daran (nicht)?

Betreff: Mein neues Lieblingsspiel

Liebe Sabrina,

ich habe Dir doch erzählt, dass ich von Roland und Annette ein Spiel geschenkt bekommen habe …

LEKTION 7

zu Lesen 1, KB 80, Aufgabe 1

10 Einkaufsgewohnheiten

WORTSCHATZ / HÖREN

3 ◀)) 38 **a** Hören Sie die Meinungen von Helen, Dimitri und Alex. Entscheiden Sie beim Hören, ob die Aussagen richtig oder falsch sind.

	R	F
1 Helen ist eine überlegte und systematische Einkäuferin	☐	☐
2 Alex möchte seine Einkäufe in kurzer Zeit erledigen.	☐	☐
3 Dimitri kauft sowohl im Internet als auch in Geschäften ein.	☐	☐

b Lesen Sie die Aussagen der drei Personen und ergänzen Sie.

1
> Einkaufsliste • Großeinkauf • Mengen • ~~Kundin~~ • Packung • überlege • überreden • Waren

Ich finde, ich bin eine sehr überlegte _Kundin_ (1). Ich lasse mich nicht zum Kaufen _____ (2). Ich bin berufstätig und habe nicht viel Zeit. Deshalb gehe ich nur einmal pro Woche einkaufen. Da mache ich dann aber einen _____ (3). Dafür brauche ich natürlich eine _____ (4). Zu Hause _____ (5) ich in Ruhe, was ich für die Woche brauche. Im Supermarkt kaufe ich bei manchen Sachen gleich größere _____ (6). Dabei vergleiche ich, wie viel in einer _____ (7) ist oder wie viel die _____ (8) einzeln kosten.

2
> beraten • beschäftige • bummeln • Produkte • Süßigkeiten • Tricks

Ich glaube nicht, dass ich leicht auf die _____ (1) der Verkäufer hereinfalle. Ich bin Single und liebe es, abends nach der Arbeit _____ (2) zu gehen. Ich interessiere mich für neue _____ (3). Am liebsten biologische. Meistens brauche ich etwas mehr Zeit zum Einkaufen, weil ich mich oft mit der Beschreibung auf der Packung _____ (4). Ich lasse mich auch gern _____ (5) und mir die Produkte erklären. Ich kaufe möglichst wenig _____ (6), die sind ja nicht gesund.

3
> Elektronikladen • Internet • Händlern • in bar

Ich kaufe sehr gern Computerspiele im _____ (1). Oft sehe ich bei eBay nach oder bei anderen _____ (2), wo man Second-hand-Ware bekommt. Manchmal kaufe ich aber auch in einem _____ (3), der eine große Auswahl hat. Dort zahle ich meistens _____ (4).

AB 87

LEKTION 7

zu Sprechen 2, KB 81, Aufgabe 3

11 Passiv in der Vergangenheit   GRAMMATIK ENTDECKEN

a Ergänzen Sie das Partizip II der Verben.

benutzen • herstellen • ~~stehlen~~ • tragen

1. Mein Fahrrad ist am 19. 11. hier _gestohlen_ worden. Wer hat etwas gesehen? Bitte melden unter Tel. 0174/5 52 43

2. Diese Schreibmaschine wurde nur 10-mal _____ – eine echte Seltenheit. Für Sammler. Gegen Abholung. Tel. 0761/33 97 52

3. Diese Kameras sind kaum _____ worden. Fast neu. Beide für € 60 zu verkaufen. Tel. 0176-3 45 44 32

4. Verschenke T-Shirts, sie wurden nur wenig _____ ! Zu schön, um sie wegzuwerfen. Größe S. Phone: 0761/28 56 31

b Ordnen Sie die Sätze aus a zu.

Präteritum	Perfekt
	Mein Fahrrad ist ... gestohlen worden.

c Ergänzen Sie die Tabelle.

	Präsens	Präteritum	Perfekt
ich	werde getragen		
du			
er / es / sie			ist getragen worden
wir			
ihr			
sie / Sie		wurden getragen	

zu Sprechen 2, KB 81, Aufgabe 3

12 Passiv in der Vergangenheit   GRAMMATIK

a Schreiben Sie die Sätze im Passiv Präteritum.

1 im Internet – schöne Ohrringe – anbieten   _Im Internet wurden schöne Ohrringe angeboten._
2 der höchste Preis – bieten   _Es _____._
3 der schnellste Käufer – informieren   _____.
4 die Ohrringe – verkaufen   _____.
5 die Ware – bezahlen   _____.
6 die Ohrringe – als Geschenk – verschicken   _____.

LEKTION 7

b Ein Geschenk für seine Freundin. Was erzählt Martin? Schreiben Sie im Passiv Perfekt.

Stell dir vor,
1 *im Internet sind schöne Ohrringe angeboten worden.*
2 _____
3 _____
4 _____
5 _____
6 _____
… und rate mal, an wen?

zu Sprechen 2, KB 81, Aufgabe 4

13 Verkäufe im Internet
KOMMUNIKATION

Ihre Freundin Sara hat alles, was sie nicht mehr braucht, im Internet zum Verkauf angeboten. Was ist schon alles verkauft worden? Sprechen Sie mit Ihrer Lernpartnerin / Ihrem Lernpartner.

- ■ Ist das alte Schachspiel verkauft worden?
- ● Ja, das hat sie tatsächlich verkauft.
- ■ Wie viel ist dafür bezahlt worden?
- ● 3 Euro hat sie noch dafür bekommen.

		Ja	Nein	EURO
1	das alte Schachspiel	X		3
2	der Fernseher		X	
3	der Fotoapparat	X		20
4	der alte Laptop			35
5	das gebrauchte Skateboard			6
6	die rosa Schreibtischlampe		X	
7	die alten Mathebücher			2,50

zu Lesen 2, KB 82, Aufgabe 2

14 Richtig einkaufen
GRAMMATIK

a Was *soll, kann, muss, darf* man beim Einkaufen beachten? Schreiben Sie.

Folgende Regeln muss man beachten:

1 *Hunde darf man nicht …*
2 _____
3 *Die*
4 _____
5 _____
6 _____

Folgende Regeln beachten:
1 Hunde nicht mitbringen
2 Packungen nicht öffnen
3 Ware nur mit Quittung umtauschen
4 Lebensmittel nicht probieren
5 an der Kasse geduldig warten
6 Einkauf nur bar bezahlen

b Schreiben Sie die Regeln nun im Passiv mit Modalverb.

Folgende Regeln müssen beachtet werden:

1 _____
2 _____
3 _____
4 _____
5 _____
6 _____

AB 89

LEKTION 7

zu Lesen 2, KB 82, Aufgabe 2

15 Was tun gegen ungewolltes Geldausgeben?

LESEN

Interview mit einem Einkaufsexperten:
Lesen Sie und ordnen Sie die Fragen zu.

> Es gibt also klare Unterschiede? • Und wie ist es bei den Frauen? • ~~Warum geben viele Menschen Geld aus, obwohl sie es nicht wollen?~~ • Welche Personen kaufen besonders gern ein? • Was können Kunden tun, die unüberlegt zu viel einkaufen?

1 Warum geben viele Menschen Geld aus, obwohl sie es nicht wollen?
Dafür gibt es verschiedene Gründe. Zum einen kann man durch seine Einkäufe zeigen, dass man nicht so ist, wie alle anderen. Zum anderen möchten viele Menschen sich durch das Einkaufen Wünsche erfüllen.

2 _____
Junge Männer kaufen gern und viel ein. Dabei verhält sich die Mehrheit der Männer wie Jäger in der Steinzeit: Sie gehen ins Geschäft, suchen sich etwas aus, bezahlen es – und gehen wieder raus.

3 _____
Bei ihnen ist es ganz anders. Sie probieren gern neue Dinge aus. Das heißt, sie lesen Ratgeber, verbringen mehr Zeit in den Geschäften und sehen sich unterschiedliche Sachen an.

4 _____
Ja, das kann man so sagen. Erst im Alter kann man bei beiden Geschlechtern Ähnliches beobachten. Ältere Männer und Frauen besuchen gern immer die gleichen Geschäfte und kaufen die gleichen Produkte. Zudem achten ältere Menschen mehr auf ihr Geld.

5 _____
Die beste Methode, unnötige Einkäufe zu vermeiden, ist eine Einkaufsliste. Damit hat man einen Plan und kauft nur das, was man wirklich braucht. Zudem sollte man am besten alleine einkaufen. Wenn mehrere Menschen zusammen einkaufen gehen, werden auch die Tüten voller.

zu Lesen 2, KB 82, Aufgabe 2

16 Geldangelegenheiten

a **Ergänzen Sie.**

> anlegen • aufnehmen • ~~ausgeben~~ • bezahlen • sparen • überziehen

Helga kann einfach nicht anders: Sie muss das ganze Geld, das sie monatlich verdient, _ausgeben_ (1). Mehr als das! Sie _____ (2 jeden Monat ihr Konto. Regelmäßiges _____ (3) gibt es bei ihr nicht. Helgas Bankberater hat gesagt, sie soll jeden Monat einen Teil ihres Geldes _____ (4). Nur 30 Euro wären schon genug. Dann kann sie auch größere Rechnungen _____ (5). Wenn sie kein Geld zurücklegt und sich etwas Teures kaufen möchte, muss sie sonst einen Kredit _____ (6).

LEKTION 7

b Schreiben Sie die Nomen richtig. Was bedeuten die Wörter? Verbinden Sie.

1 das ABDEGLR — Bargeld — Geld, für das man Zinsen bezahlen muss
2 die CEGHNRUN — Leihgebühr für Geld
3 das KNOOT — von der Bank geführte Geldübersicht
4 der DEIKRT — Münzen und Scheine
5 die KDRETIKTARE — Zusammenstellung, was man zu bezahlen hat
6 der INSZ — Karte, mit der man bargeldlos bezahlen kann

zu Wortschatz, KB 84, Aufgabe 1

17 Von Einkaufszentren und Marktständen — WORTSCHATZ

a Wo kauft Herr Beck ein? Hören Sie und markieren Sie.

- ☐ am Kiosk:
- ☐ an Marktständen:
- ☐ beim Bäcker:
- ☐ beim Großhändler:
- ☐ beim Metzger:
- ☒ im Einkaufszentrum: Lebensmittel, ...
- ☐ im Fachgeschäft:
- ☐ im Kaufhaus:
- ☐ im Schreibwarengeschäft:
- ☐ im Supermarkt:
- ☐ in der Apotheke:
- ☐ in der Boutique:

b Was kauft er? Hören Sie noch einmal und notieren Sie.

zu Wortschatz, KB 84, Aufgabe 2

18 Geld — WORTSCHATZ

a Was kann man alles mit einem Konto, Geld und Münzen machen? Ordnen Sie zu.

> sparen • überweisen • bezahlen • ausgeben • ~~auf der Bank haben~~ • verlieren • leihen • dabeihaben • kündigen • ~~eröffnen~~ • abheben • wechseln • umtauschen • sammeln • auf dem Konto haben • überziehen • sperren

1 ein Konto: auf der Bank haben, eröffnen, ...
2 Münzen: _____
3 Geld: _____

b Schreiben Sie Sätze.

1 Ich habe ein Konto auf der Bank. Gestern habe ich ein Konto eröffnet. ...

zu Wortschatz, KB 84, Aufgabe 3

19 Wortbildung Nomen: Nachsilben — GRAMMATIK

a Welche sechs Wörter sind nicht feminin? Markieren Sie.

> ~~Anleitung~~ • Energie • Gesundheit • Sportler • Anmeldung • Schneiderei • Körper • Ausbildung • Krankheit • Musikant • Packung • Politik • Psychologie • Moment • Schauspieler • Dirigent • Technik • Übung • Unterhaltung • Versicherung • Wiederholung

AB 91

LEKTION 7

b Ergänzen Sie die Artikel.

1 _____ Hähnchen • Mädchen • Päckchen
2 _____ Meinung • Quittung • Werbung
3 _____ Banker • Mieter • Verkäufer
4 _____ Gesundheit • Freiheit • Mehrheit
5 _____ Garantie • Industrie • Batterie
6 _____ Gemüsehändler • Schauspieler • Arbeitgeber

zu Wortschatz, KB 84, Aufgabe 3

20 Rätsel   WORTSCHATZ

Bilden Sie Nomen und ordnen Sie sie zu.

| Bar- • Falsch- • Groß- • Kauf- • Klein- • Sonder- • Super- • Schau- | Angebot • Fenster • Geld • Geld • Handel • Haus • Markt • Zahlung |

1 Ein anderes Wort für Münzen: _Kleingeld_
2 Ein Geschäft, in dem es mehrere Abteilungen unter einem Dach gibt: _____
3 Ein Geschäft hat ein _____. Dort wird die aktuelle Ware gezeigt.
4 Ein Geschäft, in dem man Waren kauft, die man zum täglichen Leben braucht: _____
5 Wenn man etwas kauft und mit Geldscheinen und Münzen bezahlt: _____
6 Ein Produkt, das für eine bestimmte Zeit günstig zu kaufen ist: _____
7 Ein Geschäft, in dem Händler selber einkaufen: _____
8 Geldscheine, die illegal kopiert wurden: _____

zu Schreiben, KB 85, Aufgabe 3

21 Einkauf im Discounter   KOMMUNIKATION

Ergänzen Sie.

| Ich finde es schlimm, • Ich denke, • Meiner Meinung nach • Positiv finde ich, • Ich finde es gut, • Ich finde es problematisch, |

Ich finde es problematisch, (1) dass nicht nur arme Leute beim Discounter einkaufen, sondern immer mehr reiche. Die könnten es sich doch leisten, in einem normalen Laden einzukaufen. Bald haben wir nur noch solche riesigen Supermärkte. Schlimm. _____ (2) ist das eine Katastrophe. *Nikky Reimers, Mainz*

Warum sind eigentlich alle gegen die Billigläden? _____ (3) dass nicht alle Läden gleich teuer sind. _____ (4) dass ich mir als Auszubildende auch mal Champagner leisten kann, weil er beim Discounter bezahlbar ist. Denkt doch mal an die kleinen Leute! *Christa Burmeister, Köln*

Die vielen kleinen Läden, die es früher in unserer Nachbarschaft gab, sind alle weg. _____ (5) dass das schade ist. Keiner kauft mehr seine Milch in kleinen Lebensmittelgeschäften um die Ecke, weil sie im Discounter 5 oder 10 Cent billiger ist. _____ (6) dass unser Bürgermeister seit Jahren gar nichts tut. Typisch! Wo bleibt denn da die Lebensqualität? *Axel Rienhoff, Wien*

LEKTION 7

zu Hören, KB 86, Aufgabe 2

22 Rollentausch

WORTSCHATZ

Ergänzen Sie.

abwaschen • arbeitslos •
ausgeben • ausreichen •
Bewerbungen • ~~Ehe~~ •
ernährt • gemeinsam

Was passiert, wenn Männer und Frauen in der _Ehe_ (1) die Rollen tauschen? Was bedeutet es, wenn die Frau die Hauptverdienerin ist? Robbie und seine Frau müssen damit leben, dass er _____ (2) geworden ist. Täglich wartet Robbie auf eine Antwort auf eine seiner zahlreichen _____ (3). Seine Frau _____ (4) als Krankenschwester die ganze Familie. Ihr Gehalt muss für drei Personen _____ (5): für Robbie, für die kleine Tochter und für sie selbst. Die drei müssen _____ (6) mit der neuen Situation leben lernen. Der Mann erledigt jetzt die Hausarbeit: Geschirr _____ (7), kochen, putzen, die Tochter in den Kindergarten bringen. „Für meine Männlichkeit ist das kein Problem." Trotzdem hofft Robbie darauf, wieder Arbeit zu finden, damit die Familie wieder mehr Geld _____ (8) kann.

23 Meine Spartipps

MEIN DOSSIER

Sie möchten Ihr Geld bewusster ausgeben. Welche Tipps haben Sie dazu in letzter Zeit aus den Medien und von Freunden erhalten? Wo wollen Sie sparen? Wie wollen Sie das machen?

- Einkaufen von Lebensmitteln
- Handy mit Einkaufsliste
- Kommunikation: Handy etc.
- Transport und Mobilität
- Ausgehen
- …

Ich gebe zu viel Geld für Lebensmittel aus. Im Handy habe ich mir eine Einkaufsliste angelegt, die ich in die Läden mitnehme …

LEKTION 7

AUSSPRACHE: Kurze und lange Vokale

1 Spiel: Namen mit kurzen und langen Vokalen

a   Sie bekommen von Ihrer Lehrerin / Ihrem Lehrer ein Kärtchen mit einem deutschen Nachnamen. Rufen Sie sich dann im Kurs beim Namen.

Hahler	Hieler	Huhler	Höhler
Haller	Hiller	Huller	Höller
Heeler	Hohler	Hähler	Hühler
Heller	Holler	Heiler	Hüller

Ich bin Frau Hahler und rufe Herrn Hüller.

Ich bin Herr Hüller und rufe ...

3 ◀)) 40   b   Welche Vokale werden lang ausgesprochen? Hören Sie und markieren Sie.

	lang		lang		lang
1 Hahler	☒	5 Hohler	☐	9 Huller	☐
2 Heiler	☐	6 Hiller	☐	10 Hähler	☐
3 Heller	☐	7 Höller	☐	11 Heeler	☐
4 Hieler	☐	8 Hühler	☐	12 Holler	☐

2 Hördiktat

3 ◀)) 41   a   Hören Sie und ergänzen Sie.

	lang	kurz
a	rate	Ra____
e	Be____	Be____
i	Mi____	Mi____
o	Of____	of____
ü	fü____	fü____
ö	Hö____	Hö____

b   Lesen Sie die Wortpaare laut.

3 Flohmarkteinkäufe

3 ◀)) 42   a   Was kauft Claudia auf dem Flohmarkt? Hören Sie und ergänzen Sie.

Claudia kauft
1 ein F(A)H R R(A)D
2 ein S _ _ _ _ _
3 eine H _ _ _ _
4 eine K _ _ _ _ _
5 einen S _ _ _ _ _ _ _ _
6 ein G _ _ _ _ _ _ _ _
7 M _ _ _ _ _ _ _ _ _ _
8 ein Paar B _ _ _ _ _ _ _

b   Welche Vokale sind lang? Markieren Sie in a.

c   Schreiben Sie eine Geschichte mit den Wörtern aus a. Lesen Sie sie im Kurs vor. Achten Sie dabei auf die Länge der Vokale

Claudia ist auf dem Flohmarkt. Ihr Sohn wünscht sich unbedingt ein ...

LEKTION 7 LERNWORTSCHATZ

EINSTIEGSSEITE, KB 77

das Spiel, -e
das Brettspiel, -e
der Spielleiter, –
die Reihe, -n
   an die Reihe kommen
die Rückseite, -n

gewinnen, gewann, hat
   gewonnen

SPRECHEN 1, KB 78–79

die Figur, -en
die (Spiel-)karte, -n
der Start, -s
das Vermögen, –
der Würfel, –

ehren
enden
handeln
investieren
landen
verbrauchen
zählen zu (+ Dat.)
zu Ende sein

LESEN 1, KB 80

die Gefahr, -en
der Händler, –
die Höhe, -n
der Kunde, -n

bedienen
überreden
werfen, warf, hat geworfen

unüberlegt

SPRECHEN 2, KB 81

die Marke, -n
der Zustand, ⸚e

herstellen
verlangen

LESEN 2, KB 82–83

die Garantie, -n
die Gebühr, -en
der Kaufvertrag, ⸚e
die Mehrwertsteuer (Sg.)
das Paket, -e
der Ratgeber, –
die Rücksendung, -en
der Schutz (Sg.)
die Steuer, -n
die Software (Sg.)
der Umtausch, ⸚e
der Verbraucher, –
die Versandkosten (Pl.)
die Ware, -n
die Zusatzleistung, -en

achten auf (+ Akk.)
angeben, gab an, hat angegeben
bestellen
liefern
vermeiden, vermied,
   hat vermieden
(sich) verstecken
widerrufen, widerrief,
   hat widerrufen
zurücksenden, sandte zurück,
   hat zurückgesandt

beliebt
niedrig
schriftlich
sichtbar

WORTSCHATZ, KB 84

das Bargeld (Sg.)
der Betrag, ⸚e
der Einkauf, ⸚e
die Elektronik (Sg.)
die Gewohnheit, -en
das Konto, die Konten
   das Konto überziehen
der Kredit, -e
   einen Kredit aufnehmen
die Kreditkarte, -n
die Mehrheit, -en
die Rechnung, -en
der Zins, -en

anlegen
   Geld anlegen
bezahlen
hassen
überweisen, überwies,
   hat überwiesen

SCHREIBEN, KB 85

der Anbieter, –
die Hälfte, -n
der Katalog, -e
das Verhalten (Sg.)

(sich) lohnen
(sich) wundern über (+ Akk.)

riesig

als Nächstes
schließlich

HÖREN, KB 86

der Haushalt, -e

verheiratet

verdienen
etw. in Ordnung finden

SEHEN UND HÖREN, KB 87

das Drittel, –
das Ehrenamt, ⸚er
das Labor, -e
der Passant, -en

besitzen, besaß, hat besessen
spenden

arm
reich

LEKTIONSTEST 7

1 Wortschatz

Was passt nicht? Markieren Sie.

1. ☐ Gebühr ☐ Gewohnheit ☐ Garantie ☐ Rechnung
2. ☐ Konto ☐ Zinsen ☐ Kredit ☐ Katalog
3. ☐ Verbraucher ☐ Händler ☐ Spielleiter ☐ Kunde
4. Geld kann man: ☐ anlegen ☐ sparen ☐ überweisen ☐ überziehen
5. ich kaufe: ☐ im Internet ☐ im Kaufhaus ☐ in der Industrie ☐ in der Einkaufspassage
6. ein Produkt ist: ☐ beliebt ☐ finanziell ☐ selten ☐ viel wert

Je 1 Punkt Ich habe _____ von 6 möglichen Punkten erreicht.

2 Grammatik

a Ergänzen Sie die Nachsilben und die Artikel.

1. _____ Zusatzleist_____
2. _____ Entscheid_____
3. _____ Händl_____
4. _____ Mehr_____
5. _____ Rücksend_____
6. _____ Gewohn_____
7. _____ Ordn_____
8. _____ Elektron_____
9. _____ Praktik_____

Je 1 Punkt Ich habe _____ von 9 möglichen Punkten erreicht.

b Ergänzen Sie im Passiv und im Passiv mit Modalverb.

Online-Shopping

1. Die meisten Waren _____ heutzutage im Internet _____ (bestellen).
2. Manchmal _____ Pakete noch am selben Tag _____ _____ (liefern).
3. In der Regel _____ die Waren kostenlos _____ _____ (zurücksenden).
4. Am häufigsten _____ Onlinekäufe per Überweisung oder Rechnung _____ (bezahlen).
5. Zusatzleistungen _____ von den Anbietern immer sichtbar _____ _____ (angeben).
6. Der Kaufvertrag _____ von den Kunden _____ _____, wenn die Ware defekt ist oder ein falsches Produkt geliefert wurde. (widerrufen)

Je Wort 0,5 Punkte Ich habe _____ von 8 möglichen Punkten erreicht.

3 Kommunikation

Ordnen Sie zu.

| ☐ Dürfte ich • ☐ ein toller Markt • ☐ einen guten Kauf • ☐ finde ja • ☐ rausgeben • ☐ Sagen wir • ☐ würden Sie denn |

- ■ Das ist _(1)_ heute, nicht?
- ● Das finde ich auch. So viel Auswahl gibt es selten. _(2)_ die Tasche mal sehen?
- ■ Selbstverständlich. Das ist eine echte MarcChall-Tasche. Ich _(3)_, dass das die beste Marke ist. Was _(4)_ bezahlen?
- ● _(5)_ 70 Euro.
- ■ Okay.
- ● Können Sie mir auf 100 Euro _(6)_?
- ■ Sicher. Hier bitte. Dann viel Spaß mit der Tasche. Da haben Sie _(7)_ gemacht.

Je 1 Punkt Ich habe _____ von 7 möglichen Punkten erreicht.

Auswertung:

Ich habe _____ von 30 möglichen Punkten erreicht.

☺	😐	☹
30–24	23–18	17–0

LEKTION 8 LEBENSLANG LERNEN

WIEDERHOLUNG WORTSCHATZ

1 kennen – wissen – können

Welches Verb passt? Ergänzen Sie in der richtigen Form.

1 Martin spielt nun seit einem halben Jahr Gitarre und _kann_ schon einige Musikstücke spielen. Aber er _____ viele gute Gitarristen und _____, dass er noch sehr lange üben muss, bis er so gut ist wie sie.

2 ■ _____ Sie, wie ich am schnellsten zur Stadtbibliothek komme?
● Tut mir leid. Ich bin nicht von hier und _____ die Stadt nicht gut.

3 Wer die österreichischen Süßspeisen nicht _____, muss sie unbedingt einmal probieren. Meine Tante _____ die besten Germknödel machen.

4 Man _____ heute, dass Menschen ihr Leben lang etwas dazulernen _____. Ich _____ einen 56-jährigen, der noch Autofahren lernen möchte.

2 Welches Nomen passt?

a Ordnen Sie zu.

> Wörter • Formular • Kurs • ~~Prüfung~~ • Material

1 stattfinden – bestehen – dauern: _Prüfung_
2 ausdrucken – abgeben – ausfüllen: _____
3 besuchen – sich anmelden zu – wechseln: _____
4 einfallen – sich merken – übersetzen: _____
5 benutzen – vergleichen – ausprobieren: _____

b Schreiben Sie Sätze mit den Wörtern aus a.

1 Die Prüfung findet am Donnerstag um 12 Uhr in Raum 3 statt.

---

zur Einstiegsseite, KB 89, Aufgabe 1

3 Was lernt man in welchem Alter?

HÖREN

3 ◀) 43 **a Ein Interview mit dem Experten Till Maar: Hören Sie und ordnen Sie zu.**

Alter	Fähigkeiten
1 mit einem Jahr	A Fahrrad fahren
2 mit zwei Jahren	B „Vater-Mutter-Kind" spielen
3 mit drei Jahren	C ein Musikinstrument spielen
4 mit vier Jahren	D kurze Sätze sprechen
5 mit fünf Jahren	E vollständig selbstverantwortlich handeln
6 mit sechs bis sieben Jahren	F kurze Texte lesen und schreiben
7 mit acht bis zehn Jahren	G sportlich erfolgreich sein
8 mit 16 Jahren	H schwimmen
9 mit 18 Jahren	I ein Amt in der Politik ausüben
10 mit circa 26 Jahren	J laufen
11 ab circa 40 Jahren	K Verantwortung im Beruf übernehmen

1 – J

LEKTION 8

b Lesen Sie Auszüge aus dem Interview. Was passt? Markieren Sie.

- Na, da müsste ich bei manchen Dingen wohl meine Eltern fragen, die haben mich schließlich __(1)__ und mir vieles beigebracht.
- Wir haben hier eine Liste mit Fähigkeiten oder __(2)__ und würden Sie bitten, das passende Alter zuzuordnen.
- In der ersten Klasse habe ich dann natürlich Lesen und Schreiben gelernt – am Anfang noch mit __(3)__ nur einfache, kurze Texte.
- Also ich habe zwar nie ein Musikinstrument gespielt, aber meine Tochter, die hat mit 9 Jahren angefangen, Gitarre zu lernen. Inzwischen ist sie 13 und hat __(4)__ enorm __(4)__.
- Also für ein höheres politisches __(5)__ sollte man wohl schon etwas älter sein, so um die 40 vielleicht.

1. ☐ erfahren ☒ erzogen ☐ ernährt
2. ☐ Aktivitäten ☐ Traditionen ☐ Ausnahmen
3. ☐ Bewegung ☐ Gefühl ☐ Mühe
4. ☐ sich ... verbessert ☐ sich ... verspätet ☐ sich ... vergrößert
5. ☐ Spiel ☐ Fach ☐ Amt

zu Wussten Sie schon?, KB 90

4 Eine Volkshochschule kennenlernen   LANDESKUNDE / KOMMUNIKATION

a Gehen Sie im Internet auf die Programmübersicht Ihrer örtlichen Volkshochschule. Welche Themenbereiche bietet die VHS an? Notieren Sie.

Beruf und Karriere, Gesundheit und Ernährung, ...

b Wählen Sie einen Themenbereich aus und vergleichen Sie zwei interessante Kurse. Ergänzen Sie die Tabelle.

Themenbereich	Beispiel	Kurs 1	Kurs 2
Thema	Farb- & Typberatung		
Kursinhalt	individuelle Beratung zu Farb-, Stil- und Imagefragen		
Nötige Vorkenntnisse	keine		
Kurstage	Wochenendseminar, 16 Stunden		
Weitere Hinweise	auch Brillen, Make-up und Frisurberatung		
Kosten	51,10 Euro + 5,- Materialkosten		

c Sie möchten mit einer Freundin / einem Freund einen der Kurse besuchen. Schreiben Sie ihr / ihm eine E-Mail, und begründen Sie, warum Sie diesen Kurs besonders passend finden.

„ *Im Katalog der VHS ... habe ich den Kurs ... entdeckt.*
Der Kurs interessiert mich, weil man da ...
Man erlernt die Grundlagen / fortgeschrittene Kenntnisse in ...
Gleichzeitig verbessert / vertieft man ...
Man erhält dort einen Überblick über ...
Manchmal kann man auch ein Zertifikat für / in ...
... findet regelmäßig / einmalig / (immer) am ... statt. "

98 AB

LEKTION 8

zu Lesen, KB 90, Aufgabe 2

5 Unterschiedliche Aktivitäten   WORTSCHATZ

Was passt nicht? Streichen Sie durch.

1 Eine Volkshochschulkurs kann man *besuchen – fragen – belegen*.
2 In der Erwachsenenbildung wird Wissen *gezeigt – vermittelt – weitergegeben*.
3 Ein Schauspieler muss seine Rolle gut *machen – vorbereiten – spielen*.
4 Die Präsentation kann man auf einem USB-Stick *mitbringen – speichern – ausfüllen*.
5 Kursleiter wollen den Kursteilnehmern etwas *erklären – erreichen – beibringen*.
6 Bei der Sprachberatung in der VHS habe ich viel Neues *vertieft – erfahren – gehört*.
7 Bei einer Yogaübung lernt man *loszulassen – loszugehen – sich zu entspannen*.

zu Lesen, KB 91, Aufgabe 3

6 Genitiv   GRAMMATIK ENTDECKEN

a Welche Formen stehen im Genitiv? Unterstreichen Sie.

> Hi Svenja,
> weißt Du schon das Neueste? Seit ein paar Wochen lerne ich Russisch! Das wollte ich ja schon immer. Der Klang der Sprache fasziniert mich einfach. Der Kurs macht mir auch viel Spaß. Der Unterrichtsstil des Lehrers ist total abwechslungsreich! Der Titel <u>des Buches</u> klingt auch sehr spannend: *Otlitschno!* Auch wenn es eine schwere Sprache ist, komme ich mit dem Lösen der Übungen gut klar.
> Viele Grüße!

b Schreiben Sie die Formen in die Tabelle und ergänzen Sie den Nominativ.

		Genitiv	Nominativ
Singular	maskulin		
	neutral	<u>des</u> Buch<u>es</u>	das Buch
	feminin		
Plural			

das **Buch** [buːx]; -(e)s, Bücher [ˈbyːçɐ]: **1.** [größere] Anzahl bedruckter oder beschriebener Blätter, die an einer Seite miteinander verbunden und von einem Umschlag bedeckt sind: das Buch öffnen, aufschlagen, zuklappen; in einem Buch blättern; ein Buch in die Hand nehmen, aus der Hand legen. *Syn.:* ³Band. *Zus.:*

die **Spra|che** [ˈʃpraːxə]; -, -n: **1.** (ohne Plural) das Sprechen; die Fähigkeit zu sprechen: durch den Schock verlor er die Sprache; die Sprache wiederfinden. **2.** System von Zeichen und Lauten, das von Angehörigen einer bestimmten sozialen Gemeinschaft (z. B. von einem Volk) in gesprochener und geschriebener Form als Mittel

c Markieren Sie in der Tabelle Artikel und Endung im Genitiv.

zu Lesen, KB 91, Aufgabe 3

7 Artikel im Genitiv   GRAMMATIK

Ergänzen Sie.

1 die Hinweise ein **es** Mitarbeiter____ ; die Regeln ein____ Spiel____ ;
  die Anleitung ein____ Trainerin____ ; die Weiterbildung v____ Fachkräften
2 die Haltung d____ Körper____ ; die Grundlagen d____ System____ ;
  die Mehrheit d____ Bevölkerung____ ; der Inhalt d____ Materialien
3 die Stimme mein____ Lehrer____ ; die Bildung ihr____ Kind____ ;
  das Zertifikat sein____ Assistentin____ ; die Vorträge ihr____ Professoren
4 die Ankunft mein____ Kollegen; der Austausch unser____ Unterlagen; die Methoden
  d____ Lehrerinnen; der Ablauf d____ Bewegungen; die Sprache d____ Behörden

AB 99

LEKTION 8

zu Lesen, KB 91, Aufgabe 3

8 Präpositionen mit Akkusativ, Dativ und Genitiv — GRAMMATIK

a Ergänzen Sie.

> ~~trotz~~ • wegen • für • trotz • gegen • wegen • mit • bei • wegen

1 Marina besucht _trotz_ des schönen Wetters eine Ausstellung im Museum _____ moderne Kunst. Ich gehe lieber _____ schlechtem Wetter dorthin.
2 Die Zuschauer kommen vor allem _____ des beliebten Schauspielers Daniel Brühl, der _____ dem Film *Good Bye Lenin* bekannt wurde, ins Kino.
3 _____ unserer kleinen Katze fahren wir nicht so oft in den Urlaub.
4 Die Regierung plant _____ regelmäßiger Proteste der Bevölkerung einen neuen großen Bahnhof. _____ der hohen Kosten und der Umweltzerstörung sind viele Menschen _____ das Projekt.

b Akkusativ, Dativ oder Genitiv? Ordnen Sie die Präpositionen zu.

gegen _____ } + Akkusativ   _____ } + Dativ   _____ } + Genitiv
_____   _____   _____

c Markieren Sie in a die Endungen der Artikel, Adjektive und Nomen im Genitiv und ordnen Sie sie zu.

maskulin + neutral	feminin	Plural
trotz des schönen Wetters		

zu Lesen, KB 91, Aufgabe 3

9 Adjektive im Genitiv — GRAMMATIK ENTDECKEN

a Ergänzen Sie den Artikel.

1 _____ Unterrichtsstoff   2 _____ Material   3 _____ Weiterbildung

b Ergänzen Sie die Endungen. Achten Sie auf die Pfeile.

maskulin + neutral
die Auswahl ein**es** interessant**en** Unterrichtsstoff(e)**s** / Material____
die Auswahl d**es** interessant**en** Unterrichtsstoff____ / Material**s**
die Auswahl ____ interessant**en** Unterrichtsstoff____ / Material____

feminin	Plural
der Nutzen ein____ gut**en** Weiterbildung	
der Nutzen d**er** gut____ Weiterbildung	die Methoden d**er** nett**en** Erzieher
der Nutzen ____ gut____ Weiterbildung	die Methoden ____ nett____ Erzieher

100 AB

LEKTION 8

zu Lesen, KB 91, Aufgabe 3

10 Was passt?   GRAMMATIK

a   Ordnen Sie zu und schreiben Sie.

1 Fragen	unzufrieden / (die) Bürger
2 Wahl	klug / eine Teilnehmerin
3 Erklärungen	sympathisch / die Lehrerin
4 Protest	jung / der Schauspieler
5 Begriffe	neu / ein Bürgermeister
6 Selbstsicherheit	medizinisch / die Fachsprache

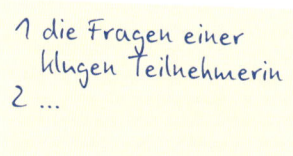

1 die Fragen einer klugen Teilnehmerin
2 ...

b   Ergänzen Sie die Sätze.

a Der Kursleiter freut sich über _die Fragen einer klugen Teilnehmerin._
b Die Filmkritiker sind erstaunt über _____
c Die Schüler verstehen _____
d _____ zu lernen ist nicht einfach.
e Die Politiker sind beunruhigt über _____
f _____ ist in einer Demokratie geheim.

zu Sprechen, KB 92, Aufgabe 1

11 Sprichwörter und Zitate zum Thema „Lernen"   LESEN

Ordnen Sie zu. Welches der folgenden Sprichwörter und Zitate sagt Folgendes aus:

1 Die Lehrmethoden in der Schule sind oft sehr langweilig.   **F**
2 Man kann nur als junger Mensch gut lernen. ☐
3 Man lernt das, was man selbst ausprobiert hat, am besten. ☐
4 Man kann in jedem Alter etwas lernen. ☐
5 Es ist wichtig und nützlich zu lernen. ☐
6 Als Erwachsener braucht man oft das Gegenteil von dem, was man als Kind gelernt hat. ☐

A   *Also lautet der Beschluss,*
     dass der Mensch was lernen muss.
     Lernen kann man, Gott sei Dank,
     aber auch sein Leben lang.
                     Wilhelm Busch

B   *Nicht für die Schule lernen wir,*
     sondern für das Leben.
                     Seneca

D   *Im Leben lernt der Mensch zuerst gehen*
     und sprechen. Später lernt er dann,
     still zu sitzen und den Mund zu halten.
                     Marcel Pagnol

C   *Was Hänschen nicht lernt,*
     lernt Hans nimmermehr.

F   *Wenn alles schläft und einer spricht,*
     dann nennt man so was Unterricht.

E   *Erzähle mir und ich vergesse.*
     Zeige mir und ich erinnere.
     Lass mich tun und ich verstehe.
                     Konfuzius

LEKTION 8

zu Sprechen, KB 92, Aufgabe 3

12 Vor- und Nachteile von Online-Lernen

WORTSCHATZ

Was meinen Sie? Ist das ein Vorteil (V) oder ein Nachteil (N) von Online-Lernen? Markieren Sie.

	V	N
1 Man überlegt sich selbst, wo, wann und wie lange man lernen will.	X	☐
2 Man kann sich bei schwierigen Themen Zeit lassen.	☐	☐
3 Man hat sein eigenes, persönliches Lerntempo.	☐	☐
4 Man kann niemanden direkt und schnell fragen.	☐	☐
5 Man ist abhängig von der Technik.	☐	☐
6 Man kann im Lernstoff nach vorne und wieder zurück springen.	☐	☐
7 Man muss sich selbst motivieren weiterzumachen.	☐	☐
8 Man kann sich manche Dinge auch autodidaktisch beibringen.	☐	☐

zu Sprechen, KB 92, Aufgabe 3

13 Ein Gespräch über Online-Lernen

KOMMUNIKATION

a **Lesen Sie und ergänzen Sie.**

> …, was ich sehr nützlich finde. • … kann ich verstehen, aber … •
> Es ist für mich wichtig, … • … kommt für mich persönlich nicht infrage. •
> … man damit sehr gut … kann. • Na gut, dann lernen wir … •
> … möchte ich nicht so gern machen • ein Drittel bis die Hälfte •
> … ist mir das auch recht • mit einem Klick nachschlagen

Sina: Bis vor Kurzem habe ich geglaubt, man braucht beim Lernen unbedingt eine Person, die einen motiviert und immer sofort korrigiert. Deshalb war ich sicher, Online-Lernen *kommt für mich persönlich nicht infrage* (1). Dann hat mir eine Freundin einen elektronischen Sprachtrainer für Englisch geschenkt und ich habe festgestellt, dass _____ Wortschatzübungen am Computer machen _____ (2). Man kann sich die korrekte Aussprache der Wörter gleich anhören und nachsprechen, _____ (3). Außerdem kann man unbekannte Wörter _____ (4).

Tabor: Also ehrlich gesagt, so einen Online-Kurs _____ (5). _____ (6), dass ich die Sprache zusammen mit anderen Menschen lerne und dass ein realer Lehrer hilft und verbessert. Ich habe auch gelesen, dass gerade bei Online-Sprachkursen viele Menschen die Lust verlieren, und _____ (7) der Teilnehmer bald wieder damit aufhört.

Sina: Dass es nicht so viel Spaß macht, ohne Lehrer zu lernen, _____ _____ (8) dann musst du mir versprechen, mit mir zusammen einen Spanischkurs zu machen.

Tabor: _____ (9) Spanisch. Das ist ja eine tolle und wichtige Sprache. Wenn du dann etwas mehr Wörter kannst als ich, _____ (10).

b **Wer sagt was? Markieren Sie.**

	Sina	Tabor
1 Wörter und Aussprache kann man gut online üben.	☐	☐
2 Beim Online-Lernen fehlt oft die Motivation, sich zum Lernen hinzusetzen.	☐	☐
3 Viele Menschen beginnen einen Online-Sprachkurs, machen aber dann nicht weiter.	☐	☐
4 Online-Lernen kann man gut mit traditionellem Unterricht kombinieren.	☐	☐

c **Wie finden Sie Online-Lernen? Schreiben Sie Ihre Meinung und verwenden Sie dabei die Redemittel aus dem Kursbuch (KB 93). Schreiben Sie circa 5–7 Sätze.**

LEKTION 8

WIEDERHOLUNG GRAMMATIK

zu Hören 1, KB 95, Aufgabe 3

14 Negationswörter

Ergänzen Sie *kein-, nichts, niemand, nirgends, nie(mals)*.

1 Viele Jugendliche haben oft *ein* / _kein_ positives Vorbild.
2 Die Bevölkerung hat *etwas* / _____ von den Plänen der Regierung erfahren.
   Fast *immer* / _____ bieten die Politiker genug Möglichkeiten zum Meinungsaustausch.
3 Lehrer wissen häufig *alles* / _____ über ihre Schüler, weil sie sich *oft* / _____ nach
   ihren Problemen erkundigen. Für viele Kinder ist ein Lehrer, den sie nur zwei bis vier Stunden
   pro Woche sehen, außerdem *eine* / _____ Vertrauensperson.
4 Ab sofort darf *überall* / _____ im Schulhaus mit Handys telefoniert werden.
   Alle wussten es, aber _____ hat sich daran gehalten

zu Hören 1, KB 95, Aufgabe 3

15 Die Position von *nicht*

GRAMMATIK ENTDECKEN

Ordnen Sie die Sätze den Regeln in der Tabelle zu.

1 Ich habe die neuen Wörter aus dem Deutschkurs **nicht** wiederholt. ☐ 1
2 Deshalb beherrsche ich sie noch **nicht**. ☐
3 Wenn ich spät abends lerne, ist das meist **nicht** so effizient. ☐
4 Deshalb nehme ich mir am Wochenende dafür Zeit und fahre **nicht** weg. ☐
5 Im Unterricht wurde das Thema „richtig lernen" **nicht** behandelt. ☐
6 Einige Mitschüler interessieren sich auch **nicht** für das Thema. ☐
7 Ihrer Meinung nach können Lernmethoden den Lernerfolg **nicht** beeinflussen. ☐

Regel
nicht steht …
1 **am Satzende** oder **vor** dem zweiten Teil des Verbs.   *Beispiele:* Der Lernberater erklärt die Regeln **nicht**.   Am Wochenende möchte ich **nicht** lernen.
2 **vor** dem Satzteil oder Wort, der/das verneint wird.   *Beispiele:* Wir bereiten uns **nicht** auf die Prüfung vor.   Die Prüfung ist **nicht** einfach.

zu Hören 1, KB 95, Aufgabe 3

16 Wo steht *nicht*?

GRAMMATIK

Verneinen Sie die Sätze, indem Sie *nicht* an der richtigen Stelle ergänzen.

1 Der Moderator fragt seine Gäste _nicht_ nach ihrem Alter.

2 Die Kinderpflegerin kannte den Lernberater.

3 Sie hat ihre Ausbildung zur Erzieherin abgeschlossen.

4 Laut dem Lernberater soll man den Stoff täglich wiederholen.

5 Eine große Menge an täglichem Lernstoff kann er empfehlen.

> 1 Der Moderator fragt seine Gäste nicht nach ihrem Alter.

LEKTION 8

zu Hören 1, KB 95, Aufgabe 3

17 Wo fehlt *nicht*?

GRAMMATIK

Verneinen Sie den unterstrichenen Satzteil.

1 a Bilal bereitet sich auf die theoretische Führerscheinprüfung vor. (sondern auf die Zwischenprüfung in seiner Ausbildung)

Bilal bereitet sich nicht auf die theoretische Führerscheinprüfung, sondern auf die Zwischenprüfung in seiner Ausbildung vor

b Bilal bereitet sich auf die theoretische Führerscheinprüfung vor. (sondern Mira)

2 a Das Jobcenter vermittelt der Fachkraft eine neue Stelle. (sondern der Karriereplaner)

b Das Jobcenter vermittelt der Fachkraft eine Stelle. (sondern dem Schüler)

zu Schreiben, KB 96, Aufgabe 2

18 Das Bildungssystem

WORTSCHATZ

Ergänzen Sie.

Gymnasium • Grundschule • ~~Universität~~ • Kindergarten

		Alter
Tertiärer Bereich Fachhochschule und _Universität_		ab 18/19 Jahren
Sekundarbereich _____, Realschule, Mittelschule, Gesamtschule, duale Ausbildung (Berufsschule und Betrieb)		Circa 11–18 Jahre
Primarbereich _____		6–10 (oder 12) Jahre
Elementarbereich _____, Kita (Kindertagesstätte)		2–6 Jahre

LEKTION 8

zu Schreiben, KB 96, Aufgabe 2

19 Diskussionsforum GRAMMATIK

a Lesen Sie den folgenden Beitrag zum Thema Schule. Entscheiden Sie, welches Wort (a–o) in die Lücken 1–10 passt. Sie können jedes Wort im Kasten nur einmal verwenden. Nicht alle Wörter passen in den Text.

Einige Leute behaupten, dass der Unterricht _____ (1) öffentlichen Schulen nicht so gut ist, weil in einer Schulklasse manchmal _____ (2) 30 Kinder zusammen lernen. Auf Privatschulen können nur Eltern mit genug Geld ihre Kinder schicken, _____ (3) diese natürlich etwas kosten. Dafür nehmen _____ (4) dort die Lehrer mehr Zeit für die Schüler. Ich finde aber, _____ (5) Kinder sollten die Chance haben, eine wirklich gute öffentliche Schule zu besuchen. _____ (6) kann ich auch begründen: Man braucht in _____ (7) eine Menge gut ausgebildeter junger Menschen. _____ (8) wäre es wichtig, in allen Schulen eine optimale Unterrichtsqualität zu haben. Außerdem _____ (9) der Unterricht bis 16 oder 17 Uhr dauern. Natürlich bei höchstens 15 Schülern pro Klasse. Das _____ (10) optimal!

a WÄRE	d SICH	g JEDE	j DENN	m DESHALB
b FÜR	e DAS	h ZUKUNFT	k HÄTTE	n ALLE
c ÜBER	f DA	i MÜSSTE	l AN	o DAZU

3 ◀) 44 b Hören Sie nun und vergleichen Sie.

WIEDERHOLUNG GRAMMATIK

zu Hören 2, KB 97, Aufgabe 2

20 Wechselpräpositionen

Ergänzen Sie *in, an, auf, vor, hinter, neben, zwischen* und die Endungen der Artikel und Adjektive.

Erfolg auf der Bühne

Die junge Schauspielerin Emmy K. stand zum ersten Mal _____ d____ (1) Bühne und sollte _____ ein____ groß____ (2) Publikum spielen. _____ d____ (3) ersten Reihe saß auch der Regisseur des Theaterstücks. Kurz bevor das Stück begann, setzte sich die Bürgermeisterin der Stadt direkt _____ d____ (4) Regisseur _____ d____ (5) freien Platz. Der drehte sich zu ihr hin und begrüßte sie. Dann begann das Stück.

Emmy und ihre Kollegen spielten großartig. Sobald der Vorhang gefallen war, bekamen sie von den Zuschauern großen Applaus. Die Schauspieler kamen noch einmal _____ d____ (6) Bühne, _____ d____ (7) Vorhang und dankten dem Publikum. Emmy stand _____ ihr____ (8) Kollegen und strahlte vor Glück. Dann gingen alle wieder zurück _____ d____ (9) Vorhang.

Einige Zuschauer warfen nun sogar Rosen _____ d____ (10) Bühne und riefen laut: „Emmy, Emmy!" Erst als Emmy K. dann noch einmal kam und begann, einige persönliche Worte _____ ihr____ (11) Publikum zu richten, hörte der Applaus auf. Am Ende ihrer Dankesrede hatte Emmy Tränen _____ d____ (12) Augen.

LEKTION 8

zu Hören 2, KB 97, Aufgabe 2

21 Lokale Präpositionen   GRAMMATIK

Ergänzen Sie in der richtigen Form.

Lehrer • Klassenzimmer • Tisch • Schwarzes Brett • ~~Schulgebäude~~ • Flur

1 Innerhalb _des Schulgebäudes_ ist das Telefonieren verboten.

2 Die Lernenden sitzen _____ gegenüber.

3 Die Lernenden stehen um _____ herum.

4 Die Lernenden sind nun außerhalb _____ .

5 Die Lernenden laufen _____ entlang.

6 Die Lernenden gehen am _____ vorbei.

zu Hören 2, KB 97, Aufgabe 2

22 Verkehrsregeln wiederholen   GRAMMATIK

a Ergänzen Sie die passende Präposition und die Endungen, wo nötig.

außerhalb • innerhalb • entlang • an … vorbei • um … herum

1 Fahren Sie langsam _____ d_____ Krankenhaus _____ und machen Sie keinen Lärm.
2 Schneller als 30 km pro Stunde dürfen Sie nur _____ dies_____ Zone _____ fahren.
3 Im Kreisverkehr fährt man _____ ein_____ Verkehrsinsel _____ .
4 _____ ein_____ Stadt_____ darf man höchstens 50 km/h fahren.
5 Wenn Sie dies_____ Straße _____ fahren, müssen Sie mit Tieren auf der Fahrbahn rechnen.

b Ordnen Sie die Sätze den Zeichnungen zu.

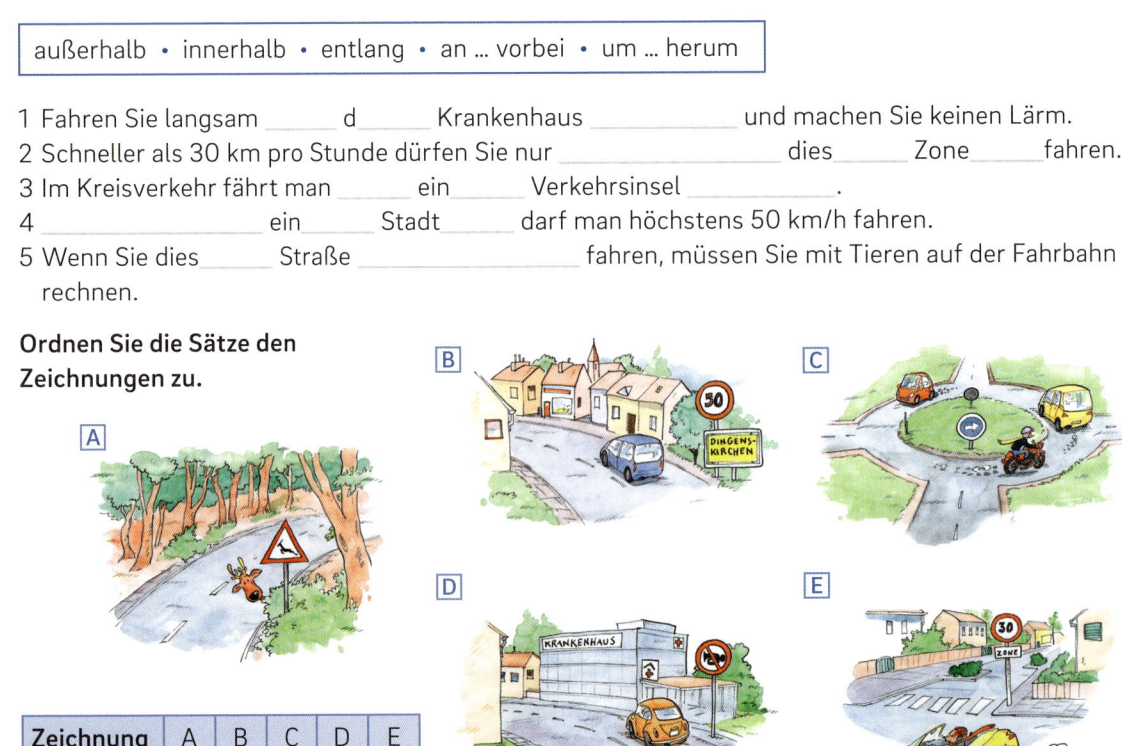

Zeichnung	A	B	C	D	E
Satz					

LEKTION 8

zu Wortschatz KB 98, Aufgabe 1

23 Alltag mit modernen Medien

WORTSCHATZ

a   Finden Sie 11 Wörter zum Thema moderne Medien. Markieren Sie.

Q	T	S	Ü	E	K	T	V	W	V	A	P	P	G	S
R	M	O	N	I	T	O	R	Z	G	E	N	M	Ü	M
F	O	I	P	W	Y	A	K	E	X	P	S	K	I	A
T	Z	H	Q	C	R	K	A	B	E	L	C	O	L	R
A	E	S	C	A	N	N	E	R	V	U	S	P	P	T
B	L	W	S	D	T	B	Ü	C	R	M	T	F	N	P
L	T	M	U	D	R	U	C	K	E	R	D	H	T	H
E	X	A	F	O	H	D	M	A	B	I	Y	Ö	H	O
T	E	U	Q	L	A	P	T	O	P	K	Q	R	B	N
U	V	S	J	A	L	Z	C	E	G	U	X	E	I	E
O	Q	D	Z	H	W	O	D	B	W	V	D	R	P	F
T	A	S	T	A	T	U	R	G	E	I	Q	M	Z	R
J	R	P	I	Z	Y	S	U	R	O	C	T	N	A	Y
Ü	L	A	U	T	S	P	R	E	C	H	E	R	O	Q

b   Welche Aktivitäten bedeuten etwas Ähnliches? Verbinden Sie.

1 eine Datei mit der Maus anklicken — ein Programm öffnen
2 mit Freunden chatten — anderen Person online schreiben
3 eine Sprachnachricht verschicken — gesprochene Informationen senden
4 Lautsprecher an den PC anschließen — zwei Geräte miteinander verbinden
5 eine App herunterladen und installieren — ein neues Programm einrichten
6 sich in seinen Account einloggen — sich in ein Benutzerkonto einwählen
7 eine Online-Überweisung machen — im Internet Geld verschicken

c   Welche der Tätigkeiten ist hier dargestellt? Ordnen Sie zu.

☐  ☐  ☐  ☐

24 Selbst gemachte Geschenke

MEIN DOSSIER

Haben Sie schon einmal ein Geschenk selbst gemacht oder würden gern selbst eines machen? Für wen war / wäre das Geschenk und warum? Bringen Sie ein Bild davon mit oder machen Sie eine Zeichnung. Schreiben Sie ein paar Sätze dazu.

„ *Auf dem Foto / … sieht man …*
  … habe ich selbst gemacht /
    würde ich gern einmal selbst machen …
  Dazu braucht man …
  Man kann … dann zum … benutzen oder einfach …
  Geschenkt habe ich … meiner / meinem …
  Ich würde … meiner / meinem … schenken, weil … "

Dieses Etui für Kopfhörer und Kabel habe ich selbst gemacht. Dazu …

LEKTION 8

AUSSPRACHE: ch (Ach-Laut), ch (ich-Laut) und ch – sch

1 Gedicht

a Lesen Sie das Gedicht.

Achterbahnträume

8
W8soldaten
bew8en
W8eln in Sch8eln
und l8en:
„Auf der W8,
um Mittern8,
werden Feuer entf8
und die W8eln geschl8et.
Wir haben lange genug geschm8et."

„8ung",
d8en die W8eln,
„wir öffnen mit Sp8eln
die Sch8eln,
denn der Verd8,
dass man uns hinm8,
ist angebr8",
und entflogen s8,
abends um
8.

3 ◀) 45   b Hören Sie jetzt das Gedicht, ohne es mitzulesen. Wie oft hören Sie das Wort „acht"? Vergleichen Sie im Kurs.

2 Ach-Laut (ch) und Ich-Laut (ch)

3 ◀) 46   a Welchen Laut hören Sie? Markieren Sie.

	ch wie in ach	ch wie in ich		ch wie in ach	ch wie in ich
1	☐	☒	7	☐	☐
2	☐	☐	8	☐	☐
3	☐	☐	9	☐	☐
4	☐	☐	10	☐	☐
5	☐	☐	11	☐	☐
6	☐	☐	12	☐	☐

b Lesen Sie die Wörter jetzt laut.

1 Unterricht, 2 Fremdsprachen, 3 Zeichenkurs, 4 aussuchen, 5 Bücherei, 6 euch,
7 Lautsprecher, 8 gebraucht, 9 Fächer, 10 möchten, 11 Hochschule, 12 lustig

c Ordnen Sie die Wörter aus 2b in die Tabelle und unterstreichen Sie die Vokale.

ch wie in ach	ch wie in ich
	Unterricht, …

3 ch und sch

3 ◀) 47   Hören Sie die Wortpaare und sprechen Sie nach.

1 Kirche	Kirsche	5 selig	seelisch
2 Buch	Busch	6 wachen	waschen
3 Männchen	Menschen	7 mich	mischt
4 tauchen	tauschen	8 frech	frisch

LEKTION 8 LERNWORTSCHATZ

EINSTIEG, KB 89

die Kultur, -en
die Tradition, -en

LESEN, KB 90–91

die Ankunft, ¨-e
die Behörde, -n
der Begriff, -e
die Erwachsenenbildung
die Fachkraft, ¨-e
das Jobcenter, –
die Karriere, -n
das Kursangebot, -e
die Panik (Sg.)
der Schauspieler, –
die Selbstsicherheit (Sg.)
die Stimme, -n
der Überblick (Sg.)
der Umgang (Sg.)
die Unterlage, -n
die Weiterbildung, -en
das Zertifikat, -e

erfahren, erfuhr, hat erfahren
loslassen, ließ los,
   hat losgelassen
tippen
vermitteln
vertiefen

geduldig
optimal
passend
selbstsicher
souverän
unzufrieden

gleichzeitig

SPRECHEN, KB 92–93

die Fahrschule
der Führerschein

(sich) hinsetzen
sich Zeit lassen
nützen

autodidaktisch
theoretisch

HÖREN 1, KB 94–95

der Faktor, -en
die Häufigkeit, -en
der Lernstoff (Sg.)
die Mindmap, -s
die Portion, -en

beeinflussen
behandeln
beherrschen
(sich) organisieren
weiterqualifizieren

ausreichend
effizient
heutig-
lebenslang
stressfrei
untypisch

SCHREIBEN, KB 96

die Bildung (Sg.)
die Förderung, -en
die Nachhilfestunde, -n
das Schulsystem, -e

ändern

gerecht

HÖREN 2, KB 97

die Richtung, -en

einen Schritt auf jemanden
   zu machen
(sich) drehen
stoppen
teilen

äußere
innere

an … vorbei (+ Dat.)
außerhalb *(lokal)* (+ Gen.)
innerhalb *(lokal)* (+ Gen.)
entlang (+ Akk. / + Dat.)
gegenüber (+ Dat.)
um … herum (+ Akk.)

dreimal
hintereinander
sobald

WORTSCHATZ, KB 98

der Bildschirm, -e
die Datei, -en
der Lautsprecher, –
der Monitor, -e
das Tablet, -s
die Tastatur, -en

abheben
   Geld abheben
abschließen, schloss ab,
   hat abgeschlossen
einloggen
einwählen
löschen
trennen
übersetzen

SEHEN UND HÖREN, KB 99

der Ärger (Sg.)
die Begeisterung (Sg.)
die Liebe (Sg.)

nachdenken, dachte nach,
   hat nachgedacht

LEKTIONSTEST 8

1 Wortschatz

Ergänzen Sie *beeinflussen, erfahren, behandeln, beibringen, ändern, abheben* **in der richtigen Form.**

1 In der Erwachsenenbildung sollte man das Thema „Lernen lernen" unbedingt _____, da es das Lernverhalten von vielen _____ könnte.
2 Der Lernberater hat mir _____, wie ich den Lernstoff richtig einteilen muss.
3 Gestern _____ ich von Tina, dass der Geldautomat am Hauptplatz kaputt ist.
4 Nun muss ich zu einer anderen Bank gehen, um Geld _____.
5 Bei der Berufswahl werden viele junge Menschen von ihren Eltern _____.

Je 1 Punkt   Ich habe _____ von 6 möglichen Punkten erreicht.

2 Grammatik

a Schreiben Sie wie im Beispiel:

die Karriere / der Schauspieler / bekannt   *die Karriere des bekannten Schauspielers*
1 die Reparatur / der Monitor / kaputt   _____
2 die Ankunft / die Fachkraft / kompetent   _____
3 die Förderung / die Kinder / lernschwach   _____
4 die Stimme / die Lehrerin / geduldig   _____

Je 1 Punkt   Ich habe _____ von 4 möglichen Punkten erreicht.

b Markieren Sie die passenden Stellen für *nicht*.

1 Der Programmierer klickt ☐ die Datei ☐ an ☐.
2 Grammatikfehler zu machen ist ☐ untypisch ☐.
3 Meine Eltern haben ☐ mir ☐ das Radfahren ☐ beigebracht.
4 Schade, aber Tarek hat ☐ an die neuen Batterien ☐ gedacht ☐.

Je 1 Punkt   Ich habe _____ von 4 möglichen Punkten erreicht.

c Ergänzen Sie die Präposition und den Artikel, wenn nötig.

| an … vorbei • außerhalb • gegenüber • innerhalb • um … herum • entlang |

1 Schalte mal das Radio ein! Es steht auf dem Regal _____ _____ Fenster___.
2 Am besten fahren wir zum Möbelhaus. Es liegt einige Kilometer _____ _____ Stadt___.
3 Fahren Sie immer _____ Friedensstraße _____, dann kommt an einer Ampel ein Schild.
4 Wenn ich morgens zur Arbeit fahre, komme ich _____ eur___ neuen Haus _____.
5 _____ _____ Stadtzentrum___ muss man fürs Parken überall bezahlen.
6 Tatjana joggt täglich zweimal _____ _____ kleinen See im Park _____.

Je 2 Punkte   Ich habe _____ von 12 möglichen Punkten erreicht.

3 Kommunikation

| ☐ keine so guten Erfahrungen gemacht • ☐ kommt für mich persönlich nicht infrage • ☐ ist es für mich wichtig • ☐ was ich da sehr nützlich finde |

Ergänzen Sie.

1 ● Ich muss viele neue Wörter für die Deutschprüfung lernen. Weißt du, _(1)_ ? Online-Übungen!
2 ■ Davon habe ich schon gehört, aber ich glaube, das _(2)_ . Ich bin eher ein traditioneller Lerner.
3 ♦ Wenn ich etwas Neues lernen will, _(3)_ , dass ich es lese, schreibe, höre und spreche.
4 ● Mit kostenlosen Online-Kursen im Internet habe ich _(4)_ .

Je 1 Punkt   Ich habe _____ von 4 möglichen Punkten erreicht.

Auswertung:

Ich habe _____ von 30 möglichen Punkten erreicht.

☺	😐	☹
30–24	23–18	17–0

QUELLENVERZEICHNIS

Cover:	© Getty Images/Westend61
U2:	© Digital Wisdom

Kursbuch:

S. 1:	© Thinkstock/PHOTOS.com>>/Jupiterimages
S. 2:	© Thinkstock/Stockbyte
S. 3:	Frau © PantherMedia/Runkersraith C.V. Schraml M.A; Mann © PantherMedia/JCB Prod
S. 7:	Wörterbucheinträge: links aus Wörterbuch Deutsch als Fremdsprache. Das einsprachige Wörterbuch für Kurse der Grund- und Mittelstufe © Hueber Verlag, Dudenverlag, 2007; rechts aus Wörterbuch Deutsch als Fremdsprache. Learner's Dictionary. Deutsch-Englisch © Hueber Verlag, 2006
S. 9:	Porträts © Franz Specht, Wessling
S. 11:	© Thinkstock/iStock/monkeybusinessimages
S. 13:	A © Thinkstock/iStock/Catherine Yeulet; B © Thinkstock/iStock/monkeybusinessimages
S. 14:	© PantherMedia/Monkeybusiness Images
S. 16:	Ü2: Lea © Thinkstock/iStock/m-imagephotography; Tom © iStockphoto/spfoto; Smartphone © fotolia/Timo Darco
S. 17:	© Gennadiy Poznyakov - stock.adobe.com
S. 18:	Ü1b: von links: © Thinkstock/iStock/Kouptsova; © Thinkstock/iStock/AlexRaths; Erol Gurian, München; Ü1e: Erol Gurian, München
S. 19:	© Getty Images/iStock Editorial/stockphoto52
S. 21:	beide Fotos © Thinkstock/iStock/Wavebreakmedia
S. 22:	© Thinkstock/iStock/Wavebreakmedia
S. 23:	oben © Thinkstock/iStock/Wavebreakmedia; unten © Thinkstock/iStock/zeremski
S. 24:	© Thinkstock/iStock/Wavebreakmedia
S. 28:	Ü2a: Blauer Engel © RAL gemeinnützige GmbH; Ü2b © Thinkstock/iStock/kasto80
S. 30:	A © Thinkstock/iStock/Wavebreakmedia; B © Thinkstock/Purestock; C © Thinkstock/iStock/william87
S. 32:	© RioPatuca Images - stock.adobe.com
S. 34:	© imago/Tom Maelsa
S. 35:	Ü1a: A © PantherMedia/Beate Tuerk; B © iStockphoto/sturti; C © PantherMedia/Simone Brandt; D © iStockphoto/benoitrousseau; E © iStockphoto/adventtr: Ü2a: alle Fotos: Thomas Bauer, München
S. 37:	© Thinkstock/iStock/weintel
S. 38:	Ü3: von links: © fotolia/nyul; © laif/Madame Figaro; © Hueber Verlag/Britta Sölla; © Hayo Heye/Schoener Wohnen/Picture Press
S. 39:	Ü1: von links: © PantherMedia/Klaus Ohlenschläger; © GutesaMilos - stock.adobe.com; © fotolia/DDRockstar
S. 40:	© Matthias Stolt - stock.adobe.com
S. 42:	A © fotolia/ArTo; B © PantherMedia/Giovanni Gagliardi
S. 43:	Text Ü3: Kindertrubel statt Altersruhe, Sven Loerzer, SZ von 13./14. 03.2010
S. 44:	A © Thinkstock/iStock/ajr_images; B © fotolia/BestPhotoStudio
S. 45:	Standfoto aus dem Film Zwei Zimmer, Balkon, Produzenten: Kiri Trier, Felix von Poser; Drehbuch: Katharina Eyssen, Enno Reese; Regie: Enno Reese; www.zweizimmerbalkon.de
S. 47:	© DragonImages - stock.adobe.com
S. 48:	beide Fotos © DragonImages - stock.adobe.com
S. 49:	oben © DragonImages - stock.adobe.com; Ü3 © Thinkstock/Pixland
S. 50:	© DragonImages - stock.adobe.com
S. 51:	Erol Gurian, München, mit herzlichem Dank an das Atelier La Silhouette und seine Mitarbeiterinnen
S. 52:	alle Fotos: Erol Gurian, München, mit herzlichem Dank an das Atelier La Silhouette und seine Mitarbeiterinnen
S. 53:	© Erol Gurian, München
S. 54:	© PantherMedia/David Koscheck; Text Ü2: Zehn Minuten durch den Job, Susanne Klaiber, SZ vom 28.02.2011
S. 57:	Ü3: von links: © fotolia/Dron; © Getty Images/E+/alvarez; © Thinkstock/iStock/Wavebreakmedia; © Getty Images/iStock/FatCamera
S. 59:	© Thinkstock/iStock/Wavebreakmedia
S. 61:	A © bokan - stock.adobe.com; B © Kzenon - stock.adobe.com
S. 63:	© Getty Images/E+/Geber86
S. 64:	© Picture-Alliance/Daniel Karmann
S. 67:	© Hueber Verlag/Britta Sölla
S. 68:	© Getty Images/iStock/hannahwentworth; Text Ü2: Deutsches Theater, Andrian Kreye, SZ vom 20.11.2009
S. 69:	© iStockphoto/juanmonino
S. 70:	1 © fotolia/Glamy; 2 © Thinkstock/iStock/SurkovDimitri; 3 © PantherMedia/Robert Stranka
S. 73:	© FotoAndalucia - stock.adobe.com
S. 74:	oben © FotoAndalucia - stock.adobe.com; Ü2b: von links: © iStock/EHStock; © Thinkstock/iStock/decisiveimages; © Thinkstock/Stockbyte; © Thinkstock/iStock/oporkka
S. 75:	© FotoAndalucia - stock.adobe.com
S. 76:	© FotoAndalucia - stock.adobe.com; Ü4b © Thinkstock/Wavebreakmedia Ltd.; Ü4e © fotolia/Ralf Kleemann
S. 77:	© action press
S. 78:	Ü1b © fotolia/Elena Schweitzer; Ü1c: Würfel © PantherMedia/Peter Mautsch; Spielgeld © PantherMedia/Bogdan Ionescu; Spielfiguren © PantherMedia/Jasper Grahl
S. 80:	B © Thinkstock/Digital Vision
S. 81:	Ü1a: Computerspiele © iStockphoto/denniswhitfield; Schuhe © PantherMedia/Andreas Marinski; Fahrrad © iStockphoto/gradts
S. 82:	© Thinkstock/iStock/HASLOO
S. 84:	A © Thinkstock/iStock/DeanDrobot; B © Thinkstock/iStock/Jacob Wackerhausen
S. 85:	Ü3a: von oben: © Thinkstock/iStock/djiledesign; © Getty Images/iStock/Barcin; © PantherMedia/Yuri Arcurs; © Thinkstock/iStock/perinjo
S. 86:	oben links © Thinkstock/iStock/monkeybusinessimages; oben rechts © Thinkstock/Image Source/Image Source White
S. 87:	beide Logos © Deutsche Welle
S. 89:	© Thinkstock/iStock/Wavebreakmedia
S. 92:	A © mauritius images/imageBROKER/Jochen Tack; B © Thinkstock/iStock/Highwaystarz-Photography; C © Thinkstock/iStock/Wavebreakmedia
S. 93:	Ü3c: Mann © Thinkstock/iStock/Alen-D; Frau © Thinkstock/iStock/bokan76
S. 94:	links © Thinkstock/Wavebreakmedia Ltd.; rechts © Thinkstock/iStock/Wavebreakmedia

S. 96:	© YAEZ GmbH
S. 98:	Ü1: Computer © PantherMedia/Jakub Krechowicz; Tastatur © Thinkstock/Zoonar/P.Malyshev; Kopfhörer © fotolia/Jan Rose; USB-Stick © PantherMedia/Bernhard Spieldenner; Drucker © PantherMedia/Kitch Bain; Tablet/Smartphone © Thinkstock/iStock/scanrail; WLAN © Thinkstock/iStock/PHOTOGraphicss; App © Thinkstock/iStock/AndreyPopov; Monitor © PantherMedia/Daniel Schoenen; Lautsprecher © PantherMedia/Marc Dietrich
S. 99:	alle Fotos © Deutscher Volkshochschul-Verband
S. 101:	oben © Thinkstock/iStock/ArthurHidden; Ü1b © Aamon - stock.adobe.com
S. 102:	oben © Thinkstock/iStock/ArthurHidden; Ü2a © Thinkstock/iStock/-M-I-S-H-A-
S. 103:	oben © Thinkstock/iStock/ArthurHidden; Ü3a © euregiocontent - stock.adobe.com; Ü3c © Thinkstock/Stockbyte/George Doyle
S. 104:	oben © Thinkstock/iStock/ArthurHidden; Ü4b © Thinkstock/iStock/lolostock

Arbeitsbuch:

S. 4:	© Thinkstock/Wavebreakmedia Ltd.
S. 5:	© Hueber Verlag/Felix Steffan
S. 6:	Ü14a: von oben: © PantherMedia/Chris Vaughan; © PantherMedia/Yuri Arcurs; © iStock/Dejan Ristovski; © fotolia/Scott Griessel
S. 9:	Ü21 © fotolia/travis manley
S. 13:	Ü3: von oben: © Thinkstock/iStock/YakobchukOlena; © Tyler Olson - stock.adobe.com; © Thinkstock/iStock/fizkes
S. 16:	© Thinkstock/Blend Images/Terry Vine
S. 19:	Ü14: von oben: © fotolia/alephnull; © fotolia/Kzenon; © fotolia/omicron
S. 20:	Ü15: Anne und Jonas © PantherMedia/Phovoi R.; Lana © PantherMedia/Kati Neudert; Michael © iStockphoto/juanmonino; Lukasz © fotolia/kirill kedrinski; Leonie © PantherMedia/Michal Rerych; Bärbel © PantherMedia/Kati Neudert; Lynn © iStock/LeoGrand; Martin © fotolia/Csák István; Michael © fotolia/Thomas Pyttel
S. 21:	Smartphone © fotolia/Timo Darco
S. 22:	© bildstelle
S. 23:	Ü20 © fotolia/Alta.C; Ü21 © Your_Photo_Today
S. 24:	Text Ü3.3 Gudruns Truthuhn aus Bernd Brucker, Zwölf zünftige Zipfelmützen-Zwerge © gondolino GmbH, Bindlach 2005
S. 29:	Ü7a: Tram © iStock/aprott; Bus © PantherMedia/tupungato; Carsharing © ddp images; Mietrad © Deutsche Bahn AG
S. 34:	© fotolia/Timo Darco
S. 37:	© Thinkstock/iStock/DaisyLiang
S. 46:	© Thinkstock/iStock/monkeybusinessimages
S. 50:	© iStock/Juanmonino
S. 51:	© Thinkstock/iStock/LeonardoHwan
S. 57:	Ü7: Auszubildender © Thinkstock/iStock/Highwaystarz-Photography; Meister © fotolia/Uwe Annas
S. 58:	© fotolia/nandyphotos
S. 59:	© fotolia/contrastwerkstatt
S. 63:	© Thinkstock/iStock/Ranta Images
S. 65:	Text Ü25: Die duale Berufsausbildung © 2010, IW Medien · iwd 22, © fotolia/Radu Razvan Gheorghe
S. 72:	© Johannes Dietschi/Zürcher Hochschule der Künste
S. 73:	Rockfestival © Thinkstock/iStock/PhotoBeaM; Salzburger Festspiele © Hermann und Clärchen Baus
S. 75:	Smartphone © fotolia/Timo Darco
S. 78:	Cro © PantherMedia/Boguslaw Sajak; Voodoo Jürgens © imago/HMB-Media
S. 79:	Lo & Leduc © mauritius images/Zoonar GmbH/Alamy
S. 83:	Ü2: A © PantherMedia/Reinhard Sester; B © PantherMedia/Alexandra Buss; C © fotolia/Elena Schweitzer; D © fotolia/Hubertus Blume
S. 84:	© Thinkstock/iStock/ballda
S. 85:	alle Fotos © Hueber Verlag/Isabel Krämer-Kienle
S. 87:	Ü10b: 1 © Thinkstock/iStock/Wavebreakmedia; 2 © Thinkstock/iStock/bowdenimages; 3 © Thinkstock/iStock/Igor-Kardasov
S. 88:	2 © fotolia/Mary Hommel; 3 © fotolia/PinkShot
S. 93:	© PantherMedia/Paolo Gallo Modena
S. 99:	© Hueber Verlag/Kiermeir; Wörterbucheinträge: aus Wörterbuch Deutsch als Fremdsprache. Das einsprachige Wörterbuch für Kurse der Grund- und Mittelstufe © Hueber Verlag, Dudenverlag, 2007
S. 107:	© Thinkstock/iStock/Zolotaosen
S. 108:	Gedicht Achterbahnträume aus Hans Manz, Die Welt der Wörter, Beltz & Gelberg, 1991, mit freundlicher Genehmigung der Familie Manz

Alle weiteren Fotos: Florian Bachmeier, Schliersee

Die Bibel und das Alter der Erde

Richard Wiskin

*Die vielen Abbildungen sowie die grafische Gestaltung tragen ganz
wesentlich zum Verständnis des Geschriebenen bei.
Ich möchte JOHANNES WEISS und RAINER LEIMEROTH
für ihre gelungene Arbeit ganz herzlich danken.*

Die Deutsche Bibliothek –
CIP-Einheitsaufnahme

Wiskin, Richard:
Die Bibel und das Alter der Erde / Richard Wiskin
[Studiengemeinschaft Wort und Wissen e.V.]. –
– Neuhausen-Stuttgart : Hänssler, 1996
   ISBN 3-7751-2130-7

Best.-Nr. 392.130
3. Auflage 1999 (die erste Auflage erschien
unter dem Titel "Das biblische Alter der Erde")
© Copyright 1994 by Hänssler-Verlag
Layout, Satz u. Umschlag: Johannes Weiss
Druck: Druckhaus Gummersbach

Studiengemeinschaft
WORT UND WISSEN e.V.

INHALT

Einleitung: Gottes Heilsplan ist Weltgeschichte — SEITE 7

1. "...in sechs Tagen hat der Herr den Himmel und die Erde gemacht..." — SEITE 9
Wie lang waren die Schöpfungstage?

2. "...ein Tag wie tausend Jahre..." — SEITE 14
Sind die Schöpfungstage doch nicht wörtlich zu verstehen?

3. "...und die Erde war (wurde?) wüst und leer..." — SEITE 18
Mußte nach einer zeitlich undefinierbaren Ära der Verwüstung die Schöpfung wiederhergestellt werden?

4. "...und Adam lebte 130 Jahre und zeugte..." — SEITE 24
Kann anhand des Wortes Gottes das Alter der Erde errechnet werden?

5. "...damit euer Glaube nicht auf Menschenweisheit, sondern auf Gottes Kraft beruhe" — SEITE 54
Was ist denn von den gängigen Datierungsvorstellungen zu halten?

ANHANG A Genesis 1 und 2 — zwei sich ergänzende Schilderungen von der Schöpfung — SEITE 65

ANHANG B Die "Teilung der Erde" zur Zeit Pelegs — SEITE 70

ANHANG C Stellungnahmen und Diskussion — SEITE 72

LITERATURVERZEICHNIS — SEITE 77

Gottes Heilsplan ist Weltgeschichte

Der allmächtige Gott des Himmels und der Erde hat nicht einfach irgendwann und irgendwo gehandelt. Gott macht Weltgeschichte. Und in der Bibel, Gottes Wort, wird sein Heilsplan als Geschichte geoffenbart — die Heilige Schrift ist in wesentlichen Teilen ein Geschichtsbuch. Und zur Geschichte gehört Chronologie, denn Chronologie ist das verbindende Gerüst der Historie. Wenn wir die einzelnen Geschichtsereignisse nicht einigermaßen zeitlich einordnen können, dann verlieren wir nicht nur den Überblick, viele Zusammenhänge und sinnvolle Entwicklungen gehen ebenfalls verloren. Deshalb sind auch die Zeitangaben der Bibel keine nebensächlichen Anhängsel, sondern tragen ganz wesentlich zum Verständnis für Gottes gezieltes Wirken hier auf Erden bei — ja, zum Begreifen seines Handelns in unserem Leben. Denn auch unsere Zeit steht in seinen Händen.

Da die Zeitangaben der Bibel nicht unwesentlich sind, sind auch sie eine Zielscheibe des Teufels. Gelingt es *Satan*, die Chronologie des Wirkens Gottes in der Geschichte zu relativieren oder zu diskreditieren, wird Gottes Handeln ein Stück weit irreal, fern der Wirklichkeit, für viele unglaubwürdig. Und tatsächlich herrscht bei vielen Christen eine gewisse Unsicherheit oder Verlegenheit, wenn es darum geht, angesichts der verbreiteten chronologischen Vorstellungen von schier unüberschaubaren Jahrmilliarden den Angaben der Bibel zu glauben. Es ist ein Anliegen des Verfassers, hier eine kleine Hilfe anzubieten. Wir begrenzen uns aber bewußt auf einen, allerdings heiklen Aspekt der biblischen Chronologie — auf *das Alter der Erde*. Die Bibel lehrt aber nirgends direkt, wie alt die Erde war zu einem bestimmten Zeitpunkt, noch offenbart sie, wie alt sie werden wird. Letzteres ist Gottes Geheimnis; wie alt sie jetzt ist, läßt sich unter Umständen anhand biblischer Angaben errechnen bzw. abschätzen. Dazu muß folgendes berücksichtigt werden:

 Wie lang dauerte die Schöpfung?

Das ist das Thema der ersten drei Kapitel. Es geht darum festzustellen, ob die Schöpfungstage wörtlich oder bildlich zu verstehen sind und ob während des Ablaufs der Schöpfung eine Zeitlücke festzustellen ist.

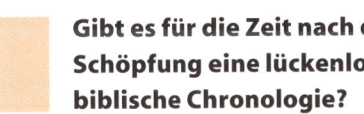 **Gibt es für die Zeit nach der Schöpfung eine lückenlose biblische Chronologie?**

Dieser Aspekt wird im vierten Kapitel behandelt. Wir beschränken uns dabei

auf die chronologischen Angaben für die Periode von Adam bis Abraham.

Was ist im Lichte der biblischen Chronologie von den gängigen Datierungsvorstellungen zu halten?

Dazu werden im fünften Kapitel einige Überlegungen vorgenommen und auf weiterführende Informationen aufmerksam gemacht. Wie wichtig die chronologischen Angaben der Bibel sind, haben wir bereits erwähnt. Ist es aber so wichtig bzw. heilsnotwendig, das Alter der Erde zu kennen?
Nein. (Punkt!)

Weshalb dann zu diesem Thema eine Abhandlung?

In der Zeit, als meine Frau und ich in *Indien* missionarisch tätig waren, haben wir uns zum Alter der Erde, so weit ich mich erinnere, nie äußern müssen. Es war bei jenen Menschen in den Dörfern, wo wir gearbeitet haben, keine Frage. Später, bei unserer Jugendarbeit in Europa, wurde das Thema aber zu einem Dauerbrenner und konnte unmöglich ignoriert oder als unwichtig abgetan werden.

Überall, aber besonders in den Schulen, wird die Thematik dadurch aktualisiert und brisant, daß die Jahrmillionen als gesicherte Tatsache oft ganz bewußt und zum Teil recht spöttisch den Aussagen der Heiligen Schrift gegenübergestellt werden. Die absolute Zuverlässigkeit des Wortes Gottes wird dadurch konsequent in Frage gestellt. Zudem werden die unvorstellbaren Zeiträume mit einem ganz bestimmten Inhalt gefüllt: nämlich der Evolutionsanschauung, die nicht nur mit der biblischen Chronologie, sondern auch mit zentralen Inhalten der biblischen Heilslehre unvereinbar ist [GITT 1993 / JUNKER 1993]. Da die Evolutionslehre mit der Frage des Erdalters untrennbar verbunden ist, steht dieses Thema für viele stellvertretend für die Frage nach der Glaubwürdigkeit der biblischen Botschaft überhaupt.

Es geht also um das Wort Gottes, aber dann auch um unsere Haltung dazu. Bestimmen Weltanschauungen die Auslegung oder ist die Bibel selber maßgeblich? Hier werden Weichen gestellt, die letztlich unser persönliches Leben entscheidend betreffen. Deshalb sind die biblischen Aussagen zum Alter der Erde wichtig, sehr wichtig. In diesem Sinn packen wir das Thema an.

Da die Behandlung nicht oberflächlich sein soll, wird zum Teil ziemlich detailliert argumentiert. In der Menge der Information kann das Ziel aus den Augen verlorengehen. Deshalb wird am Anfang jedes Hauptabschnitts das Endergebnis fettgedruckt zusammengefaßt.

Wenn nicht anders erwähnt, sind Bibelzitate der revidierten ELBERFELDER-Übersetzung entnommen worden.

1.

"...in sechs Tagen hat der HERR den Himmel und die Erde gemacht..."

Wie lang waren die Schöpfungstage?

Daß Gott Himmel und Erde sowie sämtliche Typen des Lebens in sechs Tagen geschaffen hat, ist die offenkundige Lehre der Heiligen Schrift. Wenn in der Bibel von den sechs Schöpfungstagen berichtet wird, wird das Wort "Tag" im wörtlichen Sinn gebraucht; mit der Schöpfungswoche sind keine Jahrtausende oder gar Jahrmillionen gemeint. Bereits am ersten Tag waren alle Voraussetzungen für ganz normale Tage von 24 Stunden vorhanden.

Und der Herr sprach zu Mose: "Steig zu mir herauf auf den Berg und sei dort, damit ich dir die steinernen Tafeln, das Gesetz und die Gebote gebe, das ich geschrieben habe, um sie zu unterweisen... So sollen denn die Söhne Israel den Sabbat halten, um den Sabbat in all ihren Generationen zu feiern, als ewigen Bund. Er ist ein Zeichen zwischen mir und den Söhnen Israel für ewig. ***Denn in sechs Tagen hat der Herr den Himmel und die Erde gemacht,*** *am siebenten Tag aber hat er geruht und Atem geschöpft."*
Und als er auf dem Berg Sinai mit Mose zu Ende geredet hatte, gab er ihm die zwei Tafeln des Zeugnisses, steinerne Tafeln, beschrieben mit dem Finger Gottes.
[2. Mose 24,12; 31,16-18]

Gottes Wort ist hier unmißverständlich; vom Finger Gottes in Stein graviert steht deutlich geschrieben: *"...in sechs Tagen hat der Herr den Himmel und die Erde gemacht..."*. Hier wiederholt Gott in verkürzter Form die Erläuterung zum dritten Gebot Gottes:

"Denke an den Sabbattag, um ihn heilig zu halten... ***Denn in sechs Tagen hat der Herr den Himmel und die Erde gemacht, das Meer und alles, was in ihnen ist,*** *und er ruhte am siebenten Tag; darum segnete der Herr den Sabattag und heiligte ihn."*

[2. Mose 20,8.11].

Der Zusammenhang ist entscheidend

Daß Gott in sechs Tagen alles geschaffen hat, ist die eindeutige Lehre der Heiligen Schrift; was allerdings das Wort "Tag" in diesem Kontext bedeuten soll, bedarf einer genaueren Untersuchung. Wörter können nämlich in unterschiedlichen Zusammenhängen verschiedene Bedeutungen haben. Dies gilt auch für den alttestamentlichen Gebrauch des Wortes "Tag" [hebräisch *yôm*]. Freilich bedeutet *yôm* in den allermeisten Fällen im wörtlichen Sinn einen ganz normalen Tag von 24 Stunden. Unter Umständen kann aber "Tag" im Alten Testament als Bild für einen längeren, ja sogar für einen sehr langen Zeitraum stehen. Welche Bedeutung gemeint ist, die wörtliche oder die bildliche, wird gewöhnlich aus dem Zusammenhang deutlich, in dem *yôm* steht (siehe Abb.1.1).

Ein Beispiel zur Illustration, wie *yôm* für einen Zeitraum von mehr als 24 Stunden bildlich benutzt wird, bietet sogar der Schöpfungsbericht selbst. Wir lesen in 1. Mose 2,4:

Dies ist die Entstehung [bzw. Entstehungsgeschichte] *des Himmels und der Erde, als sie geschaffen wurden.* **An dem Tag** [*be yôm* (= "zur Zeit")], *als Gott, der Herr, Erde und Himmel machte...*

In diesem Abschnitt, der den Schluß des allgemeinen Schöpfungsberichtes und die Einleitung zum nächsten Teil bildet, bezieht sich das Wort "Tag" nicht auf einen der sechs Schöpfungstage, sondern auf alle sechs zusammen, also auf die ganze Zeit, als Gott Himmel und Erde schuf. Das Wort *yôm* mit "Zeit" zu übersetzen ist in diesem Kontext angebracht, um den Sinn unmißverständlich zu verdeutlichen. (Vergleiche ANHANG A: "Genesis 1 und 2 — zwei sich ergänzende Schilderungen von der Schöpfung")

Abb. 1.1: Bildlicher und wörtlicher Gebrauch von yôm im Schöpfungsbericht.

Das hebräische Wort *yôm* wird zum Beispiel in 1. Mose 2,4b bildlich gebraucht, denn als Hinweis auf den allgemeinen Zeitrahmen für das, was noch in Detail beschrieben wird, handelt es sich bei diesem "Tag" um die *Zeit* der sechstägigen Schöpfung. Jeder der sechs Schöpfungstage hingegen ist im Textzusammenhang (1. Mose 1,1-31) wörtlich zu verstehen.

yôm = Tag

yôm als ZEITRAUM (bildlich)

z.B. 1. Mose 2,4b: Hinweis auf die Schöpfungszeit

- **1. Mose 1,1-2,3:** Allgemeiner Schöpfungsbericht
- **1. Mose 2,4a:** Schluß des allgemeinen Schöpfungsberichts

6 Schöpfungstage/Ruhetag

"Dies ist die Entstehungsgeschichte der Himmel und der Erde, als sie geschaffen wurden."

- **1. Mose 2,4b:** Übergang zum Detailbericht mit Hinweis auf Zeitrahmen
- **1. Mose 2,5-25:** Detailbericht von der Erschaffung des Menschen

"Zu der Zeit (*be yôm* = "an dem Tag") als Gott, der HERR, Erde und Himmel machte..."

Garten Eden/Adam + Eva

yôm als NORMALER TAG (wörtlich)

z.B. 1. Mose 1,1-2,3: Sechs Schöpfungstage

1. Jeder Tag mit **Abend** und **Morgen**

2. *yôm* mit **Zahlwort** ("erster", "zweiter" ... usw.)

3. Schöpfungstage als Begründung für den **Sabbattag** (2. Mose 20,11)

4. *yôm* und nicht *ôlám* (Begriff für sehr lange Zeit) für Schöpfungstage gebraucht

1. TAG
Himmel / Erde Licht

2. TAG
Ausdehnung / Wasserscheidung

3. TAG
das Trockene / Meer / Pflanzen

4. TAG
Sonne / Mond / Sterne

5. TAG
Wassertiere / Lufttiere

6. TAG
Landtiere / Mensch

"Möglich" bedeutet nicht immer "erlaubt"

Dürfen demzufolge die Schöpfungstage, da *yôm* im bildlichen Sinn als "Zeit" gebraucht werden kann und im Schöpfungsbericht einmal tatsächlich so gebraucht wird, bildlich als längere Zeiträume verstanden werden? Nicht ohne weiteres! Die Möglichkeit einer bildlichen Deutung heißt noch lange nicht, daß *yôm* immer so gedeutet werden kann. Nicht die prinzipielle Möglichkeit einer Deutungsweise ist entscheidend, sondern wie das Wort in seinem unmittelbaren Zusammenhang gebraucht wird. Wie sind nun die Schöpfungstage im Kontext des Schöpfungsberichts zu deuten?

Selbst viele Bibelkritiker räumen ein, daß im Schöpfungsbericht die sechs Tage wörtlich gemeint sind. Persönlich glauben sie nicht, daß es in Wirklichkeit so geschah, streiten aber nicht ab, daß es so geschrieben steht. Tatsächlich ist die wörtliche Deutung im Sinne von sechs ganz normalen Tagen unumgänglich. Wir nennen die wesentlichen Begründungen:

> **Die beiden für einen normalen Tag typischen Begriffe *"Abend"* und *"Morgen"* stehen bei jedem der sechs Schöpfungstage im unmittelbaren Kontext.**

Wenn *yôm* in diesem Zusammenhang symbolisch zu verstehen wäre, müßte die sechsmal verwendete Formulierung "und es wurde Abend, und es wurde Morgen..." auch bildlich zu verstehen sein. Aber wie? Welche logische Versinnbildlichung dieser Begriffe würde in diesen Zusammenhang passen, ohne etwas Fremdartiges in den Text hineinzulesen? Viel natürlicher sind hier "Abend und Morgen" als wörtliche Zeitbegriffe im Sinne normaler Tage zu verstehen.

Tag und Nacht *vor* der Erschaffung der Sonne?

Wie konnte es aber normale Tage mit Abend und Morgen geben, wenn die Sonne erst am vierten Tag (siehe Abb. 1.2) geschaffen wurde? Diesem auf den ersten Blick schwerwiegenden Einwand kann folgendes entgegnet werden:

• Die Länge eines Tages (und einer Nacht) wird unabhängig von der Art der Lichtquelle durch die Drehgeschwindigkeit der Erde bestimmt. Die Bezeichnung "Abend und Morgen" setzt eine solche regelmäßige Drehung voraus. Eine wesentlich langsamere Erdumdrehung würde zwar die Schöpfungstage verlängern, aber ebenfalls den baldigen Tod der am dritten Tag geschaffenen Pflanzen verursachen.

• Tageslicht braucht zunächst nicht Sonnenlicht gewesen zu sein. Auch vor dem vierten Tag hat es zweifellos Licht gegeben, und zwar vom ersten Tage an:

Abb. 1.2: Die Reihenfolge der sechs Schöpfungstage:

Sonne, Mond und Sterne wurden erst am vierten Tag geschaffen, Licht hingegen als Voraussetzung für Tag und Nacht bereits am ersten Tag.

Und Gott sprach: "Es werde Licht!" **Und es wurde Licht.** *Und Gott sah das Licht, daß es gut war; und Gott schied das Licht von der Finsternis. Und Gott nannte das Licht Tag, und die Finsternis nannte er Nacht. Und es wurde Abend, und es wurde Morgen: ein Tag.* [1. Mose 1,3-5]

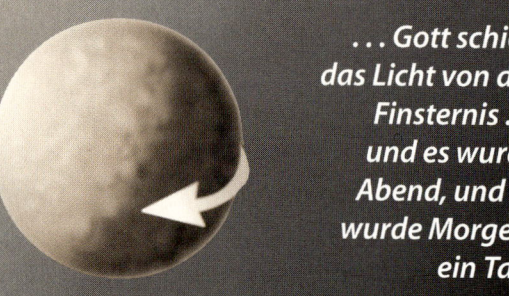

Und Gott sprach: "Es werde Licht!"

...Gott schied das Licht von der Finsternis... und es wurde Abend, und es wurde Morgen: ein Tag.

Abb.1.3: Licht und eine rotierende Erde – Voraussetzung für Tag und Nacht

Bis zum vierten Schöpfungstag diente ein nicht näher beschriebenes Licht anstelle der Sonne der Beleuchtung. Vielleicht war dieses andere Licht für die anfänglichen Schöpfungsakte absolut notwendig. Auf jeden Fall war Licht als Voraussetzung für gewöhnliche Tage von Anfang an vorhanden. Daß es aus einer bestimmten Richtung kam, kann von der Tatsache, daß es auch an den ersten Schöpfungstagen Tag und Nacht gab, logischerweise abgeleitet werden (siehe Abb. 1.3).

Ein weiterer Hinweis für wörtliche Schöpfungstage ist der Gebrauch eines Zahlworts mit *yôm* im selben Satz:

Und es wurde Abend, und es wurde Morgen: ein Tag ...ein zweiter Tag ...ein dritter Tag... usw.

Die Kombination von "Tag" mit einem Zahlwort kommt sogar, neben den Stellen in 1. Mose 1, in der Bibel 357 mal vor [STAMBAUGH 1988]. Sie wird zwar auf verschiedene Weise gebraucht, meint aber immer einen 24-Stunden-Tag. In allen diesen Fällen würde eine bildhafte Auslegung des Begriffs "Tag" zu einer unsinnigen Aussage führen. Sollte 1. Mose 1 eine Ausnahme bilden? Das erste Kapitel der Bibel ist in Erzählform geschrieben worden. Und die Kombination von einem Zahlwort mit dem Begriff "Tag" weist in einer solchen Sprache, wie sie auch sonst in der Bibel vorkommt, auf einen ganz gewöhnlichen Tag hin.

Die sechs Schöpfungstage sowie der Ruhetag werden als Begründung für den Sabbattag verwendet:

"Sechs Tage sollst du arbeiten und all deine Arbeit tun, aber der siebente Tag ist Sabbat für den Herrn, deinen Gott... Denn in sechs Tagen hat der Herr den

Himmel und die Erde gemacht..., und er ruhte am siebenten Tag; **darum segnete der Herr den Sabbattag** und heiligte ihn." [2. Mose 20,8-9.11]

Für die Juden fängt der Tag mit dem Sonnenuntergang am Abend an und hört am nächsten Abend wieder auf — wie bei uns dauert der Tag also insgesamt 24 Stunden. Da nichts im Kontext auf eine bildliche Deutung hinweist, sollten die Leser die Schöpfungstage als wörtliche Tage verstehen, besonders, weil sie als Begründung für den wörtlich verstandenen Rhythmus, sechs Tage Arbeit, ein Tag Ruhe, verwendet werden.

> **Wenn Gott alles wirklich in "unendlich langen Perioden" geschaffen hätte, hätte Mose einen geeigneten Begriff dafür verwenden können.**

Das hebräische Wort ôlàm, das an vielen Stellen "Zeit ohne Ende" (d.h. Ewigkeit) zum Ausdruck bringt, wird in anderen Zusammenhängen benutzt, um "eine lange, unübersehbare Zeit" (bzw. in Mehrzahl, mehrere Zeitepochen) auszudrücken. Mose selber gebrauchte oftmals diesen Begriff, auch im Sinne einer unüberschaubar langen Zeit. In 1. Mose 49,26 zum Beispiel, als Jakob seine Söhne segnete, steht geschrieben:

"Die Segnungen deines Vaters überragen die Segnungen der uralten Berge, das begehrenswerte Gut der ewigen [ôlàm] Hügel."

In diesem Kontext wird ôlàm nicht im Sinne der Unendlichkeit (die geschaffenen Hügel haben doch ihren Anfang und auch ihr Ende) angewendet, sondern um einen sehr langen, für einen Menschen unüberschaubaren Zeitraum zu bezeichnen. Wären die Schöpfungstage tatsächlich unvorstellbar lange Zeitperioden gewesen, wäre dieser den Juden vertraute Begriff ôlàm bestens geeignet gewesen, dies unmißverständlich zum Ausdruck zu bringen. Daß im Schöpfungsbericht nicht ôlàm, sondern yôm, und zwar im wörtlichen Sinn, verwendet wurde, zeigt, was Gott ausdrücklich offenbaren wollte: "...in sechs Tagen hat der Herr den Himmel und die Erde gemacht, das Meer und alles, was in ihnen ist."

Ob der Bibelleser nun glaubt, daß Gott alles in sechs ganz normalen Tagen geschaffen hat, ist natürlich eine zweite Frage. Wir wollen und können niemanden zwingen, dies zu glauben. Aber wenn man es nicht glauben kann oder will, sollte nicht versucht werden, dem Text eine Bedeutung aufzuzwingen, die vom Verfasser gar nicht gemeint wurde.

2.

"...ein Tag wie tausend Jahre..."

Sind die Schöpfungstage doch nicht wörtlich zu verstehen?

Gott steht über der Zeit, aber das heißt nicht, daß er in Bezug auf Zeit ungenaue Angaben macht oder es mit der Zeit "nicht so ernst nimmt". Die Aussage, *"beim Herrn ist ein Tag wie tausend Jahre..."* steht nicht im Zusammenhang mit Gottes Schöpfungshandeln und läßt die Schöpfungstage nicht um etliche Jahrtausende "verlängern".

"Beim Herrn ist ein Tag wie tausend Jahre..." — ich erinnere mich sehr gut, wie ich vor vielen Jahren diese Worte aus 2. Petrus Kapitel 3 fast wie eine Floskel immer dann herunterleierte, wenn mir jemand weismachen wollte, die Schöpfungstage seien wörtlich zu verstehen. Als bibelgläubiger Geographielehrer in Kanada glaubte ich nicht nur felsenfest an Jesus Christus, sondern war auch genauso felsenfest davon überzeugt, daß Gott alles während unzähliger Jahrmillionen geschaffen habe. Zu jener Zeit basierte dieser Glaube allerdings nicht auf einem gründlichen Studium der betreffenden Bibelstellen, sondern eigentlich auf liebgewonnenen geologischen Vorstellungen. Dementsprechend wurde 2. Petrus 3,8 aus dem Zusammenhang gerissen und als oberflächliche Rechtfertigung meiner Ansicht salopp serviert. Wir wollen aber dieses Bibelwort genauer anschauen und zuerst einmal im Kontext zitieren:

*Dies müßt ihr vor allem wissen: Es werden in den letzten Tagen Spötter kommen mit ihrem Spott, die in ihren eigenen Lüsten dahinleben und sagen: "Wo bleibt denn die Erfüllung der Verheißung, daß er wiederkommen wird? Seit die Väter entschlafen sind, bleibt ja doch alles so, wie es seit dem Beginn der Schöpfung war." Bei dieser Behauptung übersehen sie jedoch: der Himmel war von altersher da, ebenso auch die Erde, die sich unter der Macht des Wortes Gottes aus dem Wasser heraus und durchs Wasser bildete; und durch Gottes Wort ging die damalige Welt (bei der Sintflut) durch Wasser unter, der jetzige Himmel aber und die Erde sind durch dasselbe Wort aufgespart für das Feuer, aufbewahrt für den **Tag**, an dem Gericht und Verderben die Gottlosen treffen wird.*

*Eins aber, Geliebte, soll euch nicht verborgen bleiben: vor dem Herrn ist ein **Tag** wie tausend Jahre und tausend Jahre wie ein **Tag**. Der Herr verzögert nicht die Erfüllung der Verheißung, obschon es* *manche für eine Verzögerung halten, sondern er hat vielmehr Geduld mit uns; denn er will nicht, daß jemand verloren gehe, sondern, daß sich alle zur Umkehr wenden. Der **Tag des Herrn** aber wird kommen wie ein Dieb (in der Nacht). Dann werden die Himmel mit Krachen vergehen, die Elemente werden sich im Feuer auflösen, und die Erde und alles, was darauf ist, wird nicht mehr gefunden werden.* [2. Petrus 3,3-10 (Mülheimer)]

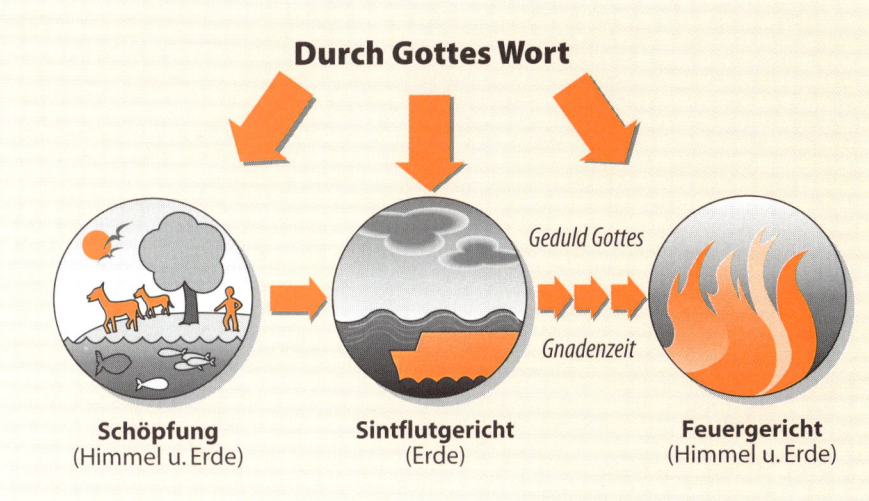

**Abb. 2.1:
Die Wirkung des Wortes Gottes nach
2. Petrus 3,3-10**

Die Gnadenzeit Gottes vor dem Tag des Herrn

Es geht hier eindeutig um den Tag (bildlich für die Zeit) des Herrn, die Zeit, wo Jesus Christus wiederkommt, die Erde richtet, regiert und schließlich vernichtet. Spötter fragen höhnisch: Wo ist er denn, dieser Jesus, der versprochen hat, daß er wiederkommen wird? Alles läuft ja so ab, wie es immer war. Nein, sagt Petrus. So wie die Erde durch den gesprochenen Befehl Gottes aus dem die Erde bedeckenden Wasser heraus gebildet wurde (siehe Abb. 2.2), so wurde dieselbe Erde durch Gottes Befehl infolge der Sintflut wieder unter Wasser gesetzt. Es ist doch nicht alles von Anfang an gleichmäßig abgelaufen, ohne daß Gott in die Weltgeschehnisse eingegriffen hätte. Und, genau wie er bereits zweimal bezüglich der Erde durch sein gesprochenes Wort gehandelt hat, so wird er ganz gewiß nochmals sprechen und die Erde heimsuchen (siehe hierzu Abb. 2.1). Folglich sollte man nicht meinen, es werde nie etwas geschehen, weil seit ein paar tausend Jahren nichts Außerordentliches geschehen sei. Gott steht über der Zeit. Was sind für ihn tausend Jahre? Für den Menschen ist ein Tag eine kurze, tausend Jahre sind eine lange Zeit. Gott ist aber nicht an unser Zeitempfinden gebunden. Und was Menschen als ein Verzögern empfinden, ist im Grunde genommen Gottes Erbarmen. Er schenkt ja den Menschen Zeit zur Umkehr.

Es handelt sich also in diesem Zusammenhang erstens um den "Tag des Herrn" im bildlichen Sinn. Zweitens wird uns Zeit aus der Perspektive des

**Abb. 2.2:
Die Scheidung von Land und Wasser am 3. Schöpfungstag.**

Wie das Wasser, das bei der Schöpfung die Erde bedeckte, sich an einem Ort sammelte und das Trockene sichtbar wurde, ist heute nach den zahlreichen seither eingetretenen Veränderungen der Erdoberfläche (z.B. in Zusammenhang mit der Sintflut) nicht mehr nachvollziehbar. Wir könnten uns unter Umständen ein Heben und Senken von Teilen der Erdkruste infolge eines Zusammenschrumpfens bzw. einer Ausdehnung der Erdkugel vorstellen (Schema links) — dies ist aber ungewiß. Wie Land vom Wasser geschieden wurde, ist also ungeklärt; daß es geschah, ist die deutliche Aussage der Heiligen Schrift.

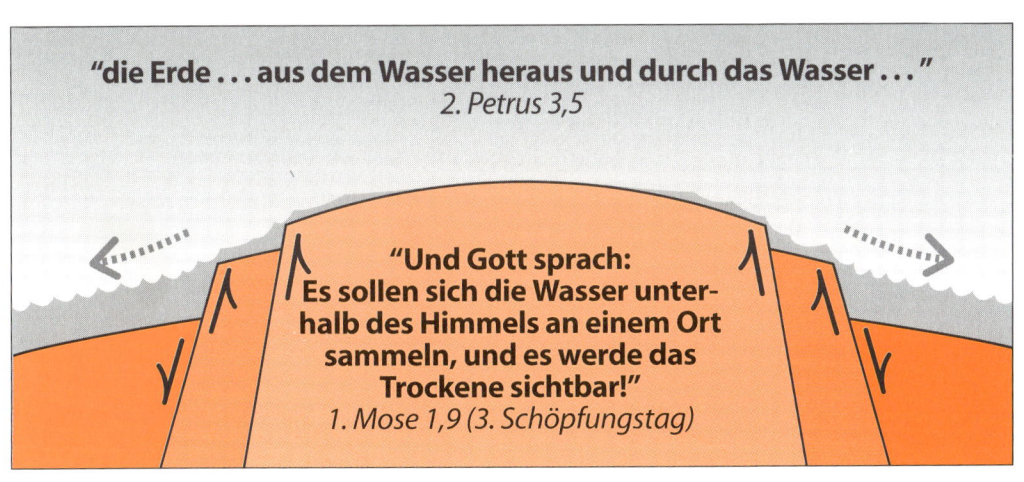

Gott steht über der Zeit

ungeduldigen, zeitlich begrenzten Menschen, aber auch des geduldigen, zeitüberblickenden Gottes geoffenbart. Es geht um die Gewißheit des göttlichen Gerichts, das aber zu Gottes Zeit und nicht nach den Vorstellungen der Menschen eintrifft. Es geht nicht darum, etwas Allgemeines über die Dauer von Tagen auszusagen, an denen Gott am Wirken ist. Werden hier, ohne auf den Kontext zu achten, Schlüsse bezüglich der Länge der Schöpfungstage gezogen, dann könnte man konsequenterweise bei jeder Erwähnung von "Tag" den Zusammenhang und den eindeutigen Sinn des Autors ignorieren. Wie lange dauerten dann die drei Tage, als Jesus Christus im Grab gelegen ist? Ein Wort muß im Licht seines Zusammenhangs ausgelegt werden, sonst wird die Auslegung willkürlich.

Ewigkeit und Zeit

Dasselbe gilt für eine ähnliche Formulierung in Psalm 90,2-7:

Ehe die Berge geboren waren und du die Erde und die Welt erschaffen hattest, von Ewigkeit zu Ewigkeit bist du, Gott.
Du läßt den Menschen zum Staub zurückkehren und sprichst: Kehrt zurück, ihr Menschenkinder!
Denn tausend Jahre sind in deinen Augen wie der gestrige Tag, *wenn er vergangen ist, und wie eine Wache in der Nacht.*
Du schwemmst sie hinweg, (sie sind wie) ein Schlaf, sie sind am Morgen wie Gras, das aufsproßt.
Am Morgen blüht es und sprießt auf; am Abend welkt es und verdorrt.
Denn wir vergehen durch deinen Zorn, und durch deinen Grimm werden wir verstört.

"Denn tausend Jahre sind in deinen Augen wie der gestrige Tag …"

Hier wird (wie auch in 2. Petrus 3) die Formulierung umgedreht: es ist nicht nur ein Tag beim HERRN wie tausend Jahre, sondern auch tausend Jahre wie ein Tag. Wer also die Gleichung 1 = 1000 für die Schöpfungstage verwenden will, kommt auch nicht um 1000 = 1 herum!

Auch in Psalm 90 haben wir es nicht mit einer allgemeingültigen Definition von der Länge eines "göttlichen Tages" zu tun, sondern mit der Ewigkeit Gottes und seinem Überblicken der Zeit, verglichen mit der Vorläufigkeit des Menschendaseins auf dieser Erde. Gott ist im Gegensatz zum Menschen nicht an Zeit gebunden. Dies hindert ihn aber nicht, innerhalb der Grenzen der Zeit zu handeln, die der Mensch überblicken kann und die er kennt. Selbst wenn für Gott tausend Jahre wie ein Tag sind, hat er auch im Rahmen irdischer Tage gewirkt.

Der ewige Gott kümmert sich um einen Tag

Ein Beispiel finden wir in Josua 10,12-14:
Damals redete Josua zum Herrn, (und zwar) an dem Tag, als der Herr die Amoriter vor den Söhnen Israels dahin gab, und sagte vor den Augen Israels: "Sonne stehe still zu Gibeon, und Mond im Tal Ajalon!" Da stand die Sonne still, und der Mond blieb stehen, bis das Volk sich an seinen Feinden gerächt hatte. Ist das nicht geschrieben im Buch Jaschar? Die Sonne blieb stehen mitten am Himmel und beeilte sich nicht unterzugehen, ungefähr einen ganzen Tag lang. Und es war kein Tag wie dieser, weder vorher noch danach, daß der Herr (so) auf die Stimme eines Menschen gehört hätte; denn der Herr kämpfte für Israel.

Während eines einzigen, ganz gewöhnlichen Tages hat Gott Ungewöhnliches bewirkt.

Ein weiteres Beispiel des wunderbaren Wirkens Gottes im Rahmen irdischer Zeit bietet die Schöpfung in sechs Tagen! In beiden Fällen hängt die Tatsache des göttlichen Wirkens nicht von unserer Fähigkeit oder unserem Willen ab, sein Handeln zu verstehen oder ihm zu glauben. In beiden Fällen ist die eigentliche Bedeutung des Begriffs "Tag" nicht eine Frage unserer Bereitschaft, eine bestimmte Deutung zu akzeptieren, sondern eine Frage des Kontexts. Was sagt die Schrift selber? Ob wir das Gesagte glauben oder nicht, ist eine andere Sache.

3.

"Und die Erde war (wurde?) wüst und leer..."

Mußte nach einer zeitlich undefinierbaren Ära der Verwüstung die Schöpfung wiederhergestellt werden?

Am ersten Schöpfungstag wurde das Weltall als leerer Raum geschaffen und die Erde *war* (in diesem Zusammenhang ist *keine* andere Übersetzung möglich) zur Zeit ihrer Erschaffung noch nicht fertig geformt oder mit Leben gefüllt. An den darauffolgenden Tagen setzte Gott unmittelbar seine Schöpfungstätigkeit fort. Es gab dazwischen keine durch den Fall Satans verursachte Periode der Zerstörung mit einer darauffolgenden Wiederherstellung nach unvorstellbar langer Zeit.

Zu meinen ersten Versuchen, die Jahrmilliarden der historischen Geologie mit dem biblischen Schöpfungsbericht zu vereinbaren, gehörte insbesondere die sogenannte "Lücken"- bzw. "Restitutionstheorie" (siehe Abb. 3.1). Diese Ansicht, die eigentlich erst infolge der Evolutionslehre von CHARLES DARWIN im letzten Jahrhundert populär wurde [FIELDS 1978: 5-47], vermutet eine zeitlich nicht erfaßbare Lücke zwischen dem ersten Schöpfungsakt (*"Im Anfang schuf Gott die Himmel und die Erde"*) und einer Fortsetzung bzw. Wiederherstellung (Restitution) dieser inzwischen durch den Fall Satans verwüsteten Schöpfung. Die eigentlichen sechs Schöpfungstage (wie man sie auch immer im Rahmen dieser Theorie interpretiert) wären demzufolge "Tage" der Wiederherstellung. Gewöhnlich sehen Vertreter dieser Ansicht in dieser Auslegung die verheißungsvolle Möglichkeit, unzählige Jahrmillionen in einer zeitlich nicht näher definierbaren Lücke unterzubringen. Man tendiert auch dazu, die Bildung der meisten fossilienführenden geologischen Schichten in diese Epoche der Zerstörung einzuordnen. Nach einigen Verfechtern wären sogar menschliche Fossilien, wie etwa die Neandertaler — als präadamitische (d.h. vor Adam lebende) Menschen — während dieser Zeit entstanden.

Es sollte allerdings an dieser Stelle betont werden, daß es sich bei den Vertretern dieser Ansichten fast ausschließlich um Menschen handelt, die einiges oder sogar sehr viel von der Bibel halten. Wer nicht an die Heilige Schrift glaubt, sieht natürlich keine Notwendigkeit, auf diese Weise die Bibel und die historische Geologie miteinander zu versöhnen und nimmt, wenn überhaupt, solche Versuche eher mit Unverständnis oder sogar spöttisch zur Kenntnis.

Die Lückentheorie ist aber biblisch nicht vertretbar. Bevor dies gezeigt werden kann, sollten wir uns anhand von Abb. 3.1 kurz mit den meistgenannten Begründungen dieser Theorie vertraut machen.

Was die Lückentheorie sagt

Zuerst einmal wird behauptet, daß das Wort "war" [hebr. *hayeta*] in 1. Mose 1,2: "Und die Erde war wüst und leer..." auch als "wurde" übersetzt werden kann. Demzufolge habe Gott die Erde ursprünglich in einem vollkommenen Zustand geschaffen. Sie sei aber, wohl durch den Fall Satans, "wüst und leer" [hebr. *tohu wabohu*] geworden. Gott schaffe nie etwas "wüst und leer"; dieser Zustand müsse also durch das Auftreten des Bösen verursacht worden sein. In diesem Zusammenhang wird gewöhnlich auch auf Jesaja 45,18 verwiesen, wo geschrieben steht: *...nicht zur Öde* [hebr. *tohu*] *hat er sie* (d.h. die Erde) *erschaffen...*.

Als Hinweis auf den Fall Satans wird zudem die Aussage "...*und Finsternis* (vermeintliches Bild für den Teufel) *war über der Tiefe...*" [1. Mose 1,2] hervorgehoben. Die Argumentation ist durchaus bestechend und wird von sehr vielen Christen akzeptiert. Deshalb nehmen wir uns nun etwas Zeit, sie eingehend zu hinterfragen.

Kann "war" auch "wurde" heißen?

Prinzipiell kann der hebräische Begriff *hayeta* tatsächlich "wurde" bedeuten, nicht aber in jedem Zusammenhang. Und gerade im Kontext

Abb. 3.1:
Die Lücken- oder Restitutionstheorie

von 1. Mose 1,1-2 ist diese Übersetzung nicht möglich, was jedoch den meisten nicht auffallen wird, da es sich hier um eine Frage der hebräischen Grammatik handelt. Es fällt wohl auf, daß in praktisch allen deutschen und sonstigen Übersetzungen dieses Textes *hayeta* als "war" und nicht als "wurde" wiedergegeben wird. Daß aber in manchen Übersetzungen auf die prinzipielle Möglichkeit einer Wiedergabe mit "wurde" in einer Fußnote aufmerksam gemacht wird, ist eigentlich irreführend und daher nicht korrekt, denn hier ist der Kontext bestimmend. Generell mögliche Interpretationen müssen immer anhand des Zusammenhangs geprüft werden.

Damit der Leser den Sachverhalt nachvollziehen kann, ist hier eine kurze Erklärung (siehe Abb. 3.2) erforderlich.

Eine Frage der hebräischen Grammatik

Streng wörtlich übersetzt lautet 1. Mose 1,1-2a:
*Im Anfang schuf Gott die Himmel und die Erde und die Erde war **Wüste** und **Leere**...*

Die hebräischen Begriffe *tohu* und *bohu* (*wa* in *wabohu* bedeutet "und") sind Nomina (d.h. Nennwörter für Dinge oder Sachverhalte u.a.). Das Wort *tohu* heißt demzufolge wörtlich "Wüste" und *bohu* "Leere", obwohl sie sinnvollerweise in Deutsch mit den Eigenschaftswörtern "wüst" und "leer" übersetzt werden.

Jetzt sind wir nämlich in der Lage zu verstehen, weshalb das hebräische Verb *hayeta* in diesem Zusammenhang mit "war" (beschreibt einen Zustand) zu übersetzen ist und nicht mit "wurde" (beschreibt einen Werdegang) übersetzt werden darf. Im Hebräischen ist es nämlich so:

Verbalsatzteile, wie *"Im Anfang schuf Gott die Himmel und die Erde"*, die durch das Wort "und" mit einem Nominalsatzteil, wie *"die Erde war Wüste und Leere"* verbunden sind, beschreiben einen Zustand, der der Haupttätigkeit *zeitgleich* ist.

Das bedeutet in diesem Kontext, daß der Zustand "Wüste und Leere" die Erde zur Zeit ihrer Erschaffung beschreibt. Es war so; es ist nicht so geworden. Deshalb muß in diesem Zusammenhang *hayeta* mit "war" und darf nicht mit "wurde" übersetzt werden. Eine Übersetzung, die unter anderen Umständen prinzipiell möglich wäre, darf nicht in einem unpassenden Kontext irreführend als Möglichkeit angegeben werden. Die Sprache darf nicht "vergewaltigt" werden, um eine bestimmte Vorstellung zu unterstützen.

VERBAL-Satzteil
Im Anfang
schuf (finites Verb: beschreibt Tätigkeit)
Gott Himmel und Erde

und — zeitgleich

NOMINAL-Satzteil
Die Erde
war (infinites Verb: beschreibt Zustand)
Wüste und Leere (Nomina)

Abb. 3.2:
Die Erde war (zur Zeit ihrer Erschaffung) noch "Wüste und Leere":
Ein *Verbal*-Satzteil, der durch das Wort "und" mit einem *Nominal*-Satzteil verbunden ist, beschreibt im Hebräischen einen Zustand, der der Haupttätigkeit zeitgleich ist.

Die Aussage *"die Erde war Wüste und Leere"* wird wegen dieser Nennwörter nach dem Verb "war", das einen Zustand beschreibt, in der Fachsprache als ein *Nominal*-Satzteil bezeichnet.

Bei der ersten Aussage *"Im Anfang schuf Gott die Himmel und die Erde"* bezeichnet das Verb (d.h. das Tätigkeitswort) *"schuf"* Aktivität, und so wird dieser Satzteil ein *Verbal*-Satzteil genannt.

Für die meisten Leser mögen diese Ausführungen schrecklich technisch klingen, sie sind aber notwendig, um die Argumentation nachvollziehen zu können. Halten wir deshalb durch! Es wird sich lohnen — und die Kaffeepause folgt sogleich.

Würde Gott etwas "wüst und leer" schaffen?

Tatsache ist: die Erde *war*, nach Aussage der Heiligen Schrift, bei ihrer Erschaffung zuerst einmal "wüst und leer". Muß diese Aussage aber zwingend als negativ betrachtet werden? Die Begriffe *tohu* und *bohu* (zur Erinnerung: *wa* in *wabohu* bedeutet "und") bezeichnen oft einen Zustand, der tatsächlich als negativ zu betrachten ist, manchmal sogar als Folge eines Gerichts (siehe z.B. Jesaja 34,11). Diese Bedeutung ist aber nicht in jedem Fall zwingend. In Hiob 26,7 zum Beispiel, lesen wir:

Er spannt den Norden aus über der Leere [hebr. *tohu*] *hängt die Erde auf über dem Nichts.*

Abgesehen davon, daß wir hier alles andere als "ein primitives Weltbild" haben, zeigt uns diese Stelle eine völlig wertneutrale Bedeutung für *tohu*. Hier bedeutet der Begriff nicht etwas, das verwüstet wurde, sondern beschreibt schlicht und einfach das leere All um die Erde. Im Grunde genommen müßten wir im Kontext des Schöpfungsberichts in 1. Mose 1,1-2 *tohu wabohu* ähnlich sehen, denn die Heilige Schrift ist hier eindeutig: die Erde *war* unmittelbar bei ihrer Erschaffung zunächst noch *tohu wabohu* in dem Sinn, daß sie noch *ungeformt* und *ungefüllt* war. Vielleicht macht ein Beispiel deutlich, wie dieser Zustand am Anfang eines schöpferischen Prozesses völlig normal und unproblematisch sein kann.

In der Werkstatt des Töpfers

Wenn ein Töpfer sich vornimmt, ein Gefäß herzustellen, nimmt er zuerst einmal einen Klumpen Ton, der freilich als recht "wüst" beschrieben werden könnte, ohne ihn dabei zu entwerten. Denn der Töpfer sieht im Geist bereits den geformten Topf. Könnte es nicht am ersten Tag der Schöpfung auch so gewesen sein? Zuerst schuf Gott die Erdkugel. Sie war noch mit Wasser bedeckt, kein Kontinent war sichtbar — die Erde war noch ungeformt (*tohu*). Und es gab vorerst auch kein Leben darauf — sie war noch leer (*bohu*). Aber so sollte sie nicht bleiben; dies war nur der erste Schritt, und so sprach er: *"Es werde Licht!"* Bereits am ersten Schöpfungstag, also ohne Pause, wurde Licht als Voraussetzung für das, was noch folgen sollte, geschaffen. Am zweiten und dritten Tag sollte es mit dem Formen und vom dritten Tag an mit dem "Füllen" der Erde weitergehen.

Im Gegensatz zu anderen Himmelskörpern wurde die Erde geschaffen, um bewohnt zu sein.

Diese Deutung wird sogar durch Jesaja 45,18 nicht widerlegt, sondern bekräftigt, wenn der ganze Zusammenhang betrachtet wird :

Denn so spricht der Herr, der die Himmel geschaffen hat: — er ist Gott — der die Erde gebildet und sie gemacht hat — er hat sie gegründet, nicht als eine Öde [tohu] hat er sie geschaffen, (sondern) zum Bewohnen hat er sie gebildet.

Die Erde wurde nicht gebildet, um leer zu sein, sondern um mit Leben gefüllt zu werden. Am ersten Tag war das Endziel des Bewohntseins allerdings vorerst noch nicht erreicht. Der Schöpfungsbericht offenbart uns, daß die Vollendung, aus welchem Grund auch immer, stufenweise geschah und mehrere Tage dauerte. Die beiden Stellen in Jesaja und 1. Mose ergänzen einander in diesem Sinn.

"Finsternis über der Tiefe" — ein Bild des Bösen?

Sicherlich kann Finsternis ein Sinnbild für den Teufel sein. Ob es nun hier so ist, das muß der Zusammenhang entscheiden. Denn "Finsternis" ist nicht zwingend und nicht generell ein Bild von etwas Widergöttlichem. Denken wir zum Beispiel an Psalm 104,19-20:

*Er hat den Mond gemacht zur Zeitbestimmung, die Sonne kennt ihren Untergang. **Du bestellst Finsternis,** und es wird Nacht. In Ihr regen sich alle Tiere des Waldes.*

In diesem Kontext ist "Finsternis", was gut und böse anbelangt, völlig wertfrei; es ist schlicht und einfach das Nichtvorhandensein von Licht. Und so war es bei der Schöpfung, bevor das Licht geschaffen wurde: "...Finsternis war über der Tiefe".

Wann ist Satan überhaupt gefallen? Diese Frage wird nirgends in der Bibel direkt beantwortet. Vielleicht ist er erst nach Vollendung der Schöpfung von Gott abtrünnig geworden. Der Fall Satans zwischen 1. Mose 1,1 und Vers 2 ist jedenfalls im Licht von allem, was wir bis jetzt betrachtet haben, nicht so sicher, daß er als Erklärung für eine angebliche Lücke herangezogen werden könnte.

Himmel und Erde am ersten Tag geschaffen

Das Wort Gottes kennt keine Lücke, denn auch das vierte Gebot macht sehr deutlich, daß die Erschaffung des Himmels als leerer Raum und der Erde als ein noch ungeformter und unbelebter Körper am ersten der sechs Schöpfungstage geschah:

"...in sechs Tagen hat der Herr den Himmel und die Erde gemacht, das Meer und alles, was in ihnen ist..." [2. Mose 20,11].

Nicht nur die Erschaffung des Lebens, sondern auch die Schöpfung von Himmel und Erde (siehe Abb. 3.3) gehören zur Schöpfungswoche:

Im Anfang schuf Gott die Himmel und die Erde.

Geschaffen oder Wiederhergestellt?

Hier wird allerdings von Vertretern der Lückentheorie darauf aufmerksam gemacht, daß in 1. Mose 1,1 das Wort "schuf" [hebr. *bara*] gebraucht, und in 2. Mose 20,11 ein anderer Begriff "gemacht" [hebr. *asa*] verwendet wird. Diese beiden Begriffe geben, so wird argumentiert, zwei verschiedene Dinge wieder: *bara* für Schöpfung aus dem Nichts und *asa* im Sinne einer Erschaffung aus dem bereits Vorhandenen, bzw. einer Wiederherstellung. Dies ist aber nicht durchweg so. Die beiden Tätigkeitswörter können auch für denselben Schöpfungsakt zur selben Zeit gebraucht werden. In 1. Mose 1,26-27 lesen wir zum Beispiel: "Und Gott sprach: 'Laßt uns Menschen machen [hebr. *asa*] in unserm Bild, uns ähnlich!' ...Und Gott schuf [hebr. *bara*] den Menschen nach seinem Bild...." Hier werden *bara* und *asa* als Synonyme (d.h. gleichbedeutende Begriffe) eingesetzt. In ähnlicher Weise können sich die beiden hebräischen Worte bei ihrer Anwendung in 1. Mose 1,1 und 2. Mose 20,11 auf dieselbe Tat zur selben Zeit beziehen. Und vom gesamten Kontext her gesehen wird es, wie wir bereits gezeigt haben, wohl so sein.

Er sprach, und es geschah...

Wir fassen zusammen: Am ersten Tag schuf Gott Himmel und Erde sowie das Licht. An den darauffolgenden Tagen hat er die Erde, den Himmel unmittelbar über der Erde und das Meer vorbereitet und mit Leben gefüllt. In dieser Zeit wurden auch die schier unzähligen Himmelskörper des Universums von ihm geschaffen. Wie in Psalm 33,6.8-9 geschrieben steht:

*Durch des Herrn Wort sind die Himmel gemacht und all ihr Heer durch den Geist seines Mundes.... Es fürchte den Herrn die ganze Erde; mögen sich vor ihm scheuen alle Bewohner der Welt! Denn er sprach, und es geschah; er gebot, **und es stand da**.*

Aber wie lange schon?

Abb. 3.3: Die Erschaffung der Himmel und der Erde als Teil der 6 Schöpfungstage

Denn in sechs Tagen hat der Herr den Himmel und die Erde gemacht, das Meer und alles, was in ihnen ist ... (2. Mose 20,11)

1. TAG	2. TAG	3. TAG	4. TAG	5. TAG	6. TAG
Himmel / Erde Licht	Ausdehnung / Wasserscheidung	das Trockene / Meer / Pflanzen	Sonne / Mond / Sterne	Wassertiere / Lufttiere	Landtiere / Mensch

Und Gott sah an alles, was er gemacht hatte, und siehe, es war sehr gut. (1. Mose 1,31)

4.
"...und Adam lebte 130 Jahre und zeugte..."

Kann anhand des Wortes Gottes das Alter der Erde errechnet werden?

Vieles spricht dafür, daß die Namenslisten in 1. Mose 5 und 11 zusammen mit den dazugehörenden chronologischen Angaben (nach den zuverlässigsten Abschriften des Urtexts) die Erstellung einer vollständigen Chronologie ermöglichen. In diesem Fall wäre die Menschheit ca. 6000 Jahre alt. Einige Argumente sprechen jedoch für eine Lückenhaftigkeit der biblischen Chronologien. Aber auch in diesem Fall liegt das Menschheitsalter größenordnungsmäßig im Bereich von mehreren tausend Jahren. Wenn die Erschaffung des Menschen zeitlich mit der Erschaffung der Erde gekoppelt ist, gelten diese Altersangaben auch für die Erde; Entsprechendes gilt für das Weltall (vgl. dazu Fragen 8 und 9 im Anhang C).

Spötter werden scheinbar selten müde, einen daran zu erinnern, wie der Erzbischof von Irland, *James Ussher* [1581-1656] zusammen mit dem gelehrtesten Hebraisten jener Zeit, *John Lightfoot*, die Erschaffung der Erde für den 23. Oktober des Jahres 4004 v. Chr. um neun Uhr vormittags ermittelte [z.B. CLARK 1985: 20]. Damit soll die Chronologie der Genesis (1. Buch Mose) ins Lächerliche gezogen und die Leichtgläubigkeit der Frommen an den Pranger gestellt werden. Welcher vernünftige Christ möchte an der Schwelle des 21. Jahrhunderts jetzt noch wagen, eine Lanze für die biblischen Zeitangaben zu brechen?

Es sollte deshalb daran erinnert werden:

Alle Schrift [und auch die Zeitangaben gehören dazu] *ist von Gott eingegeben und nützlich zur Lehre, zur Überführung, zur Zurechtweisung, zur Unterweisung in der Gerechtigkeit, damit der Mensch Gottes vollkommen sei, zu jedem guten Werk völlig zugerüstet.* [2. Timotheus 3,16-17]

Stellen wir die chronologischen Stellen der Bibel in Frage, können wir genauso gut jede andere Aussage der Heiligen Schrift kritisch betrachten. Dennoch dürfen wir uns fragen, ohne auf irgendeine Weise die Zuverlässigkeit der Schrift zu hinterfragen, ob anhand biblischer Zeitangaben das genaue Alter der Erde errechnet werden kann. Anders ausgedrückt: Stellt die Bibel eine lückenlose Chronologie dar? Weshalb sind die *Genealogien* (Abstammungslisten) überliefert worden — was sollen sie uns überhaupt zeigen?

Bei unseren Betrachtungen begrenzen wir uns auf die Genealogien von 1. Mose 5 sowie von Kapitel 11,10-26:

An dem Tag, als Gott Adam schuf, machte er ihn Gott ähnlich...
*Und **Adam** lebte 130 Jahre und zeugte (einen Sohn) ihm ähnlich, nach seinem Bild, und gab ihm den Namen Set.*
Und die Tage Adams, nachdem er Set gezeugt hatte, betrugen 800 Jahre, und er zeugte Söhne und Töchter.
Und alle Tage Adams, die er lebte, betrugen 930 Jahre, dann starb er.
*Und **Set** lebte 105 Jahre und zeugte Enosch.*
Und Set lebte, nachdem er Enosch gezeugt hatte, 807 Jahre und zeugte Söhne und Töchter.
Und alle Tage Sets betrugen 912 Jahre, dann starb er.
*Und **Enosch** lebte 90 Jahre und zeugte Kenan.*
Und Enosch lebte, nachdem er Kenan gezeugt hatte, 815 Jahre und zeugte Söhne und Töchter.
Und alle Tage von Enosch betrugen 905 Jahre, dann starb er.
*Und **Kenan** lebte 70 Jahre und zeugte Mahalalel.*
Und Kenan lebte, nachdem er Mahalalel gezeugt hatte, 840 Jahre und zeugte Söhne und Töchter.
Und alle Tage Kenans betrugen 910 Jahre, dann starb er.
*Und **Mahalalel** lebte 65 Jahre und zeugte Jered.*
Und Mahalalel lebte, nachdem er Jered gezeugt hatte, 830 Jahre und zeugte Söhne und Töchter.
Und alle Tage Mahalalels betrugen 895 Jahre, dann starb er.
*Und **Jered** lebte 162 Jahre und zeugte Henoch.*
Und Jered lebte, nachdem er Henoch gezeugt hatte, 800 Jahre und zeugte Söhne und Töchter.
Und alle Tage Jereds betrugen 962 Jahre, dann starb er.
*Und **Henoch** lebte 65 Jahre und zeugte Metuschelach.*
Und Henoch wandelte mit Gott, nachdem er Metuschelach gezeugt hatte, 300 Jahre und zeugte Söhne und Töchter.
Und alle Tage Henochs betrugen 365 Jahre.
Und Henoch wandelte mit Gott; und er war nicht mehr da, denn Gott nahm ihn hinweg.
*Und **Metuschelach** lebte 187 Jahre und zeugte Lamech.*
Und Metuschelach lebte, nachdem er Lamech gezeugt hatte, 782 Jahre und zeugte Söhne und Töchter.
Und alle Tage Metuschelachs betrugen 969 Jahre, dann starb er.
*Und **Lamech** lebte 182 Jahre und zeugte einen Sohn.*

**Abb. 4.1:
Chronologische
Angaben von Adam
bis Abraham**

*Und er gab ihm den Namen Noah, indem er sagte: Dieser wird uns trösten über unserer Arbeit und über der Mühsal unserer Hände von dem Erdboden, den der HERR verflucht hat.
Und Lamech lebte, nachdem er Noah gezeugt hatte, 595 Jahre und zeugte Söhne und Töchter.*

*Und alle Tage Lamechs betrugen 777 Jahre, dann starb er.
Und **Noah** war 500 Jahre alt; und Noah zeugte Sem, Ham und Jafet....
[Und Noah lebte nach der Flut (noch) 350 Jahre; und alle Tage Noahs betrugen 950 Jahre, dann starb er. (1. Mose 9,28-29)]
Sem war 100 Jahre alt und zeugte Arpachschad, zwei Jahre nach der Flut.
Und Sem lebte, nachdem er Arpachschad gezeugt hatte, 500 Jahre und zeugte Söhne und Töchter.
Und **Arpachschad** lebte 35 Jahre und zeugte Schelach.
Und Arpachschad lebte, nachdem er Schelach gezeugt hatte, 403 Jahre und zeugte Söhne und Töchter.
Und **Schelach** lebte 30 Jahre und zeugte Eber.
Und Schelach lebte, nachdem er Eber gezeugt hatte, 403 Jahre und zeugte Söhne und Töchter.
Und **Eber** lebte 34 Jahre und zeugte Peleg.
Und Eber lebte, nachdem er Peleg gezeugt hatte, 430 Jahre und zeugte Söhne und Töchter.
Und **Peleg** lebte 30 Jahre und zeugte Regu.
Und Peleg lebte, nachdem er Regu gezeugt hatte, 209 Jahre und zeugte Söhne und Töchter.
Und **Regu** lebte 32 Jahre und zeugte Serug.
Und Regu lebte, nachdem er Serug gezeugt hatte, 207 Jahre und zeugte Söhne und Töchter.
Und **Serug** lebte 30 Jahre und zeugte Nahor.
Und Serug lebte, nachdem er Nahor gezeugt hatte, 200 Jahre und zeugte Söhne und Töchter.
Und **Nahor** lebte 29 Jahre und zeugte Terach.
Und Nahor lebte, nachdem er Terach gezeugt hatte, 119 Jahre und zeugte Söhne und Töchter.
Und **Terach** lebte 70 Jahre und zeugte **Abram**, Nahor und Haran.*

Diese Angaben sind in den Abbildungen 4.1 und 4.2 zusammengetragen.

CHRONOLOGISCHE INFORMATION (Adam bis Abraham)

Generation	Name	Alter beim erwähnten Kind	Jahre nach dem erwähnten Kind	Geburtsjahr (nach Adam)	Lebensalter	Todesjahr (nach Adam)	Angaben nach Masoretischem Text / Biblische Beweisstellen
1	Adam	130	800		930	930	1. M. 5,3-5
2	Set	105	806	130	912	1042	1. M. 5,3-8
3	Enos	90	815	235	905	1140	1. M. 5,6-11
4	Kenan	70	840	325	910	1235	1. M. 5,9-14
5	Mahalalel	65	830	395	895	1290	1. M. 5,12-17
6	Jared	162	800	460	962	1422	1. M. 5,15-20
7	Henoch	65	300	622	365	987	1. M. 5,18-24; Judas 14
8	Metuschelach	187	782	687	969	1656	1. M. 5,21-27
9	Lamech	182	595	874	777	1651	1. M. 5,25-31
10	Noah	500	450	1056	950	2006	1. M. 5,28-32; 9,28-29
11	Sem	100	500	1558	600	2158	1. M. 11,10-11
12	Arpachschad	35	403	1658	438	2096	1. M. 11,10-13
13	Schelach	30	403	1693	433	2126	1. M. 11,12-15
14	Eber	34	430	1723	464	2187	1. M. 11,14-17
15	Peleg	30	209	1757	239	1996	1. M. 11,16-19
16	Regu	32	207	1787	239	2026	1. M. 11,18-21
17	Serug	30	200	1819	230	2049	1. M. 11,20-23
18	Nahor	29	119	1849	148	1997	1. M. 11,22-25
19	Tarah	70	135	1878	205	2083	1. M. 11,24-32
20	Abraham	86	89	1948	175	2123	1. M. 12,4; 16,16; 25,7; Apg. 7,4

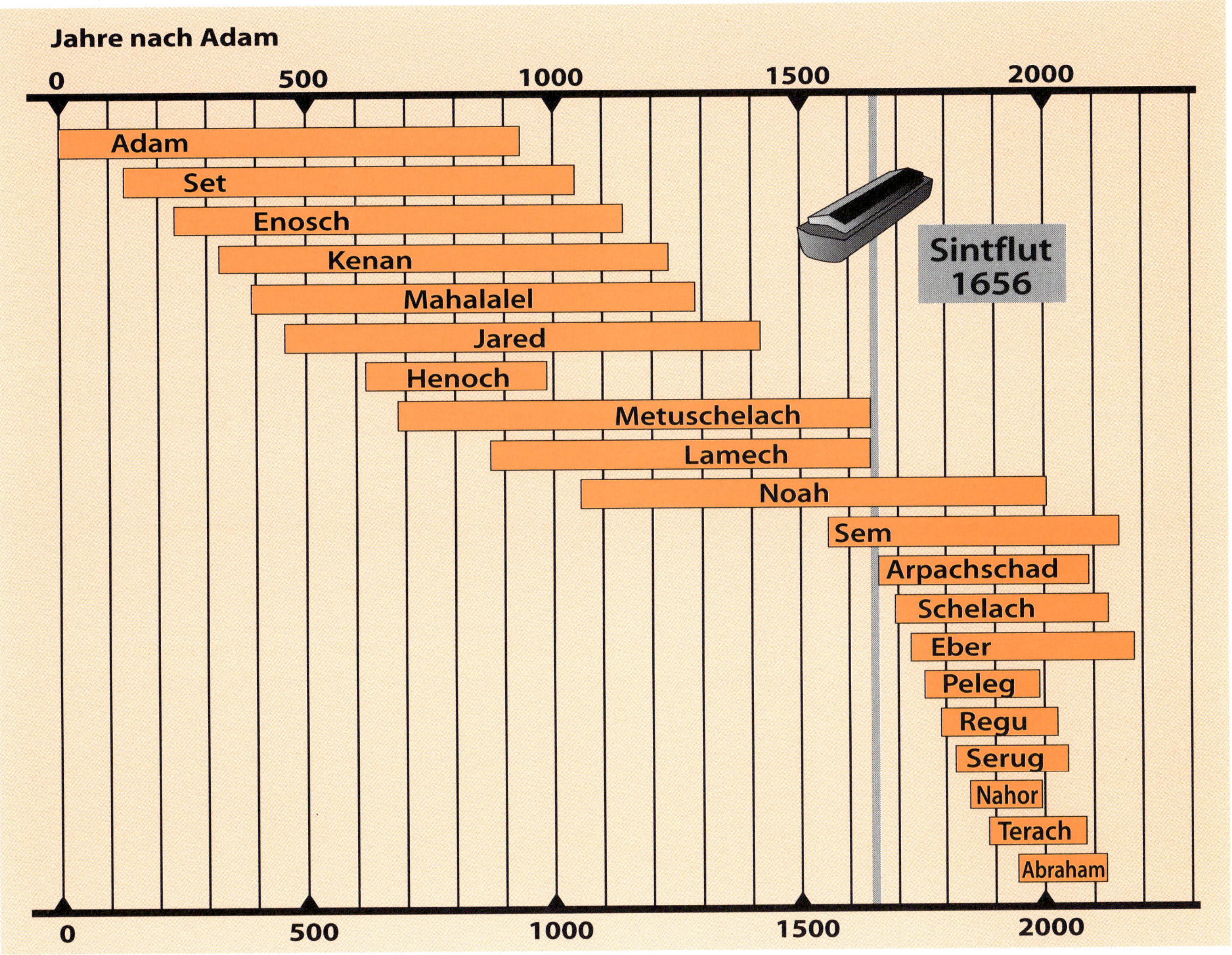

Lebensdauer der Patriarchen von Adam bis Abraham

(Diagramm: Jahre nach Adam, 0–2000, mit Lebensbalken von Adam, Set, Enosch, Kenan, Mahalalel, Jared, Henoch, Metuschelach, Lamech, Noah, Sem, Arpachschad, Schelach, Eber, Peleg, Regu, Serug, Nahor, Terach, Abraham; Sintflut 1656)

Abb. 4.2: Lebensdauer der Patriarchen von Adam bis Abraham

Da im Alten Testament die chronologischen Angaben für Abram (Abraham) und seine Nachkommen weitergeführt werden, könnten wir meinen (wie Ussher), daß eine vollständige Chronologie von der Bibel abzuleiten wäre. Diese Zeitrechnung könnte dann mit sonstigen datierbaren Weltgeschehnissen in Verbindung gebracht werden, und so haben manche Forscher ein Weltalter ermittelt. Da Adam sechs Tage nach der Erschaffung des Himmels geschaffen wurde, könnte auch das Alter des ganzen Universums berechnet werden. Ohne sich über die Leistung von Ussher und manchen anderen leichtfertig hinwegzusetzen, muß aber deutlich gesagt werden: So einfach ist die Sache auch nicht.

KAINAN — DER MANN, DER NICHT SEIN DÜRFTE!

Beim Stammbaum Jesu in Lukas 3,23-38, zum Beispiel, wird in der dritten Generation nach Noah ein Mann namens *Kainan* bzw. *Kainam* oder *Kenan* erwähnt (nicht mit dem vorsintflutlichen *Kenan* zu verwechseln), der in der Chronologie, wie wir sie oben betrachtet haben, schlicht und einfach fehlt (siehe Abb. 4.3).

Ist dies ein Hinweis dafür, daß die Namensliste in 1. Mose 11, aus welchem Grund auch immer, nicht vollständig ist? Und wie lange lebte Kainan überhaupt? Bei Lukas stehen ja keine Jahreszahlen.

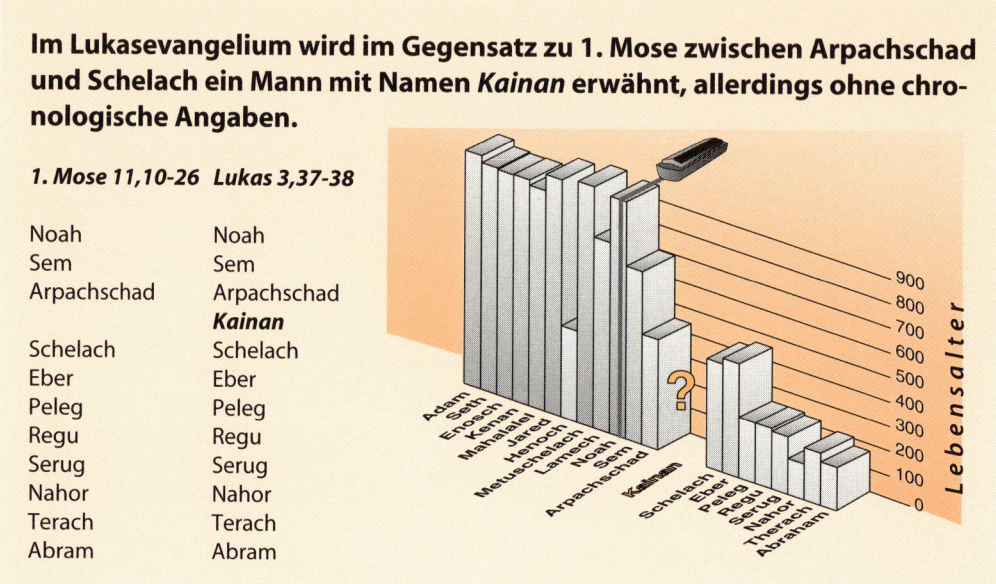

Im Lukasevangelium wird im Gegensatz zu 1. Mose zwischen Arpachschad und Schelach ein Mann mit Namen *Kainan* erwähnt, allerdings ohne chronologische Angaben.

1. Mose 11,10-26	Lukas 3,37-38
Noah	Noah
Sem	Sem
Arpachschad	Arpachschad
	Kainan
Schelach	Schelach
Eber	Eber
Peleg	Peleg
Regu	Regu
Serug	Serug
Nahor	Nahor
Terach	Terach
Abram	Abram

Abb. 4.3:
Eine Lücke in der biblischen Chronologie?

Das anspruchsvolle Geschäft des Abschreibens

Das Problem wird aber noch komplexer, wenn wir zur Kenntnis nehmen, daß die Namenslisten und chronologischen Angaben von 1. Mose 5 und 11, je nach Textvariante, Unterschiede aufweisen. Es ist allgemein bekannt, daß wir nicht mehr die ursprünglichen Handschriften, sondern Abschriften davon haben. Beim Alten Testament ist es sogar so, daß die hebräischen Abschriften, obwohl sehr genau, oft nicht einmal so alt sind wie die des Neuen Testaments.

Prof. Neil Lightfoot erklärt:

"Man mag sich fragen, warum die Abschriften der hebräischen Bibel so jung sind im Vergleich zu dem neutestamentlichen Material, vor allem, weil ja das Alte Testament mehrere Jahrhunderte vor dem Neuen Testament vollendet wurde. Die Antwort hierauf ist nicht schwer zu finden. Die jüdischen Schreiber betrachteten ihre Abschriften der Heiligen Schrift mit fast abergläubischem Respekt, was sie dazu führte, jede Abschrift, die alt und verbraucht war, feierlich zu begraben. Der Grund für diese Handlungsweise war, einen unschicklichen Gebrauch des Materials, auf dem der heilige Name Gottes geschrieben stand, zu verhindern. Wie edel ihre Absicht war, so hat dieser Brauch uns doch der alten hebräischen Handschriften beraubt, die wir unter anderen Umständen vielleicht haben könnten. Auf diese Weise wurde der Zeitraum zwischen den verfügbaren Abschriften und den ursprünglichen Schriften vergrößert." [LIGHTFOOT 1977: 61]

Die Namenslisten und chronologischen Angaben, wie sie in deutschen Bibelübersetzungen vorliegen, basieren auf dem *Masoretischen Text* [MT]. Diese hebräische Version geht auf die Abschriften jüdischer Gelehrter aus der Zeit von ca. 500 bis ca. 1000 nach Christus zurück und hat sich allgemein als besonders zuverlässig erwiesen. Die hebräischen Abschriften zum Beispiel, die in *Qumran* entdeckt wurden, und die durchschnittlich etwa tausend Jahre älter sind, weichen kaum vom Text der Masoreten ab und bestätigen auf eindrückliche Weise seine Zuverlässigkeit.

Eine griechische Übersetzung verursacht Verwirrung

Es liegt aber auch eine griechische Übersetzung des Alten Testaments vor, die *Septuaginta* [*LXX*], die, wie man berichtet, auf Befehl des ägyptischen Königs *Ptolemäus II* (285-246 v.Chr.) von jüdischen Gelehrten in Alexandria (Ägypten) für die in der Diaspora lebenden Juden angefertigt wurde. Die *Ptolemäer* waren die makedonisch-griechischen Herrscher Ägyptens, deren Herrschaft auf *Alexander den Großen* zurückging, der die Juden besonders achtete. Die Septuaginta stand also ganz im Zeichen dieses Verhältnisses.

Von der Septuaginta gibt es mehrere wichtige Handschriften. Normalerweise weicht die Septuaginta nur unwesentlich vom masoretischen Text ab. Es gibt aber einige markante Abweichungen, und dazu gehören die Genealogien in 1. Mose 5 und 11. Welche Textvariante liegt aber näher beim Original?

"Die Abweichungen der Septuaginta verdienen... große Aufmerksamkeit, weil sie sich auf einen sehr alten hebräischen Text stützt. Oft stimmt die Septuaginta dort, wo sie vom masoretischen Text abweicht, mit dem samaritischen Pentateuch [samaritische Übersetzung der 5 Bücher Mose] überein. Es ist aber sehr wahrscheinlich, daß sich sowohl die Septuaginta als auch der samaritische Pentateuch auf Textrezensionen [Herstellung einer dem Urtext möglichst nahekommenden Fassung (Anm. d. Verf.)] stützen, die... mit der gigantischen Arbeit der Masoreten nicht gleichzustellen ist." [GLASHOUWER 1987: 68-9]

Dieses Zitat scheint die Meinung der meisten Forscher auf diesem Gebiet widerzuspiegeln. Dennoch wäre im Falle der Genealogien die Version der Septuaginta unter Umständen attraktiv. Wie aus einem Vergleich der Abbildungen 4.5a und 4.5b hervorgeht, stünden nämlich nach der Sep-

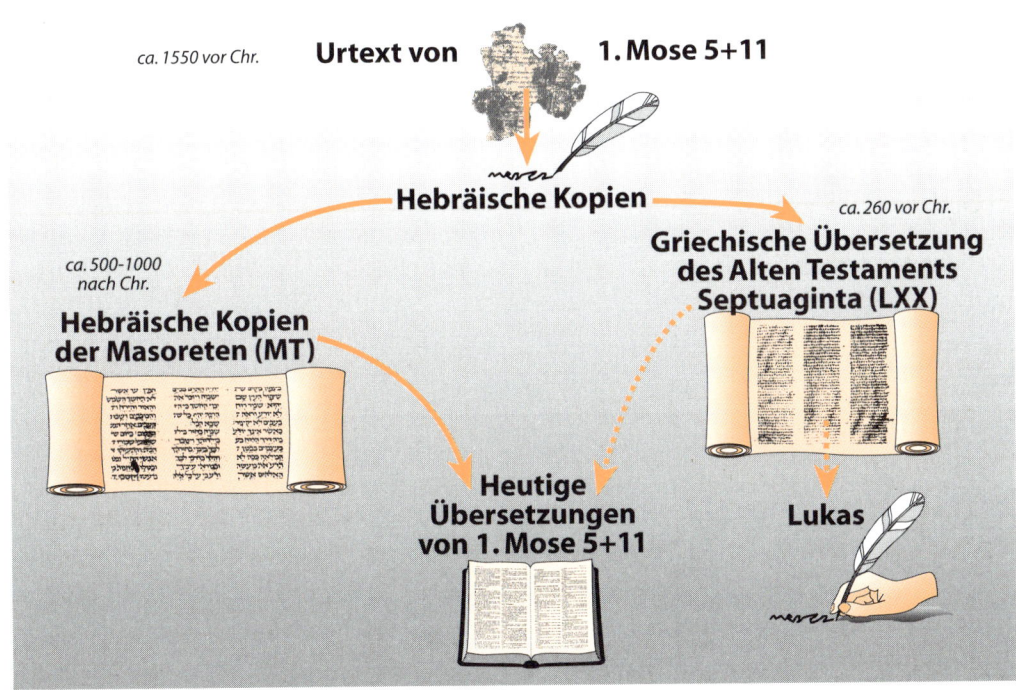

Abb. 4.4: Die Überlieferung von 1. Mose 5 und 11 durch die MT und LXX.

Den eigentlichen Urtext haben wir nicht mehr, jedoch viele sehr gute, aber auch weniger gute Abschriften davon. Es ist eine Wissenschaft für sich, anhand dieser Abschriften eine dem Urtext möglichst nahekommende Lesart ausfindig zu machen. Im Wesentlichen stützen sich die Forscher auf die recht zuverlässigen Abschriften der Masoreten (MT). In manchen Fällen wird die Lesart der Septuaginta (LXX) vorgezogen — in der Frage der Genealogien von 1. Mose 5 und 11 mit ihren chronologischen Angaben aber nicht. Hier folgen unsere Bibelübersetzungen dem MT. Lukas aber, als griechischer Arzt und Geschichtsschreiber, wird wohl die Septuaginta, die "Bibel" der damaligen Griechischsprechenden, benutzt haben. Es fragt sich aber, ob der Name Kainan damals in der LXX tatsächlich enthalten war (es gibt auch Lesarten der LXX ohne Kainan) und folglich, ob dieser Name wirklich von Lukas in seinem Geschlechtsregister Jesu aufgelistet wurde (siehe die weitere Diskussion).

Patriarchen	zeugte mit ...Jahre		Lebensdauer	
	nach MT	nach LXX	nach MT	nach LXX
Adam	130	230	930	930
Set	105	205	912	912
Enos	90	190	905	905
Kenan	70	170	910	910
Mahalalel	65	165	895	895
Jared	162	162	962	962
Henoch	65	165	365	365
Metuschelach	187	167	969	969
Lamech	182	188	777	753
Noah	500	500	950	950
Sem	100	100	600	600
Arpachschad	35	135	438	535
Kainan (Kenan)	—	130	—	460
Schelach	30	130	433	460
Eber	34	134	464	404
Peleg	30	130	239	339
Regu	32	132	239	339
Serug	30	130	230	330
Nahor	29	179	148	304
Terach	70	70	205	?
Abraham	100	100	175	175

Abb. 4.5a: Chronologische Angaben von Adam bis Abraham nach dem MT und nach der LXX.

In der Septuaginta wird Kainan (mit Altersangaben!) mit aufgeführt. Neben mehreren anderen Abweichungen liegen in der Septuaginta bei jeweils sechs der vor- und nachsintflutlichen Patriarchen die Angaben über das Alter bei der Geburt des genannten Sohnes gerade 100 Jahre höher als im masoretischen Text.

tuaginta längere Zeiträume zur Verfügung. Besonders für die Zeit nach der Sintflut, wo es darum geht, biblische Chronologie und sonstige Weltgeschichte in Einklang zu bringen, kämen solche zusätzlichen Zeiträume einem womöglich sehr entgegen.

Hier wird einiges deutlich:

1. In der Septuaginta wird Kainan, sogar mit chronologischen Angaben, in der Genealogie aufgeführt. *Lukas* könnte natürlich die Septuaginta als Grundlage für seinen Stammbaum Jesu benutzt haben. Er schrieb aus griechischer Sicht und wird wohl die Septuaginta gekannt haben. Dies spräche für die Richtigkeit der Septuaginta, mindestens in Bezug auf Kainan. Wie beim masoretischen Text wird im Samaritischen Pentateuch Kainan aber auch nicht erwähnt.

2. Die chronologischen Angaben weichen in den beiden Textvarianten zum Teil erheblich voneinander ab. Nach dem masoretischen Text wäre Abraham im Jahr 1948, nach der Septuaginta im Jahr 3312 nach der Geburt Adams geboren worden. Die Septuaginta "schenkt" einem also zusätzlich 1364 Jahre! Für viele ist ein solches "Geschenk" nicht zu verachten, besonders wenn es darum geht, die biblische Chronologie mit Daten der sonstigen Weltgeschichte in Verbindung zu bringen! Ist die Septuaginta hier ein wichtiger Schlüssel zu einer glaubwürdigen bibelfundierten Chronologie? Dem geschenkten Gaul sollten wir aber vielleicht doch ins Maul schauen. Er könnte sich als trojanisches Pferd entpuppen! Es gibt nämlich bei den Zeitangaben der Septuaginta einige Ungereimtheiten.

Hat *Metuschelach* die Sintflut überlebt?

Im Gegensatz zum masoretischen Text, wonach *Metuschelach* im Jahr der Sintflut starb, überlebte er nach der Septuaginta die Sintflut um 14 Jahre! (Siehe Abb. 4.6) Die Heilige Schrift macht aber deutlich, daß nur Noah, seine drei Söhne und ihre Frauen, also im ganzen 8 Personen, die Flut überlebten. Die Septuaginta widerspricht also hier einer unmißverständlichen Aussage der Heiligen Schrift und somit sich selbst. Bei einer der späteren Abschriften, dem *Codex Alexandrinus* (aus dem 5. Jh. nach Chr.), sind bei den chronologischen Angaben zu Metuschelach die nötigen Änderungen vorgenommen worden, um diese Peinlichkeit in der Septuaginta „auszubügeln". Durch dieses Verdachtsmoment zur Vorsicht gemahnt, wollen wir die Septuaginta etwas weiter unter die Lupe nehmen.

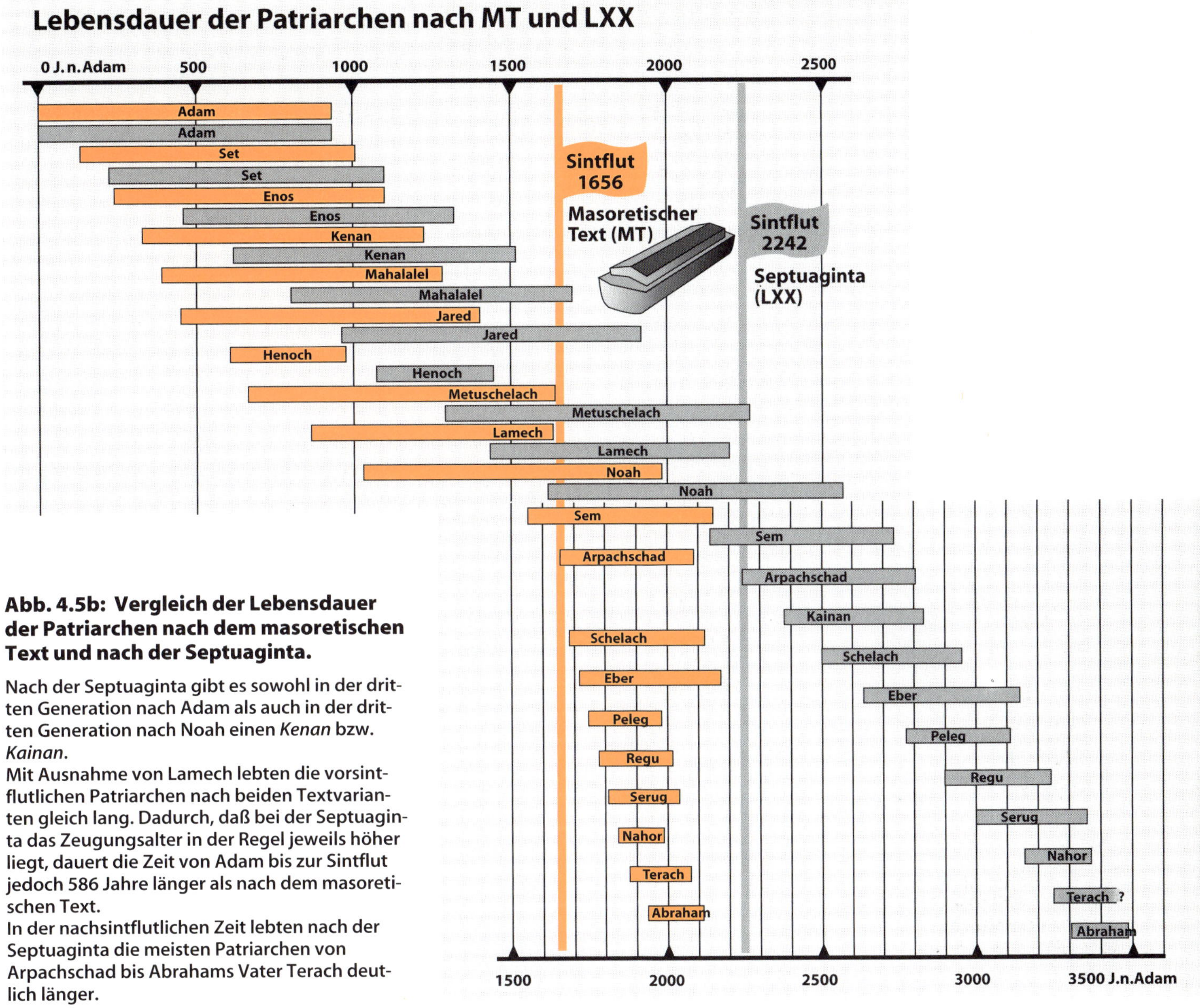

Lebensdauer der Patriarchen nach MT und LXX

Abb. 4.5b: Vergleich der Lebensdauer der Patriarchen nach dem masoretischen Text und nach der Septuaginta.

Nach der Septuaginta gibt es sowohl in der dritten Generation nach Adam als auch in der dritten Generation nach Noah einen *Kenan* bzw. *Kainan*.

Mit Ausnahme von Lamech lebten die vorsintflutlichen Patriarchen nach beiden Textvarianten gleich lang. Dadurch, daß bei der Septuaginta das Zeugungsalter in der Regel jeweils höher liegt, dauert die Zeit von Adam bis zur Sintflut jedoch 586 Jahre länger als nach dem masoretischen Text.

In der nachsintflutlichen Zeit lebten nach der Septuaginta die meisten Patriarchen von Arpachschad bis Abrahams Vater Terach deutlich länger.

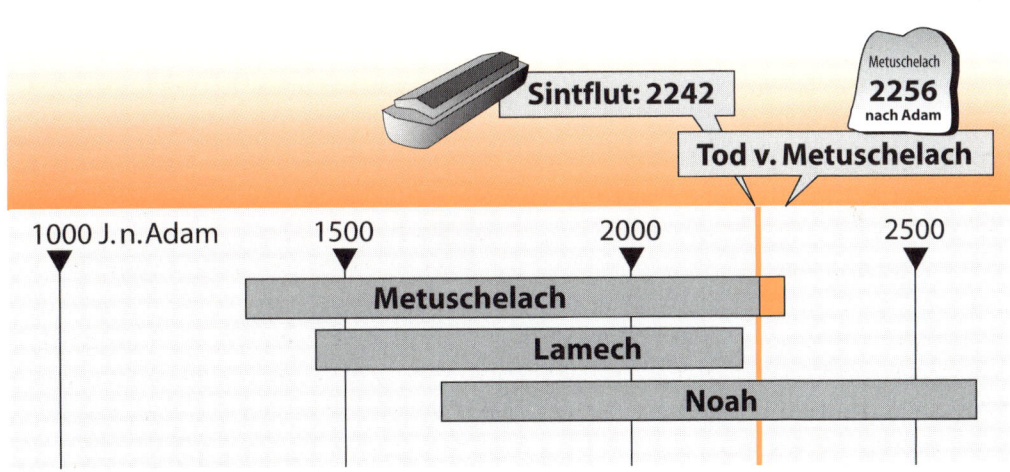

Abb. 4.6: Metuschelach und die Sintflut nach LXX

Nach den Angaben der Septuaginta müßte Metuschelach die Sintflut um 14 Jahre überlebt haben!

Der Ägypter Manetho und seine Chronologie

Die Regelmäßigkeit mancher chronologischer Abweichungen der Septuaginta (jeweils um 100 zusätzliche Jahre) gegenüber dem masoretischen Text ist verdächtig. Sie scheint kein Zufall zu sein. Ob die jüdischen Gelehrten darauf bedacht waren, die biblische Chronologie mit der damals bekannten ägyptischen Chronologie, die auf den Pharaonenlisten des ägypters *Manetho* basierte, in Übereinstimmung zu bringen?

Manetho war ein ägyptischer Priester, der um 280 v. Chr. für Ptolemäus II (soll auch die Septuaginta in Auftrag gegeben haben!) eine Geschichte Ägyptens verfaßte. Seine Liste der ägyptischen Pharaonen, die auf älteren Quellen basierte, ließ die ägyptische Kultur, wohl um die makedonisch-griechischen Herrscher Ägyptens (die Ptolemäer) zu beeindrucken, als übermäßig altertümlich erscheinen.

> "Bei der Gestaltung seiner Geschichte Ägyptens und in der Zusammenstellung des Registers von dessen Dynastien, ließ sich Manetho von dem Wunsch leiten, den Griechen, den Beherrschern seines Landes, nachzuweisen, das ägyptische Volk und seine Kunst wären viel älter als ihre und älter als die babylonische Nation und Zivilisation."
> [Velikovsky zitiert in SCHIRRMACHER 1991]

Manetho faßte die ägyptischen Pharaonen zu 30 Dynastien und drei Reichen zusammen. Heute besitzen wir nicht mehr *Manethos* ursprüngliche Liste, sondern mehrere widersprüchliche Auszüge davon, die durch jüdische und christliche Historiker überliefert wurden. Nach diesen Quellen ergaben die addierten Regierungsjahre der 30 ägyptischen Dynastien im ganzen 5437 Jahre (nach manchen Quellen 5205 oder 4728 Jahre). Unterdessen wissen Forscher, daß Manethos ägyptische Chronologie künstlich aufgebläht wurde, da mindestens zwei Dynastien nicht nacheinander, sondern nebeneinander regiert haben und in vielen Fällen die Jahreszahlen der Regierungszeiten um glatte 10-30 Jahre zu hoch liegen.

Haben die jüdischen Gelehrten auf Manetho gehört?

Genau wie der Ägypter *Manetho* die Ptolemäer von der Antiquität seiner Zivilisation überzeugen wollte, so versuchten manche jüdische Gelehrte dieselben Herrscher Ägyptens mit der Vorzüglichkeit der alttestamentlichen Geschichte zu beeindrucken. Leider wurde, wie dies in der Regel der Fall ist, die Bibel den heidnischen Vorstellungen angepaßt, anstatt die Heilige

Abb. 4.7: Ägyptische Schreiber bzw. Priester

Die Statue links stellt einen bedeutenden Priester (ca. 650 v. Chr.) in der Haltung eines Schreibers dar und vermittelt einen Eindruck, wie wir uns Manetho etwa vorzustellen haben. Künstler in dieser Spätzeit lehnten sich allerdings oft an die Formen des Alten Reiches (Statue rechts) an oder kopierten sie — nach dem Motto "alt sein heißt überlegen sein". Auf ähnliche Weise versuchte Manetho seine ptolemäischen Zeitgenossen mit der Antiquität der früheren ägyptischen Reiche zu beeindrucken.

Schrift für sich selbst sprechen zu lassen. Wie bereits erwähnt, liegt die *Vermutung* deshalb sehr nahe, daß sich diese Tendenz auch bei den regelmäßig um 100 Jahre (künstlich?) erhöhten Zeugungsaltern von sechs der zehn vorsintflutlichen und sechs der nachsintflutlichen Patriarchen in der Septuaginta widerspiegelt. Ohne daß die Lebensdauer der Betreffenden jedesmal erhöht wird, kommen auf diese Weise gegenüber dem masoretischen Text die 1364 zusätzlichen Jahre zwischen Adam und Abraham zusammen. Diese kämen natürlich einem damaligen Versuch, die alttestamentliche Chronologie an die des *Manetho* anzupassen, sehr entgegen. Ob wir hier wirklich die Erklärung der Diskrepanz zwischen den Chronologien des masoretischen Textes und denen der Septuaginta haben, kann ich, mindestens zur Zeit, *nicht endgültig beurteilen*. Aber diese Überlegungen sollten auf jeden Fall zur Kenntnis genommen werden, bevor man sich bei der Septuaginta Hilfe verspricht, chronologische Probleme zu lösen.

Und Kainan?

Es gibt im Alten Testament mehrere Listen der vor- und nachsintflutlichen Patriarchen. Auch in 1. Chronik 1,1-27 werden die Patriarchen (ohne chronologische Angaben) im Rahmen der jüdischen Geschichte nochmals aufgeführt. Wenn die Septuaginta in sich selbst einheitlich wäre, müßte auch an dieser Stelle Kainan stehen. Eigenartigerweise fehlt er — hier findet sich innerhalb der Septuaginta selbst eine Unstimmigkeit. Wurde 1. Chronik 11,27 bei der Anpassung an Manetho vergessen?

Aber wie steht es mit dem Stammbaum Jesu im Lukasevangelium? Wie bei den alttestamentlichen Schriften gibt es auch zahlreiche Abschriften des Lukasevangeliums. In den meisten dieser Kopien steht Kainan tatsächlich zwischen Schelach und Arpachschad. Es gibt aber wichtige Abschriften des Lukasevangeliums, in denen Kainan fehlt. Zudem wird dieser sogenannte *"zweite Kainan"* (im Unterschied zum vorsintflutlichen Kenan) vom jüdischen Geschichtsschreiber *Josephus* und mehreren wichtigen Kirchenvätern (z.B. *Eusebius* und *Origenes*) nicht anerkannt.

Es stellt sich also die Frage, ob der Name Kainan bei Lukas vielleicht im Original gar nicht vorhanden war. Viele der damaligen Christen, auch die, die für das Abschreiben der neutestamentlichen Manuskripte verantwortlich waren, haben Hebräisch nicht lesen können und benutzten deshalb für ihr Bibelstudium die griechische Übersetzung des Alten Testaments, also die Septuaginta. Wurde von einem oder mehreren der späteren Schreiber der Name Kainan vielleicht eigenmächtig (wohl gut gemeint) ins Lukasevangelium eingefügt, um die Diskrepanz zur Septuaginta zu bereinigen? Bei späteren Abschriften würde diese "Korrektur" sich natürlich fortsetzen. Die hier angesprochene Frage läßt sich allerdings zur Zeit nicht mit letzter Sicherheit klären, bleibt aber als mögliche Erklärung im Raum. Das Vorhandensein des Namens Kainan bei Lukas ist also kein zwingender Grund, die sonst zweifelhaften chronologischen Angaben der Septuaginta zu bevorzugen.

Solange aber solche Fragen offen bleiben, sollte denen, die mit Recht die Bibel in allen ihren Aussagen als absolut zuverlässig betrachten, eines klar sein: Versuche, das absolute Alter der Erde anhand biblischer Angaben *genau* zu errechnen, sind mit einer angebrachten Nüchternheit zu betrachten.

WOZU DIE GENEALOGIEN?

Zur Länge der Schöpfungstage äußert sich das Wort Gottes explizit. Wie lange ist es aber seit der Schöpfung her? Wie wir bereits gesehen haben, ist eine exakte Antwort auf diese Frage, mindestens im Moment, anhand der vorliegenden Abschriften nicht mit letzter Sicherheit möglich.

In Anbetracht dieser Unsicherheiten müssen wir uns fragen, worum es eigentlich bei den Genealogien in 1. Mose 5 und 11 geht. Will uns Gott überhaupt eine Chronologie offenbaren? Es gibt einiges zu berücksichtigen.

Der Begriff "zeugte" muß in der Bibel nicht unbedingt bedeuten, daß der, der "gezeugt" wird, der Sohn ist. In Matthäus 1,8 lesen wir zum Beispiel: *"...Joram aber zeugte Usija"*.

Vom Alten Testament (2. Chronik Kap. 21-26) wissen wir aber, daß Usija der Ur-Urenkel Jorams war:

"Joram *zeugte* Usija":
Joram → → → → → → Usija
↘ Ahasja → Joasch → Amazja ↗

Für uns wirkt dieser Tatbestand befremdend, ja widersprüchlich. Wenn wir aber die Denkweise der Hebräer berücksichtigen, gibt es hier keinen Widerspruch. Wir lesen zum Beispiel in Hebräer 7,10:

"...er (d.h. Levi) war noch in den Lenden des Vaters (d.h. des Abraham)..."

Levi war natürlich ein Sohn von Abrahams Enkelkind Jakob:

Abraham → Isaak → Jakob → Levi

In diesem Sinn war er "in Abrahams Lenden". In ähnlicher Weise hätte es, aus hebräischer Sicht, heißen können: "Abraham *zeugte* Levi". Wichtig ist die Verwandtschaft bzw. der Bezug zu den Verheißungen Gottes und nicht eine lückenlose Reihenfolge.

Dieselbe Denkweise mit dem daraus resultierenden Begriffsgebrauch könnte unter Umständen 1. Mose 5 und 11 zugrundeliegen. Vielleicht gibt es nicht nur bei Kainan eine mögliche Lücke. Möglicherweise liegen an manchen Stellen, wo es heißt "lebte ... und zeugte den" mehrere Generationen zwischen "Vater" und "Sohn". Aber vielleicht auch nicht. Von den ausgelassenen Generationen wie oben bei Joram und Usija wissen wir deshalb Bescheid, weil die Bibel selber dies klar macht. Ohne deutliche biblische Hinweise auf Lücken in 1. Mose 5 und 11 sollten wir zurückhaltend sein, solche zu postulieren. Das Problem ist, daß wir es nicht mit letzter Sicherheit wissen können. Ist dies möglicherweise sogar die Absicht Gottes? Sind die Genealogien überhaupt da, um eine Chronologie aufzustellen? Geht es nicht viel mehr darum, die *Verheißungsträger* [KÜLLING 2/1992] zu dokumentieren, über die die Linie der Heilsgeschichte läuft?

Wir müssen uns allerdings fragen: Wozu denn die ausführlichen chronologischen Angaben, wenn es nicht darum geht, eine Chronologie zu offenbaren? Laden diese Angaben nicht regelrecht dazu ein, eine Chronologie aufzustellen? Auf der anderen Seite würden aber allein die Angaben des Alters bei der Zeugung des Kindes ausreichen, um eine Chronologie zu errechnen! Warum müssen wir noch wissen, wie lange nach dem Zeugen des Kindes der Betreffende lebte, und in 1. Mose 5 seine Lebensdauer überhaupt kennen? Gott will offensichtlich mit genauen und ausführlichen chronologischen Angaben die historische Glaubwürdigkeit und die Kontinuität seiner Verheißungslinie betonen.

Adam
Set
Enosch
Kenan
Mahalalel
Jered
Henoch
Metuschelach
Lamech
Noah
Sem
Arpachschad
Schelach
Eber
Peleg
Regu
Serug
Nahor
Terach
Abraham
Isaak
Jakob
Juda
•
•
•
David
•
•
•
Jesus Christus

Abb. 4.8: Göttliche Verheißungsträger von Adam bis Christus

Obwohl die meisten Namen zwischen Juda und Jesus Christus aus Platzgründen weggelassen sind, gibt es genauso wie von Adam bis Juda eine ununterbrochene biblische Heilslinie.

Acht Könige regieren 241'000 Jahre!

So ungewöhnlich lang uns die Lebenszeit mancher biblischer Patriarchen erscheint, wirken chronologische Angaben von 1. Mose 5 und 11 dennoch recht bescheiden verglichen mit den Behauptungen anderer Chronologien jener Zeit. Ein sumerischer Tontafeltext behauptet zum Beispiel:

"Als das Königtum vom Himmel herabkam, da war es zuerst in der Stadt Eridu. In Eridu ward A-lulim König; er regierte 28'800 Jahre; Alalgar regierte 36'000 Jahre. Das sind zwei Könige mit 64'800 Regierungsjahren. — Von Eridu wurde das Königreich nach (der Stadt) Bad-tibira gebracht. In Bad-tibira regierte En-men-lu-Anna 43'200 Jahre; En-men-gal-Anna regierte 28'000 Jahre; der Gott Dumuzi, der Hirte, regierte 36'000 Jahre. Das sind drei Könige mit 108'000 Regierungsjahren. — Von Bad-tibira kam das Königtum nach Larak. In Larak regierte En-sipa-zi-Anna 28'000 Jahre. Also ein König mit 28'000 Regierungsjahren. Von Larak wurde das Königtum nach Sippar gebracht. In Sippar wurde En-men-dur-Anna König und regierte 21'000 Jahre. Also ein König mit 21'000 Regierungsjahren. — Von Sippur kam das Königtum nach Schuruppak. In Schuruppak wurde Ubar-Tutu König und regierte 18'600 Jahre. Also ein König mit 18'600 Regierungsjahren. — Das sind fünf Städte; ihre acht Könige regierten 241'000 Jahre. Dann schwemmte sie die Flut alle hinweg von der Erde." [zitiert in KÜLLING 1/1992]

Die Liste der vorsintflutlichen Stammväter, wie sie in der Bibel geoffenbart wird, steht in starkem Kontrast zu solchen Vorstellungen. Die biblischen Angaben wirken im Vergleich dazu eher vertrauenswürdig — auch die hohen vorsintflutlichen Lebensalter. Wenn wir nämlich berücksichtigen, daß die Lebenserwartung der Menschen nach der Flut allmählich abnahm, können wir logischerweise annehmen, diese Abnahme habe etwas mit den durch die Sintflut drastisch veränderten Lebensbedingungen zu tun. Vor der Sintflut lebten die Menschen vielleicht deshalb für uns so unvorstellbar lange (das natürliche Durchschnittsalter ohne Henoch betrug 912 Jahre), weil sie unter besonders günstigen Bedingungen lebten, die wir uns heute kaum mehr vorstellen können.

Durch die ausführlichen chronologischen Angaben der Bibel setzt sich also die Verheißungslinie auf Jesus Christus hin von den sonstigen damaligen Vorstellungen als glaubwürdige Geschichte deutlich ab. Natürlich würde eine durchgehende Chronologie sehr gut in diesen Zusammenhang passen, um die historische Glaubwürdigkeit des Berichts zu unterstützen. Dies spricht wiederum dafür, daß von 1. Mose 5 und 11 vielleicht

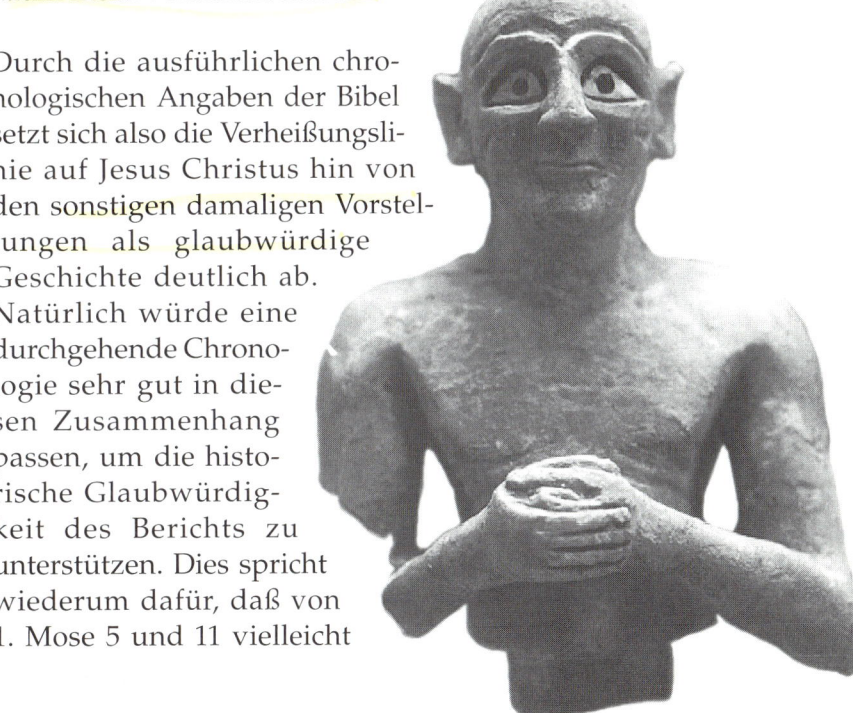

Alabasterstatue aus *Mari* [Louvre, Paris]

doch eine Chronologie abzuleiten wäre. Bevor wir aber Schlüsse ziehen, sollten wir einige der weiteren, oft genannten Einwände gegen eine lückenlose Chronologie genauer untersuchen.

Bekamen Noah und seine Frau Drillinge?

In 1. Mose 5,32 z.B., lesen wir:

Und Noah war 500 Jahre alt; und Noah zeugte Sem, Ham und Jafet.

Waren die drei Söhne denn Drillinge? Nach 1. Mose 10,21 wissen wir allerdings, daß sie nicht gleich alt waren. In 1. Mose 11,10 steht ferner:

*Sem war 100 Jahre alt **und** zeugte Arpachschad, zwei Jahre nach der Flut.*

Die Sintflut fand im 600. Lebensjahr Noahs statt [1. Mose 7,6]. Wenn Sem nun in Noahs 500. Lebensjahr wirklich gezeugt worden wäre (wie man auf den ersten Blick anhand 1. Mose 5,32 meinen könnte), dann wäre er im Jahr der Flut hundertjährig gewesen und zwei Jahre danach, bei der Geburt des Kindes, 102 Jahre und nicht, wie oben steht, hundert Jahre alt. Es wird also deutlich: Wenn es heißt: *Und Noah war 500 Jahre alt; und Noah zeugte Sem, Ham und Jafet*, dann bedeutet dies, daß sie ab diesem Zeitpunkt, aber nicht alle in demselben Jahr gezeugt wurden. Überlegen wir weiter:

Sem war 100 Jahre alt und zeugte Arpachschad, zwei Jahre nach der Flut [1. Mose 11,10].

Es heißt nicht: "Sem war 100 Jahre alt *als* er Arpachschad zeugte". Wenn wir das Beispiel von Noah und seinen Söhnen oben berücksichtigen, wissen wir vielleicht nicht mit letzter Sicherheit, in welchem Jahr von Sems Leben Arpachschad geboren wurde. Zwei Jahre nach der Flut, als er 100 Jahre alt war, hat Sem ein Kind gezeugt. War dieses Kind aber Arpachschad? Nach 1. Mose 10,22 scheint Arpachschad nicht der erste, sondern der dritte Sohn gewesen zu sein:

Die Söhne Sems: Elam und Assur und Arpachschad und Lud und Aram.

Es wäre freilich möglich gewesen, daß Elam und Assur in den zwei Jahren nach der Flut, vor Arpachschad geboren wurden; es muß aber nicht unbedingt so gewesen sein. Vielleicht kann die Aussage *"Sem war hundert Jahre und zeugte Arpachschad"* auf folgende Weise verstanden werden: Sem hat zwei Jahre nach der Flut, als er hundertjährig wurde, angefangen, Kinder zu zeugen. Irgendwann einmal ab diesem Zeitpunkt wurde Arpachschad, als besonderer Verheißungsträger bzw. als derjenige, durch den die göttliche Verheißungslinie weitergeführt wird, geboren. Um diese Vorstellung besser verstehen zu können, sollte das Folgende verstanden werden:

Vaters Stolz und Gottes Erwählung

Zu jener Zeit wurde der Erstgeborene als *"Erstling der Kraft"* bezeichnet [z.B. 1. Mose 49,3]. Das Jahr, in dem das erste Kind gezeugt wurde, war demzufolge ein besonderes Jahr. Aber nicht in allen Fällen war der von Gott anerkannte Verheißungsträger zugleich auch der Erstgeborene. Set

(Seth), Abram, Isaak, Jakob und Juda, um nur einige zu nennen, waren nicht "die Erstlinge der Kraft" ihrer Väter. Es besteht also die Möglichkeit, daß in der Genealogie von 1. Mose 11 das besondere Jahr ("der Anfang der Kraft") sowie der Name des Verheißungsträgers festgehalten werden, ohne daß das genannte Kind ausgerechnet in dem Jahr geboren wurde. Hier ein Beispiel:

Und Regu lebte 32 Jahre und zeugte Serug. Und Regu lebte, nachdem er Serug gezeugt hatte, 207 Jahre... [1. Mose 11,20-21]

Nach der obengenannten Überlegung könnte dies zum Beispiel heißen: *Regu lebte 32 Jahre und zeugte sein erstes nicht mit Namen erwähntes Kind — den "Erstling seiner Kraft"*. Dieses Kind ist aber, aus welchem Grund auch immer, nicht der "Verheißungsträger". Nach *x* Jahren (evtl. nach anderen nicht genannten Kindern) wird dann der Verheißungsträger *Serug* geboren. Weil man aber nicht weiß, ob und wie viele Jahre es her sind, kann keine durchgehende Chronologie ausgerechnet werden.

Die Ampel steht auf gelb!

Ich muß sagen, daß ich dieses Argument zunächst bestechend fand. Unterdessen bin ich aber gar nicht so sicher, daß eine solche Auslegung glaubwürdig ist. Sie scheint mir etwas zu weit hergeholt. Zudem ist das Beispiel von Noah und seinen drei Söhnen, auf dem diese Überlegung basiert, sowieso schon in der Formulierung eine Ausnahme. In 1. Mose 5,32 heißt es ganz einfach:

*Und Noah **war** 500 Jahre alt; und Noah zeugte Sem, Ham und Jafet.*

Bei den anderen Patriarchen ist es anders formuliert, und es wird noch mehr dazu gesagt. Im Gegensatz zu Noah, wo es erstens heißt, daß er 500 Jahre alt war und quasi zweitens, daß er die drei Söhne zeugte, ist bei den anderen Patriarchen der Übergang zwischen den beiden Aussagen viel fließender, als ob die Informationen zusammen gehören würden. Zum Beispiel:

*Und Mahalalel **lebte** 65 Jahre **und** zeugte Jered.*

Und wo bei Noah gar nichts mehr gesagt wird, wird bei den anderen der Gedanke weitergeführt:

*Und Mahalalel lebte, **nachdem** er Jered gezeugt hatte, 830 Jahre **und zeugte** Söhne und Töchter.* [1. Mose 5,15-16]

Bei Noah erfahren wir an einer anderen Stelle, wie lange er nach der Sintflut lebte, da aber die Söhne nicht gleichzeitig geboren sind (und die Bibel macht dies klar; es muß nicht angenommen werden), steht gar nichts darüber, wie lange er noch lebte nach der Geburt irgend eines der Kinder. Es ist auch von keinen weiteren Kindern die Rede.

Mir scheint es also recht problematisch, das Beispiel von Noah und seinen Söhnen zu nehmen, um Lücken bei den anderen Patriarchen zu postulieren. Wir haben es mit unterschiedlichen Formulierungen zu tun, und im Gegensatz zu den anderen Stammvätern, wo Lücken aus dem Text heraus nicht hervorgehen, macht die Bibel im Fall von Noah und seinen Söhnen die Verhältnisse doch sehr deutlich.

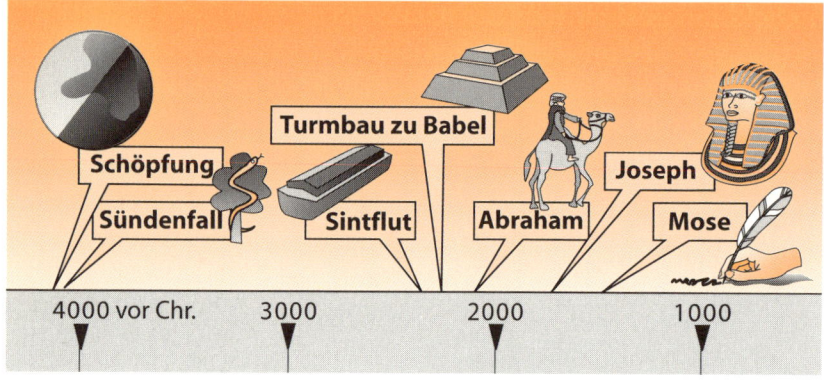

Abb. 4.9:
Die Zeit von Adam bis Mose

Abb. 4.10:
Zur Zeit Nimrods

GENUG SPIELRAUM ZWISCHEN DEM TURMBAU UND ABRAHAM?

Geht man in 1. Mose 11 von einer strengen, lückenlosen Chronologie nach der masoretischen Fassung aus, dann gäbe es, behaupten einige, nicht nur mit der Anpassung an die sonstige außerbiblische Weltgeschichte Schwierigkeiten. Es gäbe auch mit dem biblischen Geschichtsverlauf selbst einige Engpässe, und zwar im Zeitraum zwischen der Zerstreuung der Völker nach dem Turmbau zu Babel und dem Leben Abrahams (siehe Abb. 4.9).

Wann wurde der Turmbau zu Babel in Angriff genommen? Der Turmbau wird in der Bibel nicht direkt datiert; indirekt gibt es aber einige Informationen, die annähernd eine Datierung ermöglichen.

Der Aufstand der Nachkommen Noahs gegen Gott mit dem resultierenden Turmbau zu Babel ist zum Beispiel aufs engste mit dem Helden Nimrod verbunden:

Und Kusch (erster Sohn Hams) *zeugte Nimrod; der war der erste Gewaltige auf der Erde. Er war ein gewaltiger Jäger vor dem Herrn; darum sagt man: "Wie Nimrod, ein gewaltiger Jäger vor dem Herrn!"* **Und der Anfang seines Königreichs war Babel** *und Erech und Akkad und Kalne im Lande Schinar* [siehe Abb. 4.10 (Karte)]. *Von diesem Land zog er aus nach Assur und baute Ninive und Rehobot-Ir und Kelach: das ist die große Stadt.* [1. Mose 10,8-10]

Dieser Mann, der übrigens auch in sonstigen, außerbiblischen Schriften bestens dokumentiert ist, war *"der erste Gewaltige auf der Erde"*. Die ZÜRCHER Bibel (ZWINGLI) übersetzt hier *"der erste Gewaltherrscher auf Erden"*. Er war zudem *"ein gewaltiger Jäger vor dem Herrn"*, der wohl nicht nur Tiere,

sondern auch Menschen zu seiner Beute zählte! In der Aussage *"vor dem HERRN"* haben wir wahrscheinlich ein Auftrumpfen vor dem Allmächtigen zu verstehen. Nimrods freches, imposantes Auftreten wurde sogar sprichwörtlich: *"darum sagt man: Wie Nimrod, ein gewaltiger Jäger vor dem HERRN!"* Von seinem Charakter und seiner Großtuerei her, sowie in der Erwähnung von Babel als *"Anfang seines Königreichs"*, liegt die Vermutung sehr nahe, daß Nimrod womöglich als Anstifter beim Turmbau agierte. Die Stadt Babel sowie der Turm wurden nämlich "im Geist Nimrods" aufgerichtet:

Und die ganze Erde hatte ein und dieselbe Sprache und ein und dieselben Wörter. Und es geschah, als sie im Osten umherzogen [d.h. in der Zeit nach der Sintflut], *da fanden sie eine Ebene im Lande Schinar und ließen sich dort nieder. Und sie sagten einer zum anderen: Wohlan, laßt uns Ziegel streichen und hart brennen! Und der Ziegel diente ihnen als Stein, und der Asphalt diente ihnen als Mörtel.*

Und sie sprachen: "Wohlan, wir wollen uns eine Stadt und einen Turm bauen, und seine Spitze bis an den Himmel! **So wollen wir uns einen Namen** *machen, damit wir uns nicht über die ganze Fläche der Erde zerstreuen!"* [1. Mose 11,1-4]

Gott hatte nämlich nach der Sintflut die Menschen gesegnet und befohlen:

Seid fruchtbar, und vermehrt euch, und füllt die Erde! [1. Mose 9,1b]

Nun sagen sie quasi: "Nein, wir bleiben zusammen; wir machen uns groß." Hierin sehen wir die Gesinnung Nimrods.

Abb. 4.11: Der babylonische Jägerheld als "Vorbild" vieler Gewaltherrscher.

Nach dem Muster Nimrods, "des gewaltigen Jägers" und "ersten Gewaltherrschers auf Erden", wurden in der Folge zahlreiche Götter und Herrscher der Antike als heldenhafte Jäger von Tieren und Menschen porträtiert.

Links vorn: Abdruck eines Rollziegels aus Tell Asmar (Irak); Höhe 3.5 cm.

Rechts hinten: knapp 2 Meter hohe Sandstein-Stele zum Sieg des Assyrischen Herrschers Naram-Sin über einen westiranischen Häuptling.
Das Tragen der Hörner eines besiegten Tieres symbolisierte wohl den Stolz und das Siegesbewußtsein des "Jägerhelden" — ganz in der Gesinnung Nimrods.

Wann wurde der Turm zu Babel gebaut?

Wenn die Vermutung stimmt, Stadt- und Turmbau seien zur Zeit Nimrods geschehen, dann wäre eine gewisse Datierung des Turmbaus möglich, alles wohlgemerkt in der Annahme, die Genealogien des masoretischen Textes seien lückenlos.

Nimrod wurde, wie auch Schelach, in der dritten Generation nach Noah geboren.

Sem	Ham
Arpachschad	Kusch
Schelach	Nimrod
Eber	
Peleg	

Da die Nachkommen Sems datiert werden können, könnte ein ungefähres Datum für Nimrod und den Turmbau errechnet werden.

Nach einer anderen Interpretationsmöglichkeit aber wurde der Turm zur Zeit *Pelegs* (in der fünften Generation nach Noah) errichtet. Hier denkt man an die biblische Aussage:
Und dem Eber wurden zwei Söhne geboren: der Name des einen war Peleg, **denn in seinen Tagen wurde die Erde zerteilt.** [1. Mose 10,25a]

Es gibt verschiedene Vermutungen für die Bedeutung dieses Namens, wovon eine Möglichkeit die Verteilung der Völker infolge des Turmbaus und der resultierenden Sprachverwirrung ist. Daher vermuten viele Ausleger, der Turmbau sei zur Zeit von Peleg gewesen. (Siehe ANHANG B: *"Die Teilung der Erde zur Zeit Pelegs?"*)

Im Rahmen dieser beiden möglichen Zeitmarken — der Lebenszeit von Schelach und der von Peleg — ist eine gewisse Datierung des Turmbaus und der darauffolgenden Verbreitung der Völker möglich (siehe Abb. 4.13). Schelach wurde 1693 nach Adam geboren und Peleg lebte von 1757 bis 1996 nach Adam. Wenn Peleg in

Abb. 4.12: Bau des Turms von Ur in Chaldäa (siehe auch Abb. 4.15 unten).

Diese Ziggurat von Ur (deren Ruine heute noch existiert), die als Kultstätte mehreren chaldäischen Gottheiten diente, mag womöglich nach dem Muster des Turms von Babel gebaut worden sein.

Anlehnung an die Völkerverteilung seinen Namen erhielt, so ist anzunehmen, daß dieses Ereignis eher am Anfang seines Lebens stattfand. Die Zeit von der Geburt Schelachs bis zur Geburt Pelegs betrug 64 Jahre. Irgendwann in diesen Zeitraum fällt der Turmbau.

Abraham ist nach der Chronologie des masoretischen Texts im Jahr 1948 nach Adam geboren. Mit 75 Jahren (2023 nach Adam) kam er ins verheißene Land, wo er mit mehreren dort ansässigen Völkern zu tun hatte. Die Zeit von der Geburt Schelachs bis zu Abrahams Einzug ins Land dauerte 330 und von Pelegs Geburt an 266 Jahre. Wären aber eine Völkerwanderung und die darauffolgenden Kulturbildungen in einem so kurzen Zeitraum überhaupt möglich gewesen? Hierin liegt, zusammen mit der Überlegung, wie eine biblische Chronologie mit der sonstigen Weltgeschichte zu vereinbaren sei, wahrscheinlich der Hauptgrund, weshalb von manchen bibeltreuen Forschern die Septuaginta mit ihren zusätzlichen Jahrhunderten bevorzugt wird. Nach der Septuaginta hätte man für die Zeit von Schelach bis Abraham 805 Jahre und von Peleg bis Abraham 541 Jahre "zur Verfügung" — und wenn dazu noch Lücken angenommen werden, natürlich einiges mehr. Sind aber diese zusätzlichen Jahre für die Ausbreitung der Völker nach dem Turmbau und für die Kulturbildung bis zu Abrahams Lebzeit wirklich notwendig? Es ist vor allem die Übereinstimmung der biblischen Ereignisse, die uns beschäftigen muß. Die Eichung mit säkularen Geschichtsangaben ist zwar auch wichtig und soll nicht außer Acht gelassen werden, steht aber an zweiter Stelle, da diese im Vergleich zum Wort Gottes nicht inspiriert und daher nicht unbedingt absolut zuverlässig sind. Wir wenden uns deshalb jetzt dem Leben Abrahams zu.

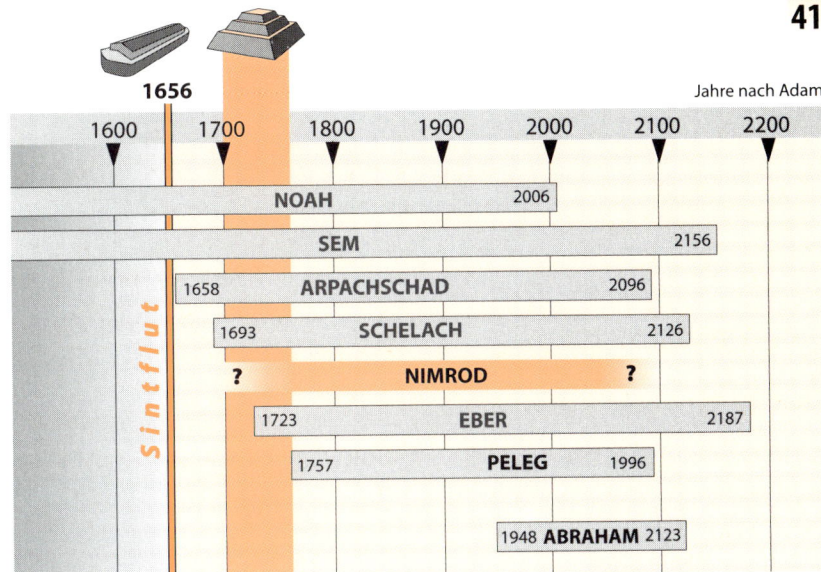

Abb. 4.13: Möglicher Zeitraum ( ) für den Bau des Turms zu Babel

Der Mann aus Ur in Chaldäa

Bevor er in das verheißene Land berufen wurde, lebte Abraham (damals hieß er noch *Abram*) in Ur in Chaldäa [siehe Abb. 4.14]. Wir lesen davon in Josua 24,2:

*Und Josua sprach zum ganzen Volk: "So spricht der Herr, der Gott Israels: Jenseits des Stromes [d.h. des Euphrat] haben eure Väter vorzeiten gewohnt, (und zwar) Terach, der Vater Abrahams und der Vater Nahors, **und sie dienten anderen Göttern**. Und ich nahm euren Vater Abraham von jenseits des Stromes und ließ ihn im ganzen Land Kanaan umherziehen..."*

Welche Vorfahren Abrahams haben jenseits des Euphrat Götzen gedient? Auf jeden Fall *Terach*, er wird ausdrücklich erwähnt. Bei welchem der Stammväter fing aber dieser Götzendienst an? Für manchen Bibelausleger scheint diese Frage im Zusammenhang mit der Möglichkeit einer lückenlosen Chronologie von Bedeutung zu sein. Zum Beispiel:

"Wenn eine streng chronologische Interpretation von Genesis 11 richtig wäre, dann wären alle nachsintflutlichen Patriarchen, Noah eingeschlossen, noch am Leben, als Abram fünfzig Jahre alt war; drei Patriarchen, die vor der Teilung der Erde geboren wurden (Sem, Schelach, Heber), überlebten Abram sogar, und Heber [d.h. Eber], der Vater Pelegs, überlebte Abram nicht nur, sondern war noch zwei Jahre am Leben, nachdem Jakob in Mesopotamien angekommen war, um für Laban zu arbeiten!" [MORRIS & WHITCOMB 1977: 485]

Daß nun alle Patriarchen noch am Leben waren, als Abram 50 wurde, Eber sogar, als Jakob nach Mesopotamien (d.h. nach Haran) zurückkehrte, müßte, angesichts der nur allmählich abnehmenden Lebenserwartungen nach der Sintflut, gar nicht so sehr überraschen. Jakob und Eber brauchen aber einander nicht einmal gesehen zu haben, da Jakob nicht in das südliche Mesopotamien, sondern lediglich nach Haran in den Norden zurückkehrte.

Abb. 4.14: Die Welt und die Reisen Abrahams

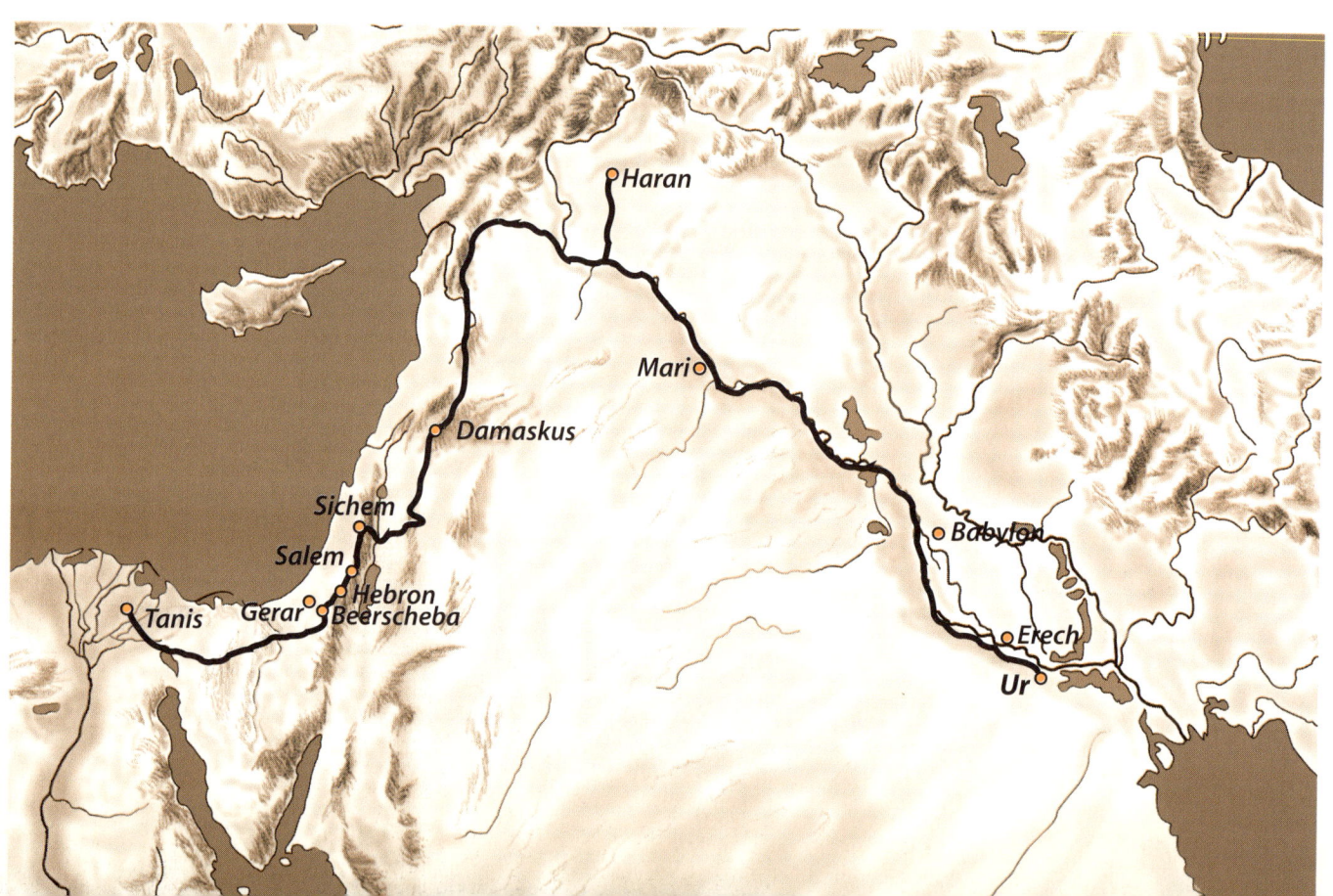

Waren Noah und seine Nachkommen alle Götzendiener?

MORRIS und WHITCOMB argumentieren aber weiter:

"Eine solche Situation ist schon auf den ersten Blick überraschend, wenn nicht ganz unwahrscheinlich. Josua stellte ganz klar fest — und wiederholt diese Aussage zweimal — daß die 'Väter' Abrahams, Tarah [d.h. Terach] eingeschlossen, Götzenanbeter waren, als sie 'vor alters jenseits des Stromes' wohnten (Josua 24,2. 14. 15). Wenn nun sämtliche nachsintflutlichen Patriarchen, Noah und Sem eingeschlossen, noch zur Zeit Abrams lebten, dann bedeutet diese Aussage, daß sie damals alle dem Götzendienst verfallen waren! Diese Schlußfolgerung ist zweifellos falsch, und folglich muß die Prämisse [d.h. "die Voraussetzung" (Anm. d. Verf.)], auf die sie sich stützte, falsch sein. Aus diesem Grund ist wohl die streng chronologische Auffassung aufzugeben, um den Tod dieser Patriarchen lange vor der Zeit Abrams zu berücksichtigen."

Es heißt aber nicht in Josua, daß *sämtliche* Väter, die zur Zeit Abrams lebten, dem Götzendienst verfallen seien! Es heißt einfach, daß die Väter des Volkes Israel jenseits des Flusses wohnten und daß die Väter (namentlich wird nur Terach erwähnt) den Götzen dienten. Über die Zeit, wann sie anfingen, Götzen zu dienen, wird nichts gesagt. Die nachsintflutlichen Väter waren:

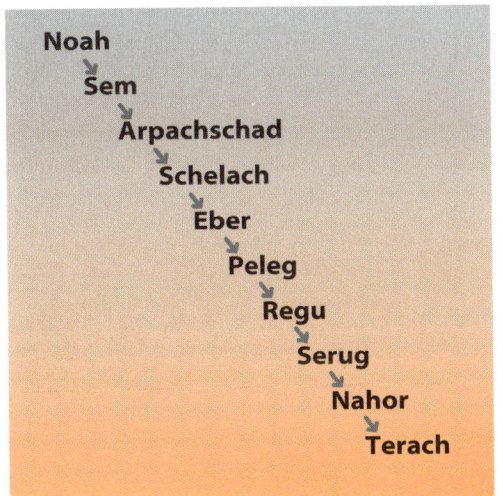

Noah
→ Sem
→ Arpachschad
→ Schelach
→ Eber
→ Peleg
→ Regu
→ Serug
→ Nahor
→ Terach

Abb. 4.15:
Götzendienst der Chaldäer in Ur.

Archäologische Funde aus Ur vermitteln einen Eindruck, wie Abrams Väter "anderen Göttern" dort dienten. Die stark beschädigte Kalkstein-Stele erinnert an die Verleihung der Königswürde durch die Götter. Zuoberst steht der König Ur-Nammu unter Mond und Sonne (auch Gottheiten) vor einer Göttin mit Kind (nur Füße des Kindes sichtbar). Diese ist möglicherweise die Göttin Nin-Gal, vor der er auch links auf dem zweitobersten Stockwerk abgebildet wird. Rechts davon steht er nochmals, vor dem Mondgott Nanna, der ihm als Symbol für Gerechtigkeit und Recht Meßrute und -leine, die "Richt"-werkzeuge des Maurers, verleiht. Die verschiedenen Stufenplattformen sind wohl die der Ziggurat zu Ur; die Leiter unten soll vielleicht auf dessen Bau hinweisen. Auf der mittleren Etage trägt der König, unterstützt von einem Gefolgsmann, verschiedene Bauwerkzeuge.
Wir sehen hier babylonische Einflüsse, die sich bis heute in der Astrologie, den Muttergottes-Kulten und der Freimaurerei fortgesetzt haben.

Der Götzendienst kann zum Beispiel erst mit Serug oder Nahor angefangen haben, ohne daß *"alle dem Götzendienst verfallen waren."* Es heißt nicht einmal, daß sie alle in derselben Gegend mit Abram lebten. Nach dem Turmbau zu Babel ist dies sogar eher unwahrscheinlich! Daß sämtliche Patriarchen, einfach weil sie zu Abrams Zeit noch am Leben waren, Götzendiener waren, ist eine Behauptung, die nicht aus dem biblischen Text abgeleitet werden kann.

Wie steht es aber mit der Ausbreitung und Ansiedlung der Völker zwischen der Sintflut und Abrahams Einzug ins Land? Wären 266 bzw. 330 Jahre wirklich genug Zeit dafür gewesen?

Der Fürst Gottes unter den Fürsten

Wenn wir Abraham ins Land begleiten, haben wir nicht unbedingt den Eindruck, daß er dort mächtige Völker antraf, die sich bereits vor langer Zeit in jenem Land angesiedelt und sich etabliert hatten. Abraham scheint von den ansässigen Völkern nicht als unbedeutender Chef einer Nomadenbande, sondern als Fürst unter Fürsten angenommen worden zu sein. Er wurde als gleichwertiger Stammesführer behandelt, was unweigerlich den Eindruck erweckt: die anderen waren ja auch nur Führer von relativ kleinen Stammeseinheiten! Es waren freilich mehrere Volksgruppen; sie waren aber zu jener Zeit noch nicht so groß geworden. Auch die Könige jener Zeit scheinen eher Stadtkönige und nicht Könige von großen, bereits lang etablierten Nationen zu sein. Hier einige Beispiele:

Da antworteten die Söhne Het [d.h. Hetiter] *dem Abraham und sagten zu ihm: "Höre uns an, mein Herr!* **Du bist ein Fürst Gottes unter uns***, begrabe deine Tote in dem auserlesensten unserer Gräber."* [1. Mose 23,5-6a]

Als Abraham für seine Frau Sara ein Grab kaufen wollte, wurde er von den Hetitern nicht als irgendeiner behandelt. Er war ihnen bestens bekannt und hoch geachtet. Sie hätten aber von Abraham vielleicht kaum Notiz genommen, wenn er sich als kleiner, wohl gottesfürchtiger Stammesführer unter mächtigen Nationen mit jeweils Hunderten von Tausenden von Einwohnern bewegt hätte.

Vier Könige gegen fünf — und Abraham greift ein!

Und es geschah in den Tagen Amrafels, des Königs von Schinar, Arjochs, des Königs von Ellasar, Kedor-Laomers, des Königs von Elam, und Tidal, des Königs von Gojim, daß sie Krieg führten mit Bera, dem König von Sodom, und mit Birscha, dem König von Gomorra, Schinab, dem König von Adma, und Schemeber, dem König von Zebojim, und mit dem König von Bela, das ist Zoar....Da nahmen sie alle Habe von Sodom und Gomorra und all ihre Nahrungsmittel und zogen

davon. Und sie nahmen Lot mit, den Sohn von Abrams Bruder, und seine Habe und zogen davon; denn er wohnte in Sodom.... Und als Abram hörte, daß sein Bruder gefangen weggeführt war, ließ er seine bewährten (Männer), seine Hausgeborenen, ausrücken, 318 (Mann), und jagte (ihnen) nach bis nach Dan. Und nachts teilte er sich (und fiel) über sie her, er und seine Knechte, und schlug sie und jagte ihnen nach bis nach Hoba, das links von Damaskus (liegt).
[1. Mose 14,1-2. 11-12. 14-15]

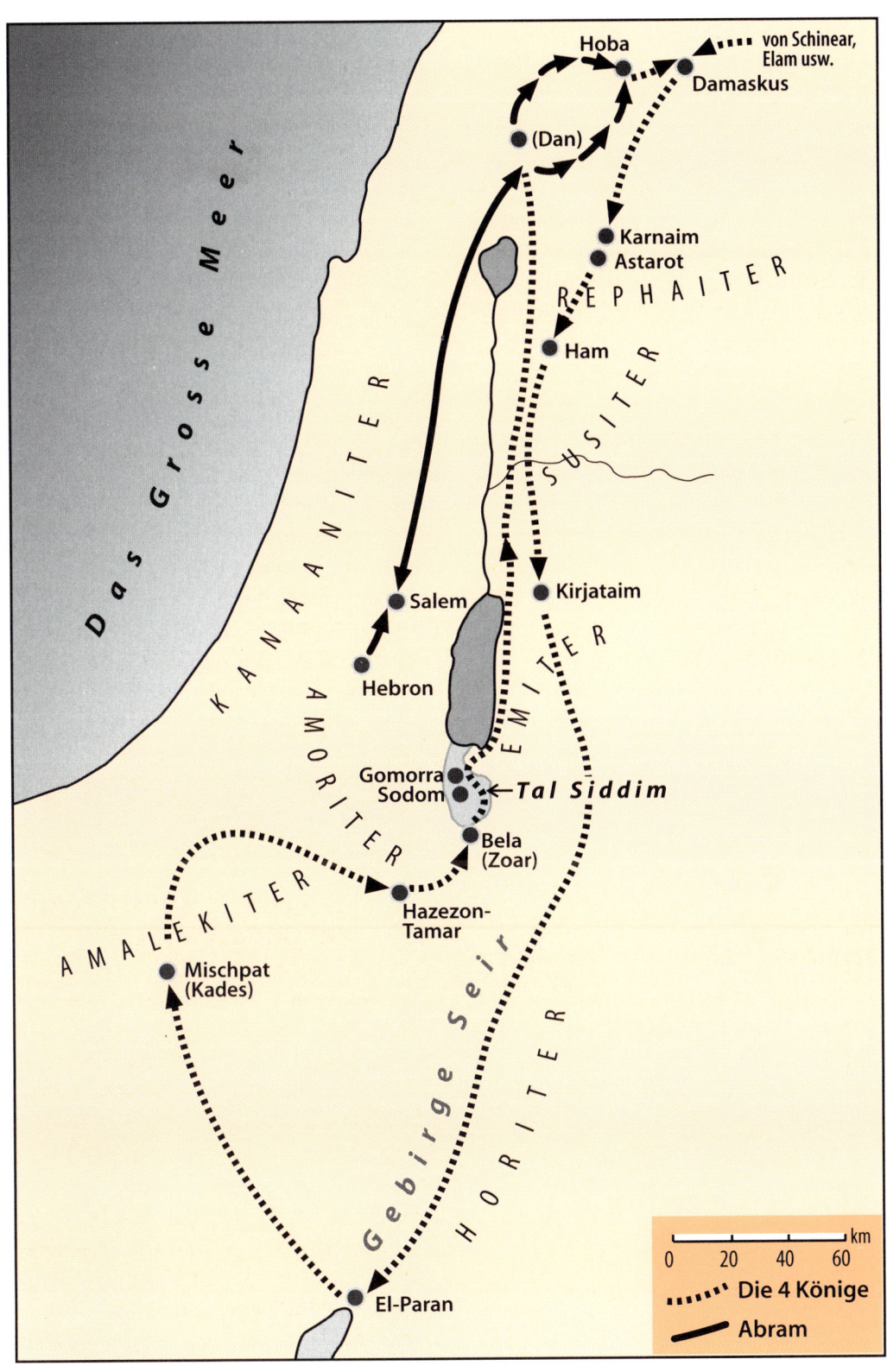

Abb. 4.16: Kriegszüge der 4 Könige aus Mesopotamien

Die vier Könige, die von Mesopotamien nach Kanaan [siehe Abb. 4.16] ausgerückt waren, sind bei weitem nicht mit einem Reichsherrscher wie dem späteren *Nebukadnezar* zu vergleichen. Hier bewegen sich kleine Städtekönige und ihr Troß. Abraham wagte es mit 318 Mann, den Siegern nachzujagen. Im Gegensatz zu späteren Kämpfen Israels, wo es ausdrücklich heißt, daß der Herr zum Kampf ermutigen mußte und übernatürlich in das Geschehen eingegriffen hat, so daß eine kleine Schar (z.B. *Gideons* Truppe) Heere besiegte, scheint der Angriff hier spontan und selbstverständlich gewesen zu sein. Es geht noch nicht um mächtige Völker mit ihren alles niederwalzenden Kriegsheeren, sondern um die Streifzüge einiger Kleinkönige. Dieses Bild paßt eben in die Zeit kurz nach der Sprachverwirrung und der Verbreitung der Völker, als viele "kleine Nimrods" sich zu profilieren versuchten.

Abb. 4:17: Mesopotamische Kriegführung zur Zeit Abrahams.

Es ist wiederum ein Fund aus Ur, der uns ein lebendiges Bild der damaligen Zeit vermittelt. Das archäologische Stück (rechts) ist Teil einer Holztafel, worauf die Kriegsszene durch mit Erdpech aufgeklebte helle Muschel- und Kalksteinstücke (zwischen den Figuren Stücke von blauem Lapislazuli) dargestellt ist. Ähnlich können wir uns "die Schlacht der neun Könige" (vier davon aus Mesopotamien) bei Sodom und Gomorra vorstellen.

Abraham und die Philister

Und Abraham brach von dort auf ins Land des Südens [d.h. Richtung der heutigen Negevwüste] *und wohnte zwischen Kadesch und Schur. Als er sich in Gerar als Fremder aufhielt, sagte Abraham von seiner Frau Sara: "Sie ist meine Schwester". Da sandte* **Abimelech, der König von Gerar,** *hin und ließ Sara holen.* [1. Mose 20,1-2]

Abimelech, ein Philister, war nur König über ein sehr begrenztes Gebiet — die Stadt *Gerar* und die umliegenden Landschaften (siehe Abb. 4.18).

Abraham aber stellte Abimelech zur Rede wegen eines Wasserbrunnens, den Abimelechs Knechte (mit Gewalt) weggenommen hatten. Da sagte Abimelech: "Ich weiß nicht, wer das getan hat; weder hast du es mir berichtet, noch habe ich (davon) gehört, außer heute." Da nahm Abraham Schafe und Rinder und gab sie Abimelech, und die beiden schlossen einen Bund.... So schlossen sie einen Bund in Beerscheba. Dann machten Abimelech und sein Heeroberster Pichol sich auf und kehrten in das Land der Philister zurück.... Und Abraham hielt sich (noch) lange Zeit als Frem-

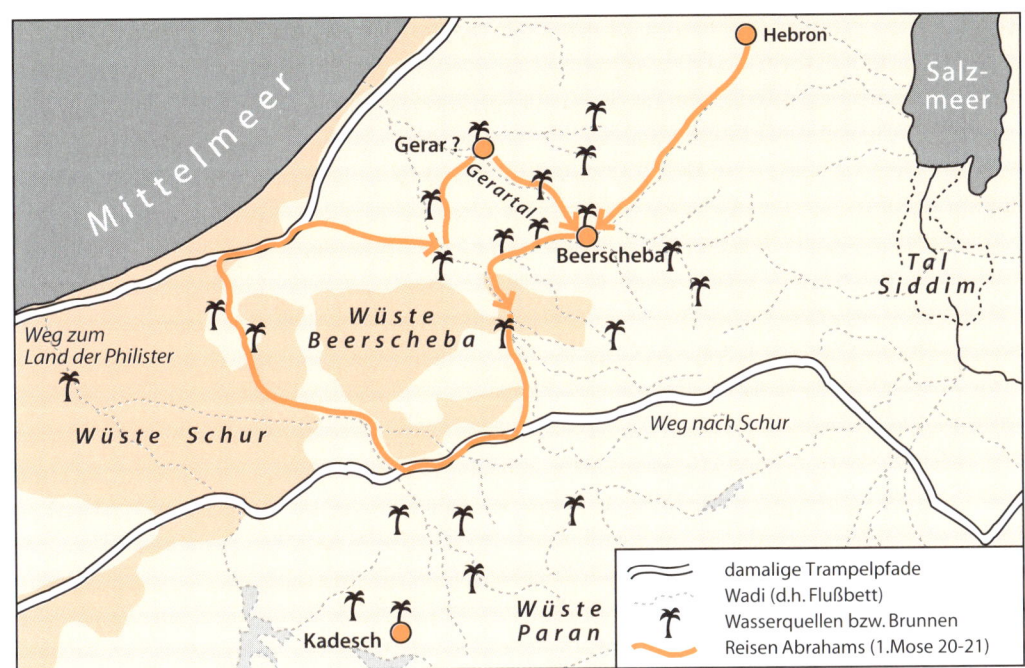

Abb. 4.18: Abraham und die Philister von Gerar (1. Mose Kap. 20-21).

Abraham (wie auch später sein Sohn Isaak) hatte, als er auf seine Wanderungen in die Nähe des Gerartals kam, mit Abimelech, dem Philisterkönig von Gerar, zu tun. Gerar ist noch nicht ausgegraben und sein Standort (ein Siedlungshügel im Gerartal) bis jetzt erst vermutet worden. Die Lage der anderen Ortschaften ist bekannt.

der im Land der Philister auf. [1. Mose 21,25-27. 32.34]

Auch bei dieser Begebenheit bekommen wir den Eindruck von zwei Fürsten, Abimelech und Abraham, die miteinander auf etwa gleicher Ebene recht freundlich verhandelten. Hier haben wir nicht die Philister, die nach der weiteren Kulturentwicklung, zur Zeit Sauls und Davids, mit mehreren Fürsten mächtig auftreten.

Unterwegs mit den Seefahrern der Ägäis

Gerade von den Philistern zu Abrahams Zeit hat man allerdings behauptet, es müsse sich um ein Volk handeln, das bereits eine sehr lange Geschichte hinter sich habe. In Amos 9,7 lesen wir zum Beispiel von Gottes Führung bezüglich Philistern:

"Habe ich nicht Israel aus dem Land Ägypten heraufgeführt und die Philister aus Kaftor...?"

Kaftor war die damalige Bezeichnung für *Kreta*. Diese Philister waren also ein Seefahrervolk der Ägäis.

Mose erwähnt Philister auch im Zusammenhang mit Hams Sohn *Mizrajim*, dem Stammvater der Ägypter: *Und die Söhne Hams: Kusch und Mizrajim und Put und Kanaan.... Und Mizrajim zeugte... die Kasluhiter, von denen die Philister ausgegangen sind...* [1. Mose 10,6.13-14]

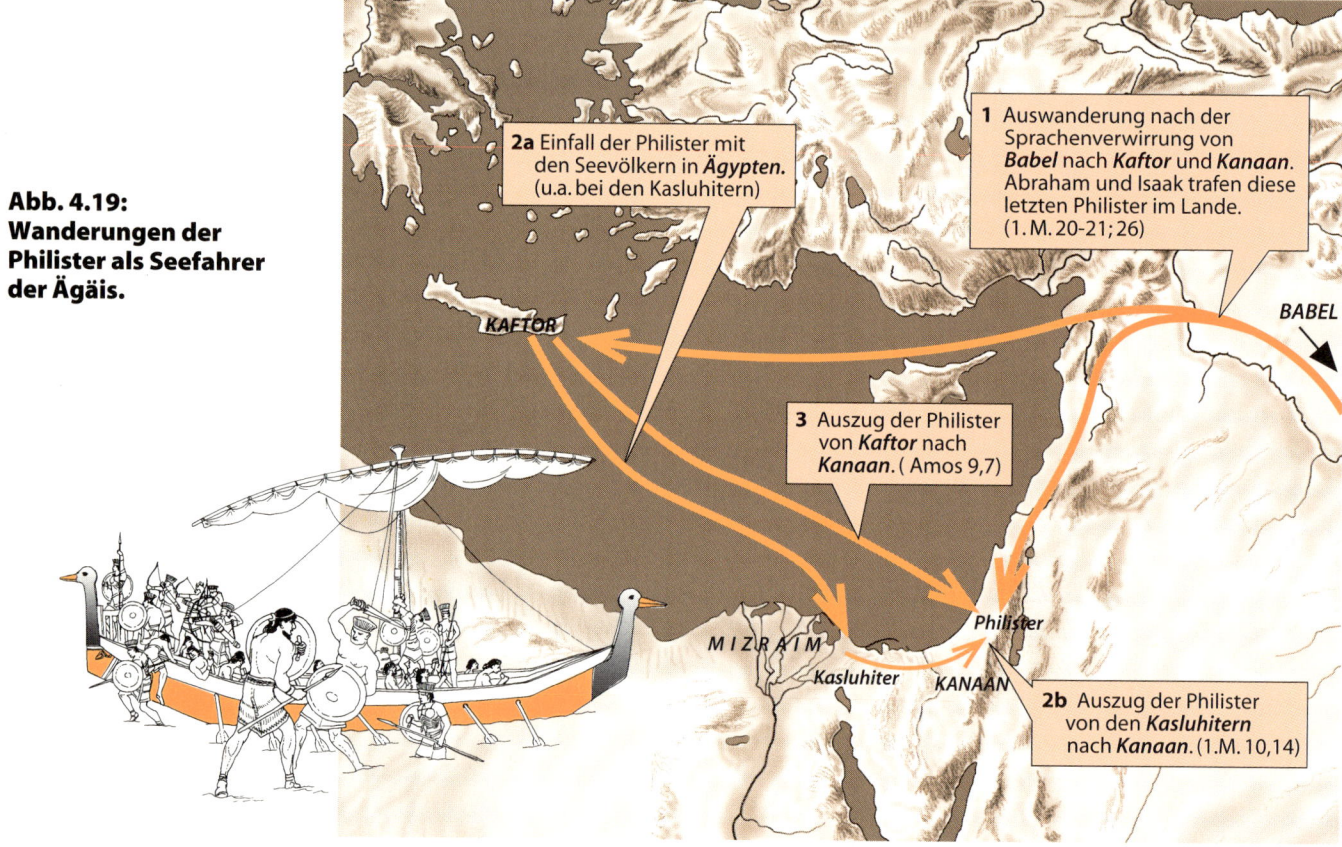

Abb. 4.19: Wanderungen der Philister als Seefahrer der Ägäis.

Manche nehmen an, daß die Philister, die Abraham in Kanaan antraf, erst über einige Zwischenstationen dorthin gekommen sind:

Mesopotamien (Ham)
↓
Ägypten (Kasluhiter)
↓
Insel Kaftor
↓
Kanaan (Abimelech)

Ist die Geschichte der Philister aber wirklich auf diese Weise und in dieser Reihenfolge abgelaufen?

In Amos werden Israels Auszug aus Ägypten und Gottes Lenken der Philister im selben Zusammenhang erwähnt. So wie Israel von Gott ins Land Kanaan zurückgeführt worden ist, ist bei den Philistern scheinbar ähnliches geschehen: Die Philister, die nach Kaftor gelangt waren (auch die, die bei den Kasluhitern waren), kehrten später (nach Abraham) ins Philisterland "zurück" (siehe Abb. 4.19).

In seinem angesehenen *Lexikon zur Bibel* erklärt RIENECKER:

"Die Kasluhiter sind wahrscheinlich die Bewohner des Gebirges am Berge Kasios östlich vom Nildelta. Ein Teil der Philister ist dann von Kreta aus zuerst hierher gezogen, und zwar mit den Seevölkern, die im 12. Jh. v. Chr. in Ägypten einfielen, um dann später über die Gegend am Berg Kasios an den südlichen Küstenstrich Kanaans zu gelangen. *Ein anderer Teil ist unmittelbar von Kreta nach Palästina gekommen. Beide Gruppen trafen dort bereits Philister an, die schon lange im Lande wohnten, wo sie bereits seit der Zeit Abrahams und Isaaks genannt werden.*"

So gesehen hat es Abraham mit einer Philistersippe zu tun, die kurz nach der Sprachverwirrung nach Kanaan gelangt war; diese sollte nicht mit ihren Verwandten verwechselt werden, die über Umwege erst viel später dorthin gelangt sind.

Am Hof des ägyptischen Pharao

Es entstand aber eine Hungersnot im Land; da zog Abram nach Ägypten hinab, um dort als Fremder zu leben, denn die Hungersnot lag schwer auf dem Land.... Und es geschah, als Abram nach Ägypten kam, da sahen die Ägypter, daß die Frau [d.h. Abrams Frau Sarai (Anm. des Verf.)] sehr schön war. Und die Hofbeamten des Pharao sahen sie und rühmten sie vor dem Pharao; und die Frau wurde in das Haus des Pharao geholt. [1. Mose 12,10. 14-15]

Wenn wir an Ägypten denken, kommen uns unweigerlich Bilder von riesigen Tempelanlagen, Pyramiden und dergleichen vor Augen. Was wir heute kennen, entstand aber erst nach und nach. Von diesen Dingen ist in der zitierten Stelle keine Rede! Welchen Kulturstand die Ägypter zu jener Zeit erreicht hatten, sagt unser Text nicht. Wir lesen von einem Pharao — sein Name wird nicht überliefert —, von seinem Haus und von Hofbeamten, und damit hat es sich. Es gibt vom überlieferten Text her meines Erachtens keinen Grund zu behaupten, es müßte bereits eine lange ägyptische Vorgeschichte abgelaufen sein.

Wir können nun diesen ausführlichen Abschnitt zusammenfassen:

Aufgrund der biblischen Überlieferung selbst ergibt sich keine zwingende Notwendigkeit, die Zeit zwischen Noah und Abraham zu dehnen. Viele Schilderungen aus der Zeit und dem Umfeld Abrahams passen vielmehr recht gut in eine Zeit von wenigen Jahrhunderten nach der Flut, als sich noch keine größeren Völker etabliert hatten.

Abb. 4.20: Von Adam bis Abraham — ca. 1/3 der Menschheitsgeschichte!

1. Mose Kap. 1 bis 11 (Adam bis Abraham) gehören zu den grundlegenden Kapiteln der ganzen Heiligen Schrift, denn sie legen das Fundament für den darauffolgenden Heilsplan Gottes. Ohne die geschichtlichen Ereignisse dieser elf Kapitel wäre das Wirken Jesu Christi kaum von Bedeutung. Warum bräuchten wir zum Beispiel einen Retter, wenn es keinen geschichtlichen Sündenfall gab? Es ist daher nicht verwunderlich, daß der Teufel als Feind Gottes und des Menschen alles daran setzt, die Glaubwürdigkeit dieser Kapitel zu untergraben!

LÄSST SICH NUN ÜBER DAS ALTER DER ERDE GENAUERES SAGEN?

Wie ich hoffentlich mit einiger Sorgfalt und genügender Objektivität bis jetzt zu zeigen versucht habe, ist eine letzte, zweifelsfreie Antwort auf die Frage nach dem biblischen Alter der Erde *nicht* möglich. Wir haben auch die Frage gestellt, ob es überhaupt Gottes Absicht war, eine Chronologie des Anfangs der Menschheit zu offenbaren. Im Alten Testament verfolgen wir Gottes Heilsplan mit den Menschen, und dazu gehört die Verheißungslinie von Adam über Abraham bis Jesus Christus. Die Offenbarung dieser Heilslinie ist bestimmt die primäre Absicht in 1. Mose 5 und 11. Wie aber bereits gezeigt wurde, würde auf jeden Fall eine nachvollziehbare Chronologie zu dieser Absicht passen. Gott hat nicht einfach irgendwann einmal gehandelt. Gott ist Herr der Geschichte, und zur Geschichte gehört Chronologie. Warum sollten, wenn es keine zwingenden Gründe dagegen gibt, 1. Mose 5 und 11 nicht auch als Chronologie aufgefaßt werden?

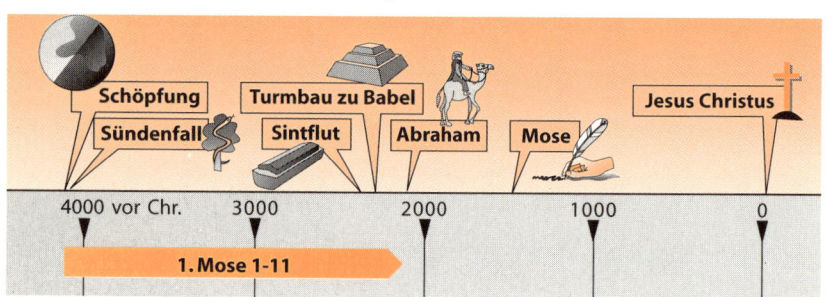

Ich persönlich glaube am ehesten, daß von der Bibel her gesehen eine lückenlose Chronologie auf der Basis des masoretischen Textes erkennbar und zu vertreten ist. In diesem Fall wäre die Erde etwa sechstausend Jahre alt. Doch kann ich mich auch, wegen der noch offenen Fragen im Zusammenhang mit 1. Mose 5 und 11 (z.B. *Kainan* im Lukasevangelium), konsequenterweise mit dem Gedanken abfinden, daß sie vielleicht auch etwas älter wäre. Aber wie viel älter? Sollte es chronologische Lücken zwischen Adam und Abraham geben, könnten in diesem Zeitraum einige weitere Jahrtausende angenommen werden?

6000 Jahre plus...?

Wenn es chronologische Lücken gibt, müßten diese hauptsächlich in der Zeit vor Abraham liegen, denn danach kann eine Verbindung mit den sonstigen geschichtlichen Ereignissen eher hergestellt werden. Nach dem masoretischen Text kam Abraham im Jahr 2023 nach Adam ins verheißene Land. Die biblische Beschreibung der Ereignisse von Adam bis zu diesem Zeitpunkt behandelt also, wenn die Chronologie lückenlos ist, etwa ein Drittel der Menschheitsgeschichte (siehe Abb. 4.20). Wenn wir annehmen würden, die Erde könnte achttausend Jahre alt sein, dann würde sich die Zeit von Adam bis Abraham etwa verdoppeln. Würden wir zwölftausend Jahre annehmen, dann würde sie sich vervierfachen. Es stellt sich die Frage, ob der Verlauf der Menschheitsgeschichte, wie sie in 1. Mose 1-11 beschrieben wird, eine solche Verdoppelung bzw. Vervierfachung erträgt.
Dazu sollte folgendes bedacht werden:

"Dieser wird uns Trost geben..."

Im Alter von 182 Jahren wurde Lamech der Vater eines Sohnes, den er Noah nannte, denn er sagte:
"Dieser wird uns Trost geben in all unserer Arbeit und bei all der Mühsal, die wir mit der Bearbeitung des Ackers haben, den Gott ja verflucht hat." [1. Mose 5,28-29 (Bruns)]

NOAH = *"der zur Ruhe bringt"* bzw. *"Tröstung"*

Während der ganzen Menschheitsgeschichte von Adam bis Abraham gibt es durchgehend Hinweise dafür, daß die Menschen jener Zeit, so gottlos sie auch waren, den Sündenfall, die Folgen davon und die Verheißung einer Rettung immer wieder vor Augen hatten. Wir bekommen beim Lesen den Eindruck, daß diese Ereignisse für die damaligen Menschen nicht vage Erinnerungen aus grauer Vorzeit, sondern stets präsent waren. Dies wird auch durch die Vergabe des Namens "Noah" deutlich.

"Wenn Kain siebenfach gerächt wird...!"

Fünf Generationen nachdem Kain seinen Bruder Abel ermordet hatte, wurde in der Linie Kains Lamech geboren:

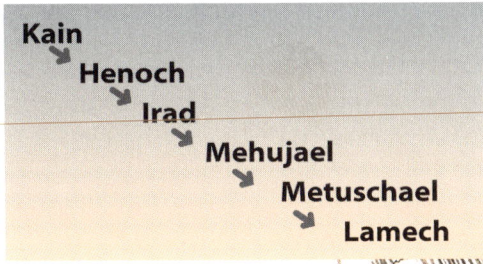

Nachdem Lamech, in einen Streit verwickelt, persönliche Rache verübt hatte, triumphierte er trotzig vor seinen beiden Frauen:

Fürwahr, einen Mann erschlug ich für meine Wunde und einen Knaben für meine Strieme. Wenn Kain siebenfach gerächt wird, so Lamech siebenundsiebzigfach!
[1. Mose 4,23b-24]

Lamech nahm bei dieser Gelegenheit nicht nur auf seine früheren Verwandten Bezug, sondern wußte sehr genau, daß Gott bezüglich eines möglichen Attentats auf Kain siebenfache Rache angedroht hatte. Angesichts der Tatsache, daß die Menschen damals wesentlich länger lebten und daß womöglich Kain sogar zu Lamechs Zeit noch am Leben war, können wir Lamechs Erwähnung eines Familiendramas, das vor fünf Generationen abgelaufen war, gut begreifen. Wenn aber zahlreiche Jahrtausende und erheblich mehr Menschenalter zwischen Kain und Lamech gelegen hätten....

"Meinen Bogen setze ich in die Wolken..."

Die Sintflut wird wohl den Menschen noch lange Zeit in den Knochen stecken geblieben sein. Und das ist gut so — in der Bibel wird immer wieder daran erinnert. Aber auch wenn es eine gesunde Erinnerung an Gottes

weltweites Gericht geben soll, darf diese notwendige Mahnung den Menschen nicht in eine ungesunde, lähmende Angst versetzen. Die Sintflut soll auch an Gottes Gnade erinnern, und so hat Gott ein Zeichen gesetzt. Wenn die Menschen den Regenbogen sehen, dürfen sie wissen: Gott sieht ihn auch und wird sich dadurch an sein Versprechen "entsinnen" — nie mehr soll es eine Flut geben.

Und Gott sprach zu Noah: "Das ist das Zeichen des Bundes, den ich aufgerichtet habe zwischen mir und allem Fleisch, das auf Erden ist." [1. Mose 9,17]

Der Regenbogen ist das Zeichen eines Bundes, den Gott mit allen Menschen geschlossen hat — nicht nur mit den Juden. Und interessanterweise haben viele Menschen auf der ganzen Erde die Sintflut nie vergessen — bis heute nicht (vgl. Abb. 4.21).

Bestimmte Details wurden verdreht, die Menschen gaben ihren eigenen Göttern die Ehre, aber die Große Flut ist in Erinnerung geblieben. Daß es sich um die eine große Flut zu Noahs Zeit und nicht um mehrere lokale Überschwemmungen handelt, erkennen wir an den vielen gemeinsamen Details, die weltweit immer wieder bei diesen Urerinnerungen auftreten: ein großes Schiff mit acht Personen an Bord, die vielen Tiere, die auch miterrettet wurden, ein Vogel mit einem Zweig im Schnabel, der Regenbogen und manches mehr (siehe zum Beispiel Abb. 4.22). Es ist schon erstaunlich, daß die Große Flut nach etwa 4500 Jahren bis heute nicht in Vergessenheit geraten ist. Sollte die Sintflut aber noch erheblich früher geschehen sein...?

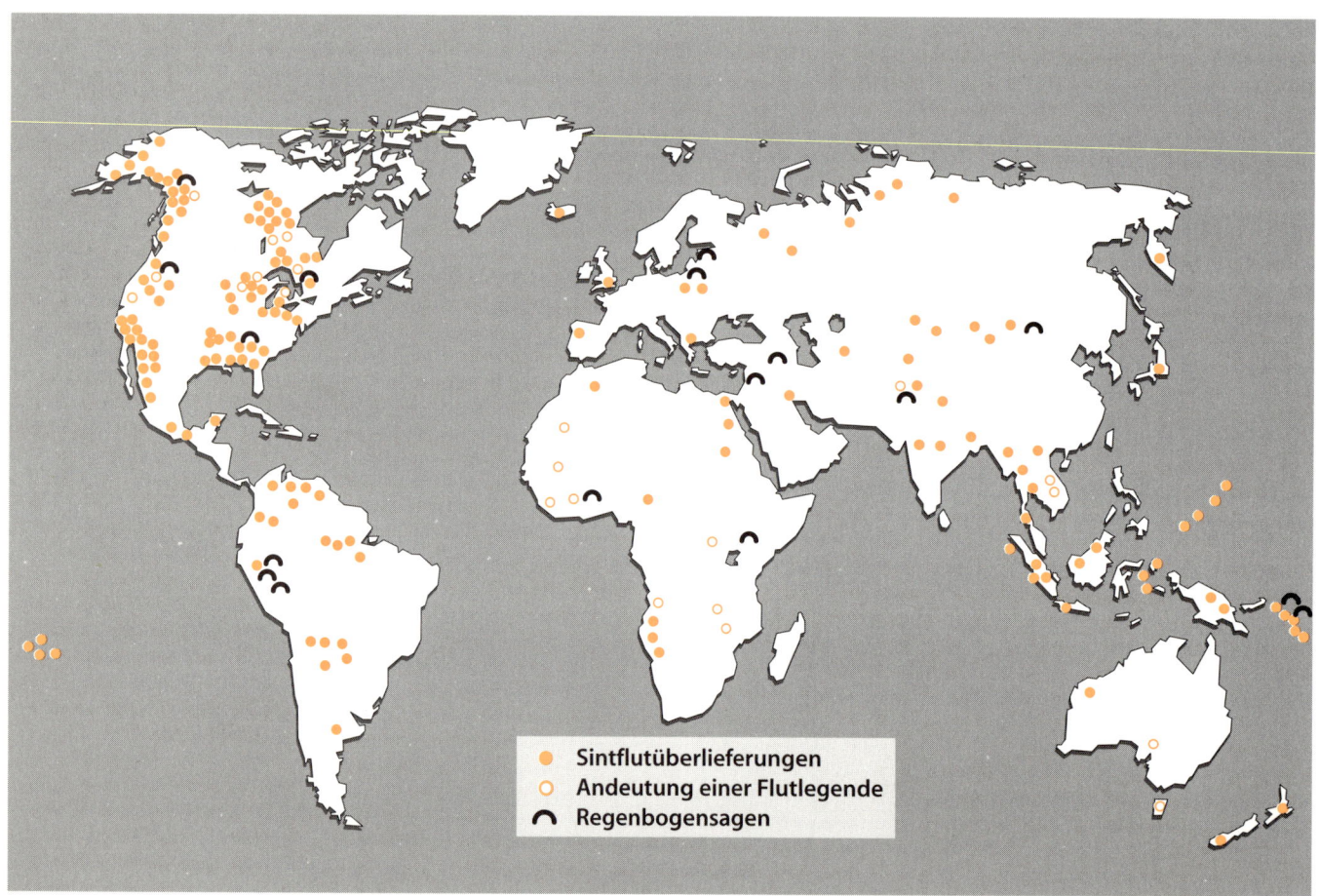

Abb. 4.21: Weltweite Sintflutüberlieferungen.

- Sintflutüberlieferungen
- Andeutung einer Flutlegende
- Regenbogensagen

"Als aber die Zeit erfüllt war..."

Nachdem Satan als Schlange Adam und Eva zur Sünde verführte, sagte Gott zu ihm:

Und ich werde Feindschaft setzen zwischen dir und der Frau, zwischen deinem Samen und ihrem Samen; er wird dir den Kopf zermalmen...
[1. Mose 3,15]

Es wird hier ein ["*er wird*"] Besieger Satans verheißen; der sollte von einer Frau geboren werden. Durch alle Zeiten hindurch lebten die Menschen in der Erwartung dieses Retters. In Jesus Christus ging diese Verheißung in Erfüllung:

Als aber die Zeit erfüllt war, sandte Gott seinen Sohn. Er wurde von einer Frau geboren... [Galater 4,4]

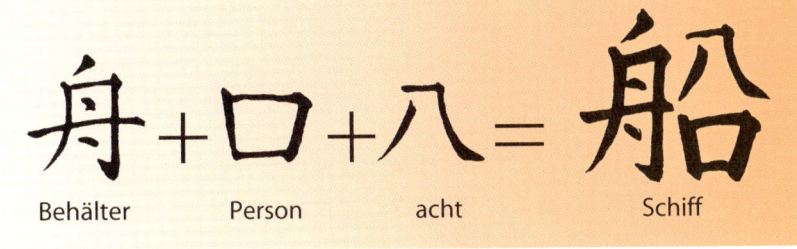

Zwischen der Verheißung und ihrer Erfüllung ist Zeit verlaufen. Wie lange hat Gott gewartet, bis er seinen Sohn sandte? Das Alte Testament ist die Geschichte vom Wirken Gottes in der Zeit zwischen dem Sündenfall und dem Kommen Jesu. Gott wollte helfen, wollte retten — die Menschen, mit wenigen Ausnahmen, waren widerspenstig. Gott setzte ein Zeichen, hat gerichtet: die Sintflut; es gab einen Neubeginn, aber dann wieder Rebellion: der Turmbau zu Babel. Gott setzte aber durch Abraham seinen Plan fort — geduldig, aber zielstrebig. Wieviel Zeit ist im Ganzen verlaufen? Wie lange mußten die Menschen auf ihren Retter warten? Auch diese Fragen sollten berücksichtigt werden, wenn man viel Zeit, sehr viel Zeit zwischen Adam und Jesus Christus annehmen will!

Abb. 4.22: Das chinesische Schriftzeichen für "Schiff"

Chinesische Schriftzeichen bestehen oft aus mehreren Einzelzeichen, die jeweils ihre eigene Bedeutung haben. Das Schriftzeichen für "Schiff" zum Beispiel besteht aus drei Zeichen, die bedeuten: ein Behälter, eine Person und die Zahl acht. Das Schriftzeichen für Schiff heißt also wörtlich: "ein Gefäß mit 8 Personen" — eine treffende Beschreibung der Arche Noah. Ein Zufall? Wahrscheinlich nicht, denn es gibt zahlreiche weitere Beispiele uralter chinesischer Schriftzeichen, deren Bedeutung den Sachverhalt von 1. Mose 1 - 11 (Schöpfung bis Turmbau zu Babel) verblüffend passend widerspiegeln [Kang & Nelson 1979]. Die betreffenden Zeichen sind alle vor dem ersten Wirken christlicher Missionare in China benützt worden und gehören zu den ersten chinesischen Schriftzeichen überhaupt. Es ist anzunehmen, daß sie verhältnismäßig früh, kurz nach der Verbreitung der Völker, entstanden, zu einer Zeit also, als die Urereignisse noch in Erinnerung waren.

5.
"...damit euer Glaube nicht auf Menschenweisheit, sondern auf Gottes Kraft beruhe"

Was ist denn von den gängigen Datierungsvorstellungen zu halten?

Maßgebend ist in allen Fragen, zu denen die Bibel eine klare Aussage macht, die Lehre der Heiligen Schrift. Wenn die Bibel wirklich eine junge Erde offenbart, dann glaubt der überzeugte Christ deshalb daran, und nicht weil dies naturwissenschaftlich "bewiesen" ist bzw. sich erklären läßt. Wissenschaftliche Datierungsmethoden, die die Erde und ihre Geschichte sehr alt erscheinen lassen, sind zwar eine ernstzunehmende Herausforderung für den Glauben, aber nicht maßgebend für die Auslegung der Heiligen Schrift. Wenn die Datierungen den eindeutigen Aussagen der Bibel widersprechen, ist dies für bibelgläubige Wissenschaftler Grund genug, die Messungen und die ihnen zugrundeliegenden Denkmodelle zu hinterfragen und, sofern möglich, plausible Alternativerklärungsmodelle vorzuschlagen.

Eine junge Erde — ein Stolperstein des Glaubens?

Viele Christen sind darüber besorgt, daß die aus der Auslegung abgeleitete Schlußfolgerung, die Erde sei nur einige tausend Jahre alt, viele Menschen vom Glauben abhalten wird. Wenn sie aber aus der Lehre der Heiligen Schrift folgt, soll sie, um ihnen den Weg zum "Glauben" zu ebnen, verschwiegen bzw. umgedeutet werden? Soll alles, was Menschen aufgrund ihrer bisherigen Erfahrung und Meinung nicht glauben oder nachvollziehen können, "beseitigt" werden? Wenn dem so wäre, dann hätte der Apostel Paulus einen groben Fehler begangen, als er auf dem Areopag in Athen die versammelten Philosophen ansprach und verkündigte:

"Nachdem nun Gott die Zeiten der Unwissenheit übersehen hat, gebietet er jetzt den Menschen, daß sie überall Buße tun sollen, weil er einen Tag gesetzt hat, an dem er den Erdkreis richten wird in Gerechtigkeit durch einen Mann, den er (dazu) bestimmt hat, und er hat allen dadurch den Beweis gegeben, daß er ihn auferweckt hat aus den Toten."
Als sie aber von Toten-Auferstehung

hörten, spotteten die einen, die anderen aber sprachen: "Wir wollen dich darüber nochmals hören." So ging Paulus aus ihrer Mitte hinweg. [Apostelgeschichte 17,30-33]

Hätte Paulus klüger vorgehen sollen?

Paulus hätte es eigentlich wissen sollen: Die Verkündigung der Auferstehung konnte für viele seiner gebildeten Zuhörer ein allzu großer "Brocken" werden. Hätte er die Philosophen nicht eher mit der brillanten Lehre Jesu beeindrucken sollen? Oder mit seinen treffenden Gleichnissen? Hätte Paulus sich nicht mehr auf das Wesentliche begrenzen sollen: Jesus Christus sei für unsere Sünden gestorben? Paulus hat freilich keinen Fehler gemacht. Er glaubte den Worten Jesu und der Lehre der Apostel, und sie sind in ihren Aussagen unmißverständlich: Christus ist leiblich von den Toten auferstanden. Wenn Paulus in einer bestimmten Situation vom Geist Gottes geleitet wurde, dies zu verkündigen, dann rechnete er mit dem Wirken desselben Geistes in den Herzen seiner Zuhörer — auch wenn manche spotteten. Und so geschah es auch:

*....So ging Paulus aus ihrer Mitte hinweg. **Einige Männer aber schlossen sich ihm an** und glaubten, unter denen auch Dionysius war, der Areopagit, und eine Frau mit Namen Damaris und andere mit ihnen.* [Apostelgeschichte 17,34]

Die Auferstehung — eine biologische Unmöglichkeit

Aber aus der Sicht der meisten heutigen Naturwissenschaftler stehen Tote doch nicht auf! Eine Auferstehung widerspricht sämtlichen naturwissenschaftlichen Beobachtungen. Sollen denn Biologen vom Glauben abgehalten werden, indem krampfhaft an einer Toten-Auferstehung festgehalten wird? Hat man vielleicht sogar die Bibel falsch verstanden? Müßte die Auferstehung Jesu nicht viel eher bildlich verstanden werden? Jesus Christus könnte zum Beispiel bildlich auferstanden sein in dem Sinn, daß seine Lehre und seine Gemeinde weiterleben! Ist dies aber die Lehre der Heiligen Schrift? Natürlich nicht! In den betreffenden Bibeltexten erkennen wir: eine wörtliche, leibliche Auferstehung ist eindeutig gemeint. Darum glaubt der Christ — weil es

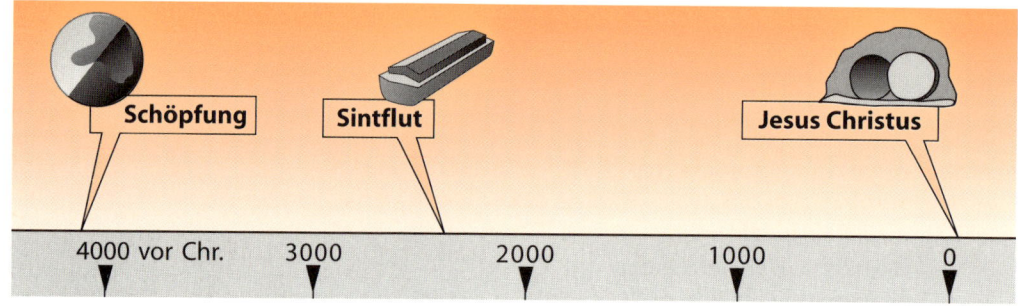

Abb. 5.1: Das leere Grab und eine junge Erde – für viele eine Torheit!

geschrieben steht und nicht, weil alles naturwissenschaftlich oder geschichtlich nachvollzogen oder erklärt werden kann. Selbst wenn die meisten Biologen an die Auferstehung als übernatürliches Wunder nicht glauben werden, soll sie dennoch als Wahrheit Gottes verkündigt werden.

Und eine junge Erde?

Auf ähnliche Weise sollte ein Christ in der Frage, ob die Erde jung oder sehr alt sei, sich am Wort Gottes orientieren. Was die Bibel sagt und nicht das, was die meisten Naturwissenschaftler meinen, ist entscheidend. Und auch bei der Auslegung der Heiligen Schrift sollte er sich nicht nach den gängigen naturwissenschaftlichen Vorstellungen richten. Was die Schrift selber sagt und nicht das, was sie nach Menschenmeinung sagen sollte, ist für die Auslegung entscheidend. Denn wie bereits gezeigt wurde: wenn der Christ sich nach der Meinung der Mehrheit orientieren will, dann müßte er die Lehre der Auferstehung aufgeben, verschweigen oder umdeuten.

Wenn aber Christen in der Frage der Auferstehung sich nicht von der Mehrheit der Biologen diktieren lassen wollen, sollten sie dann bezüglich des Alters der Erde Geologen und Astronomen das Feld überlassen? Wissenschaftliche Lehrmeinungen dürfen den Christen natürlich herausfordern, über seinen Glauben nachzudenken, aber sie entscheiden nicht über das, was die Bibel lehrt oder nicht lehrt. Die Bibel ist Gottes Wort, und es ist schließlich Gott und nicht der Biologe, Geologe oder Astrophysiker, der am besten weiß, wie er geschaffen hat, wieviel Zeit er dazu brauchte und wie lange es her ist, seit das alles geschah.

Auch Datierungssysteme und -methoden dürfen hinterfragt werden

Wenn die Bibel tatsächlich zeigt, die Erde sei sehr jung (und ein Christ, der behauptet, es sei nicht so, sollte dies anhand der Heiligen Schrift deutlich zeigen können), dann ist die gängige Meinung, alles sei viel älter, zwar nicht zu verdrängen, aber auf jeden Fall zu hinterfragen. Es sind aber nur wenige, die die notwendigen fachlichen Kenntnisse besitzen, dies sachlich zu tun. Und um alle Aspekte der Datierungsfragen anzugehen, müssen viele Fachbereiche berücksichtigt werden: Physik, Astrophysik, Geophysik, Chemie, Geologie, Paläontologie (Fossilienkunde), Paläanthropologie, Archäologie und die Frühgeschichte, um einige zu nennen. Dennoch liegen in einigen dieser Bereiche erste vorläufige Studien vor. Den interessierten Leser verweise ich auf die Arbeiten von SNELLING (1994; 1998) und AUSTIN (1994) (siehe Literaturverzeichnis). Diese Autoren zeigen Probleme von radiometrischen Datierungsmethoden beispielhaft auf, ohne allerdings eine schlüssige Alternativdeutung vorzulegen. Das Gebiet ist sehr komplex und bedarf einer fachkundigen und intensiven Bearbeitung

Charles Darwin und die Lehre der Heiligen Schrift

Charles Darwin (1809-1882), der die Evolutionslehre populär machte, ist ein treffendes Beispiel eines Menschen, der über die Lehre der Bibel regelrecht stolperte. Als Sohn und Enkel von ausgesprochenen "Freidenkern" hat Darwin nach einem abgebrochenen Medizinstudium drei Jahre Theologie an der *Universität Cambridge* studiert. Obwohl er nie eine persönliche Bekehrung zu Jesus Christus erlebte, war er zu jener Zeit für den Glauben an Gott und die Botschaft der Bibel doch ziemlich offen. Durch seine Überlegungen zur Evolution wie auch persönliche "Schicksalsschläge" wurde er allmählich skeptischer. Mehr und mehr distanzierte er sich vom Worte Gottes und starb schließlich in völligem Unglauben. Sechs Jahre vor seinem Tod fing er an, rückblickend diesen Werdegang schriftlich festzuhalten. In einer der ausführlichsten Darwin-Biographien wird darüber berichtet:

"Anfangs sei er nicht bereit gewesen, den Glauben aufzugeben, schrieb er, und habe sogar versucht, 'Belege zu erfinden', um das Evangelium zu stützen, was seine Unentschlossenheit verlängert habe. Aber genauso, wie seine kirchliche Laufbahn eines langsamen, 'natürlichen Todes' gestorben sei, sei auch sein Glaube an das 'Christentum als eine göttliche Offenbarung' allmählich verwelkt. Es habe keine Umkehr für ihn gegeben, nachdem er dieser Vorstellung den Todesstoß versetzt hatte. Aus dem Schwanken habe sich schließlich eine moralische Überzeugung herauskristallisiert, so strikt, daß er 'nicht begreifen (konnte), warum sich irgend jemand wünschen sollte, daß das Christentum wahr ist'. Denn wäre es wahr, so scheine 'die eindeutige Sprache' des Neuen Testaments doch 'zu zeigen, daß die Menschen, die nicht glauben, und dies würde meinen Vater, meinen Bruder und fast alle meine besten Freunde einschließen, auf ewig bestraft werden. Und dies ist eine verdammenswerte Lehre'".
[Desmond & Moore 1991: 700]

Darwin hatte "die eindeutige Sprache des Neuen Testaments" richtig erkannt, fand sie "verdammenswert" und konnte nicht glauben. So leid es uns tut, daß Darwin nicht daran glauben konnte, die Lehre der Schrift kann deshalb nicht umgedeutet werden. Die Bibel ist und bleibt in allen ihren Aussagen Gottes Wort, auch wenn manche darüber stolpern.

Ein natürlicher [bzw. seelischer] *Mensch aber nimmt nicht an, was des Geistes Gottes ist, denn es ist ihm eine Torheit, und er kann es nicht erkennen...* [1. Korinther 2,14]

Und Darwin zog nicht nur für sich selbst die Konsequenzen — seine Söhne folgten ihm nach. Von ihrer gottesfürchtigen Mutter beeinflußt, hatten seine Töchter aber eine andere Gesinnung. Vielleicht schrieb er deshalb in seiner Autobiographie:

"Man darf ebenfalls nicht die Möglichkeit der ständigen Einflößung des Glaubens an Gott in die Gemüter der Kinder außer acht lassen, einer Einflößung, die eine außerordentlich starke und vielleicht erbliche Einwirkung auf deren Gehirn ausübt, das noch nicht vollständig entwickelt ist, so daß es für sie genau so schwer wäre, den Glauben an Gott aufzugeben, wie für einen Affen, seine instinktive Furcht und Abscheu einer Schlange gegenüber aufzugeben." [zitiert in CLARK 1984: 231]

Wenn aber unser Evangelium verdeckt ist, so ist es (nur) bei denen verdeckt, die verloren gehen, den Ungläubigen, bei denen der Gott dieser Welt [d.h. der Teufel (Anm. d. Verfassers)] *den Sinn verblendet hat, damit sie den Lichtglanz des Evangeliums von der Herrlichkeit des Christus... nicht sehen.* [2. Korinther 4,3-4]

durch bibelgläubige Wissenschaftler. Diese steht noch ganz am Anfang. Aus dem Bereich der Astronomie gibt es eine Reihe von Hinweisen auf Phänomene, die in einem alten Kosmos unerwartet sind (siehe PAILER 1996a,b).

Wir beenden unsere Überlegungen mit einer kurzen Zusammenfassung von zwei aufschlußreichen Arbeiten zum Verhältnis zwischen der ägyptischen und biblischen Chronologie. Sie schließen sich einerseits an unsere vorherige Diskussion über Manetho an und illustrieren andererseits, wie eine bibelorientierte sachliche Kritik der gängigen Vorstellungen wissenschaftliche Forschung nicht hindert, sondern viel eher befruchtet.

BIBLISCHE GESCHICHTE VON ÄGYPTISCHEN INSCHRIFTEN BEZEUGT?

THESE: **Wenn die Fehler in der Chronologie Manethos sowie die der neuzeitlichen Darstellungen der ägyptischen Chronologie berücksichtigt werden, gibt es nicht nur eine Übereinstimmung mit der Chronologie der Bibel, sondern es erscheinen auch an passenden Stellen in der ägyptischen Geschichte Hinweise für Joseph und die Hungersnot sowie für Mose, die Plagen und das Ertrinken des Pharao und seines Heeres.** [COURVILLE 1971 / SCHIRRMACHER 1991]

Auch wenn die meisten evolutionsorientierten Forscher bis jetzt die biblische Geschichte und Chronologie auf dem Altar der ägyptischen Geschichte "geopfert" haben, müssen Bibelgläubige dennoch überhaupt nicht zurückweichen. *Schirrmacher* erklärt:

"Wenn man... die ägyptische und die israelitische Chronologie aufeinander beziehen will, muß man **sich zuerst bewußt machen, daß man zwei ungleiche Größen miteinander vergleicht.** *Die 'ägyptische' Chronologie ist nicht ägyptisch, sondern modern. Die Ägypter selbst haben keine Chronologie hinterlassen. Ihre Religion und ihr Geschichtsverständnis waren nicht dazu angetan.... Die späteren Pharaonenlisten bieten im besten Falle Regierungsjahre von einzelnen Herrschern. Zudem gibt es viele verschiedene solcher Listen. Kein Wunder, daß sich die 'ägyptische' Chronologie je nach Forschungslage immer wieder ändert und in den letzten Jahrzehnten immer mehr verkürzt wurde. Ganz anders dagegen die israelitische Chronologie. Aufgrund des alttestamentlichen Geschichtsverständnisses, das das Geschichtsverständnis der christlichen Welt bis heute geprägt hat, werden uns Geschichte und Chronologie Israels im Alten Testament selbst vorgelegt. Auch wenn es hier Auslegungsfragen und Handschriftenprobleme gibt,* **steht die Chronologie im Vergleich zur ägyptischen Chronologie fest.**" [SCHIRRMACHER 1991: 391 (Hervorhebung im Original)]

Die Thesen und die vorgeschlagene Chronologie *Courvilles*, die für den deutschsprachigen Leser von Schirrmacher zusammengefaßt werden, gehen davon aus, daß biblische Personen und Ereignisse sehr wohl in Ägypten bezeugt werden und identifiziert werden können, wenn man sich nicht an der herkömmlichen ägyptischen "Chronologie" festklammert.

Wer war der Großwesir *Mentuhotep*?

Nach Courvilles revidierter Chronologie wäre *Sesostris I* der ägyptische Pharao, dessen Träume von den sieben fetten und sieben mageren Kühen von *Joseph* als sieben fette Jahre und sieben Hungerjahre gedeutet wurden (vgl. Abb. 5.7). Unter Sesostris I gab es einen zweiten großen Mann *(Wesir)* im Reich — *Mentuhotep* — dessen Position im Reich der des Joseph stark

Abb. 5.2: Mentuhotep
Statue stark beschädigt
[Louvre, Paris]

Sesostris I

ähnelt. Das Ausmaß seiner Vollmachten ist in der Geschichte Ägyptens einmalig — hier einige seiner Titel nach ägyptischen Quellen:

"Wesir / Oberrichter / Aufseher der zweifachen Getreidespeicher / Oberster Schatzmeister / Gouverneur des königlichen Palasts / Träger des königlichen Siegels / Aufseher aller königlichen Werke / Erbprinz / Führer des Volkes / Geber des Guten — Lebenserhalter des Volkes / Graf / Alleiniger Getreuer und Liebling des Pharao" [COURVILLE 1971: 142]

Von diesem ersten Minister bzw. obersten Beamten Sesostris´ I wird ferner berichtet: *"Bei seiner Ankunft haben alle hohen Persönlichkeiten an der Eingangspforte des königlichen Palasts sich vor ihm verneigt."* [COURVILLE 1971: 142]

Die Stellung Mentuhoteps läßt sich ohne weiteres mit der Josephs vergleichen bzw. gleichsetzen:

Und zu Joseph sagte der Pharao: "Nachdem dich Gott dies alles hat erkennen lassen, ist keiner so verständig und weise wie du. Du sollst über mein Haus sein, und deinem Mund soll mein ganzes Volk sich fügen; nur um den Thron will ich größer sein als du." Und der Pharao sagte zu Joseph: "Siehe, ich habe dich über das ganze Land Ägypten gesetzt." Und der Pharao nahm seinen Siegelring von seiner Hand und steckte ihn an Josephs Hand, und er kleidete ihn in Kleider aus Byssus und legte die goldene Kette um seinen Hals. Und er ließ ihn auf dem zweiten Wagen fahren, den er hatte, und man rief vor ihm her: "Werft euch nieder!" So setzte er ihn über das ganze Land Ägypten. [1. Mose 41, 39-43]

Als Widerspiegelung seines engen Verhältnisses mit dem Pharao hat Joseph sich selbst sogar als *"Vater des Pharao"* [1. Mose 45,8] bezeichnet.

Ob *Mentuhotep* einer von mehreren ägyptischen Namen für Joseph war?

Nach Courvilles Rechnungen hatte es während der Regierungszeit Sesostris´ I auch eine Hungersnot gegeben, die sogar vorausgesagt wurde. Während der Regierung von *Amenemhet I* oder seines Sohnes *Sesostris I* wurde ein Kanalbau parallel zum Nil in Angriff genommen, um die Fläche des benützbaren Bodens erheblich zu

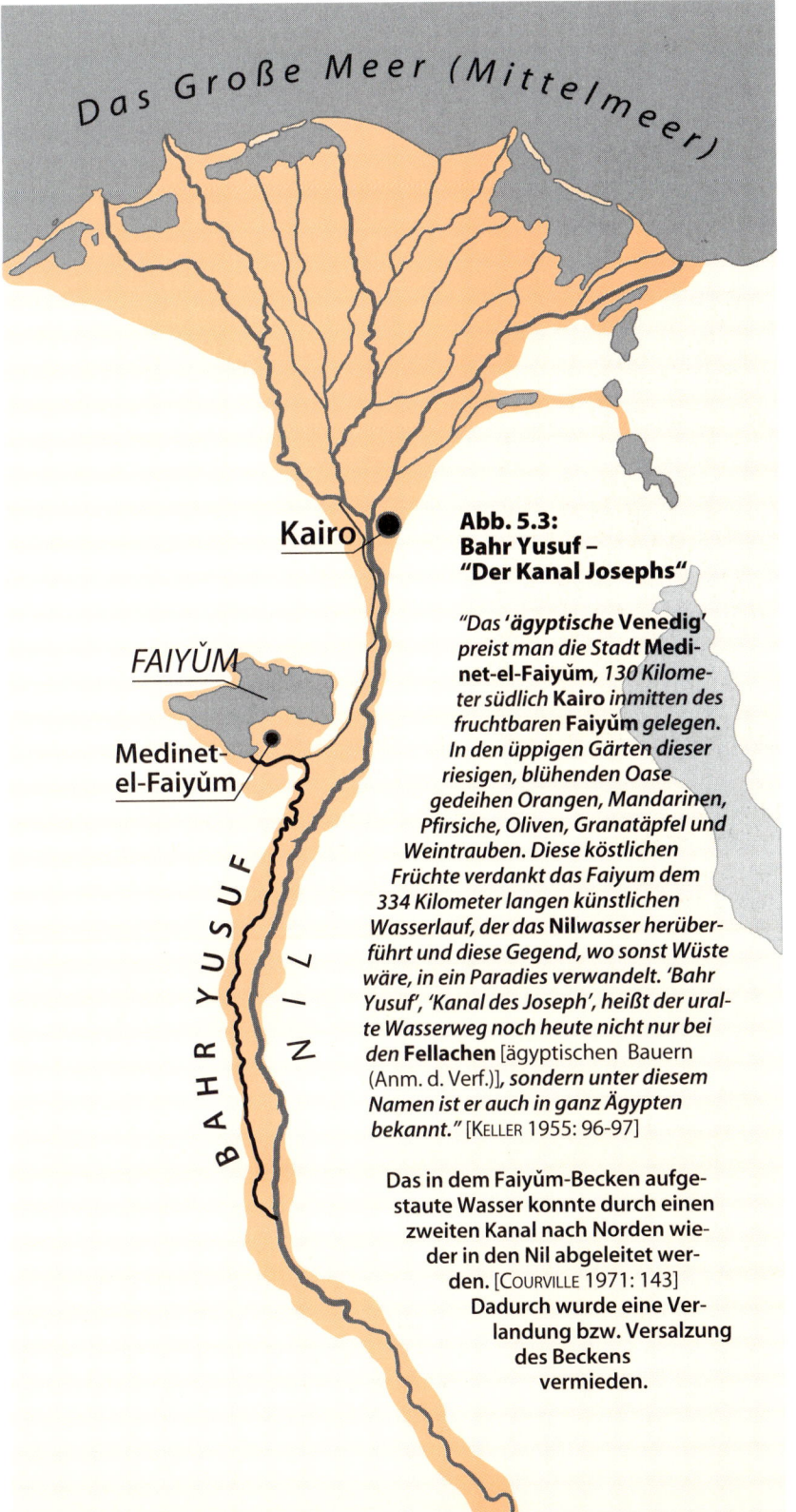

Abb. 5.3: Bahr Yusuf – "Der Kanal Josephs"

*"Das 'ägyptische Venedig' preist man die Stadt **Medinet-el-Faiyūm**, 130 Kilometer südlich **Kairo** inmitten des fruchtbaren **Faiyūm** gelegen. In den üppigen Gärten dieser riesigen, blühenden Oase gedeihen Orangen, Mandarinen, Pfirsiche, Oliven, Granatäpfel und Weintrauben. Diese köstlichen Früchte verdankt das Faiyūm dem 334 Kilometer langen künstlichen Wasserlauf, der das **Nilwasser** herüberführt und diese Gegend, wo sonst Wüste wäre, in ein Paradies verwandelt. 'Bahr Yusuf', 'Kanal des Joseph', heißt der uralte Wasserweg noch heute nicht nur bei den **Fellachen** [ägyptischen Bauern (Anm. d. Verf.)], sondern unter diesem Namen ist er auch in ganz Ägypten bekannt."* [KELLER 1955: 96-97]

Das in dem Faiyūm-Becken aufgestaute Wasser konnte durch einen zweiten Kanal nach Norden wieder in den Nil abgeleitet werden. [COURVILLE 1971: 143] Dadurch wurde eine Verlandung bzw. Versalzung des Beckens vermieden.

vergrößern (vgl. Abb. 5.3). Obwohl dieses Bauwerk nicht präzis datiert wird, könnte man sich vorstellen, daß es in Zusammenhang mit der Hungersnot zu Josephs Zeit gebracht werden kann.

Courvilles zahl- und umfangreiche Werke (siehe *Schirrmacher* für eine ausführlichere Liste), das Produkt von fünfzehn Jahren Forschung, bieten viele Denkansätze an, und zeigen eindrücklich, wie verheißungsvoll und faszinierend eine bibelorientierte Geschichtsforschung sein kann. Daß er jedoch nicht vom Fach ist (*Courville* studierte Theologie und promovierte in Chemie) und weitgehend im Alleingang gearbeitet hat, macht sich natürlich für den Facharchäologen bemerkbar. Solche Fragen sind derart komplex, daß sie heutzutage eigentlich nur im Rahmen einer interdisziplinären Teamarbeit befriedigend angegangen werden können. Genau dies geschieht im Rahmen eines Forschungsprojekts am *University College London*.

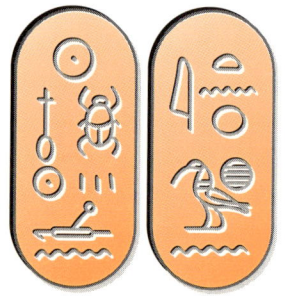

Echnaton

Abb. 5.4: Pharao *Echnaton* – Zeitgenosse der Könige *Saul* und *David*?

29,5 cm hoher Gipsabguß aus einer Werkstatt von *Tell el Amarna*.

DIE ALTERNATIVE CHRONOLOGIE ("NEW CHRONOLOGY-MODEL") ÄGYPTENS

THESE: **Das Neue Reich Ägyptens** (konventionelle Datierung: *1550 bis 1070 v.Chr.*) muß bis zu 350 Jahre heruntdatiert werden (alternative Chronologie: *1200 bis 800 v. Chr.*). [ROHL 1989-90/1991-92]

"Als unerwartetes 'Nebenprodukt' dieser mühsamen Unternehmung kommen viele Parallelen zwischen der ägyptischen Geschichte, palästinischen Archäologie und der Bibel ans Licht. U.a. findet man:

1) Anzeichen, daß es Joseph als Unterkönig in Ägypten gegeben hat (sein Grab und Palast wurden wahrscheinlich vor einigen Jahren in **Tell ed-Daba** *entdeckt — späte 12. Dynastie).*

Nach der Alternativen Chronologie handelt es sich hier *nicht* um Courvilles *Mentuhotep*, sondern um einen *Wesir* zur Zeit des Pharao *Sesostris III* bzw. *Amenemhet III* (siehe Abb. 5.7.) Auch in dieser Zeit sind große Arbeiten an den Bewässerungsanlagen von *Faiyûm* unternommen worden.

2) Ägyptische Texte aus der 13. Dynastie erzählen über semitische ('Israeliten'?) Sklaven in Ägypten.

3) Neue Ausgrabungen in Tell ed-Daba ("Raámses") unterstützen die Annahme, daß die Israeliten dort zu dieser Zeit gelebt hatten, und daß es den Exodus (Auszug aus Ägypten) gegeben hat.

4) Jericho war eine befestigte Stadt und wurde zerstört während der Mittelbronze-Zeit.

5) Saul, Ischba'l (d.h. Ischbaal bzw. Is-Boseth, einzig überlebender Sohn Sauls) und David sind bekannt aus Briefen (El Amarna-Briefe) aus der Zeit Pharao Echnatons (nun ca. 1010 v. Chr.).

6) *Die Schichten des Spätbronze II-B-Alters in der Palästinischen Archäologie deuten auf eine Hochkultur zur Zeit Salomos.*

7) *König Schischak* (vgl. 1. Könige 14, 25-26) *war nicht* **Schoshenq I** *(konventionelle Chronologie), sondern* **Ramses II** *(Kurzname Schischa). Ramses eroberte tatsächlich Jerusalem in seinem 8. Regierungsjahr.“* [VAN DER VEEN 1994]

Auch wenn die volle Bedeutung der erwähnten sieben Punkte nicht jedem auf Anhieb bewußt ist, soll betont werden, daß es sich dabei in jedem Fall um Ereignisse, Personen oder Orte handelt, wegen derer die Bibel von vielen Wissenschaftlern bis dahin in Frage gestellt wurde, da man von der herkömmlichen ägyptischen Chronologie ausgegangen ist. Stellt die Bibel u. a. die Regierung von König Salomo als ein goldenes Zeitalter dar, so wird dies weitgehend von der heutigen Wissenschaft in Frage gestellt. Die archäologischen Schichten des 10. Jhs. v. Chr. (innerhalb der herkömmlichen Chronologie) zeugen nämlich, im klaren Widerspruch zur Bibel, von einem sehr einfachen und wenig luxuriösen Lebensstandard in Israel zu dieser Zeit. Nach der alterna-

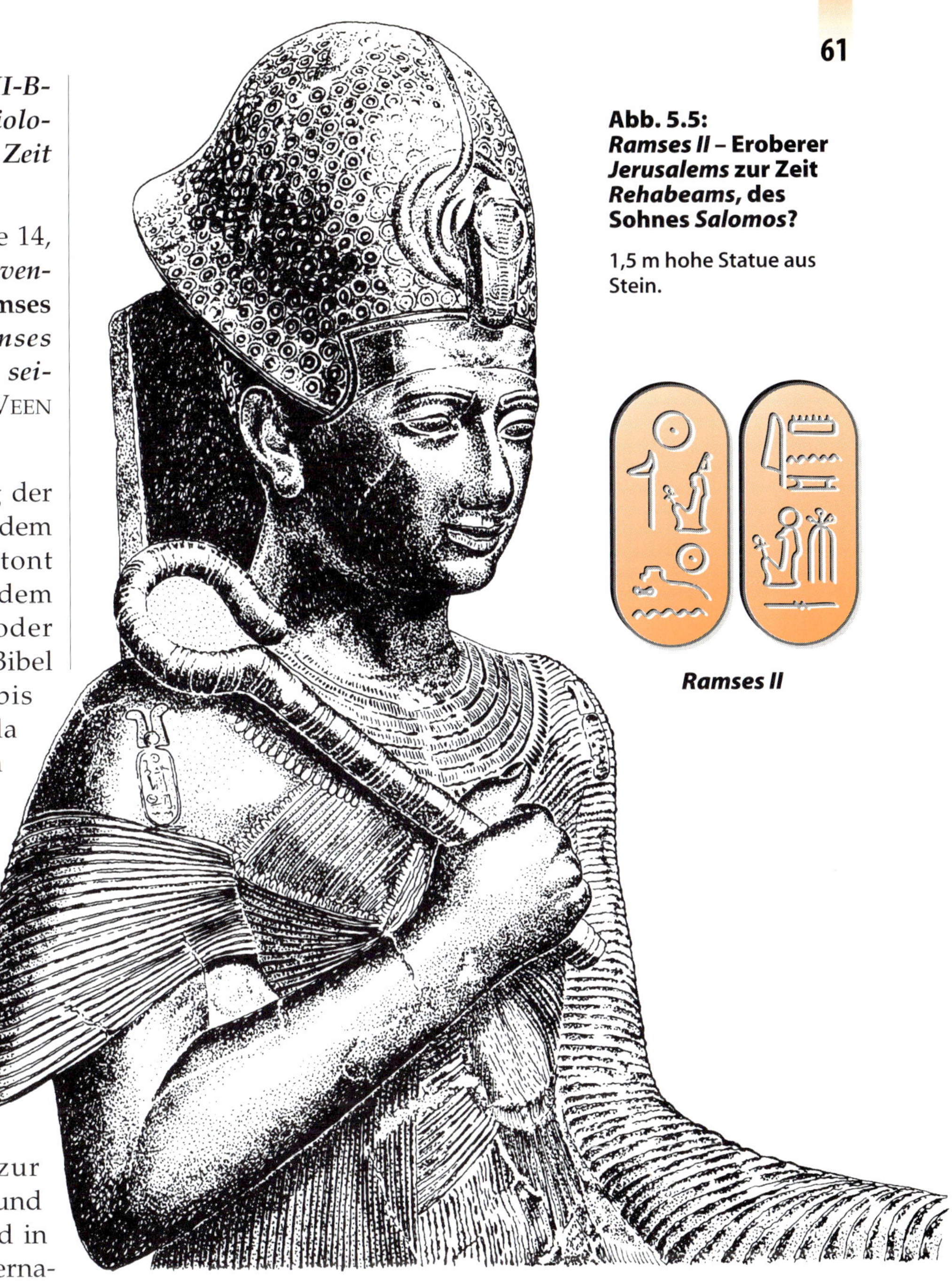

Abb. 5.5:
Ramses II – **Eroberer Jerusalems zur Zeit Rehabeams**, des Sohnes *Salomos?*

1,5 m hohe Statue aus Stein.

Ramses II

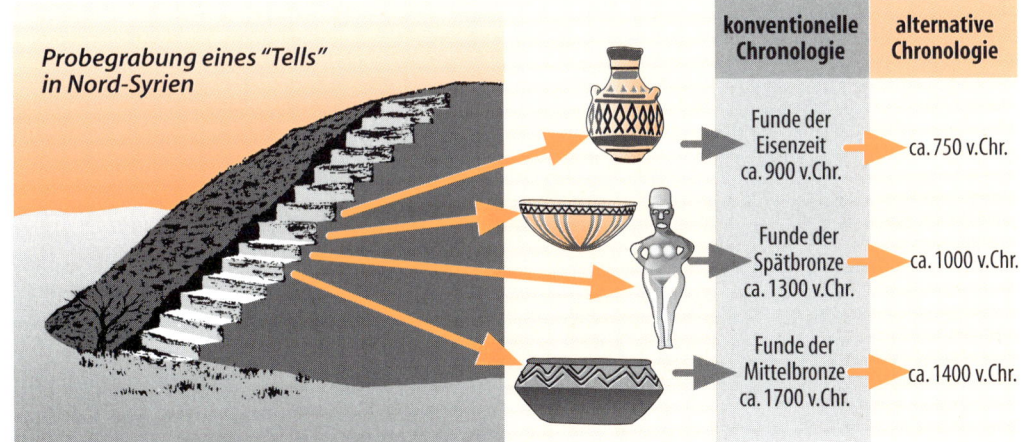

Abb. 5.6: Datierung der archäologischen Strata im nahen Osten.

Da die Datierung der archäologischen Epochen (Bronze bis Eisenzeit) auf der ägyptischen Chronologie basiert, müssen auch diese Epochen bzw. archäologischen Schichten bei einer Revision neu datiert werden.

Jahre vor Chr.	Herkömmliche Chronologie	Alternative Chron. nach *Rohl* u. A.	Biblische Geschichte	Revidierte Chron. nach *Courville*
2000				
1950	**Sesostris I** ca. 1971 - 1926			
1900				Pharao Sesostris I als Kultläufer beim Hebsedfest.
1850	**Sesostris III** ca. 1878 - 1841			
1800	**Amenemhet III** ca. 1844 - 1797			
1750				
1700			Joseph	
1650		**Amenemhet III** ca. 1680 - 1633		**Sesostris I** ca. 1690 - 1645
1600				
1550	**Ahmose** ca. 1550 - 1525	**Sebekhotep IV** 1523 (Beginn d. Regierung) *(Stiefvater Moses)*	Mose Exodus	**Amenemhet III** ca. 1540 - 1492
1500				
1450	**Tuthmose III** ca. 1479 - 1425			**Koncharis** ca. 1474 - 1469
1400				
1350	**Amenophis III** ca. 1387 - 1350 **Echnaton** ca. 1350 - 1333 **Tutanchamun** ca. 1333-1323			
1300				
1250	**Ramses II** ca. 1279 - 1212			
1200				
1150				
1100				
1050		**Amenophis III** ca. 1049-1012 **Echnaton** ca. 1023-1006 **Tutanchamun** ca. 1004-995	**Saul** ca. 1050 - 1010 **David** ca. 1010 - 970 **Salomo** ca. 970 - 930 **Rehabeam** ca. 930 - 913	**Ahmose** ca. 1025 - 1000
1000				
950	**Schoschenq I** ca. 945 - 924			**Tuthmose III** ca. 950 - 925
900		**Ramses II** ca. 932 - 867		**Amenophis III** ca. 916 - 880
850				

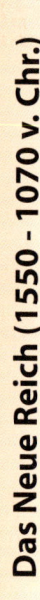

Das Neue Reich (1550 - 1070 v. Chr.)

tiven Chronologie passen aber die materiellen Zeugen einer Hochkultur während der Spätbronzezeit, wie ein Puzzlestück genau ins Bild.

Van der Veen erklärt weiter:

"Immer mehr wird aus Kreisen der Bibelkritik darauf hingewiesen, daß gerade die biblische Frühgeschichte Israels (speziell Abraham bis Salomo) nicht historisch korrekt sein kann, weil nach dem heutigen Stand der Forschung die notwendige positive Parallele zwischen Bibel und Archäologie fehlt. Wenn auch William Albright und Kathleen Kenyon noch an die Historizität Abrahams, Josuas und Salomos glaubten, wird dies von heutigen Wissenschaftlern immer mehr abgelehnt, da positive Beweise für ihre Existenz bis heute fehlen.

Obwohl es zweifellos für jeden bibeltreuen Forscher selbstverständlich ist, daß nicht an der Historizität der Frühgeschichte Israels gezweifelt werden darf, muß auch hier eine Antwort gesucht werden auf die Frage, warum dann wohl die Anhaltspunkte während dieser gesamten Frühgeschichte mit der Archäologie tatsächlich fehlen, z.B.: Joseph ist aus ägyptischen Quellen nicht bekannt, kein Auszug konnte nachgewiesen werden..., auch haben die Eisen-II-Schichten keine Spuren einer Hochkultur unter David und Salomo hinterlassen..."

Das interdisziplinär arbeitende Team von Ägyptologen, Archäologen und Alttestamentlern um D. Rohl geht, wie Courville, davon aus, daß dies so ist, weil die ägyptische Chronologie aufgebläht ist. Van der Veen, der zum Team gehört, macht ferner darauf aufmerksam:

"...innerhalb der Ägyptologie [wird] erneut darauf hingewiesen, daß auch die ägyptische Chronologie nicht ohne Fehler ist. Neue Forschungsprojekte zeigen, daß die bekannte 'Dritte Zwischenzeit' (1070-664 v. Chr.) viel kürzer gedauert haben muß. Der neueste Tatbestand der Forschung glaubt nämlich beweisen zu können, daß in jener dritten Zwischenzeit viele verschiedene Königshäuser statt nacheinander regiert zu haben..., zur gleichen Zeit anzusetzen sind. Wenn dies tatsächlich so stimmt, hat dies drastische Folgen für die gesamte Chronologie..."

Das verhängnisvolle Erbe *Manethos*

Aber auch aus der Archäologie (durch fortschreitende Ausgrabungen) kommen vermehrt Hinweise dafür, daß Ausgrabungsbefunde sowie astronomische Daten bewertet werden — und dies nicht nur aus Ägypten selber, sondern auch aus Mesopotamien und dem ganzen Mittelmeerraum. Aus der Fülle der Daten und der unterschiedlichen Gewichtung dieser Informationen (eine Frage des Ermessens!) ergeben sich die verschiedenen Interpretationsmöglichkeiten.

Die Namen der Pharaonen sind je nach Quelle anders geschrieben bzw. bezeichnet. Hier ein Schlüssel zur Verständigung:

Echnaton = Akhenaten = Amenophis IV = Amenhotep IV
Amenophis III = Amenhotep III
Ramses II = Ramesses II
Schoschenq I = Scheschonk I = Shoshenk I

Abb. 5.8: Sebekhotep IV

Stiefvater Moses?
[Louvre, Paris]

Abb. 5.7: Chronologien Ägyptens im Vergleich

Es werden hier nur die für den Vergleich relevanten Pharaonen genannt; es fehlen also sehr viele. Die herkömmliche Chronologie reicht von 30 vor Christus *(Kleopatra VII)* bis ca. 3100 vor Christus zurück.

Courville und das Team um *Rohl* gehen davon aus, daß viele Pharaonen, ja sogar ganze Dynastien, nicht immer hintereinander (wie dies bei der herkömmlichen Chronologie weitgehend der Fall ist), sondern *gleichzeitig* regierten. Es stellt sich aber die Frage: Welche regieren gleichzeitig und welche hintereinander. Um in den verschiedenen möglichen Fällen diese Frage zu beantworten, müssen zahlreiche Informationen wie schriftliche Quellen, Inschriften,

Amenophis III

Abb. 5.9: Amenemhet III

Pharao zur Zeit Josephs (nach ROHL) oder Moses (nach COURVILLE)?
[Louvre, Paris]

Amenemhet III

mit der ägyptischen Chronologie etwas nicht stimmen kann.

"Während der letzten Jahrzehnte wurden immer mehr kulturelle Lakunen (Lükken) aufgedeckt in der sogenannten 'Bronze to Iron Age Transition' (Übergang von der Bronze- zur Eisenzeit) — Strata der westmediterranen und vorderasiatischen Archäologie. Neue Forschung scheint allerdings darauf hinzuweisen, daß die Lakunen entstanden sind auf Grund von Parallelen mit Ägypten, deren Chronologie eine zu hohe Datierung verlangt für die verschiedenen archäologischen Strata. Da es in der Tat wohl kaum archäologische und historische Gründe für solche Lakunen vorzuzeigen gibt, muß man fragen, ob die ägyptische Zeitrechnung auch wirklich stimmt. Denn ohne diese ägyptische Chronologie würden mehrere Wissenschaftler heute, auf Grund neuer Entdeckungen, viel niedrigere Datierungen für die Kulturen des Bronze-Zeitalters vorziehen, sei dies in der ägäischen Welt oder im Levant." [VAN DER VEEN 1994]

Unterschiedliche Ansätze – unterschiedliche Ergebnisse

Aufgrund solcher Überlegungen gelingt es dem Team aus London, mittels der alternativen Chronologie, die oben erwähnten Ungereimtheiten auszuräumen und biblische Personen wie *David* oder *Salomo* dann schließlich doch mit ganz bestimmten ägyptischen Pharaonen in eine zeitliche Verbindung zu bringen. Da das Team aber auf einer breiteren Basis als Courville arbeitet und die neuere Forschung berücksichtigt, kommt es freilich zu anderen Ergebnissen als er (vgl. Abb. 5.7). Anders als bei I. Velikovsky und D. Courville versucht das Team mit den wissenschaftlichen Methoden zu arbeiten, von denen auch konventionelle Wissenschaftler Gebrauch machen. Es hat sich als Ziel gesetzt, primär die ägyptische Chronologie aufgrund archäologischer Funde und Quellenmaterials an gewissen Stellen zu revidieren, ohne in erster Linie nach Parallelen zwischen Bibel und Archäologie zu suchen, wie es bei Velikovsky und Courville der Fall war.

Dabei wird versucht, aufgrund eines völlig sicheren Datums (nach 664 v.Chr. ist die Chronologie "sicher") eine zuverlässigere Chronologie aufzubauen. Daß die *vorläufigen* Schlußfolgerungen von Courville und des Teams um Rohl sich teilweise widersprechen (obwohl beide in ihrer Kritik an der ägyptischen Chronologie wahrscheinlich richtig liegen) mag irritieren, ist aber, was wissenschaftliche Forschung anbelangt, nicht ungewöhnlich und auf jeden Fall realistischer als Thesen, die dogmatisch als *die* "Wahrheit" angepriesen werden. Auch hier dürfen Christen zur Kenntnis nehmen: die Bibel *ist* absolut zuverlässig, unsere wissenschaftlichen Kenntnisse aber nur Stückwerk. Was man *nicht* weiß, ist immerhin mehr als das, was man weiß. Hüten wir uns davor, uns auf irgendwelche Thesen als "Beweise" für die Richtigkeit der Bibel zu stützen. Die Bibel ist wahr, unsere wissenschaftlichen Vorstellungen aber nicht unbedingt!

Die Forschung geht nun weiter, und manche Fragen werden noch weiterverfolgt (z.B. die Anbindung der Alternativen Chronologie an die Geschichte *Mesopotamiens*). Dennoch dürfte klar sein: die herkömmlichen Schwierigkeiten, die Frühgeschichte der Bibel mit der sonstigen Weltgeschichte in Verbindung zu bringen, sind kein Grund, die Bibel in Frage zu stellen. Vielmehr muß gefragt werden: Wo liegen die Haken bei den konventionellen Schemen? Und dann folgt die Knochenarbeit!

Anhang A

1. Mose 1,1-2,4a und 1. Mose 2,4b-25: Zwei sich ergänzende Schilderungen von der Schöpfung

Liest man die beiden ersten Kapitel der Bibel in einem Stück durch, fällt auf, daß es sich um recht unterschiedliche Abschnitte handelt. Im ersten Kapitel werden in strenger Abfolge die aufeinander aufbauenden Schöpfungswerke aufgezählt, im zweiten dreht sich fast alles um den Menschen, die Erzählform ist "lockerer".

Die moderne bibelkritische Theologie hat daraus zwei unabhängige Berichte gemacht, die aus ganz unterschiedlichen Quellen stammen. Nach dieser weithin eingebürgerten Quellenscheidungstheorie gehen beide Berichte weder auf Mose noch auf vormosaische Quellen zurück. Vielmehr müsse man sie aus den zeitbedingten Vorstellungen der Abfassungszeit verstehen. Folglich dürften sie keinesfalls als "historisch" oder gar "naturkundlich" relevant gedeutet werden. Ein späterer Redaktor habe beide Berichte aneinandergereiht, ohne die Unterschiede und (vermeintlichen) Widersprüchlichkeiten auszugleichen.

Als typisches Beispiel dieser Vorstellung sei hier aus der *Schweizer Schulbibel* [1990] zitiert:

> "Zu den Schriften, die erst nach der Zeit der Verbannung in Babylon gesammelt wurden, gehören auch die Geschichten aus der Urzeit. Sie stammen von verschiedenen Erzählern und aus verschiedenen Zeiten.
>
> Die erste Schöpfungsgeschichte, "Das Werk der sieben Tage", erzählt, daß Gott die ganze Welt in einer bestimmten Ordnung geschaffen hat. Diese Geschichte entstand, als die Juden in der Gefangenschaft waren: sie wollte den heimatlosen und verzweifelten Menschen zeigen, daß ihr Gott über allem steht.
>
> Die zweite Schöpfungsgeschichte, "Der Mensch im Garten Eden", und die übrigen Urzeitgeschichten erzählen, daß Gott die Menschen geschaffen hat und daß er ihr Freund sein will, auch wenn sie immer wieder von dem abweichen, was Gott sagt und was Gott will. Diese Erzählungen wurden einige hundert Jahre vor der ersten Schöpfungsgeschichte aufgeschrieben, zur Zeit der Könige David und Salomo."

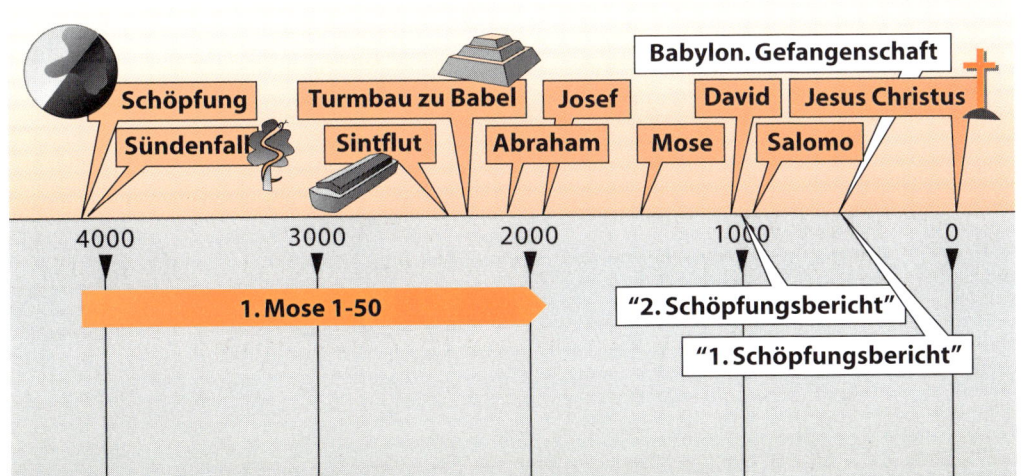

Abb. A1: Entstehung von Genesis 1 und 2 nach der Quellenscheidungstheorie

Diese Sichtweise hat zwar manche Argumente und Beobachtungen am Text für sich; wie weiter unten gezeigt werden soll, beinhalten diese Texte aber keineswegs offene Widersprüche. Eine Reihe von scheinbaren Ungereimtheiten tritt im Gegenteil gerade erst dadurch auf, daß die Texte auseinandergerissen werden.

Genesis 2 (d.h. ab 1. Mose 2,4b): Ergänzungen und nähere Erläuterungen zu Genesis 1

Es ist ein vielfach wiederkehrendes Stilmittel der biblischen Autoren, nach einem allgemeinen Überblick das Wichtigste herauszugreifen und dazu nähere Informationen zu geben. In diesem Sinne kann man auch das Verhältnis von Genesis 1 und 2 sehen. Nach der Gesamtschau von der Schöpfung (Gen.1) wird der Blick auf den Menschen konzentriert (Gen. 2), dessen Erschaffung schon im ersten Bericht einen Höhepunkt darstellte:

● Während in Genesis 1 die Schöpfungswerke in der Reihenfolge ihrer Entstehung beschrieben werden, folgt in Gen. 2 eine Erklärung ihrer Bedeutung für den Menschen.

● Genesis 1 bietet einen Überblick über die Schöpfung. Genesis 2 handelt dagegen nur teilweise davon: Es fehlen die Himmelskörper, die Erde und das Meer. Daher ist die oft vorgenommene Bezeichnung "*2. Schöpfungsbericht*" unsachgemäß oder zumindest fragwürdig. Man sollte in einem Schöpfungsbericht nicht erwarten, daß solche wesentlichen Teile fehlen. Eine so lückenhafte "Schöpfungserzählung" wäre in der altorientalischen Literatur ohne Parallele. Eine Reihe von Auslegern lehnt diese Kennzeichnung folgerichtig ab und spricht vom "*Paradiesbericht*".

● Genesis 1 für sich alleine würde die Existenz des Übels in der Welt nicht erklären. Hier gibt Genesis 2 mit dem dazugehörenden Bericht von der Übertretung des Gottesgebots und deren Folgen (Gen. 3) unverzichtbare Auskunft.

● Bei Gen. 2 und 3 handelt es sich auch um eine Beschreibung der ersten Schritte der Menschen nach ihrer Erschaffung und um eine Überleitung zur Sündenfallerzählung. "*Der Schauplatz dieser Geschichte ist die Erde. Darum steht in Gen. 2,4b die Erde vor dem Himmel und nicht wie 1,1; 2,4a u. a. nachher. Diese Wortstellung geschieht*

Abb. A2:
Das Verhältnis von Genesis 1 zu Genesis 2

Genesis 1 und 2 widersprechen sich *nicht*. 1. Mose 1,1 - 2,4a gibt einen allgemeinen Überblick über die 6 Schöpfungstage (dabei wird jeder Tag etwa im gleichen Umfang behandelt). 1. Mose 2,4b - 25 *ergänzt* 1. Mose 1,1 mit zusätzlichen Informationen zur Erschaffung des Menschen am 6. Tag. Einleitend zu diesem "Paradiesbericht" wird an die Details (Pflanzen) aus Genesis 1 erinnert, die für den Öko-Rahmen des Menschen im Garten Eden relevant waren.

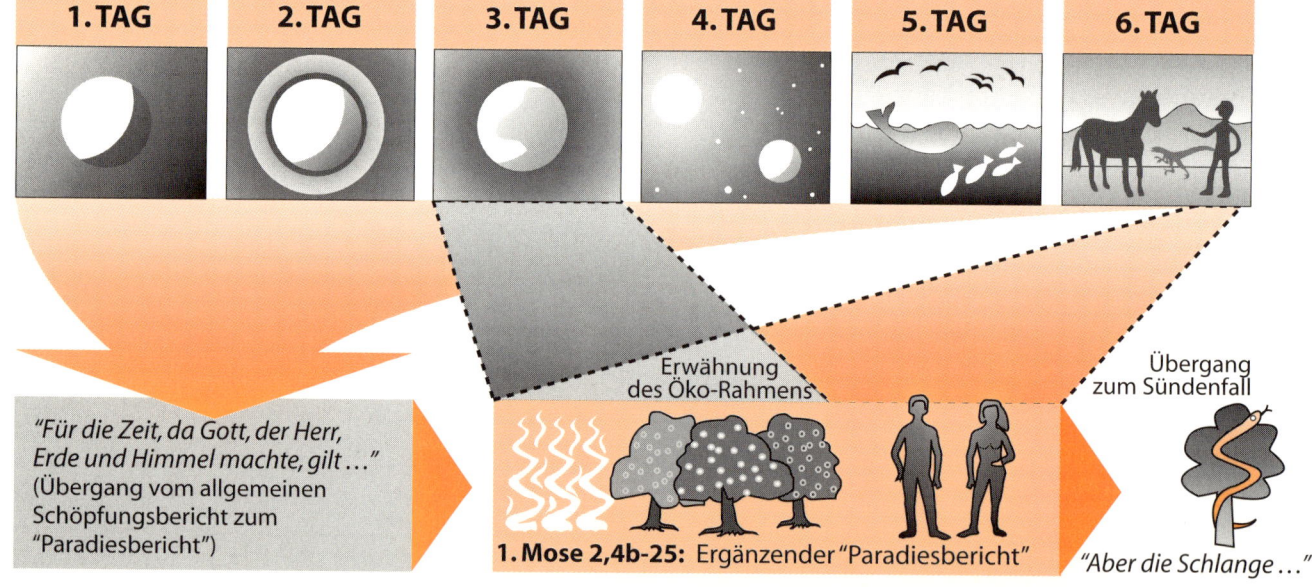

absichtlich und ist nicht etwa auf eine andere Urkunde zurückzuführen" [KÜLLING 1976: 217].

Zusammenfassend können wir festhalten, daß beide Berichte für sich alleine bruchstückhaft wären — zusammen bilden sie eine sinnvolle Ergänzung. Mit dieser Feststellung folgen wir Jesus Christus, der sich in seiner Antwort auf die Frage nach der Ehescheidung gleichermaßen auf Genesis 1 und Genesis 2 beruft (Mt 19,3-8).

"Widersprüche", die keine sind

Im folgenden wird auf einige Details näher eingegangen, soweit Überschneidungen der Thematik von Gen. 1 und Gen. 2 vorliegen. Dadurch soll weiter verdeutlicht werden, wie beide Berichte einander ergänzen — und *nicht widersprechen*. Das in Genesis 1 Geoffenbarte wird als Voraussetzung von Genesis 2 gesehen. Das heißt: Was in Gen. 1 bezeugt wird, muß in Gen. 2 nicht unbedingt vollständig wiederholt werden.[1]

- **Gen. 2,4: Dauer der Schöpfung**

Die Wendung "am Tage, da" ist hier nicht im Sinne eines wortwörtlichen Tages zu verstehen, sondern — wie die meisten Übersetzer es tun — mit "zur Zeit, als..." oder einfach mit "als..." wiederzugeben. Begründung: Im Gegensatz zu Gen. 1 fehlen hier die Textmerkmale, die dort einen gewöhnlichen Tag zum Ausdruck bringen: Aufzählung der Tage sowie die Wendung "Abend und Morgen" (vgl. dazu die Ausführungen in Kapitel 1).

- **Gen. 2,5-6: Feuchtigkeit auf dem Land**

Nach Gen 1 war die Erde zuerst mit Wasser umgeben, nach 2,5 fehlte Feuchtigkeit zunächst noch. Daraus folgt: In Gen. 2,5ff. wird von der Erde nach der Scheidung von Wasser und Land gesprochen, als die Erdoberfläche aufgrund der Trennung von Wasser und Land trocken war und ohne regelmäßige Bewässerung ausgetrocknet bzw. trocken geblieben wäre. Wird also die Information aus Gen. 1 vorausgesetzt, entsteht kein Widerspruch. Vermutlich gab es damals einen anderen Wasserkreislauf, als er heute (nach der Sintflut) verwirklicht ist. Gen. 2,6 gibt also eine Bedingung für den Pflanzenwuchs an.

- **Gen. 2,7: Erschaffung des Menschen**

Hier werden Details zur Erschaffung des Menschen mitgeteilt, die im Überblicksbericht Gen. 1 fehlen. Ein Widerspruch liegt nicht vor.

- **Gen. 2,4-8: Reihenfolge Pflanzen - Mensch**

Die Reihenfolge der Schöpfung von Pflanzen und Mensch scheint verschieden zu sein. Hier ist zunächst zu beachten, daß in Gen. 2 gar nicht gesagt wird, daß der Mensch vor den Pflanzen erschaffen wurde. Man liest bei den üblichen Übersetzungen hinein, daß beim Erscheinen des ersten Menschen noch keine Vegetation vorhanden gewesen sei. Dieser Eindruck wird z. B. bei der Luther-Übersetzung erweckt:

4 Es war zu der Zeit, da Gott, der HERR, Erde und Himmel machte.

5 Und alle die Sträucher auf dem Felde waren noch nicht auf Erden, und all das Kraut auf dem Felde war noch nicht gewachsen; **denn Gott, der HERR, hatte noch nicht regnen lassen** *auf Erden, und kein Mensch war da, der das Land bebaute,*

6 aber ein Nebel stieg auf von der Erde und feuchtete alles Land.

7 Da machte Gott, der HERR, den Menschen aus Erde vom Acker und blies ihm den Odem des Lebens in seine Nase. Und so ward der Mensch ein lebendiges Wesen.

Eine grundtextnahe Übersetzung erleichtert das richtige Verständnis (verändert nach KÜLLING):

4 Für die Zeit, da Gott, der HERR, Erde und Himmel machte, gilt:

5 Es gab zunächst noch kein Gesträuch des Feldes auf der Erde und noch war kein Kraut des Feldes gesproßt, [wann, wird nicht gesagt. Aufgrund der Vorgabe von Gen. 1 muß es vor dem dritten Tag gewesen sein] *weil Gott, der HERR, noch nicht hatte regnen lassen auf die Erde, und weil es keinen Menschen gab, den Erdboden zu bebauen.*

6 Da stieg Feuchtigkeit auf von der Erde und bewässerte die ganze Oberfläche des Erdbodens [nun konnte die Vegetation wachsen].

7 Und Gott, der HERR, bildete den Menschen, Staub vom Erdboden, und hauchte in seine Nase Atem des Lebens und es wurde der Mensch eine lebende Seele [nun konnte der Mensch den Ackerboden bebauen].

Es wird deutlich, daß nichts darüber mitgeteilt wird, wann die Pflanzen geschaffen wurden. Mit der Information aus Gen 1 kann gesagt werden, daß sich das in Vers 5-6 Geschilderte vor der Erschaffung der Pflanzen am dritten Schöpfungstag abspielte.

In V. 6 wird dann eine Voraussetzung für den Pflanzenwuchs genannt: eine dauerhafte, geregelte Bewässerung (Feuchtigkeit aus der Erde).

In V. 7 wird anschließend (ohne Zeitangabe) die Erschaffung des Menschen geschildert, der die Pflanzen kultivieren soll (vgl. V. 5d und 15: "bebauen") — der Zusammenhang zielt deutlich auf die Kultivierung der Pflanzen ab, nicht nur auf ihr Wachstum (V. 8: "Garten"). Daß Pflanzen auch ohne menschliches Tun wachsen können, braucht nicht hervorgehoben zu werden.

In Vers 5-7 geht es also um zweierlei: um den ursprünglichen Wasserkreislauf als Bedingung für den Pflanzenbewuchs und dieser wiederum als Öko-Rahmen für den Menschen, der erschaffen wird. Andernfalls hätte Gott den Menschen in eine unbelebte Umgebung gesetzt, was eine wenig glaubhafte Auslegung wäre. Daß an dieser Stelle die Tiere noch nicht erwähnt werden, fügt sich gut in den in Gen. 1,29f. erwähnten Umstand, daß sie ursprünglich keine Nahrungsgrundlage für den Menschen waren.

● **Gen. 2,18ff.: Erschaffung der Tiere**

Auch hier muß bedacht werden, daß die Erschaffung der Tiere gemäß dem Zeugnis von Gen. 1 als bekannt vorausgesetzt wird. Dann ist klar, daß in 2,19 nicht die Erschaffung der Tiere geschildert, sondern auf die Tatsache ihrer Existenz verwiesen wird. Dies wird in der deutschen Sprache am besten dadurch ausgedrückt, daß man mit dem *Plusquamperfekt* übersetzt[2]:

18 Und Gott der HERR sprach: Der Zustand, daß der Mensch mit sich allein ist, ist nicht gut. Ich werde ihm eine Hilfe schaffen, die ihm entspricht.

19 Und Jahwe-Herr **hatte** *auch alle Tiere des Feldes und alle Vögel aus dem Erdboden* **geschaffen** *und brachte sie zum Menschen, um zu sehen, wie er sie nennen würde.*

Im Hebräischen gibt es nur zwei Zeitformen. Der Kontext muß Klarheit geben, wie eine sinngerechte Übersetzung vorgenommen werden kann. Der Zusammenhang von Gen. 1 bestätigt die obige Übersetzung.[2]

Unterschiede zwischen Genesis 1 und 2 — verschiedene Gottes- und Schöpfungsvorstellungen?

An allgemeinen Unterschieden zwischen beiden Texten sind der unterschiedliche Gebrauch der Gottesnamen ("*Elohim*" in Gen. 1, meistens "*Jahwe-Elohim*" in Gen. 2) und unterschiedlicher Stil zu nennen. Viele Ausleger haben außerdem den Eindruck, daß verschiedene Schöpfungs- und Gottesvorstellungen zum Ausdruck gebracht würden.

Genesis 1,1-2,4a	**Elohim**
Genesis 2,4b-3,24	**Jahwe Elohim**

Aufgrund von Unterschieden im Stil und in der Verwendung von Gottesnamen können jedoch nicht zwingend verschiedene Quellen postuliert werden. Der Wechsel von Gottesnamen wird auch in anderer antiker Literatur beobachtet, ohne daß deshalb verschiedene Quellen vermutet werden. Entsprechendes gilt für Änderungen im Stil und für Wiederholungen [POHL 1958/59]. Der bekannte Alttestamentler *Claus Westermann* räumt ein, daß die einzelnen Textbeobachtungen, die für Quellenscheidung sprechen sollen, auch anders erklärt werden können, lediglich in ihrer Gesamtheit seien sie seiner Meinung nach aussagekräftig.

Beispielhaft soll dies am Gebrauch des Gottesnamens erläutert werden: Der Wechsel des Gottesnamens ist zuerst im Verwendungszweck zu suchen. Für den Inhalt in Gen. 1 ist Elohim der angemessenere Ausdruck, da dieser Name *den Allerhöchsten in der Welt als Ganzes am Werk* zeigt. Die Verwendung von "Jahwe" ("*Ich bin der Ich bin*") zeigt die Gegenwart Gottes dem Menschen gegenüber, weil es in Gen. 2 um die Erschaffung des Menschen geht. Die Kombination "Jahwe-Elohim" in Gen. 2 soll deutlich machen, daß Jahwe der Elohim ist, der die Welt erschuf und daß beide Namen denselben bezeichnen. Um gleichzeitig die Heiligkeit Gottes auszudrücken, war es offenbar wünschenswert, den Doppelnamen "Jahwe-Elohim" zu verwenden [MCDOWELL 1991]. Aufgrund der unterschiedlichen Aussageinhalte können auch die verschiedenen Gottesvorstellungen verstanden werden. Was beide Berichte über Gott und sein Handeln offenbaren, darf nicht gegeneinander ausgespielt, sondern muß zusammengesehen werden.

Die Unterschiede zwischen Gen. 1 und Gen. 2 können also durch den jeweils verfolgten Zweck der Textabschnitte verstanden werden.

Dieser Anhang wurde in Zusammenarbeit mit Reinhard Junker, D-Baiersbronn, verfaßt.

Anmerkungen

1. Selbst wenn Gen. 1 und 2 ursprünglich literarisch getrennt gewesen wären, bliebe die Möglichkeit uneingeschränkt erhalten, daß der Schreiber von Gen. 2 das Zeugnis von Gen. 1 voraussetzt und nicht unabhängig davon schreibt.

2. Die Bedeutung des *Waw*-Konsekutiv-Imperfekts muß nach dem Zusammenhang bestimmt werden (MC DOWELL).
Neben Gen. 2,19 gibt es eine Reihe weiterer gleichartiger Satzkonstruktionen im AT, in denen der Textzusammenhang ebenfalls eine Wiedergabe durch den Plusquamperfekt fordert. So z. B. Josua 2,22: Nachdem die Kundschafter Israels durch die Hilfe der Hure Rahab aus Jericho entkommen konnten, heißt es dort:
"Sie aber gingen weg und kamen aufs Gebirge und blieben drei Tage dort, bis die zurückgekommen waren, die ihnen nachjagten. Denn sie hatten sie gesucht auf allen Straßen und doch nicht gefunden." Eine Übersetzung durch *"Und sie suchten sie ... und fanden sie nicht"* trifft den Sinn nicht. Die Satzkonstruktion ist hier identisch mit der Konstruktion in Gen 2,18f.

Literatur in Auswahl

KÜLLING, S. *Die sog. zwei Schöpfungsberichte in 1. Mose 1 und 2* in *Bibel und Gemeinde* April-Juni 1976, S. 217-220.

MCDOWELL, J. & STEWART, D., *Antworten auf skeptische Fragen*. Asslar 1991 (dort zahlreiche weitere Literaturangaben).

POHL, A. *Der Schöpfungshymnus der Bibel* in *Stimmen der Zeit* 84 (1958/59), 252-266.

WESTERMANN, C. *Genesis. Biblischer Kommentar zum Alten Testament*. Neukirchen-Vluyn 1974.

ANHANG B

Die "Teilung der Erde" zur Zeit Pelegs

"Eber wurden zwei Söhne geboren. Einer hieß Peleg, weil zu seiner Zeit die Erde zerteilt wurde." [1 Mose 10,25]

Zur Zeit *Pelegs*, der fünften Generation nach *Noah*, wurde die "Erde zerteilt" (1 Mose 10,25; 1 Chron. 1,19). Diese Bemerkung stößt bei bibelorientierten Wissenschaftlern auf besonderes Interesse. Denn hier könnte eine biblische Andeutung auf ein Auseinanderbrechen der Kontinente vorliegen. Im Jahr 1912 hatte der Geophysiker und Meteorologe Alfred Wegener aus geologischen Gründen erstmals die Theorie aufgestellt, daß ein ursprünglicher Urkontinent (Pangäa) in die heutigen Kontinente auseinandergebrochen sei. Die von der Fachwelt lange abgelehnte Theorie wurde Anfang der sechziger Jahre weitgehend akzeptiert und in ein umfassenderes Konzept einer "Plattentektonik" integriert.

Es wäre zweifellos aufregend, wenn dieser geologisch gut begründete (aber nicht restlos bewiesene) Vorgang in der biblischen Urgeschichte mit der Erwähnung der Teilung der Erde zur Zeit Pelegs einen Niederschlag gefunden hätte. Diese Auslegung würde zudem recht gut in ein nachflutliches Szenario passen. Denn es ist in diesem Rahmen geradezu zu fordern, daß das Auseinanderbrechen der Kontinente erst einige Jahrzehnte bis Jahrhunderte nach der Sintflut begann oder nach der Flut zumindest vorerst noch nicht allzuweit fortgeschritten war, da sich sonst kaum die in der Arche geretteten Tiere so auf die Kontinente hätten ausbreiten können, wie man sie heute antrifft.

Gibt der Text hierzu eine klare Antwort? Offenbar handelte es sich bei der "Teilung" um ein ziemlich herausragendes Geschehen, denn in der sonst knappen Aufzählung der Abstammungsverhältnisse springt die Bemerkung von der "Teilung der Erde" deutlich heraus.

Abb. B1:
Gängige Vorstellung über die Verteilung der Kontinente

Was bedeutet Peleg?

Mit dieser "Teilung" (hebr. "Peleg") wird offenbar eine wichtige Erfahrung der damaligen Menschheit erwähnt. Worin bestand nun diese Erfahrung?

Das Verbum *plg* ("palag") und verwandte Begriffe kommen im AT nicht häufig vor; es handelt sich um einen Ausdruck, der auch mit "Spaltung", wiedergegeben werden kann und weniger als bildhafter Ausdruck zu verstehen ist.

Was wurde geteilt — die Erde oder die Menschheit?

Der Begriff "Erde" (erez) meint gewöhnlich das Land oder den Erdboden; aus sprachlichen Gründen ist die gelegentlich benutzte Übersetzung durch "Menschheit" nicht möglich oder doch sehr unwahrscheinlich. Damit scheidet die von vielen Auslegern vertretene Möglichkeit, daß mit der "Teilung der Erde" in Anspielung auf den Turmbau zu Babel eine "Aufteilung der Menschheit" gemeint sei, praktisch aus. Es ist offenbar von der Erde die Rede, die geteilt bzw. gespalten wurde. Dennoch denken moderne Ausleger gewöhnlich nicht an die Möglichkeit eines geologisch bedeutsamen Ereignisses.

Der jüdische Ausleger *Benno Jacob* vertritt die Vorstellung, daß zwar tatsächlich die Erde geteilt wurde - allerdings nicht im geologischen Sinne, vielmehr werde hier "die bedeutsame Mitteilung gemacht, daß die Zerstreuung über die Erde nach Verabredungen geschah, die den Völkern bestimmte Gebiete zuwiesen"[JACOB 1934: 293]. Darauf habe bereits 1. Mose 10,19 deutlich hingewiesen. Dort ist von Grenzen die Rede. Ob allerdings ausgerechnet in der frühen Zeit nach der Sprachverwirrung solche "Verabredungen" notwendig bzw. möglich waren, kann angezweifelt werden. Als weiteres Argument gegen die Auslegung von JACOB kommt hinzu, daß *palag* sonst immer im Sinne von "teilen, spalten", nicht aber im Sinne von "aufteilen, verteilen" verwendet wird. Für "aufteilen" verwendet das AT gewöhnlich einen anderen Begriff, nämlich *chalaq* (z.B. in Ps. 22,9: "Sie teilen meine Kleider unter sich..."). Welche Schlußfolgerungen können nun gezogen werden? Da die biblische Schilderung sich offenkundig auf die Menschheit konzentriert, ist von daher eine Anspielung auf eine physische Zerteilung der Erde insofern naheliegend, als ein solches Ereignis eine heilsgeschichtliche Bedeutung haben könnte. Sie könnte darin liegen, daß nochmals an das Gerichtshandeln Gottes erinnert werden soll. Da die Übersetzung durch "Erde" (nicht im Sinne von Menschheit) exegetisch am nächsten liegt, ist es wahrscheinlich, daß auf ein geologisches Ereignis angespielt wird. Um was es sich dabei genau gehandelt hat, kann aus dem Text freilich nicht erhoben werden. Die (beginnende) Kontinentaldrift war kein punktuelles Ereignis; dem entspräche die zeitlich weit greifende Wendung "zu seinen Lebzeiten". Die Auslegung von JACOB erscheint vom Kontext her aufgrund der genannten Vorbehalte weniger plausibel. Eine Spaltung von Landmassen ist also vom Text her eine durchaus naheliegende Auslegung, sie ist mindestens mit ihm verträglich.

Reinhard Junker

Literatur in Auswahl

GESENIUS, Wilhelm: *Hebräisches und aramäisches Handwörterbuch über das Alte Testament.* Bearb. v. Frants BUHL, Berlin - Göttingen - Heidelberg: Springer-Verlag, 1959.

JACOB, Benno: *Das erste Buch der Tora. Genesis.* Schocken Verlag, 1934.

WESTERMANN, Claus: *Genesis. 1. Teilband Genesis 1-11.* BKAT Bd. I/1. Neukirchen-Vluyn: Neukirchener Verlag, 1974.

ANHANG C

Stellungnahmen und Diskussion

von Richard Wiskin und Reinhard Junker

Die erste Auflage dieses Buches, die unter dem Titel "Das biblische Alter der Erde" erschien, regte erfreulicherweise lebhafte Diskussionen an. Sie trugen u. a. auch dazu bei, daß der Titel der zweiten Auflage verbessert wurde. Der neue Titel soll zum Ausdruck bringen, daß die Bibel zwar ein Erdalter nicht direkt lehrt, dennoch aber aus der biblischen Heilsgeschichte Folgerungen gezogen werden können, die das Alter der Menschheit und darüber hinaus auch das Alter der Erde betreffen.

Im folgenden sollen einige von den Lesern aufgeworfene Fragen sinngemäß wiedergegeben und kurz diskutiert werden. Dabei werden nur grundsätzliche Fragen aufgegriffen. Ein Großteil der Kritik betraf das Verständnis des Schöpfungsberichts 1. Mose 1,1 - 2,3. Wie soll, wie will der Schöpfungsbericht verstanden werden? Jeder Leser geht mit einem Vorverständnis auf dieses "Eingangstor zur Heiligen Schrift" zu – das ist unvermeidlich. Das kritische Hinterfragen dieses Vorverständnisses ist kein Hinterfragen des biblischen Inhaltes. Die Vielfalt der Meinungen darüber, wie dieser Text verstanden werden soll (bzw. will) dürfte unter anderem daher rühren, daß der Text selber nicht ausdrücklich sagt, um was für eine Textgattung (Prosa, Poesie, Prophetie?) es sich handelt. Die Bibel unterrichtet uns nicht explizit darüber, wie der Schöpfungsbericht überhaupt entstanden ist. Uns ist wichtig, daß die Art und Weise des Herangehens an diesen Text soweit irgend möglich biblisch begründet wird – getreu dem Motto, daß die Bibel ihr eigener und erster Ausleger ist (vgl. z.B. Mt 19,3-8: Jesus beantwortet die Frage der Pharisäer unter ausdrücklichem Bezug auf 1. Mose 1 und 2). Moderne Vorstellungen über die Erdgeschichte dürfen dagegen nicht zum Auslegungsschlüssel werden (vgl. Zusammenfassung S. 54).

Eine prinzipielle Anfrage an das Buch betrifft den Stellenwert des Themas "Alter der Erde" im Rahmen der biblischen Überlieferung und des göttlichen Heilsplans. Die Bedenken bezogen sich auf Formulierungen auf S. 54 und Abb. 5.1 (S. 56). Deswegen soll hier nochmals klargestellt werden, daß die Altersfrage *an sich* nicht den Stellenwert der Auferstehungsfrage hat. Die Gegenüberstellung dieser beiden "Torheiten" soll selbstverständlich nicht eine Gleichrangigkeit behaupten. Es geht vielmehr um die Frage, wie mit den biblischen Texten umgegangen wird. Die Ablehnung einer jungen Erde darf genausowenig aufgrund wissenschaftlicher Theorien erfolgen wie die Ablehung der leiblichen Auferstehung Jesu.

I. Fragen zum Schöpfungsbericht

1. Muß die 6-Tage-Schöpfung mit der Hervorhebung des 7. Tages, des Sabbats, nicht vom Sabbatgebot her verstanden werden? Ist also das Sabbatgebot der Ausgangspunkt, während der Schöpfungsbericht in Wirklichkeit "rückwirkend" verfaßt wurde?

Die 7-Tage-Woche ist tatsächlich mit dem Sabbatgebot eng gekoppelt (2. Mose 20,11). Die biblischen Texte selber geben allerdings die Begründung für das 7-Tage-Schema der Schöpfung nicht. Dennoch ist die Auffassung naheliegend, daß das Tage-Schema verwendet wurde, weil es das reale Handeln Gottes wiedergibt. Die Begründung des Sabbatgebots erfolgt jedenfalls umgekehrt: Weil Gott in 6 Tagen geschaffen hat und am siebten Tage ruhte, deshalb . . . Die Auffassung, Ursache und Folge seien genau umgekehrt, ist dem biblischen Text fremd. Sie wird durch außerbiblische Theorien zu den Entstehungsumständen des Schöpfungsberichtes begründet.

2. Wollte Gott überhaupt den Zeitraum seiner Schöpfungstätigkeit offenbaren? Eigentlich braucht er gar keine Zeit für die Schöpfung. Wenn die Schöpfung dennoch in einem Zeitmaß ausgedrückt ist, ist das ein Entgegenkommen Gottes an den Verstehenshorizont des Menschen, das sinnvollerweise mit dem Sabbatgebot gekoppelt wurde.

In der Tat ist Gott in seinem Wirken nie an irgendwelche Umstände, sei es Zeit oder Materie, gebunden. Der Schöpfungsbericht sagt auch nicht, daß Gott Zeit in dem Sinne *gebraucht* habe, daß er darauf angewiesen war. Er macht aber deutlich, daß (aus welchem Grunde auch immer) das Schöpfungsgeschehen innerhalb einer Schöpfungswoche erfolgte. Dadurch ist ein Zeitraum angegeben, in welchem sich das Geschehen abgespielt hat. Über die Dauer des Hervorbringens der *einzelnen* Schöpfungswerke innerhalb der Schöpfungstage wird damit nichts gesagt. (Vgl. dazu auch Frage 7!)

3. Der Begriff "yom" ("Tag") bzw. die Schöpfungswoche kann zwar nur als normale Woche verstanden werden. Könnte es dennoch sein, daß das Wochenschema als Ganzes ein Gesamtbild darstellt? Damit wäre dann ein metaphorischer (bildlicher) Sinn der Einheit insgesamt nicht ausgeschlossen. Eine Auslegung des Begriffs alleine greift zu kurz, um den Sinn des Ganzen zu erfassen.

Dieser Sichtweise könnte zugestimmt werden, wenn der Schöpfungsbericht oder andere biblische Texte, die den Schöpfungsbericht interpretieren (wie etwa 2. Mose 20,11) dies *nahelegen* würden. Doch muß die Rückfrage gestellt werden, wie begründet werden kann, daß das Wochenschema als Ganzes nicht wörtlich gemeint sei.

4. Das Schöpfungshandeln Gottes übersteigt menschliche Vorstellungskraft. Jede Beschreibung (eben auch der Schöpfungsbericht) muß daher "Kompromisse" mit den Verstehensmöglichkeiten des Menschen machen. Wurde die Schöpfung also stufenweise beschrieben, weil das Schöpfungshandeln Gottes viel zu komplex ist, um es beschreiben zu können?

Die Begrenzung des menschlichen Verstandes ist zweifellos eine Grenze für das Verstehen der Schöpfung. Letztlich läuft diese Auffassung auf die Frage hinaus, ob das 7-Tage-Schema verwendet wurde, um das komplexe, undurchschaubare Schöpfungshandeln Gottes zu ordnen oder ob es verwendet wurde, weil die Ordnung eben gerade der Folge der Schöpfung entspricht. Jedenfalls sind die geschilderten Stufen sinnvoll angeordnet. Der Text selber gibt keinen Hinweis darauf, daß oder wie die Darstellung dem Verstehenshorizont des Menschen angepaßt wurde.

Die Tatsache, daß etwas Unbegreifliches geschieht, bedeutet nicht, daß es bildlich dargestellt werden muß. An den Taten Jesu (Krankenheilungen, Totenauferweckungen, Brotvermehrung u. a.) und besonders an seiner Auferstehung kann dies einsichtig gemacht werden: Diese Geschehnisse übersteigen die menschlichen Verstehensmöglichkeiten gleichermaßen wie die Werke der Schöpfung, aber sie sind dennoch so geschehen, wie sie geschildert werden.

5. Wurde der Schöpfungsbericht als Abgrenzung gegen außerbiblische Schöpfungsmythen verfaßt?

Wohl niemand weiß so genau, unter welchen Umständen der Schöpfungsbericht verfaßt wurde. Die Bibel teilt es nicht mit. Die kritische Forschung geht davon aus, daß der Schöpfungsbericht in der heute vorliegenden Form zur Zeit der babylonischen Gefangenschaft des Volkes Israel entstand. Auf die mit dieser weithin akzeptierten These verbundenen Fragen soll hier nicht eingegangen werden, doch ist festzuhalten, daß es für diese Vorstellung keine eindeutigen Indizien gibt. Archäologische Funde oder schriftliche Quellen, die hierzu Auskunft geben könnten, liegen nicht vor. Die entsprechenden Schlußfolgerungen werden vornehmlich durch Textvergleiche und Textanalysen gezogen. Die verwerteten Indizien sprechen jedoch keine eindeutige Sprache über die Entstehungsumstände des biblischen Schöpfungsberichts. Aber selbst wenn der Schöpfungsbericht in der babylonischen Gefangenschaft entstanden wäre und als Abgrenzung gegen mythische Vorstellungen gedacht war, änderte dies nicht unbedingt etwas am Verständnis des Inhalts – jedenfalls dann nicht, wenn Gott selber als inspirierender Urheber anerkannt wird. In diesem Fall resultiert für die Frage der Dauer der Schöpfung im Grunde genommen erst recht die Betonung auf die Kürze des Geschehens, denn damals gab es ausgesprochene Langzeitvorstellungen zur Geschichte des Kosmos und der Menschheit. Wenn der biblische Schöpfungsbericht also in Abgrenzung dazu verfaßt worden wäre, resultierte daraus, daß auch die kurze Zeit bewußt im Gegensatz zu Langzeitmythen zum Ausdruck gebracht wurden.

6. Ist der Schöpfungsbericht eine Art Vision, eine "rückwärtsgewandte Prophetie"? Hat der Verfasser des Schöpfungsberichts die sieben Tage vor seinem geistigen Auge gesehen?

Diese Deutung ist fragwürdig, weil der Text nicht davon spricht, daß ein Prophet eine Vision hatte; in anderen Fällen wird dies ausdrücklich gesagt. Hier wird die Schwierigkeit deutlich, den Text gattungsmäßig zu bestimmen. "Rückwärtsgewandte Prophetie" kommt in einer vergleichbaren Form sonst in der Bibel nicht vor.

7. Am sechsten Tag geschieht sehr viel, wenn er wörtlich verstanden wird (Erschaffung der Landtiere, Erschaffung Adams, Benennung der Tiere, Erschaffung Evas). Ist es überhaupt möglich, daß soviel an einem einzigen Tag geschieht? Kann dies als biblischer Hinweis darauf verstanden werden, daß die Schöpfungstage nicht wörtlich gemeint sind?

Es muß genau darauf geachtet werden, was wirklich am 6. Tag geschah: Adam bekam nicht den Befehl, *alle Tiere der Erde* zu benennen, sondern nur die Tiere des Feldes und die Vögel des Himmels (1. Mose 2,19). Eine Reihe von Auslegern versteht darunter nur die Tiere, die im Garten Eden und in seiner Umgebung lebten. Dazu kommt, daß mit den Tierarten sehr wahrscheinlich nicht die heutigen "Biospezies" ("biologische Arten") gemeint sind, sondern umfassendere Gruppen, sog. Grundtypen (Gattungen oder Familien; vgl. JUNKER 1994; JUNKER & SCHERER 1992). Schon aufgrund dieser Überlegungen wird deutlich, daß die Aufgabe der Benennung der Tiere nicht so gewaltig war, wie es auf den ersten Blick erscheinen mag. Dazu kommt aber noch ein ganz wichtiger Gesichtspunkt: Warum sollte eigentlich Adam die Tiere benennen? Gott verfolgte damit ein Ziel, und auf dieses kommt es an, wenn der Text richtig verstanden werden soll: Adam sollte seine Einsamkeit erfahren, während die Tiere paarweise auftraten – es ging nicht um eine Übung in Taxonomie oder Zoologie. Um diese Einsicht zu erreichen, war keine lange Zeit erforderlich. Es wäre im übrigen eine widersinnige Annahme, daß Adam zuerst alle weltweit lebenden Tiere hätte benennen sollen und dann erst schließlich klar geworden wäre, daß für ihn kein geeigneter Partner vorhanden ist. (Ausführlichere Erläuterungen dazu finden sich bei VAN BEBBER & TAYLOR 1994.)

8. Kann auch ohne die Annahme der Lückentheorie (s. Kap. 3) ein unbestimmter Zeitraum vor dem Sechstagewerk angenommen werden, dessen Schilderung erst mit 1. Mose 1,3 beginnt?

Ein längerer Zeitraum von Jahrmillionen vor dem Sechstagewerk würde kaum zum Zusammenhang des Wochenschemas passen. Dennoch sehen einige konservative Ausleger die Möglichkeit, daß ein zeitlich nicht näher bestimmbarer Zeitraum vor dem Sechstagewerk liegen könnte. In aller Kürze lautet ihre Argumentation folgendermaßen: 1. Mose 1,2 ist eine Zustandsbeschreibung vor dem Sechstagewerk, während Vers 1 die Überschrift über das Sechstagewerk bildet (und nicht der erste Akt der Schöpfung). Die Herkunft des Erdkörpers, der als "Wüste und Leere" (Tohuwabohu) beschrieben wird, die Herkunft der Finsternis und des Wassers (nicht des Meeres) ist nach dieser Auslegung unbestimmt. (Es bleibt davon aber unberührt, daß die Bibel an anderer Stelle klar bezeugt, daß Gott alles geschaffen hat.) Der wichtigste Grund für diese Auslegung ist die Möglichkeit (für viele Ausleger ist das sogar sehr wahrscheinlich), daß "Tohuwabohu" als Gegensatzbegriff für "Schöpfung" gebraucht wird – so in den beiden einzigen weiteren Stellen, an denen dieses Begriffspaar noch vorkommt, nämlich Jes 34,11 und Jer 4,23. Diese Parallelstellen begründen allerdings nicht, daß das Tohuwabohu durch ein göttliches Gericht infolge des Satansfalls zustande kam (vgl. die Ausführungen in Kap. 3). Es bleibt nach dieser Auslegung ein Geheimnis, woher das Tohuwabohu kam. Wird also "Tohuwabohu" als Gegensatzbegriff zum Schöpfungshandeln Gottes verstanden, ist die Deutung problematisch, daß Gott am Anfang die Erde als Tohuwabohu geschaffen hat; das wäre zumindest ungewöhnlich. Rein grammatisch ist eine Entscheidung nicht möglich, ob Vers 1 eine Überschrift über das Sechstagewerk oder dessen erster Akt ist. Nach der Grammatik wäre auch das Verständnis möglich, daß das "Tohuwabohu" zeitgleich mit der Erschaffung von Himmel und Erde ist (V. 1). Doch aus inhaltlichen Gründen (s. o.) sei die grammatisch ebenfalls mögliche vorzeitige Deutung (das in Vers 2 Beschriebene zeitlich vor dem Sechstagewerk) wahrscheinlicher. (Detaillierte Erläuterungen finden sich dazu bei WALTKE 1975.)

Dieses Verständnis hängt entscheidend an der Frage, ob "Tohuwabohu" (das sonst nur noch an den beiden o.g. Stellen vorkommt) wirklich als Gegensatzbegriff zur Schöpfung verstanden werden muß. Das erscheint uns nicht zwingend (vgl. FIELDS 1975). Wir sehen "Tohuwabohu" nach wie vor als Beschreibung eines Vorbereitungszustandes (vgl. das Beispiel des Töpfers auf S. 21), der sehr logisch in den Fluß der Erzählung hineinpaßt. Dazu kommt, daß in 2. Mose 20,11 bei der Begründung des Sabbatgebots ausdrücklich gesagt wird, daß Gott in sechs Tagen Himmel und Erde geschaffen hat und alles, was darinnen ist. Das spricht für das Verständnis, daß auch der Tohuwabohu-Zustand (1. Mose 1,2) ein ursprünglicher Schöpfungszustand ist und zum ersten Schöpfungstag gehört.

9. Kann das Menschheitsalter vom Alter der Tierwelt, dem Alter der Erde und dem Alter des Weltalls abgekoppelt werden?

Folgten wir der von anderen vorgeschlagenen Auslegung von 1. Mose 1,2, die unter 8. erläutert wurde, könnte diese Frage nur für die Erde und das Weltall bejaht werden – und zwar auch nur dann, wenn die Auslegung zutrifft, daß Vers 2 eine Zustandsbeschreibung eines eventuell längeren Zeitraums vor dem Sechstagewerk ist. Die Erschaffung und die Geschichte der unbelebten Schöpfung kann als unabhängig von der Heilsgeschichte Gottes mit der Menschheit betrachtet werden. Das heißt: Die Altersfrage wäre in diesem Fall nicht mit anderen biblischen Inhalten gekoppelt. Ob damit aber Raum für unermeßliche Zeiträume in der Größenordnung von Jahrmilliarden gegeben ist, erscheint uns dennoch zweifelhaft (vgl. das unter 8. dazu Gesagte). Zu einem Zustand, der mit "Finsternis über der Tiefe" beschrieben wird, paßt zudem das mit Sternen und Galaxien angefüllte Weltall nicht. Ein Urknall-Szenario vor dem Sechstagewerk ist daher immer noch sehr fragwürdig.

Es soll an dieser Stelle nochmals hervorgehoben werden, daß es nicht um die Zeit und um Altersfragen *an sich* geht. Die Bibel legt ihren Schwerpunkt auf die Menschheitsgeschichte: es geht also um den Zusammenhang von Schöpfung und Sünde einerseits (und mit der Sünde auch um den Tod; Röm 5,12ff.) und um die Erlösung durch Jesu Leiden und Sterben und das neue Leben in Jesus Christus andererseits. Es geht aber auch um die Frage, wie wir mit den biblischen Texten umgehen: Was sind biblisch begründbare und vertretbare Auslegungsschlüssel? Auch wenn heilsgeschichtliche Fragen nicht unmittelbar betroffen sind, kann es keinen Freibrief geben, es mit den betreffenden Texten nicht mehr so genau zu nehmen.

Das Alter der Tierwelt kann dagegen vom Menschheitsalter nicht abgekoppelt werden, insbesondere soweit es sich um *fossil überlieferte* Tiere handelt. Denn Fossilien sind nicht nur Zeugnisse vergangenen Lebens, sondern auch Zeugen des Todes in der Schöpfung – meist sogar eines gewaltsamen Todes. Das Neue Testament sieht die Vergänglichkeit der Tierwelt im Zusammenhang mit der Sünde des Menschen (Röm 8,19ff.). Die Schöpfung wurde der "Knechtschaft der Vergänglichkeit" unterworfen – und das nicht freiwillig. Tod ist ein Ausdruck dieser Knechtschaft. Gott hat keine geknechtete Welt geschaffen. Knechtschaft ist Folge der Sünde des Menschen. Zeugnisse tierischen Todes – und dazu gehören die unzähligen Tierfossilien – sind daher zeitlich in den Rahmen der kurzen Menschheitsgeschichte zu stellen, da erst durch die Sünde des Menschen der Tod in die Schöpfung hineinkam.

II. Fragen zur Chronologie (Kapitel 4)

Auch zur Chronologie wurden Fragen und Einwände geäußert, die im folgenden aufgezählt und en bloc beantwortet werden sollen.

– **Biblische Zahlen machen nicht immer nur quantifizierende Angaben, manchmal spielt auch eine Zahlensymbolik eine Rolle.**

– **Die 5er und 100er Zahlen sind in den Altersangaben deutlich überrepräsentiert. Kann das als Hinweis darauf gewertet werden, daß die Zahlen nicht realistisch gemeint sind?**

– **Kann die Zehnzahl der Generationen von Adam bis Noah bzw. von Noah bis Abraham als Ausdruck einer gerafften und zusammenfassenden Darstellung gewertet und damit als Hinweis für Lücken zwischen den in den Texten angeführten Patriarchen verstanden werden?**

– **Ist es glaubhaft, daß die Patriarchen zeitgleich gelebt haben, aber von keinen Beziehungen unter ihnen berichtet worden ist?**

Die genannten Beobachtungen und Argumente zielen darauf ab, daß die Chronologie der Genesis doch nicht lückenlos ist, und können als Gegengewicht gegen die Argumente gewertet werden, die für eine Lückenlosigkeit sprechen (wie in Kapitel 4 mit entsprechender Vorsicht dargestellt). Vielleicht ist es daher angemessen, einen Interpretationsspielraum hinsichtlich einer exakten Chronologie offenzuhalten. Diese Offenheit wird auch dadurch ermöglicht, daß die Bibel selber die überlieferten Altersangaben nicht zusammenzählt. Daß ein Interpretationsspielraum bestehen bleibt, wurde bereits im Text des 4. Kapitels auf S. 50 deutlich vermerkt.

Das Übergewicht von 5er und 100er Zahlen ist in der Tat bemerkenswert, ebenso die Zehnzahl der Patriarchen vor der Flut und danach bis Abraham. Das könnte tatsächlich ein Hinweis darauf sein, daß die Angaben nicht durchweg wörtlich zu verstehen sind. Eine rein biologische Erklärung für die Häufung der 5er Zahlen gibt es nicht. Allerdings muß in heilsgeschichtlichen Zusammenhängen (und um solche geht es) die Möglichkeit eines übernatürlichen Wirkens Gottes bedacht werden. Ohne eine alternative Erklärung für diese Zahlen bleibt der Einwand bei einer Problemstellung stecken, die alleine nicht zum richtigen Verständnis weiterhilft.

Das Argument, daß von Beziehungen der Patriarchen untereinander berichtet worden wäre, wenn sie zeitgleich gelebt hätten, hat Gewicht, ist aber nicht zwingend. Wie schon in Kapitel 4 deutlich wurde, können in der Frage nach der Lückenlosigkeit der biblischen Chronologie oft nur Plausibilitätsargumente wie das hier genannte ins Feld geführt werden. In diesem Fall muß bedacht werden, daß die Bibel einen klaren Schwerpunkt auf Begebenheiten legt, die mit der Heilslinie zu tun haben. Die Schilderung von Geschehnissen, die davon unberührt sind, ist nicht zu erwarten. Die wesentlichen Ereignisse um Abraham, die heilsgeschichtlich bedeutsam sind, spielten sich erst ab, nachdem Abraham aus dem Gebiet seiner Verwandten ausgewandert war, so daß Begegnungen keine besondere Rolle spielten.

In jedem Fall betreffen die genannten Rückfragen nicht die *Größenordnung* des Menschheitsalters. Sie alle können eine Aufblähung des Menschheitsalters auf über zwei Millionen Jahre (was der aktuellen Sicht der Evolutionslehre entsprechen würde) nicht ansatzweise begründen. Die Schilderung der Menschheitsgeschichte im zeitlichen Rahmen von Generationen von Menschen erlaubt *größenordnungsmäßig* keine Ausdehnung über ca. 10.000 Jahre hinaus.

Es soll hier nun in diesem Anhang kein Endergebnis einer fertigen Diskussion formuliert werden, sondern zu einem weiteren Austausch und Ringen darum eingeladen werden, die biblischen Texte so zu verstehen, wie der Urheber sie gemeint hat.

LITERATURVERZEICHNIS

AHARONI, Y. & AVI-YONAH, M. (1968): *Bible Atlas*, Macmillan, New York / Collier, London.

AUSTIN, S. (1994, Hg.): Grand Canyon. Monument to Catastrophe. Santee, Ca. (6. Kapitel).

BRUNS, H. [Übersetzer] (1972): *Die Bibel*, Brunnen-Verlag, Gießen.

CLARK, R. W. (1984): *Charles Darwin*, S. Fischer Verlag, Frankfurt am Main.

COURVILLE, D.A. (1971): *The Exodus Problem and its Ramifications* (2 Bd.), Challenge, Loma Linda.

DESMOND, A. & MOORE, J. (1991): *Darwin*, List, München.

ELBERFELDER [Revidierte Übersetzung] (1986): *Die Heilige Schrift*, R. Brockhaus Verlag, Wuppertal.

FIELDS, W. W. (1975): *Unformed and Unfilled — The Gap Theory*, Presbyterian and Reformed Publishing, New Jersey.

GITT, W. (1997): *Das biblische Zeugnis der Schöpfung*, Hänssler, Neuhausen-Stuttgart.

GITT, W. (1998): *Schuf Gott durch Evolution?* CLV, Bielefeld.

GLASHOUWER, Willem J.J. (1987): *So entstand die Bibel*, CLV, Bielefeld.

GOULD, S. J. (1990): *Die Entdeckung der Tiefenzeit*, Hanser Verlag, München/Wien.

HAYWARD, A. (1987): *Creation and Evolution — the Facts and the Fallacies*, Triangle, London.

JUNKER, R. (1994): *Leben durch Sterben?* Hänssler, Neuhausen-Stuttgart.

JUNKER, R. (1998): *Wie das Zebra seine Streifen bekam.* Hänssler, Neuhausen-Stuttgart.

KANG, C.H. & NELSON, E.R. (1979): *The Discovery of Genesis*, Concordia, St. Louis.

KELLER, W. (1955): *Und die Bibel hat doch recht*, Deutsch. Bücherbund, Stuttgart/Hamburg.

KÜLLING, S. R. (1992): *Genesis, 44.-47. Teil: Gen. 5,1ff*, Fundamentum 1-4/92.

KÜLLING, S.R. (1993): *Genesis, 48. Teil: Gen. 5,1 ff*, Fundamentum 1/93.

LIGHTFOOT, N. R. (1977): *Die Bibel – Entstehung und Überlieferung*, Verlag d. Evang. Gesellschaft für Deutschland, Wuppertal.

MONTY WHITE, A.J. (1985): *How Old is the Earth?*, Evangelical Press, Herts.

MÜLHEIMER [Übersetzung] (1968): *Das Neue Testament*, Missionsbuchhandlung und Verlag, Altdorf b. Nürnberg.

NEWGROSH, B., D.M. ROHL & P.G. VAN DER VEEN (1992/93): *The el-Amarna Letters and Israelite History*, Journal of the Ancient Chronology Forum 6, S. 33-64.

NIESSEN, R. (1982): *A Biblical Approach to Dating the Earth: a Case for the Use of Genesis 5 and 11 as an exact Chronology*, Creation Research Society Quarterly, Vol. 19.

OUWENEEL, W.J. (1975): *Gedanken zum Schöpfungsbericht*, Ernst Paulus Verlag, Neustadt.

PACHE, R. (1976): *Inspiration und Autorität der Bibel*, R. Brockhaus Verlag.

PAPKE, W. (1989): *Die Sterne von Babylon*, Gustav Lübbe, Bergisch Gladbach.

PAILER, N. (1996a): *Neues aus der Plane-*

tenforschung, Hänssler, Neuhausen-Stuttgart (3. Aufl.).

PAILER, N. (1996b): *Geheimnisvolles Weltall*, Hänssler, Neuhausen-Stuttgart (2. Aufl.).

RIEM, J. (1925): *Die Sintflut in Sage und Wissenschaft*, Rauhes Haus, Hamburg.

RIENECKER, F. (1976): *Lexikon zur Bibel*, R. Brockhaus, Wuppertal.

ROHL, D.M. (1991/92): *A Test of Time — Rediscovering Ancient Israel*, Journal of the Ancient Chronology Forum Vol. 5.

ROHL, D.M. (1989/90): *The Early Third Intermediate Period: Some Chronological Considerations*, Journal of the Ancient Chronology Forum Vol.3.

ROHL, D.M. und P. JAMES (1982/83): *An Alternative to the Velikovskian Chronology of Ancient Egypt: A Preview of Some Recent Work in the Field of Ancient History*, SIS Workshop 5,2; S. 12-22.

ROHL, D.M. (1996): *Pharaonen und Propheten – das Alte Testament auf dem Prüfstand*, Droemer-Knaur, München.

ROSS, H. (1988): *Evidence for Long Creation Days*, Reasons to Believe, Pasadena, CA.

SCHERER, S. [Hrsg.] (1991): *Die Suche nach Eden*, Hänssler, Neuhausen-Stuttgart.

SCHIRRMACHER, T. (1991): "*Auf dem Weg zu einer biblischen Chronologie der Kulturgeschichte – Das Verhältnis der ägyptischen zur israelitischen Chronologie*", Bibel und Gemeinde 4/91 (Nachdruck in factum 5-6 / 1992).

SCHWEIZER SCHULBIBEL (1990), Benziger Verlag / Theologischer Verlag, Zürich.

SNELLING, A. (1994): U-Th-Pb-'Dating': An example of false 'isochrones'. Proc. 3rd Int. Conf. Creat. Pittsburgh, S. 497-504.

SNELLING, A. (1998): The cause of anomalous potassium-argon-ages for recent andesite flows at Mt. Ngauruhoe, New Zealand, and the implications for potassium-argon dating. Proc. 4th Int. Conf. Creat., Pittsburgh, S. 503-526.

STAMBAUGH, J. (1988): "*The Meaning of 'Day' in Genesis*", Acts & Facts / impact No. 184, 10/88.

STRICKLING, J. (1974): *Legendary Evidence for the Confusion of Tongues*, Creation Research Society Quarterly No. 11/2, Sept. 1974.

TOLLMANN, A. & E. (1993): *Und die Sintflut gab es doch*, Droemer Knaur, München.   (bibelkritisch)

VAN BEBBER, M. & TAYLOR, P. S. (1994): *Creation an Time. A report on the Progressive Creationist Book by Hugh Ross*. Eden Productions, Mesa, Arizona.

VAN DER VEEN, P. (1989/90): *The El-Amarna Habiru and the Early Monarchy in Israel* in Journal of the Ancient Chronology Forum Vol.3.

WALTKE, B. K. (1975): *The Creation Account in Genesis 1:1-3, Part II and Part III*. Bibliotheca Sacra 132, 136-144; 216-228.

WHITCOMB, J.C. & MORRIS, H.M. (1977): *Die Sintflut*, Hänssler, Neuhausen-Stuttgart.

ZÜRCHER-Bibel (1970): *Die Heilige Schrift*, Verlag der Zwingli-Bibel, Zürich.

Kopiervorlagen und Farbfolien für den Unterricht

Auf Anfrage sind bei den Medienstellen (siehe Adressen unten) auch Unterrichtsvorlagen von dieser Publikation erhältlich.

Medienstellen von WORT UND WISSEN

Deutschland:
Medienstelle WORT UND WISSEN
Rosenbergweg 29
D - 72270 Baiersbronn

Tel. 0 74 42 / 81006
Fax 0 74 42 / 81008

Schweiz:
Medienstelle WORT + WISSEN
Heimgarten 2163
CH - 8180 Bülach

Tel. 01/860 84 36

Österreich:
CVJM-F Material- und Medienstelle
Neubaugürtel 26/1
A - 1070 Wien

Tel. 02 22 / 526 43 83

Seminare und *Vorträge* zum Thema dieser Publikation und zu ähnlichen Themen werden veranstaltet oder vermittelt von der Medienstelle in Baiersbronn (siehe Adresse oben).

Norbert Pailer
Geheimnisvolles Weltall
Hypothesen und Fakten zur Urknalltheorie

Der "Urknall" gilt in weiten Teilen der Öffentlichkeit als Antwort auf die Frage nach der Weltentstehung. Neuere Forschungsergebnisse lassen daran jedoch erhebliche Zweifel aufkommen. Tatsächlich ist das Urknallmodell keineswegs wissenschaftlich gesichert. Anhand aktueller Forschungsergebnisse werden einige grundlegende Probleme aufgezeigt und diskutiert.

Der Autor ist promovierter Astrophysiker. Sein Hauptinteresse gilt der Kometenforschung, deren Fragen in unmittelbarem Zusammenhang mit Entstehungsmodellen des Universums stehen. Norbert Pailer wechselte nach zehn Jahren Kometenforschung zur Industrie und ist dort im Bereich "Wissenschaftliche Weltraumerkundung" tätig.

Erweiterte Neuauflage, 80 Seiten; 42 Abbildungen; Format 17x24; durchgehend zweifarbig; DM / sfr 9,95 / ÖS 74.–

Norbert Pailer
Neues aus der Planetenforschung
Unerwartete Ergebnisse durch Weltraumsonden

Weltraumsonden lieferten in den letzten Jahren spektakuläre und unerwartete Ergebnisse über unser Planetensystem. Anhand einer Reihe von repräsentativen Beispielen quer durch das ganze Planetensystem wird gezeigt, daß die Vielfalt der Phänomene nicht in ein widerspruchsfreies evolutionistisches Bild gefaßt werden kann.

Insbesondere wurden zahlreiche Phänomene entdeckt, die in einem alten Planetensystem nicht erwartet worden waren. Die Diskussion über das Alter des Kosmos erhält so neuen Stoff.

Für alle, die sich für Fragen der Astronomie und Kosmologie interessieren – eine allgemeinverständliche Zusammenfassung neuester Forschungsergebnisse.

37 Seiten; 35 Abbildungen; Format 17x24; durchgehend zweifarbig; DM / sfr 4,95 / ÖS 37.–

erhältlich im Buchhandel oder bei den W+W-Medienstellen

RICHARD WISKIN, Autor

1942 in Toronto, Kanada, geboren

Lehrer in Kanada für Geographie, Geschichte und Biologie (7./8. Klasse).

3-jähriges Fortbildungsstudium am *Prärie-Bibelinstitut*.

12-jährige Missions-, Gemeinde- und Jugendarbeit in Indien und Europa; Missionar der *Schweizerischen Missions-Gemeinschaft* (SMG).

Verheiratet: seine Frau ist Schweizerin; Wiskins haben 4 Kinder und wohnen im Zürcher Oberland.

Herausfordernde und berechtigte Fragen, vor allem von jungen Menschen, veranlaßten ihn, sich seit ca. 1975 intensiv mit dem Thema "Biblischer Glaube und Wissenschaft" auseinanderzusetzen.

Arbeitet eng mit Wissenschaftlern im Rahmen der *Studiengemeinschaft WORT UND WISSEN* zusammen.

Richard Wiskin ist selber kein Wissenschaftler, sondern Bildungsreferent (seit 1982); seine Hauptaufgabe besteht darin, die oft schwierige Thematik allgemeinverständlich zu vermitteln.

Aktiv in der Lehrerfortbildung und in der Herstellung von Unterrichtsmaterial.

Mitbeteiligt an mehreren Veröffentlichungen:

Entstehung und Geschichte der Lebewesen (1986/88/93)

Die geschaffenen Arten kennenlernen (1990)

Dinosaurier – faszinierende Geschöpfe (1993)

Stammt der Mensch von Adam ab? (1993)

Diverse Diaserien und Material für den Unterricht

JOHANNES WEISS, Grafiker

1967 in Wetzikon, Zürcher Oberland, geboren.

Nach der eidgenössischen Matura Besuch des Vorkurses an der *Schule für Gestaltung Zürich*.

Diverse Praktika in verschiedenen Grafikateliers.

Seit 1991 selbständiger Grafiker im Bereich Illustration, Gestaltung und Herstellung von Publikationen und Präsentationen und Mitarbeiter von Richard Wiskin in Zusammenarbeit mit der *Studiengemeinschaft WORT UND WISSEN*.